EMMANUEL COSQUIN

CONTES POPULAIRES

DE

LORRAINE

COMPARÉS

AVEC LES CONTES DES AUTRES PROVINCES DE FRANCE
ET DES PAYS ÉTRANGERS

ET PRÉCÉDÉS

D'UN ESSAI

SUR L'ORIGINE ET LA PROPAGATION

DES CONTES POPULAIRES EUROPÉENS

TOME SEGOND

PARIS

F. VIEWEG, LIBRAIRE-ÉDITEUR

67, RUE DE RICHELIEU, 67

ACKERMANN (L.), Contes (en vers), in-8 br. Cont. : Savitri. — Sakuntala. — L'Ermite. — L'Entrevue nocturne. — Le Perroquet. — Le Chasseur malheureux.. 1 50

AMOURS (Les) et les aventures du jeune Ons-Ol-Oudjoud (les délices du monde) et de la fille de Vézir El-Ouard. Fi-l-Akmam (le Bouton de Rose), conte des Mille et une Nuits, traduit de l'arabe et publié complet pour la première fois par G. Rat, in-8 br.................... 1 50

BANCROFT (G.). Histoire de l'action commune de la France et de l'Amérique pour l'indépendance des Etats-Unis. Traduit et annoté par le comte Adolphe de Circourt, accompagné de documents inédits, 3 vol. in-8 br., ornés de deux portraits gravés sur acier. Au lieu de 22 fr. 50.... 10 »

BARTHOLMESS (C.). Histoire philosophique de l'Académie de Prusse, depuis Leibniz jusqu'à Schelling, particulièrement sous Frédéric le Grand. 2 vol. in-8 br. Au lieu de 12 fr .... 8 »

BIBLIOTHECA SCATOLOGICA, ou catalogue raisonné des livres traitant des vertus, faits et gestes de très noble et très ingénieux Messire Luc (à rebours), seigneur de la Chaise et autres lieux, par trois savants en us. Scatopolis, chez les marchands d'aniterges. 5850 (1850), in-8 br. 15 »

BIBLIOTHÈQUE FRANÇAISE DU MOYEN AGE, publiée sous la direction de MM. G. Paris et P. Meyer, membres de l'Institut. Format gr. in-16, impression sur papier vergé en caractères elzeviriens. Tous les ouvrages sont accompagnés d'introductions développées et de copieux glossaires.
— Vol. I et II. Recueil de Motets français des XIIᵉ et XIIIᵉ siècles, publiés d'après les manuscrits, avec introduction et notes, par G. Raynaud, suivis d'une étude sur la musique au siècle de saint Louis, par H. Lavoix fils. 2 vol. cart.................................. 20 »
      Les mêmes, br.. 18 »
— Vol. III. Le Psautier de Metz. Texte du XIVᵉ siècle. Edition critique publiée d'après quatre manuscrits par F. Bonnardot. Tome Iᵉʳ. Texte intégral, cart.................................... 10 »
      Le même, br.. 9 »
— Vol. IV et V. Alexandre le Grand dans la littérature française du moyen âge, par Paul Meyer, membre de l'Institut Tome I. Textes. Tome II. Histoire de la légende. 2 vol. cart........................... 20 »
      Les mêmes, br.. 18 »

Volume en préparation.

— Vol. VI : Le Psautier de Metz, publié par F. Bonnardot. Tome II, comprenant l'Introduction, une étude critique, la grammaire et le glossaire.

BONSTETTEN (Baron de). Romans et épopées chevaleresques de l'Allemagne au moyen âge. In-8 br. Au lieu de 7 fr. 50 .... 3 »

BRUNET (G.). La France littéraire au XVᵉ siècle, ou Catalogue raisonné des ouvrages en tout genre imprimés en langue française jusqu'à l'an 1500, in-8, papier vergé, impression elzevirienne................ 15 »

DU MÉRIL (E.). Mélanges archéologiques et littéraires. Cont. : De la langue des gloses malbergiques. — Sur l'origine des runes. — Aristophane et Socrate. — Des origines de la versification française. — De Virgile l'enchanteur, etc. In-8 br.................................. 8 »

CONTES POPULAIRES

DE LORRAINE

EMMANUEL COSQUIN

CONTES POPULAIRES

DE

LORRAINE

COMPARÉS

AVEC LES CONTES DES AUTRES PROVINCES DE FRANCE
ET DES PAYS ÉTRANGERS

ET PRÉCÉDÉS

D'UN ESSAI

SUR L'ORIGINE ET LA PROPAGATION

DES CONTES POPULAIRES EUROPÉENS

TOME SECOND

PARIS

F. VIEWEG, LIBRAIRE-ÉDITEUR

67, RUE DE RICHELIEU, 67

XXXI

L'HOMME DE FER

Il était une fois un vieux soldat, nommé La Ramée, qui était toujours ivre et chiquait du matin au soir. Son colonel lui ayant un jour fait des remontrances, il tira son sabre, lui en donna un coup au travers du visage et le tua. Un instant après, le capitaine et le caporal arrivèrent pour conduire La Ramée à la salle de police, lui disant que le lendemain il passerait en conseil de guerre. « Caporal, » dit La Ramée, « j'ai oublié mon sac sur la table de ma chambre ; cela ne m'arrive pourtant jamais : vous savez que mes effets sont toujours en ordre. Me permettez-vous de l'aller chercher ? — Va, si tu veux, » répondit le caporal. La Ramée prit son sac, qui était rempli de pain, et le jeta dans la rue ; puis il sauta lui-même par la fenêtre, ramassa le sac et s'enfuit. Pour se mettre en sûreté, il passa en Angleterre.

Un soir qu'il traversait un bois, il vit une misérable masure. Comme il mourait de faim, il y entra et trouva une vieille femme occupée à teiller du chanvre. Il lui demanda si elle pouvait lui donner un morceau à manger et un gîte pour la nuit. La vieille lui servit une fricassée de pommes de terre et lui montra dans un coin un tas de chènevottes sur lequel il pourrait coucher, faute de lit.

Le lendemain matin, La Ramée allait se remettre en route, lorsque la vieille lui dit : « Je sais une chose qui peut faire ma fortune et la tienne. Dans un certain endroit se trouve un château, dont je te dirai le chemin ; rends-toi à ce château, entres-y hardiment. Dans la première chambre, il y a de l'or et de

l'argent sur une table ; dans la seconde, des lions ; dans la troisième, des serpents ; dans la quatrième, des dragons ; dans la
cinquième, des ours ; dans la sixième, trois léopards. Tu traver-
seras toutes ces chambres rapidement et sans t'effrayer. Entré
dans la septième chambre, tu verras un homme de fer, assis sur
une enclume de bronze, et, derrière cet homme de fer, une
chandelle allumée : marche droit à la chandelle, souffle-la et
mets-la dans ta poche. Il te faudra ensuite passer dans une cour
où se trouve un corps-de-garde ; les soldats te regarderont, mais
toi, ne tourne pas les yeux de leur côté, tiens-les toujours fixés
à terre. Et surtout aie bien soin de faire ce que je te dis : sinon
il t'arrivera malheur. »

La Ramée prit le chemin que lui indiqua la vieille, et ne tarda
pas à arriver au château. Dans la première chambre il vit sur
une table un monceau d'or et d'argent ; dans la seconde, des
lions ; dans la troisième, des serpents ; dans la quatrième, des
dragons ; dans la cinquième, des ours ; dans la sixième, trois
léopards ; dans la septième enfin, un homme de fer assis sur une
enclume de bronze, et, derrière cet homme de fer, une chandelle
allumée. La Ramée marcha droit à la chandelle, la souffla et la
mit dans sa poche. Puis il traversa, en tenant les yeux fixés à
terre, une grande cour où se trouvait un corps-de-garde. Quand
il fut hors du château, il s'avisa d'allumer sa chandelle ; aussitôt
l'homme de fer, qui était serviteur de la chandelle, parut devant
lui et lui dit : « Maître, que voulez-vous ? — Donne-moi de
l'argent, » répondit La Ramée ; « il y a assez longtemps que je
désire faire fortune. » L'homme de fer lui donna de l'argent
plein son sac et disparut.

Alors La Ramée se mit en route pour se rendre à la capitale
du royaume. Chemin faisant, il vit tout à coup devant lui la
vieille sorcière, qui lui réclama la chandelle. Il dit d'abord qu'il
l'avait perdue, ensuite il lui présenta une chandelle ordinaire.
« Ce n'est pas celle-là que je veux, » dit-elle, « donne-moi vite
celle que je t'ai envoyé chercher. » La Ramée, voyant qu'elle le
menaçait, se jeta sur elle et la tua.

Arrivé à la capitale, il se logea à l'hôtel des princes, où il
payait cinquante francs par jour. Comme il ne se refusait rien,
au bout de quelque temps son sac se trouva vide, et il devait la
dépense de deux ou trois journées ; la maîtresse de l'hôtel ne

cessait de lui réclamer son argent et de le quereller. La Ramée
était dans le plus grand embarras.

Après avoir une dernière fois fouillé dans son sac sans avoir pu
en tirer un liard, il mit la main dans sa poche, espérant y trouver quelques pièces de monnaie ; il en retira la chandelle. « Imbécile que je suis ! » s'écria-t-il, « comment ai-je pu ne pas songer
à ma chandelle ? » Il s'empressa de l'allumer, et aussitôt l'homme
de fer se présenta devant lui. « Maître, que désirez-vous ? —
Comment ! » cria La Ramée, « coquin, brigand, tu me laisses
ici sans le sou ! — Maître, je n'en savais rien ; je ne puis le
savoir que par le moyen de la chandelle. — Eh bien ! donne-moi
de l'argent. » L'homme de fer lui en donna plus encore que la
première fois. Pendant que La Ramée était occupé à compter ses
écus et à les empiler sur la table, la servante regarda par le trou
de la serrure, et courut dire à sa maîtresse que c'était un homme
riche et qu'il ne fallait pas le traiter comme un va-nu-pieds. Aussi,
quand il vint payer, l'hôtesse lui fit-elle belle mine.

Deux ou trois jours après, La Ramée alluma encore sa chandelle : l'homme de fer parut. « Maître, que désirez-vous ? — Je
désire que la princesse, fille du roi d'Angleterre, soit cette nuit
dans ma chambre. » La chose se fit comme il le souhaitait : à la
nuit, la princesse se trouva dans la chambre de l'hôtel. La Ramée
lui parla de mariage, mais elle ne voulut pas seulement l'écouter.
Elle dut passer la nuit dans un coin de la chambre, et, le matin,
La Ramée ordonna au serviteur de la chandelle de la ramener
au château.

La princesse avait coutume d'aller tous les matins embrasser
son père. Le roi fut bien étonné de ne pas la voir venir ce jour-
là. Sept heures sonnèrent, puis huit heures, et elle ne paraissait toujours pas. Enfin elle arriva. « Ah ! » dit-elle, « mon
père, quelle triste nuit j'ai passée ! » Et elle raconta au roi ce qui
lui était arrivé. Le roi, craignant encore pareille aventure, alla
trouver une fée et lui demanda conseil. « Nous avons affaire à
plus fort que moi, » dit la fée, « je ne vois qu'un seul moyen :
donnez à la princesse un sac de son, et dites-lui de laisser tomber le son dans la maison où elle aura été transportée. On pourra
ainsi reconnaître cette maison. »

Cependant La Ramée avait changé d'hôtel. Un jour, il alluma
la chandelle et dit à l'homme de fer : « Je désire que la princesse

vienne cette nuit dans ma chambre. — Maître, » dit l'homme
de fer, « nous sommes trahis. Mais je ferai ce que vous m'ordon-
nez. » Après s'être acquitté de sa commission, il prit tout le son
qui se trouvait chez les boulangers, et le répandit dans toutes les
maisons, de sorte que, le lendemain, on ne put savoir où la
princesse avait passé la nuit.

La fée conseilla alors au roi de donner à sa fille une vessie
remplie de sang ; la princesse devait percer cette vessie dans la
maison où elle serait transportée.

La Ramée ordonna encore au serviteur de la chandelle de lui
amener la princesse. « Maître, » dit l'homme de fer, « nous
sommes trahis ; mais je ferai ce que vous me commandez. » Il
pénétra dans les écuries du roi, tua tous les chevaux de guerre
et tous les bœufs, et en répandit le sang partout. Le matin,
toutes les rues, toutes les maisons étaient inondées de sang, si
bien que le roi ne put rien découvrir. Il alla de nouveau consulter la fée. « Vous devriez, » lui dit-elle, « mettre des gardes près
de la princesse. »

Le soir venu, La Ramée alluma la chandelle. « Maître, » dit
l'homme de fer, « nous sommes trahis ; il y a des gardes auprès
de la princesse. Je ne puis rien contre eux. » La Ramée voulut
y aller lui-même. Les gardes le saisirent, l'enchaînèrent et le
jetèrent dans un cachot sombre et humide.

Il était à pleurer et à se lamenter près de la fenêtre grillée de
sa prison, lorsqu'il vit passer dans la rue un vieux soldat français,
son ancien camarade. Il l'appela. « Eh ! » dit le soldat, « n'es-tu
pas La Ramée ? — Oui, c'est moi. Tu me rendrais un grand
service en m'allant chercher dans mon hôtel mon briquet, mon
tabac et ma chandelle, que tu trouveras sous mon oreiller. » Le
vieux soldat en demanda la permission au sergent de garde, et se
présenta à l'hôtel de la part de La Ramée. « C'est ce coquin qui
vous envoie ? » dit l'hôtelier. « Prenez ses nippes, et que je
n'en entende plus parler. »

Quand La Ramée eut ce qu'il avait demandé, il battit le briquet et alluma sa chandelle. Aussitôt l'homme de fer parut, et
les chaînes de La Ramée tombèrent. « Misérable, » cria La
Ramée, « peux-tu bien me laisser dans ce cachot ! — Maître, »
dit l'homme de fer, « je n'en savais rien. Je ne puis le savoir que
par le moyen de la chandelle. — Eh bien ! tire-moi d'ici. »

L'homme de fer fit sortir La Ramée de son cachot, et lui donna de l'or et de l'argent, tant qu'il en voulut; puis La Ramée se fit transporter sur une haute montagne près de la capitale, et ordonna à l'homme de fer d'y établir une batterie de deux cents pièces de canon; après quoi, il envoya déclarer la guerre au roi d'Angleterre.

Le roi fit marcher cent hommes contre lui. La Ramée avait pour armée cinq hommes de fer. Le combat ne fut pas long; tous les gens du roi furent tués, sauf un tambour qui courut porter au roi la nouvelle. Alors La Ramée somma le roi de se rendre, mais celui-ci répondit qu'il ne le craignait pas et envoya contre lui quatre cents hommes, qui furent encore tués.

Sur ces entrefaites, La Ramée vit passer un aveugle et sa femme; cet aveugle avait un méchant violon, dont il jouait d'une manière pitoyable. « Bonhomme! » lui dit La Ramée, « tu as un bien beau violon! — Ne riez pas de mon violon, » répondit l'aveugle, « c'est un violon qui a pouvoir sur les vivants et sur les morts. — Vends-le-moi, » dit La Ramée. — « Je ne le puis, » dit l'aveugle, « c'est mon gagne-pain. — Si l'on t'en donnait dix mille francs, consentirais-tu à t'en défaire? — Bien volontiers. »

La Ramée lui compta dix mille francs et prit le violon. Il envoya ensuite un parlementaire dire au roi de lui amener sa fille et de la lui donner en mariage, sinon que la guerre continuerait. « Il a pour soldats, » dit le parlementaire, « des hommes hauts de dix pieds, armés de sabres longs de huit pieds. » Le roi chargea le parlementaire de répondre qu'il viendrait s'entendre avec La Ramée. En effet, il arriva bientôt avec sa fille.

« Je vous donne deux heures pour réfléchir, » dit La Ramée. « Si vous ne consentez pas à ce que je vous demande, je bombarderai votre château et votre ville. » Le roi réfléchit pendant quelque temps. « Je serais disposé à faire la paix, » dit-il enfin, « mais voilà bien des braves gens de tués. — Sire, » dit La Ramée, « rien n'est plus facile que de les ressusciter. » Il prit son violon, et, au premier coup d'archet, les soldats qui étaient étendus par terre commencèrent à remuer, les uns cherchant leurs bras, d'autres leurs jambes, d'autres leur tête.

A cette vue, le roi se déclara satisfait et consentit au mariage. Comme il commençait à se faire vieux, il prit sa retraite, et La

Ramée devint roi d'Angleterre à sa place. Il fallut bien alors que le roi de France lui pardonnât sa désertion et ses autres méfaits.

REMARQUES

Parmi les contes parents du conte lorrain, citons d'abord un conte allemand recueilli dans le Harz (Ey, p. 122) : Un vieux soldat, renvoyé du service sans le sou, bien qu'il ait bravement servi le roi, arrive chez un charbonnier au milieu d'une forêt. Le charbonnier et lui se lient d'amitié et ils font ménage ensemble. Un jour, le charbonnier demande au soldat si, pour leur bonheur à tous les deux, il veut se laisser descendre dans un puits de mine où sont entassés d'immenses trésors, et lui rapporter un paquet de bougies qui s'y trouve. Le soldat y consent. Arrivé au fond du puits, il voit au milieu d'une grande salle brillamment éclairée un *homme de fer* assis sur un trône et, auprès de lui, trois caisses remplies d'or, d'argent et de pierreries ; le paquet de bougies est au dessus de la porte. Le soldat le prend, puis il remplit ses poches de pierreries et se fait remonter par le charbonnier. Le lendemain, il trouve celui-ci mort. Il s'en va dans une grande ville et y vit en grand seigneur. Mais un jour vient où ses richesses sont épuisées. Voyant qu'il n'a plus même de quoi acheter de l'huile pour sa lampe, il prend une de ses bougies et l'allume. Aussitôt paraît l'homme de fer. Le soldat lui demande un sac d'or et se rend dans la ville du roi dont il a été si mal récompensé. Il ordonne à l'homme de fer de lui amener pendant la nuit la princesse ; il fait faire à celle-ci, pour se venger du roi, l'ouvrage d'une servante, et la maltraite. Le roi dit à sa fille de marquer à la craie la porte de la maison où elle sera transportée ; mais l'homme de fer marque de la même manière toutes les maisons de la ville. Le roi dit alors à la princesse de cacher son anneau d'or sous le lit. On trouve l'anneau, et le soldat est condamné à être pendu. Pendant qu'il est en prison, il réussit à se faire apporter ses bougies, et, quand il est au pied de la potence, il obtient du roi, comme dernière grâce, la permission d'en allumer une. Aussitôt l'homme de fer arrive, un gourdin à la main, et assomme le bourreau et les spectateurs. Le roi crie au soldat de faire trêve et lui donne sa fille en mariage.

Plusieurs contes de ce type, — deux contes allemands (Prœhle, I, nᵒ 11 ; Grimm, nᵒ 116), un conte wende de la Lusace (Veckenstedt, p. 241) et un conte hongrois (Gaal, p. 1), — ont un dénouement analogue.

Un conte allemand de la collection Simrock (nᵒ 14) se rapproche davantage de notre conte pour la dernière partie : Quand le soldat est en prison, il promet des louis d'or au factionnaire, si celui-ci lui rapporte sa bougie. Une fois qu'il l'a entre les mains, il ordonne à *Jean de fer*, l'homme qui paraît quand on allume la bougie, de démolir la prison et le château du roi. Alors le roi lui offre sa fille en mariage.

Dans le conte mecklembourgeois déjà cité de la collection Grimm, comme dans le nôtre, le vieux soldat en prison voit passer sous sa fenêtre un ancien camàrade, et il le prie d'aller lui chercher un petit paquet qu'il a laissé dans son auberge.

On a pu remarquer que, dans les contes des collections Prœhle et Ey, le serviteur de l'objet merveilleux est identique à l' « homme de fer » de notre conte. Dans le conte hongrois, ce personnage est un « roi de bronze ».

Dans les contes des collections Prœhle et Grimm, et dans le conte hongrois, c'est, comme dans le conte lorrain, une vieille, une sorcière, qui demande au héros de lui aller chercher les objets merveilleux. (On remarquera que, dans tous les contes allemands cités, c'est toujours dans un puits qu'il faut descendre.)

Dans le conte de la collection Prœhle, nous retrouvons presque identiquement les moyens auxquels recourt le roi, dans notre conte, pour découvrir la maison où sa fille est transportée. Il fait attacher au dessous du lit de la princesse, — qui, dans ce conte allemand, est emportée avec son lit, — d'abord un sac de pois mal fermé, puis un sac de lentilles, enfin une vessie pleine de sang. Il espère pouvoir ainsi reconnaître le chemin qu'auront suivi les ravisseurs. Les deux géants, serviteurs du briquet, qui remplace ici la chandelle, ramassent tous les pois et toutes les lentilles, mais ils se trouvent impuissants devant les traces de sang. — Dans le conte mecklembourgeois, où la princesse, d'après le conseil de son père, a rempli sa poche de pois et les a semés le long du chemin, le « petit homme noir » répand des pois dans toutes les rues de la ville, et ainsi la précaution de la princesse devient inutile.

Un conte albanais de ce genre (Dozon, n° 11), où l'objet merveilleux est un coffre d'où sort un nègre, dès qu'on en soulève le couvercle, présente ainsi cet épisode : Le roi dit à sa fille que, la première fois que le nègre viendra l'enlever pour la porter dans la maison inconnue, elle devra s'enduire la main d'une certaine couleur et en faire une marque à la porte de la maison. La princesse obéit, mais le nègre marque de la même façon toutes les portes de la ville.

Le violon merveilleux, qui ressuscite les morts, figure dans un conte flamand (Wolf, *Deutsche Mærchen und Sagen*, n° 26), dont nous parlerons dans les remarques de notre n° 71, *le Roi et ses Fils*. Comparer aussi la guitare du conte sicilien n° 45 de la collection Gonzenbach.

*
* *

Il est à peine besoin de le faire remarquer : deux des principaux thèmes du conte lorrain et des contes que nous venons d'examiner se retrouvent dans le célèbre conte arabe des *Mille et une Nuits*, *Aladin et la Lampe merveilleuse*. Là aussi, on envoie le héros chercher dans un souterrain un objet magique, qui fait apparaître un génie, et, plus tard, quand le sultan manque à la promesse qu'il a faite de donner sa fille en mariage au jeune homme, celui-ci ordonne au génie, serviteur de la lampe, de lui amener la princesse pendant la nuit.

Nous avons encore, du reste, un autre rapprochement à faire en Orient. Dans un conte qui a été recueilli chez les Tartares de la Sibérie méridionale, riverains de la Tobol (Radloff, IV, p. 275), un jeune marchand, qui s'est lié d'amitié avec un *mollah* [1], expert dans la magie, demande à ce mollah de lui faire venir dans sa maison la fille du roi. Le mollah fabrique un homme de bois, qui, tous les soirs, va prendre la princesse et la porte dans la maison du marchand. Le roi, ayant eu connaissance de ce qui est arrivé à sa fille, ordonne à celle-ci d'enduire sa main de cire, et, en entrant dans la maison où on la portera, de l'appliquer contre la porte pour y faire une marque [2]. La princesse suit ces instructions. En voyant la marque sur la porte, le marchand se croit perdu, mais le mollah lui dit d'aller mettre de la cire sur la porte de toutes les maisons, et, quand les soldats envoyés par le roi font leur ronde, il leur est impossible de distinguer des autres la maison du coupable [3].

---

1. *Mollah*, c'est-à-dire « seigneur ». Dans les pays musulmans on donne ce nom notamment aux personnes distinguées par leur savoir et leur piété.

2. On se rappelle, dans le conte d'*Ali Baba* des *Mille et une Nuits*, le passage où le voleur, qui a marqué à la craie, pour la reconnaître, la porte d'une maison, se trouve ensuite tout à fait déconcerté, quand il voit qu'on a marqué de la même façon toutes les portes des maisons voisines.

3. Comparer le conte allemand du Harz et surtout le conte albanais.

XXXII

CHATTE BLANCHE

Il était une fois un jeune homme appelé Jean ; ses parents étaient riches et n'avaient pas besoin de travailler pour vivre. Un jour, ils lui donnèrent deux mille francs pour aller à la fête d'un village voisin ; Jean les perdit au jeu. « Si tu veux, » lui dit un camarade, « je te prêterai de l'argent. » Il lui prêta six mille francs, et Jean les perdit encore ; il était bien désolé.

En retournant chez ses parents, il rencontra un beau monsieur : c'était le diable. « Qu'as-tu donc, mon ami ? » lui dit le diable ; « tu as l'air bien chagrin. — Je viens de perdre huit mille francs. — Tiens, en voici vingt mille ; mais dans un an et un jour tu viendras me trouver dans la Forêt-Noire. »

De retour chez ses parents, Jean leur dit : « J'ai perdu beaucoup d'argent au jeu, mais j'ai rencontré ensuite un beau monsieur qui m'a donné vingt mille francs et m'a dit d'aller le trouver au bout d'un an et un jour dans la Forêt-Noire. — C'est le diable ! » s'écrièrent les parents, « il faut courir après lui pour lui rendre l'argent. »

Le jeune homme monta à cheval et partit aussitôt. Quand il eut fait six cents lieues, il demanda à des gens qu'il rencontra : « Y a-t-il encore bien loin d'ici à la Forêt-Noire ? — Il y a encore six mille lieues. — Je ne suis pas près d'y arriver, » dit Jean. Enfin, juste au bout d'un an et un jour, il parvint à la Forêt-Noire, et il rencontra auprès de la maison du diable une fée qui lui dit : « Voilà une fontaine, dans laquelle il y a trois plumes qui se baignent : la Plume verte, la Plume jaune et la Plume noire ; tu tâcheras de prendre la Plume verte, de lui enlever sa robe et de lui donner un baiser. »

Jean se rendit près de la fontaine et prit la Plume verte ; il lui donna un baiser, malgré sa résistance. « Le diable est mon père, » lui dit-elle alors. « Quand vous serez dans sa maison, s'il vous offre une chaise, vous en prendrez une autre ; s'il vous dit : Mettez-vous à cette table, vous vous mettrez à une autre ; s'il vous dit : Voici une assiette, ne la prenez pas ; s'il vous présente un verre, refusez-le ; s'il vous dit de monter à la chambre haute, comptez les marches de l'escalier jusqu'à la dix-huitième ; s'il vous montre un lit, couchez-vous dans celui d'à côté. Et s'il vous demande pourquoi vous faites tout cela, vous répondrez que c'est la coutume de votre pays. »

Le jeune homme entra dans la maison du diable. « Bonjour, monsieur. — Bonjour. Tiens, voici une chaise. — J'aime mieux celle-ci. — Voici un verre. — Je prendrai celui-là. — Voici une assiette. — Je n'en veux pas. — Tu es bien difficile. — On est comme cela dans mon pays. — Allons, viens, que je te conduise où tu dois coucher. »

En montant l'escalier, Jean compta les marches, une, deux, trois, jusqu'à dix-huit. « Pourquoi comptes-tu ainsi ? — C'est la coutume de mon pays. » Ils entrèrent dans une chambre à deux lits. « Mets-toi dans ce lit, » dit le diable. — « C'est bon, » dit Jean, « je vais m'y mettre. »

Le diable parti, Jean se coucha dans l'autre lit. Pendant toute la nuit, le diable ne cessa de secouer et d'agiter dans tous les sens le lit dans lequel il pensait que le jeune homme s'était couché. Le lendemain matin, il entra dans la chambre. « Te voilà ? » dit-il à Jean ; « tu n'es pas mort ? — Non, » dit Jean. — « Maintenant, » reprit le diable, « tu vas aller couper ma forêt. Voici une hache de carton, une scie de bois et une serpe de caoutchouc. Il faut que pour ce soir le bois soit coupé, mis en cordes et rentré dans la cour du roi. »

Le jeune homme s'en alla bien triste dans la forêt. Vers le milieu de la journée, la Plume verte vint lui apporter à manger. « Qu'avez-vous, mon ami ? » lui dit-elle. — « Votre père m'a commandé de couper tout son bois, de le mettre en cordes et de le rentrer pour ce soir dans la cour du roi. » La Plume verte donna un coup de baguette : voilà le bois coupé, mis en cordes et transporté dans la cour du roi.

Le diable, étant venu, fut bien étonné. « Tu as fait ce que je t'avais commandé? — Oui. — Oh! oh! tu es plus fort que moi! Eh bien! maintenant tu vas me bâtir un beau château bien sculpté en face de ma maison, avec une belle flèche au milieu. »

La Plume verte vint encore apporter à manger au jeune homme et le trouva couché par terre. « Qu'avez-vous? » lui dit-elle; « qu'est-ce que mon père vous a commandé? — Il m'a commandé de lui bâtir en face de sa maison un beau château bien sculpté avec une belle flèche au milieu. — Eh bien! » dit-elle, « je vais me changer en chatte blanche. Vous me tuerez; vous ferez bouillir ma peau dans de l'eau; vous détacherez mes os, en regardant bien comment ils sont placés, parce qu'il faudra les rajuster ensuite; vous trouverez dans mon corps une belle flèche, que vous mettrez au faîte du château. »

Le jeune homme fit tout ce qu'elle lui avait dit; seulement, quand il rajusta les os, il y en eut un au petit doigt qui ne fut pas bien remis. D'un coup de baguette, le château se trouva bâti.

« Tu as fait ce que je t'ai commandé? » dit le diable. — « Oui, » dit Jean. — « Oh! oh! tu es plus fort que moi! » Alors il banda les yeux à Jean et lui dit : « Voilà la Plume verte, la Plume jaune et la Plume noire. Si tu mets la main sur celle qui a été changée en chatte blanche, tu l'auras en mariage. » Le jeune homme mit la main sur celle du milieu : c'était bien la Plume verte.

Le soir venu, le diable dit à Jean : « Tu vas coucher dans ce lit. » Jean se coucha dans l'autre. Pendant la nuit, il s'éleva un grand vent; la Plume verte dit au jeune homme : « Voulez-vous fuir avec moi? — Je le veux bien, » dit Jean. Aussitôt, ils s'envolèrent au vent.

Quand ils furent près de la maison de Jean, la Plume verte embrassa le jeune homme, et, de laid qu'il était, il devint beau. « Si vos parents veulent vous embrasser, » lui dit-elle, « ne vous laissez pas faire, car votre beauté s'en irait. » Lorsque Jean fut entré dans la maison, on voulut l'embrasser, mais il s'en défendit; il n'y eut que sa vieille grand'mère qui le voulut absolument; aussitôt il redevint laid, comme devant. La Plume verte lui dit : « Je vais donc vous embrasser encore. » Elle l'embrassa et il redevint beau.

Le matin, le diable, étant monté à la chambre, ne trouva

plus personne ; il se mit à la poursuite des deux jeunes gens. Sur son chemin, il vit un casseur de pierres. Il lui dit : « Avez-vous vu un garçon et une fille qui volaient au vent ? — Ah ! les pierres sont dures ! — Ce n'est pas cela que je vous demande. Avez-vous vu un garçon et une fille qui volaient au vent ? — Elles sont bien difficiles à casser. — Ce n'est pas de cela que je parle. »

Le diable poursuivit son chemin et rencontra un laboureur. « Avez-vous vu un garçon et une fille qui volaient au vent ? — Oh ! la terre est malaisée à labourer. — Avez-vous vu un garçon et une fille qui volaient au vent ? — L'ouvrage ne va pas aujour-d'hui. — Je ne parle pas de cela. » Le diable, impatienté, s'en retourna.

Cependant beaucoup de beaux messieurs, qui ne savaient pas que Chatte Blanche était la femme de Jean, la recherchaient en mariage. Il en vint un qui lui donna cent mille francs. « Attendez, » lui dit-elle, « il faut que je sorte ; j'ai oublié de fermer la porte du buffet. » Pendant qu'elle était sortie, son mari, qui avait tout entendu, tomba sur le prétendant à coups de bâton. Il en vint un autre qui donna quatre-vingt mille francs à Chatte Blanche. « Excusez-moi, » lui dit-elle, « j'ai oublié d'aller couvrir mon feu. » Elle sortit ; Jean arriva avec un fouet et fouailla d'importance le beau monsieur. Un troisième vint, qui donna soixante mille francs. « Il faut que je sorte, » lui dit Chatte Blanche ; « j'ai laissé la porte de ma chambre ouverte. » Jean mit le galant à la porte à coups de trique. Ils se trouvèrent alors assez riches, et ils firent une belle noce.

REMARQUES

Ce conte est, en raison des éléments qui le composent et des transformations et altérations par lesquelles plusieurs de ces éléments ont passé, un des plus curieux de notre collection. Il présente, pour l'ensemble, le thème que M. R. Kœhler désigne sous le nom de thème de la *Fiancée oubliée*, et dont voici l'idée générale, sous sa forme la plus fréquente : Un jeune homme, prisonnier de certain être malfaisant (diable, ogre, géant, sorcier, ondine, etc.), en reçoit l'ordre d'exécuter plusieurs tâches en apparence impossibles. Il est aidé par une jeune fille, ordinairement la fille de son maître, laquelle ensuite s'enfuit avec lui. Poursuivis par le diable, géant, ou autre, ou par quelqu'un des siens, les deux jeunes gens leur échappent par des moyens magiques, le plus souvent par des transformations. Une fois revenu chez ses parents, le jeune homme oublie sa fiancée, — ordinairement par suite d'un baiser que lui donne sa mère, sa nourrice, ou autre, — et sa fiancée trouve enfin le moyen de lui rendre la mémoire.

Ce thème s'est déjà offert à nous, écourté, dans notre n° 9, l'*Oiseau vert*. Il a été étudié par M. Kœhler en 1862 dans la revue *Orient und Occident* (t. II, p. 103 seq.); en 1869, dans ses remarques sur la collection de contes esthoniens de Fr. Kreutzwald; en 1870, dans ses remarques sur les contes siciliens n°s 54, 55 et 14 de la collection Gonzenbach, et, en 1878, dans la *Revue celtique* (p. 374 seq.).

Nous examinerons successivement chacune des parties du conte lorrain.

*
* *

Prenons d'abord l'introduction.

Dans un grand nombre de contes de ce type, c'est par suite d'une promesse extorquée à son père, qui souvent n'en a pas compris la portée, que le héros est tombé entre les mains d'un être malfaisant. Il en est ainsi dans un conte de la Basse-Bretagne (Luzel, *Contes bretons*, p. 39), dans un conte irlandais (Kennedy, II, p. 56), dans deux contes écossais (Campbell, n° 2, et *Revue celtique*, 1878, p. 374), dans deux contes suédois (Cavallius, n°s 14 A et 14 B), dans un conte esthonien (Kreutzwald, n° 14), un conte russe (Ralston, p. 120), un conte du « pays saxon » de Transylvanie (Haltrich, n° 26), un conte des Tsiganes de la Bukovine (Miklosisch, n° 15), un conte grec moderne (Hahn, n° 54). — Dans un conte danois (Grundtvig, I, p. 46), c'est par ses frères, en danger de périr sur mer, que le jeune prince a été promis à une sorcière.

Ailleurs, le jeune homme est enlevé par un démon (conte hongrois : Gaal-Stier, n° 3), ou par une magicienne (conte sicilien : Gonzenbach, n° 55); il est attiré par un cerf dans un bois et fait prisonnier par un certain roi (conte westphalien : Grimm, n° 113); ou bien, égaré dans une forêt, il promet à une sorcière, qui a pris la forme d'un petit chien, de revenir, si elle lui montre le chemin (conte allemand : Müllenhoff, p. 395); ou bien il arrive chez un ogre (conte sicilien : Gonzenbach, n° 54). — Ailleurs encore, il entre au service d'un géant (conte norwégien : Asbjœrnsen, t. II, p. 140) ou d'un seigneur (conte de la Haute-Bretagne : Sébillot, I, n° 31), ou bien il va demander à un géant et une géante la main d'une de leurs filles (conte catalan : *Rondallayre*, I, p. 85), etc.

Un certain nombre de contes de ce type ont à peu près la même introduction que le conte lorrain.

Nous nous arrêterons sur ces contes, qui ont également un passage correspondant à cet épisode si bizarre des trois « plumes » qui se baignent et à l'une desquelles il faut enlever sa robe.

Dans un conte du Tyrol italien (Schneller, n° 27), un jeune homme, grand joueur, se trouvant un jour dans le pays des païens, perd tout ce qu'il possède contre un aubergiste, qui est magicien, et joue enfin son âme. L'aubergiste, ayant encore gagné, lui laisse une année au bout de laquelle le jeune homme

doit venir le trouver. Il veut y aller avant le temps fixé, pour tâcher de se
racheter. Saint Antoine de Padoue, qu'il a invoqué devant sa statue, lui
apparaît sous la figure d'un moine, et lui dit d'aller près d'un certain pont. Là
il verra arriver à tire-d'aile trois blanches colombes, qui déposeront leur
plumage et se changeront en jeunes filles. Le jeune homme devra s'emparer du
plumage de la plus jeune, le cacher, puis revenir le soir et le lui montrer dès
qu'elle le demandera. Il suit ce conseil, et, quand la jeune fille cherche son
plumage, il lui dit qu'il le lui montrera, mais à condition qu'elle lui promette
de venir à son aide. Alors elle lui dit que le magicien est son père ; il imposera trois tâches au jeune homme, mais elle l'aidera, etc. — Un conte espagnol de Séville (*Biblioteca de las Tradiciones populares españolas*, I, p. 187), un
second conte catalan (Maspons, p. 102), un conte portugais (Braga, n° 32)
et un conte portugais du Brésil (Roméro, n° 22) présentent beaucoup d'analogie avec ce conte tyrolien. Nous y retrouvons, outre la partie perdue par le
héros, les trois jeunes filles au plumage de colombe (de cane, dans le conte
brésilien). Saint Antoine de Padoue qui, dans le conte tyrolien, joue le rôle
de la fée du conte lorrain, est remplacé, dans le conte espagnol, par un
seigneur, incarnation de l'âme d'un mort auquel le héros a fait donner la
sépulture [1] ; dans le conte portugais, par une pauvre femme envers laquelle
le jeune homme s'est montré charitable ; dans le conte brésilien, par un
ermite. Dans le conte catalan, le jeune homme, quand il se met à la recherche
de celui contre lequel il a perdu (le diable), arrive successivement chez la
Lune, chez le Soleil, et enfin chez le Vent. C'est ce dernier qui lui parle des
vêtements de plumes, et qui le transporte près de l'étang où doivent venir se
baigner les filles du diable.

Un conte grec moderne, que nous avons mentionné plus haut (Hahn,
n° 54), éclaire également cet épisode des trois « plumes », si obscur dans le
conte lorrain : Un jeune homme, promis au diable dès avant sa naissance,
se met en route pour l'aller trouver. Une source infecte, dont il a vanté l'eau
par complaisance, lui donne pour le récompenser ce conseil : « A tel endroit,
il y a un lac ; trois néraïdes (*sic*) viendront s'y baigner. Cache-toi, et, tandis
qu'elles seront dans l'eau, saisis leurs vêtements de plumes, qu'elles auront
laissés sur le rivage, et ne rends pas les siens à la plus jeune avant qu'elle ne
t'ait juré de ne jamais t'oublier, même dans la mort. » Ces « néraïdes » sont
les filles du diable, comme le sont les trois « plumes » du conte lorrain, et aussi
dans un conte basque de ce type (Webster, p. 120), les trois jeunes filles à
l'une desquelles le héros, d'après le conseil d'un *tartaro* (ogre), dérobe ses
vêtements de colombe. (Nous avons déjà rencontré ces « filles du diable »
dans le conte catalan.) — Dans le conte russe indiqué ci-dessus (Ralston,
p. 120), le prince, qui a été promis par son père au Roi des eaux, rencontre
une *Baba Yaga* (sorte de sorcière ou d'ogresse). Celle-ci lui dit de prendre les
vêtements de l'aînée de douze jeunes filles qui arriveront sur le bord de la mer
sous forme d'oiseaux. Quand il le fait, la jeune fille le supplie de lui rendre
ses vêtements : elle est la fille du Roi des eaux et elle viendra en aide au jeune
homme.

---

1. Pour ce trait du mort reconnaissant, voir les remarques de notre n° 19, *le Petit Bossu* (I, p. 214).

On le voit : dans notre conte, l'idée première est parfaitement reconnaissable ; les éléments en existent à peu près tous, mais le sens en est perdu ; on ne sait plus ce que c'est que cette « plume » personnifiée, à laquelle il faut enlever sa robe. Du reste, même ce souvenir à demi effacé du thème primitif a disparu des contes de ce type dont il nous reste à parler dans cette partie de nos remarques. Ainsi, dans un troisième conte catalan (*Rondallayre*, t. I, p. 41), — après une introduction où le héros joue et perd en une nuit sa fortune et sa vie, et reçoit de celui qui a gagné l'ordre d'aller au Château du Soleil, d'où jamais personne n'est revenu, — on voit tout simplement trois jeunes filles qui se baignent : le héros, suivant le conseil d'une géante, s'empare des vêtements de la plus jeune et ne les lui rend que lorsqu'elle lui a indiqué où est le Château du Soleil. — Dans un conte milanais (Imbriani, *Novellaja fiorentina*, p. 411), le héros doit aussi se rendre chez le Roi du Soleil, contre qui il a gagné une partie de billard (*sic*), dont l'enjeu est la main d'une des filles du roi. Un vieillard indique au jeune homme où est le palais du Roi du Soleil, et lui conseille de dérober les vêtements des filles de celui-ci, pendant qu'elles se baignent ; il ne devra les leur rendre que si elles consentent à le mener à leur père [1]. — Dans un conte allemand (Prœhle, I, n° 8), un prince dépense tout son argent dans les auberges ; il perd au jeu contre un étranger, au pouvoir duquel il doit aller se remettre tel jour, à tel endroit. Il rencontre une vieille qui lui dit qu'il trouvera un étang où se baignent trois jeunes filles, deux noires et une blanche (on se rappelle la Plume verte, la Plume jaune et la Plume noire de notre conte). Il faudra prendre les habits de la blanche. Ici, de même que dans les contes catalans, le jeune homme cherche à obtenir du père de la jeune fille la main de celle-ci. — Comparer un conte irlandais (*Folklore Journal*, 1883, I, p. 316), un conte portugais, extrêmement altéré (Coelho, n° 14), le conte de la Haute-Bretagne mentionné plus haut (où les trois jeunes filles sont vêtues l'une de blanc, la seconde de gris, la troisième de bleu), et un conte picard (*Mélusine*, 1877, col. 446). On remarquera que ce conte breton et ce conte picard sont les seuls de ce dernier groupe où il ne soit pas question de jeu. — En revanche, dans un conte allemand de la même famille (Wolf, p. 286), où ne se trouve pas l'épisode du plumage ou vêtement dérobé, le héros est un joueur enragé qui tombe au pouvoir du chasseur vert Grünus Kravalle, le diable. Il n'obtiendra sa liberté que s'il trouve le château de celui-ci dans un an et un jour. — Voir encore un conte écossais du même type (Campbell, n° 2, variante), où un jeune homme, ayant perdu une partie de cartes contre un chien noir, se voit obligé de le servir pendant sept ans.

Vers 1815, un romancier anglais, M.-G. Lewis, devenu grand propriétaire à la Jamaïque, entendait raconter, par des nègres de ses domaines, un conte se rattachant au groupe que nous venons d'étudier, et il le consignait dans son *Journal of a West India Proprietor* (cité dans le *Folklore Journal*, 1883, I, p. 280). Dans ce conte, — qui évidemment a été apporté d'Europe à la

---

[1]. Il n'est pas sans intérêt de constater que, dans le conte espagnol de Séville, mentionné ci-dessus, le personnage qui a gagné au jeu l'âme du héros est le « Marquis du Soleil ». Ce trait établit un lien tout spécial entre le conte milanais, le troisième conte catalan et le conte espagnol.

Jamaïque, comme l'ont été au Chili les contes espagnols et au Brésil les contes portugais que nous avons eu déjà l'occasion de citer, — le héros joue de fortes sommes contre un grand chef. Ayant gagné, il est invité à aller se faire payer à la cour. Avant son départ, sa nourrice lui conseille de dérober les vêtements de la plus jeune fille du chef, pendant qu'elle se baigne.

*
* *

Cet épisode des *Jeunes filles oiseaux*, si l'on peut s'exprimer ainsi, qui manque dans le plus grand nombre des contes de la famille de *Chatte blanche*, appartient en réalité à un autre thème. Là, le héros refuse de rendre à la jeune fille le vêtement de plumes dont il s'est emparé, et il la garde elle-même comme sa femme ; mais un jour la jeune femme trouve moyen de reprendre son vêtement, et elle s'envole vers son pays. Après diverses aventures, le héros parvient à la rejoindre, et désormais ils vivent heureux.

Notons que plusieurs contes de ce type, par exemple un conte du Tyrol allemand (Zingerle, I, no 37), un conte tchèque de Bohême (Waldau, p. 248), présentent, vers la fin, une suite d'épreuves que les parents de la jeune femme font subir à son mari, à l'arrivée de celui-ci dans leur pays, et dans lesquelles il est aidé par elle. Cet épisode rapproche ce thème du thème principal du conte lorrain, et il n'est pas étonnant qu'ayant ainsi une partie commune, ces deux thèmes se soient parfois fusionnés.

Aux deux contes européens de ce type des *Jeunes filles oiseaux* que nous venons d'indiquer, on peut ajouter, par exemple, des contes allemands (Simrock, no 65 ; Grimm, no 193), un conte italien (Comparetti, no 50), un conte sicilien (Gonzenbach, no 6), un conte grec moderne (Hahn, no 15), un conte du « pays saxon » de Transylvanie (Haltrich, no 5), un conte tchèque de Bohême (Waldau, p. 555), un conte valaque (Schott, no 19), un conte polonais (Tœppen, p. 140), un conte finnois (Beauvois, p. 181), un conte lapon (no 3 des contes traduits par F. Liebrecht, *Germania*, tome 15), etc. — Comparer un conte recueilli chez les Esquimaux du Groënland méridional et du Labrador (*Tales and Traditions of the Eskimo*, by H. Rink, 1875, no 12).

En Orient, nous citerons d'abord, comme présentant le thème des *Jeunes filles oiseaux*, un conte arabe des *Mille et une Nuits* (*Histoire de Djanschah*) : Après diverses aventures, Djanschah, fils d'un sultan, arrive chez un vieillard qui le recueille dans son château. Ayant à s'absenter, ce vieillard remet au jeune homme toutes les clefs du château en lui défendant d'ouvrir une certaine porte. Djanschah l'ouvre, et il se trouve dans un magnifique jardin, au milieu duquel est un étang. Bientôt arrivent à tire-d'aile trois gros oiseaux, en forme de colombes, qui s'abattent sur le bord de l'étang, déposent leur plumage et apparaissent comme des jeunes filles, qui se baignent. Puis elles reprennent leur plumage et s'envolent. Djanschah, qui a cherché en vain à décider la plus jeune à rester sur la terre et à devenir sa femme, tombe dans une profonde tristesse. Le vieillard, à son retour, voit immédiatement que le jeune homme a ouvert la porte défendue ; mais il lui pardonne et même il lui dit ce qu'il faut faire pour arriver à ses fins. Quand les trois colombes, qui sont les filles d'un roi des génies, reviennent se baigner, Djanschah s'empare des vêtements de plumes de la plus jeune, et ne consent point à les lui rendre. Après qu'il l'a épousée, elle parvient à rentrer en possession de son plumage de colombe, et elle s'envole en disant à son mari que, s'il l'aime, il faut qu'il l'aille rejoindre à la Citadelle de diamant. Djanschah s'adresse successivement au roi des oiseaux, au roi des animaux et au roi des génies, pour savoir où est la Citadelle de diamant ; mais personne n'en a jamais entendu parler. Enfin un grand magicien lui dit d'attendre l'assemblée générale des génies, des animaux et des oiseaux, qui tous lui obéissent. A cette assemblée, un oiseau, arrivé le dernier, est le seul qui sache le chemin de la Citadelle de diamant, et il y porte Djanschah, qui est très bien accueilli par son beau-père, le roi des génies, et retrouve sa femme [1]. — Un autre conte des *Mille et une Nuits* (*Histoire de Hassan de Bassorah*) est une variante de ce conte.

Un conte recueilli dans la Sibérie méridionale, chez les tribus tartares du bassin de la Tobol (Radloff, IV, p. 321), a également, — après une série préliminaire d'aventures semblables à celles du héros du conte arabe et dont nous n'avons pas à parler ici, — la porte défendue, les trois oiseaux (ici trois cygnes) qui, pour se baigner, se changent en jeunes filles, et les vêtements dérobés ; mais il s'arrête là. Il est évident que ce conte sibérien est écourté, car il dérive directement des *Mille et une Nuits*. Recueilli chez des Tartares musulmans, il est arrivé en Sibérie avec l'islamisme. Le nom seul du héros suffit pour le prouver : il se nomme *Zyhanza* ou, selon la transcription de M. Pavet de Courteilles (*Journal Asiatique*, août 1874, p. 259), *Djihân-Châh*, ce qui est exactement le *Djanschah* du conte arabe [2].

Un livre persan, le *Bahar-Danush*, dont l'origine est indienne [3], nous montre (t. II, p. 213 seq., de la traduction anglaise de Jonathan Scott) des péris (sortes de fées) qui paraissent sous la forme de colombes, déposent leurs vêtements de plumes et deviennent de belles jeunes filles. Pendant qu'elles se baignent, un jeune homme leur dérobe leurs vêtements, et il ne consent à les leur rendre que si la plus jeune et la plus belle veut l'épouser. La péri, ayant eu des enfants, commence à s'habituer à la vie des hommes. Mais son mari, étant par la suite obligé de partir en voyage, la confie à une bonne vieille, à qui il montre en grand secret l'endroit où il a caché les vêtements de plumes. Un jour que la vieille admire la beauté de la péri, celle-ci lui dit qu'elle la trouverait bien plus belle encore si elle la voyait avec ses premiers vêtements. La vieille les lui donne, et la péri s'envole. (Il manque dans ce conte la dernière partie, où le mari se met à la recherche de sa femme et finit par la retrouver dans un pays lointain et mystérieux.)

Dans une « légende arabe », recueillie en 1880 à Alger, dans un café maure

---

1. Un conte grec moderne d'Epire (Hahn, n° 15), mentionné plus haut parmi les contes se rattachant au thème des *Jeunes filles oiseaux*, présente, pour tout l'ensemble, la plus frappante ressemblance avec ce conte arabe. Voir aussi un conte sicilien (Gonzenbach, n° 6). — Pour le trait de l'oiseau arrivé le dernier, comparer notre n° 3, *le Roi d'Angleterre et son Filleul*, et les remarques de ce conte (I, p. 48).

2. La première partie du conte sibérien, qui ne se retrouve pas dans l'histoire de *Djanschah* et qui, à vrai dire, forme un conte distinct, est également un écho des *Mille et une Nuits*, car elle n'est autre qu'un épisode des Voyages de Sindbad le Marin (l'épisode du « Vieillard de la mer »).

3. Voir Th. Benfey, *Pantschatantra*, t. I, p. 263.

(A. Certeux et H. Carnoy, *l'Algérie traditionnelle*, t. I, Paris, 1884, p. 87),
un *taleb* (sorte d'ascète musulman) saisit un jour la « peau de colombe »
d'une *Djnoun* (sorte de génie) qui se baigne ; il ne la lui rend que lorsqu'elle
lui a promis de lui accorder ce qu'il lui demanderait. Il lui dit alors de devenir
sa femme. Les années se passent, et la Djnoun donne à son mari plusieurs
enfants. Un jour, ceux-ci, en jouant, trouvent la peau de colombe et
l'apportent à leur mère. Elle s'en revêt aussitôt et s'en va retrouver les Djnouns.

Dans les îles Lieou-Khieou, tributaires de la Chine, un envoyé chinois
recueillait au commencement de ce siècle et transcrivait comme un fait historique le conte dont voici le résumé et qui présente la même lacune que les deux
contes précédents (N. B. Dennys, *The Folklore of China*. Hong-Kong, 1876,
p. 140) : Un fermier non marié, Ming-ling-tzu, avait près de sa maison une
fontaine d'eau excellente. Un jour qu'il allait y puiser, il vit de loin dans cette
fontaine quelque chose de brillant : c'était une femme qui s'y baignait, et ses
vêtements étaient pendus à un pin voisin. Très mécontent de voir ainsi troubler son eau, Ming-ling-tzu enleva, sans se faire voir, les vêtements, qui
étaient d'une forme et d'une couleur extraordinaires. La femme, ayant pris
son bain, se mit à crier tout en colère : « Quel voleur a pu venir ici en plein
jour ? Qu'on me rende mes vêtements ! » Ayant aperçu Ming-ling-tzu, elle se
jeta par terre devant lui. Le fermier lui reprocha de venir troubler son eau. A
quoi elle répondit que les fontaines, comme les arbres, avaient été faites par le
Créateur pour l'usage de tous. Le fermier lia conversation avec elle, et, décou-
vrant que sa destinée était de l'épouser, il refusa absolument de lui rendre ses
vêtements, sans lesquels elle ne pouvait s'en aller. Finalement, ils se marièrent.
La femme vécut avec lui dix ans et lui donna un fils et une fille. Au bout de
ce temps, sa destinée à elle fut accomplie ; elle monta sur un arbre pendant
l'absence de son mari, et, après avoir dit adieu à ses enfants, elle se mit sur
un nuage et disparut.

En Océanie, dans l'île Célèbes, la tribu des Bantiks raconte, au sujet de
l'origine de ses ancêtres, une légende qui se rattache à ce groupe de contes.
La voici (*Zeitschrift der Deutschen Morgenländischen Gesellschaft*, t. VI, 1852,
p. 536. — Comparer L. de Backer, *l'Archipel indien*, 1874, p. 98) : Une
créature à moitié divine, Outahagi, descendait du ciel avec sept de ses compagnes pour se baigner dans une fontaine de l'île. Un certain Kasimbaha les
aperçoit planant au dessus de lui et les prend pour des colombes ; il est bien
surpris en voyant que ce sont des femmes. Pendant qu'elles se baignent, il
prend un de leurs vêtements, par le moyen desquels on pouvait s'élever en
l'air. Outahagi est obligée de rester sur terre ; il l'épouse et en a un fils. Elle
lui recommande de prendre garde qu'un cheveu blanc qu'elle a soit arraché.
Kasimbaha l'arrache néanmoins, et Outahagi disparaît au milieu d'un affreux
ouragan et retourne au ciel. Le mari, ne sachant comment soigner son enfant,
veut aller la rejoindre. Il essaie de grimper à un rotang qui va de la terre
au ciel, mais en vain : le rotang est tout couvert d'épines. Heureusement un
mulot vient à son aide et ronge toutes les épines. Kasimbaha peut donc
grimper avec son fils sur le dos, et il arrive au ciel, où divers animaux, — on
ne voit pas trop pourquoi, — lui rendent encore service : un petit oiseau lui
indique la demeure d'Outahagi ; un ver luisant va se poser sur la porte de sa

chambre. Le frère d'Outahagi, lequel est, lui aussi, une sorte de demi-dieu, veut voir si son beau-frère n'est qu'un mortel. Il l'éprouve au moyen de neuf plats couverts; mais une mouche montre à Kasimbaha le plat qu'il ne faut pas ouvrir. On le garde donc dans le ciel, et plus tard, il fait descendre son fils sur la terre au bout d'une longue chaîne. C'est ce fils qui est la tige des Bantiks [1].

Cette légende de l'île Célèbes présente bien évidemment un trait que nous avons signalé dans certaines variantes européennes du thème des *Jeunes filles oiseaux* et qui forme lien entre ce thème et celui auquel se rattache plus particulièrement le conte lorrain; nous voulons parler des épreuves auxquelles le héros est soumis. Ce trait, qui faisait défaut dans les contes orientaux que nous avons analysés avant cette légende, nous allons le retrouver dans d'autres contes ou œuvres littéraires, également orientaux, du type des *Jeunes filles oiseaux*.

Prenons d'abord un drame birman, dont l'analyse a été publiée dans le *Journal of the Asiatic Society of Bengal*, t. VIII (1839), p. 536 : « Les neuf princesses de la ville de la Montagne d'argent, séparée du séjour des mortels par une triple barrière (la première, une haie de roseaux épineux; la seconde, un torrent de cuivre en fusion; la troisième, un *Belou* ou démon), ceignent leurs ceintures enchantées qui leur donnent le pouvoir de traverser l'air avec la rapidité d'un oiseau, et visitent une belle forêt dans les limites de l'*Ile du Sud* (la terre). Pendant qu'elles se baignent dans un lac, elles sont surprises par un chasseur qui lance sur la plus jeune, Mananhurry, un nœud coulant magique et l'amène au jeune prince de Pyentsa. Celui-ci est si frappé de sa merveilleuse beauté qu'il en fait sa « première reine », quoiqu'il ait épousé tout récemment la fille de l'astrologue royal. Le prince est obligé, peu de temps après, par ordre du roi son père, de marcher à la tête de l'armée contre des rebelles. L'astrologue profite de son absence pour expliquer un songe qu'a eu le roi, en lui persuadant qu'il n'a d'autre moyen d'apaiser le mauvais génie qui en veut à son pouvoir, qu'en lui sacrifiant la belle Mananhurry. La mère du prince, ayant appris le danger dont la bien-aimée de son fils est menacée, va la trouver et lui rend sa ceinture enchantée, qui avait été ramassée par le chasseur sur le bord du lac et offerte par lui à la reine-mère. La princesse retourne aussitôt à la Montagne d'argent; mais, en chemin, elle s'arrête chez un vieil ermite qui s'est retiré sur les confins de la forêt, et, après lui avoir raconté ses aventures, elle lui confie une bague et quelques drogues magiques qui permettent à celui qui les possède de franchir sans danger les barrières de la Montagne d'argent. Le jeune prince, ayant terminé son expédition, retourne à Pyentsa, et, n'y retrouvant plus sa chère Mananhurry, il repart immédiatement pour aller à sa recherche. Arrivé auprès de la belle forêt, il y entre

1. Le conte suivant, qui a été recueilli dans la Nouvelle-Zélande, nous paraît être une version défigurée de cette légende : Une jeune fille de race céleste a entendu vanter la valeur et la beauté du grand chef Tawhaki. Elle descend du ciel pour être sa femme. Plus tard, offensée d'une réflexion que son mari fait au sujet de la petite fille qu'elle a mise au monde, elle prend l'enfant et s'envole avec elle. Tawhaki grimpe à une plante qui s'élève jusqu'au ciel; arrivé là, il est traité avec mépris par les parents de sa femme; mais à la fin celle-ci le reconnaît, et il devient dieu (*Zeitschrift für vergleichende Sprachforschung*, t. XVIII, p. 61).

seul, visite l'ermite, qui lui remet la bague et les drogues enchantées ; puis
il franchit les terribles barrières, et, après bien des aventures, arrive enfin à
la ville de la Montagne d'argent [1]. Il fait connaître sa présence à Mananhurry
en laissant tomber la bague de celle-ci dans un vase rempli d'eau que l'une
des servantes du palais va porter au bain de la princesse. La nouvelle de son
arrivée étant parvenue au roi, père de Mananhurry, celui-ci est très irrité qu'un
mortel ait l'audace de pénétrer dans son pays et d'élever des prétentions sur
sa fille ; il ordonne de le soumettre à diverses épreuves. Le prince doit d'abord
dompter des chevaux et des éléphants sauvages ; il les dompte. Alors le roi
promet de lui donner sa fille s'il parvient à tirer une flèche avec un des arcs
du palais ; le prince le fait avec une aisance et une adresse merveilleuses. Le
roi exige une dernière épreuve : il faut que le prince distingue le petit doigt
de Mananhurry parmi les doigts des princesses ses sœurs qui lui sont présentés
au travers d'un écran. Grâce au roi des moucherons qui lui donne les indications nécessaires, le prince réussit encore dans cette épreuve, et rien ne
s'oppose plus à sa réunion avec la belle Mananhurry.

Les Birmans ayant reçu de l'Inde avec le bouddhisme la plus grande partie
de leur littérature, on pouvait affirmer d'avance que tout le plan de ce drame
devait avoir été calqué sur quelque récit indien. Ce qui, du reste, le démontre,
c'est que nous trouvons dans un livre thibétain, le *Kandjour*, dont l'origine est
indienne et bouddhique, un récit presque identique pour le fond au drame
birman (*Mémoires de l'Académie de Saint-Pétersbourg*, t. XIX, n° 6, 1873,
p. XXIV seq.). L'identité va jusqu'au nom de l'héroïne : *Manoharâ*, dans le
récit thibétain ; *Mananhurry*, dans le drame birman ; preuve certaine d'emprunt
à une source commune, qui ne peut être qu'indienne.

On a recueilli, dans l'île de Madagascar, un conte du même genre, où
figurent aussi les tâches que le héros doit accomplir. Dans ce conte malgache
(*Folklore Journal*, 1883, I, p. 202), un jeune homme, appelé Andrianoro,
entend parler de trois sœurs merveilleusement belles, qui de temps en temps
descendent du ciel pour se baigner dans un certain lac. Grâce aux avis d'un
devin, il réussit à se saisir de la plus jeune, et celle-ci consent à l'épouser.
— Vient ensuite un épisode dans lequel la jeune femme, pendant un voyage
de son mari, est mise à mort par les parents de ce dernier, puis se retrouve
vivante à son retour. Alors elle dit à Andrianoro qu'elle va aller voir son père
et sa mère. Andrianoro veut l'accompagner ; elle cherche à l'en dissuader à
cause des périls qu'il courra et des épreuves qu'il aura à subir ; mais il persiste.
(Tout cet épisode nous paraît une altération du passage où, dans le drame
birman et dans le conte indien de Cachemire mentionné plus haut en note,
la jeune femme, menacée d'un grand danger, reprend son enveloppe d'oiseau
et s'envole vers le pays de son père). — Avant de se mettre en route,
Andrianoro rassemble tous les animaux et les oiseaux, et tue des bœufs pour
les régaler. Après quoi il leur raconte ce qu'il va faire, et ils lui disent qu'ils
viendront à son secours. Quand il est arrivé dans le ciel, le père de sa femme

---

1. Il est curieux de constater que dans le conte bohême de même type indiqué plus haut (Waldau,
p. 248), c'est à la *Montagne d'or* que le héros doit aller rejoindre sa femme. Dans un conte tyrolien
(Zingerle, I, n° 37), c'est à la *Montagne de verre*. — Dans un conte indien de Cachemire (Steel
et Temple, p. 27), c'est à la *Montagne d'émeraude*.

lui impose diverses tâches : couper un arbre énorme ; retirer un grand nombre d'objets qui ont été jetés dans un lac rempli de crocodiles, reconnaître la mère de sa femme au milieu de ses filles toutes semblables à elle. Andrianoro vient à bout de ces tâches, grâce à l'aide des animaux reconnaissants.

Il est à remarquer que ce trait de la reconnaissance des animaux manque dans le drame birman et dans la légende des îles Célèbes : aussi l'intervention de la mouche ou du moucheron ne s'explique-t-elle pas.

Dans ce drame et cette légende, — et aussi dans le récit thibétain, — il n'est pas question non plus d'un secours que la femme du héros lui apporterait. Ce détail caractéristique s'est conservé dans un conte populaire de ce type, qui a été recueilli dans l'Inde chez les Santals et qui, sur d'autres points, est altéré (*Indian Antiquary*, 1875, p. 10). Il s'agit là d'un berger, nommé Toria, qui faisait paître ses chèvres sur le bord d'une rivière. Or, les filles du soleil avaient coutume de descendre chaque jour du ciel le long d'une toile d'araignée pour aller se baigner dans cette rivière. Voyant un jour Toria, elles l'invitent à se baigner avec elles, puis elles remontent au ciel. Toria, ayant ainsi fait connaissance avec les filles du soleil, devient au bout de quelque temps amoureux de l'une d'elles, et, pour l'obtenir, il s'avise d'une ruse. Un jour qu'il se baigne avec elles, il leur propose de jouer à qui restera le plus long-temps sous l'eau, et pendant que les filles du soleil plongent, il sort de la rivière, prend le *sârhî* (vêtement de dessus) de sa bien-aimée et s'enfuit. La jeune fille le suit jusqu'à sa maison ; Toria lui rend le sârhî et n'ose lui demander sa main, mais la jeune fille, voyant ses sœurs parties, dit à Toria qu'elle restera avec lui et sera sa femme. Malheureusement pour Toria, un mendiant, qui a été hébergé dans sa maison, vante au roi la beauté de la fille du soleil, et le roi, l'ayant vue, cherche un moyen de se débarrasser du mari pour faire de la femme « sa reine ». Il mande auprès de lui Toria et lui ordonne de creuser et de remplir d'eau, en une seule nuit, un grand étang, dont les bords doivent être plantés d'arbres ; sinon, il sera mis à mort. La femme de Toria indique à celui-ci un moyen magique d'exécuter ce travail. Ensuite le roi fait ensemencer de graine de senevé une grande plaine, et, quand tout est mûr, il commande à Toria de récolter la graine et de l'amasser en un tas ; s'il ne l'a pas fait en un jour, il mourra. La fille du soleil appelle ses colombes, et en une heure la besogne est terminée. Viennent ensuite un épisode dont nous avons donné l'analyse dans les remarques de notre n° 10, *René et son Seigneur* (I, p. 118), et une dernière partie extrê-mement bizarre et qui ne se rapporte pas au thème que nous examinons. — Il est inutile de relever dans ce conte indien les altérations qu'a subies le thème des *Jeunes filles oiseaux*, les lacunes qui s'y rencontrent et la manière toute particulière dont est amené le passage relatif aux tâches imposées au héros. .

Un autre conte populaire indien, recueilli dans le Bengale, et dont nous avons résumé tout l'ensemble à propos de notre n° 19, *le Petit Bossu* (I, p. 219), contient épisodiquement une partie du thème des *Jeunes filles oiseaux* (*Indian Antiquary*, 1875, p. 57) : Parti à la recherche de l'*apsara* (danseuse céleste) que son père a vue en songe, le prince Siva Dâs consulte un ascète qui lui dit : « Dans la forêt il y a un étang : la nuit de la pleine lune, cinq apsaras viendront s'y baigner ; elles descendront de leur char enchanté et déposeront leurs vêtements sur le bord de l'étang ; pendant qu'elles seront dans l'eau, tu prendras leurs vêtements et tu resteras caché. » Et il lui indique à quel signe il reconnaîtra l'apsara Tillottama, dont le roi a rêvé. Siva Dâs suit les instructions de l'ascète, et les apsaras s'engagent, s'il leur rend leurs vêtements, à le laisser choisir pour femme parmi elles celle qu'il voudra [1].

Un conte des Avares du Caucase (Schiefner, n° 1), que nous avons eu également à rapprocher de notre conte le *Petit Bossu* (I, p. 217), a un épisode analogue. Ce sont les trois filles du Roi de la mer qui, chaque jour, à midi, arrivent sous forme de colombes pour se baigner dans la mer. Le héros s'empare des vêtements de plumes de la plus jeune, et elle est forcée de rester sur la terre. Nous reviendrons sur cet épisode du conte avare et sur les aventures qui le suivent, dans les remarques de notre n° 73, *la Belle aux cheveux d'or*.

Dans un conte samoyède publié par M. Ant. Schiefner dans les *Ethnologische Vorlesungen über die altaischen Vœlker*, d'Alexander Castren (Saint-Pétersbourg, 1857, p. 172), une vieille dit à un jeune homme d'aller auprès d'un lac qui est au milieu d'une sombre forêt. Il y verra sept jeunes filles se baignant ; leurs vêtements seront déposés sur le bord du lac. Il faudra qu'il prenne les vêtements de l'une d'elles et les cache. Le jeune homme suit ce conseil. La jeune fille dont il a pris les vêtements le supplie de les lui rendre. « Non, » répondit-il, « car si je te les rends, tu t'envoleras de nouveau vers le ciel. » (Cette réflexion montre bien que ces vêtements sont, en réalité, un plumage.) Il finit pourtant par les lui rendre, et elle devient sa femme.

La littérature européenne du moyen-âge présente aussi ce même thème, sous une forme incomplète. Ainsi, d'après M. Liebrecht (*Zeitschrift für vergleichende Sprachforschung*, t. XVIII, p. 59), dans le poème allemand de *Frédéric de Souabe*, le héros, qui, par sa faute, a vu s'éloigner de lui la princesse Angelburge, trouve ensuite l'occasion de dérober à celle-ci, pendant qu'elle se baigne, ses vêtements de colombe, et il ne les lui rend qu'après lui avoir fait promettre de l'épouser. — Dans les *Nibelungen* (aventure 25), Hagen s'empare des vêtements de deux ondines pendant qu'elles se baignent, et il ne consent à les leur rendre que si elles lui révèlent l'avenir. — Enfin, dans l'*Edda* scandinave (*Les Eddas*, traduction de Mlle R. du Puget, 2e éd., 1865, p. 275), trois frères, fils de roi, étant à la chasse, rencontrent sur le bord d'un lac trois femmes qui filaient du lin ; « auprès d'elles étaient leurs formes de cygnes. » Ces femmes étaient des Valkyries. Les trois frères les emmènent chez eux : ils passent sept hivers ensemble ; « puis les femmes s'envolèrent pour chercher les batailles, et ne revinrent pas [2]. »

1. Dans un livre de l'Inde, le *Çatapatha Brahmana*, cité par M. Benfey (*Pantschatantra*, t. I, p. 264), l'apsara Urvâçi et ses compagnes se baignent dans un lac sous la forme de canes, et elles « se rendent visibles » au roi Pururavas, c'est-à-dire se montrent à lui sous leur forme véritable.

2. La légende suivante des îles Shetland et des Orcades (Kennedy, I, p. 122), présente une forme curieuse de ce thème : Un pêcheur aperçoit un jour deux belles femmes qui se jouent sur le bord de la mer. Non loin de lui se trouvent par terre deux peaux de phoques ; il en prend une pour l'examiner. Les deux femmes, ayant remarqué sa présence, courent vers l'endroit où étaient les peaux. L'une saisit celle qui reste, s'en revêt en un clin d'œil et disparaît dans la mer ; l'autre supplie le pêcheur de lui rendre la sienne, mais il refuse et il épouse la femme. Quelques années après, alors qu'elle a déjà deux enfants, la femme retrouve sa peau de phoque et s'enfuit avec un de ses pareils.

Ce que nous venons de dire sur le thème des *Jeunes filles oiseaux*, l'examen des formes complètes de ce thème montrera, nous le croyons, que, comme nous l'avons dit, l'épisode des « trois plumes qui se baignent », des jeunes filles mystérieuses et de leurs vêtements de plumes, n'appartenait pas originairement au thème principal du conte lorrain et des contes analogues, mais à un thème distinct, dont il constitue l'élément principal, celui auquel se rattache nécessairement toute la suite des aventures : là, en effet, on l'a vu, les vêtements de plumes ne sont pas simplement enlevés à la jeune fille, sans qu'il en soit désormais question davantage ; ils sont repris par elle, et il faut que son mari aille la chercher dans le pays où elle s'est envolée.

*
* *

Arrêtons-nous maintenant un peu sur le passage où il est question des épreuves imposées au héros. Ce trait, que nous avons rencontré dans le drame birman, dans le récit thibétain, dans le conte populaire du Bengale et dans le conte malgache, — se rattachant tous au thème des *Jeunes filles oiseaux*, — nous allons le trouver dans un conte indien du type de *Chatte Blanche*. Voici le résumé de ce conte, qui fait partie de la grande collection formée par Soma-deva de Cachemire, au XIIe siècle de notre ère, la *Kathâ-Sarit-Sâgara*, l' « Océan des Histoires » (voir la traduction anglaise de C. H. Tawney, t. I, p. 355, ou l'analyse donnée dans les Comptes rendus de l'Académie de Leipzig, 1861, p. 225 seq.) : Le jeune prince Çringabhuya arrive un jour au château d'un *râkshasa* (ogre), situé au milieu d'une forêt. Ce râkshasa, nommé Agniçikha, a une fille nommée Rûpaçikhâ. Les deux jeunes gens s'éprennent l'un de l'autre, et la fille du râkshasa déclare à son père qu'elle mourra, si celui-ci ne la donne pas pour femme au prince. Agniçikha consent au mariage, mais à la condition qu'auparavant le prince exécutera tous les ordres qu'il lui donnera. Ce que le prince a d'abord à faire, c'est de reconnaître sa bien-aimée au milieu de ses cent sœurs qui toutes lui ressemblent absolument, et de lui poser sur le front la couronne de fiancée. Rûpaçikhâ a prévu cette épreuve, et le prince sait d'avance qu'elle portera autour du front un cordon de perles. « Mon père, » lui a-t-elle dit, « ne le remarquera pas ; comme il appartient à la race des démons, il n'a pas beaucoup d'esprit. » Çringabhuya, s'étant bien tiré de cette première épreuve, reçoit ensuite l'ordre de labourer assez de terrain pour y semer cent boisseaux de sésame ; labour et semailles doivent être terminés pour le soir. Grâce à Rûpaçikhâ et à son pouvoir magique, le soir le tout se trouve fait. Alors le râkshasa exige que Çringabhuya ramasse en un tas toutes les graines qu'il vient de semer ; en un instant, Rûpaçikhâ fait venir d'innombrables fourmis, et les graines sont vite ramassées. Enfin le prince doit aller inviter au mariage le frère du râkshasa, un autre râkshasa, nommé Dhûmaçikha. Sa fiancée lui donne un cheval très rapide et divers objets magiques, et elle lui dit de s'enfuir à toute bride une fois son invitation faite. Suit l'épisode de la poursuite et des objets magiques, que nous avons étudié à propos d'un passage de notre n° 12, *le Prince et son Cheval* (I, p. 152 seq.). Le râkshasa Agniçikha, fort étonné de voir le jeune homme échappé à un si grand péril, se dit qu'il doit être un dieu et lui donne sa fille. Au bout de quelque temps, le prince désire retourner dans son pays, mais sa femme

lui conseille de quitter secrètement le château du râkshasa. Le lendemain donc,
les deux jeunes gens s'enfuient sur leur bon cheval. Bientôt Agniçikha,
furieux, se met à leur poursuite. Quand il est près d'eux, Rûpaçikhâ rend
invisibles son mari et le cheval, et elle se change elle-même en paysan; elle
prend la hache d'un bûcheron et se met à fendre du bois. Agniçikha demande
au prétendu bûcheron s'il n'a pas vu les fugitifs. « Nous n'avons vu personne, »
répond Rûpaçikhâ; « aussi bien nos yeux sont remplis de larmes à cause de
la mort du prince des râkshasas, Agniçikha, qui est trépassé aujourd'hui.
Nous sommes en train de couper du bois pour son bûcher. — Ah! malheureux, » se dit Agniçikha, « je suis donc mort! Maintenant que m'importe ma
fille? Je retourne à la maison et je vais demander à mes gens comment la
chose est arrivée. » Il retourne chez lui; mais, ses gens lui ayant dit qu'il est
encore en vie, il reprend sa poursuite. Alors sa fille se change en un messager,
tenant une lettre à la main, et quand le râkshasa lui demande des nouvelles
des fugitifs, le messager lui dit qu'il a bien d'autres choses en tête: le prince
des râkshasas Agniçikha vient d'être mortellement blessé dans une bataille et
il l'envoie en toute hâte appeler son frère auprès de lui, pour qu'il lui trans-
mette son royaume. Voilà le râkshasa de nouveau tout bouleversé; il retourne
vite à son château, où ses gens parviennent à le convaincre qu'il est en par-
faite santé; mais il renonce à poursuivre les jeunes gens, et ceux-ci arrivent
heureusement dans le pays de Çringabhuya.

Nous réservant de revenir sur quelques traits de ce curieux conte indien,
nous dirons un mot de chacune des diverses tâches imposées au jeune homme
dans notre conte.

La première se retrouve exactement dans un conte westphalien de même
type (Grimm, n° 113), où le héros reçoit l'ordre de couper une grande forêt
et n'a d'autres outils qu'une hache, un coin et une cognée de verre. Dans un
autre conte allemand (Grimm, n° 193), où notre thème et celui des *Jeunes
filles oiseaux* se mélangent très intimement, le jeune homme n'a qu'une hache
de plomb et des coins de fer-blanc, et il doit, comme dans notre conte, mettre
tout le bois en cordes. De même dans le conte de la Haute-Bretagne, où les
instruments donnés au valet sont une hache en plomb et une scie en papier.
Dans l'un des contes catalans indiqués ci-dessus (*Rondallayre*, I, p. 85);
dans le conte basque, dans le conte transylvain, le prince doit non seulement
abattre une grande forêt, mais, dans les deux premiers, y semer du blé et
faire la moisson; dans le dernier, la mettre en cordes et planter à la place une
vigne qui donne déjà du raisin. — Voir encore le conte picard mentionné plus
haut (*Mélusine*, 1877, col. 446), un conte breton du même type, assez altéré
(Luzel, 5e rapport, p. 26), un conte allemand (Müllenhoff, p. 395), le conte
grec moderne également mentionné (Hahn, n° 54) et un conte du Tyrol
allemand, du type des *Jeunes filles oiseaux* (Zingerle, I, n° 37).

En Orient, dans un conte indien de Calcutta (miss Stokes, p. 162), déjà
cité à propos de notre n° 3 (I, p. 48), une des épreuves imposées au prince
qui demande la main de la princesse Labam, est de couper en deux un
énorme tronc d'arbre avec une hache de cire. Le prince indien est aidé par la
princesse Labam, comme Jean est aidé par Chatte Blanche.

Dans le conte westphalien, l'une des tâches est, comme dans notre conte, de bâtir un château (comparer Grimm, nᵒ 186); mais il n'y est pas question du singulier moyen qu'il faut employer pour avoir la « belle flèche ». Ce bizarre passage se retrouve sous diverses formes dans plusieurs autres contes de ce type. Ainsi, dans le conte du Tyrol italien nᵒ 27 de la collection Schneller, l'enchanteur ayant ordonné au jeune homme d'enlever un rocher qui est au milieu d'un lac, sa fille indique au jeune homme ce qu'il faut faire : il prendra une épée et un seau, coupera la tête à la jeune fille et fera couler le sang dans le seau; mais il aura soin qu'il n'en tombe point par terre. Il en tombe trois gouttes; la jeune fille disparaît, mais bientôt après elle revient et dit au jeune homme que, par son inattention, il avait rendu la chose presque impossible, mais enfin elle a réussi. (Comparer le conte portugais de la collection Coelho).

Dans ce conte tyrolien, comme dans le nôtre, cet incident n'entraîne pas de conséquences pour la suite du récit. Il n'en est pas de même dans les contes dont nous allons parler. Dans un des contes catalans déjà mentionnés (*Rondallayre*, I, p. 41), le héros doit retirer un anneau du fond de la mer. Sa bien-aimée lui dit de la couper en morceaux, en prenant bien garde de rien laisser tomber par terre, et de jeter le tout à la mer. Malgré tout le soin du héros, il tombe par terre une goutte de sang. Néanmoins la jeune fille retire l'anneau. Ensuite son père dit au jeune homme qu'il lui faudra reconnaître sa fiancée entre ses deux sœurs : elles seront placées toutes les trois derrière une cloison et passeront à travers un trou le petit doigt de leur main droite (c'est tout à fait, on le voit, le drame birman). Comme, depuis que la goutte de sang est tombée par terre, il manque une phalange au petit doigt de la jeune fille, le héros n'a pas de peine à la reconnaître. (L'autre conte catalan du *Rondallayre*, I, p. 85, le conte espagnol de Séville et le conte basque sont, pour tout ce passage, à peu près identiques à ce conte.) — Le conte picard présente cet épisode d'une autre façon. Le diable ayant ordonné au jeune homme d'aller chercher un nid au sommet d'une haute tour de marbre, la fille du diable dit à son ami de la couper en morceaux, qu'il fera cuire dans une chaudière. Avec ses os il fera une échelle et il pourra grimper à la tour. Quand le jeune homme remet les os à leur place, il oublie ceux du petit doigt du pied. C'est ce qui lui permet de distinguer sa fiancée quand le diable lui dit de choisir par la nuit noire parmi ses trois filles couchées l'une près de l'autre. (Comparer le conte de la Haute-Bretagne). — Dans le conte écossais nᵒ 2 de la collection Campbell, la fille du géant fait au prince une échelle avec ses propres doigts, pour qu'il puisse dénicher un nid, et, comme elle y a perdu son petit doigt, le prince peut ensuite la distinguer entre ses deux sœurs. (Comparer le second conte écossais). — Le conte milanais cité plus haut a aussi cet épisode, mais incomplet. Le vieillard qui enseigne au jeune homme comment il devra se comporter chez le Roi du Soleil, lui dit que ce dernier lui bandera les yeux, quand il s'agira de choisir une de ses filles; il faudra que le jeune homme leur prenne à chacune les mains, et celle qui aura un doigt coupé, ce sera la plus belle.

Il y a donc à cet endroit, dans notre conte, une lacune, très facile du reste à combler. Le jeune homme, qui a les yeux bandés, reconnaît évidem-

ment la « Plume verte », en lui prenant la main, à l'os qu'il lui a mal
remis.

Dans divers autres contes, le héros doit aussi reconnaître sa fiancée ; mais
les circonstances sont différentes.

La transformation de la « Plume verte » en chatte blanche rappelle de loin
le passage du conte suédois *le Prince et Messéria* (nº 14 de la collection
Cavallius) où Messéria dit au prince, qui doit la reconnaître au milieu de ses
sœurs, métamorphosées comme elle en animaux, qu'elle sera changée en
petit chat.

*
* *

Quant au conseil donné à Jean par la « Plume verte » de ne pas accepter
la chaise que le diable lui offrira, il faut, croyons-nous, pour le comprendre,
le rapprocher d'un trait d'un autre conte suédois du même genre (Cavallius,
nº 14 B). Dans un épisode où le héros est envoyé par l'ondine chez une sorcière, sa sœur, sous prétexte d'en rapporter des cadeaux de noce (comparer
plus haut le conte indien de Somadeva), il s'abstient, d'après les conseils de
sa fiancée, de s'asseoir sur diverses chaises qui lui sont offertes ; car si l'on
s'assied sur telle ou telle chaise, on est exposé à tel ou tel danger. — Dans le
conte picard, la fille du diable recommande au jeune homme de ne pas manger
de viande et de ne pas boire de vin chez le diable ; sinon il serait empoisonné.
(Le conte suédois renferme également le conseil de ne rien manger, sous peine
de mourir.)

*
* *

Nous ne sommes pas encore au bout des altérations que présente notre
conte. Dans le passage où le diable se met à la poursuite des deux jeunes
gens, l'idée première est encore tout à fait obscurcie. Dans le thème primitif,
ce ne sont pas des personnages étrangers jusqu'alors à l'action, — casseur de
pierres, laboureur, — qui, on ne sait pourquoi, répondent au diable tout
de travers et l'amènent à renoncer à sa poursuite ; c'est l'un des deux jeunes
gens, après que, grâce au pouvoir magique de la fille du diable, ils ont pris
l'un et l'autre diverses formes, comme on l'a vu dans notre nº 9, *l'Oiseau vert*.
Ainsi, dans le conte allemand de la collection Wolf (p. 293), la fille du
diable se change en rocher et transforme le jeune homme en casseur de pierres
qui feint d'être sourd et parle de son travail et de sa misère en réponse à
toutes les questions qu'on lui adresse ; dans le conte du Tyrol italien
(Schneller, nº 27), la fille de l'enchanteur change son mari en jardin et
prend elle-même la forme d'une vieille jardinière qui répond : Achetez
de la belle salade, etc. ; puis viennent les transformations suivantes : lac et
pêcheur qui offre sa marchandise, église et prêtre qui demande à l'enchanteur
de lui servir sa messe. Voir encore un conte toscan (*Rivista di letteratura popolare*, vol. I, fasc. II, Rome, 1878, p. 83) ; les contes siciliens nºs 54 et 55
de la collection Gonzenbach, nº 15 de la collection Pitrè ; le conte picard

publié dans *Mélusine*, le conte de la Haute-Bretagne, etc. — Le conte indien de Somadeva présente cette même idée sous une forme particulière [1].

D'autres contes de ce type (conte russe, conte esthonien) ont, comme notre *Oiseau vert*, les transformations, mais non les réponses de travers.

Enfin, dans plusieurs (par exemple dans le conte écossais, le conte norwégien, le conte danois, le conte espagnol de Séville, un des contes catalans du *Rondallayre*, I, p. 41, le conte tsigane, le conte portugais n° 6 de la collection Braga, le conte des nègres de la Jamaïque), au lieu des transformations, se trouve l'épisode des objets magiques qui opposent des obstacles à la poursuite, épisode dont nous avons parlé, nous le rappelions tout à l'heure, à propos de notre n° 12, *le Prince et son Cheval*, et que nous venons de rencontrer, différemment encadré, dans le conte indien de Somadeva. — Le conte italien des Abruzzes et un autre des contes catalans (*Rondallayre*, I, p. 85) présentent successivement l'épisode des transformations et celui des objets magiques.

*
* *

Vers la fin de *Chatte Blanche*, la défense faite à Jean par la « Plume verte » de se laisser embrasser par ses parents, sous peine de perdre sa beauté, amène un épisode qui semble assez inutile. C'est que, là aussi, la donnée primitive est altérée. Dans les contes de ce type où elle a été fidèlement conservée, quand le jeune homme va revoir ses parents, sa fiancée le supplie de ne se laisser embrasser par personne ; sinon, il l'oubliera et l'abandonnera. Sa mère ou une autre femme l'ayant embrassé pendant qu'il n'y prend pas garde, les choses arrivent, en effet, comme la jeune fille l'a prédit, et le jeune homme est au moment d'en épouser une autre, quand la vraie fiancée trouve moyen de mettre fin à cet oubli (souvent en faisant paraître devant lui deux oiseaux enchantés qui, par les paroles qu'ils échangent entre eux, réveillent ses souvenirs). Voir, parmi les contes ci-dessus mentionnés, le conte bas-breton, le conte écossais, les contes allemands de la collection Müllenhoff et de la collection Wolf, le conte basque, le conte espagnol de Séville, le conte du Tyrol italien, le conte toscan, le conte italien des Abruzzes, les contes siciliens n°s 14 et 54 de la collection Gonzenbach, le conte grec moderne n° 54 de la collection Hahn, et, de plus, deux autres contes grecs (B. Schmidt, n°s 5 et 12), deux contes italiens de Rome (Busk, p. 8), un conte sicilien (Pitrè, n° 13). — Comparer aussi le conte portugais n° 6 de la collection Braga.

*
* *

La fin de notre conte est encore défigurée. La forme véritable se trouve, par exemple, dans le conte suédois n° 14 B de la collection Cavallius : Trois seigneurs font à Singorra, la fiancée oubliée, réfugiée chez de pauvres gens, des propositions déshonnêtes. Elle les laisse venir chacun une nuit, l'un après l'autre, et dit au premier qu'elle a oublié de fermer sa fenêtre ; au

---

1. Un conte toscan (V. Imbriani. *La Novellaja Fiorentina*, p. 403) offre, dans un passage analogue, la même altération que notre conte. — Cf. un conte grec moderne (Hahn, n° 41, p. 248 du 1er volume).

second , que sa porte est restée ouverte ; au troisième , que son veau n'est pas enfermé. Ils s'offrent à aller fermer l'un la fenêtre , l'autre la porte , le troisième à enfermer le veau ; mais , par l'effet magique de quelques paroles prononcées par Singorra , ils restent attachés , l'un à la porte , l'autre à la fenêtre , l'autre au veau , et passent la nuit la plus désagréable. — Cet épisode existe dans les contes suivants de ce type : le conte sicilien n⁰ 55 de la collection Gonzenbach , le conte norwégien , les deux contes islandais , le conte écossais , les contes allemands p. 395 de la collection Müllenhoff et n⁰ 8 de la collection Curtze , le conte du Tyrol italien , le conte toscan , le conte espagnol de Séville , les contes portugais n⁰ 4 de la collection Consiglieri-Pedroso et n⁰ 6 de la collection Braga , le conte basque , le conte de la Basse-Bretagne et le conte picard. Daus ces quatre derniers , il est altéré , surtout dans le conte picard , où il est presque méconnaissable. Comparer encore un conte irlandais (Kennedy , I , p. 63) , un conte allemand résumé par Guillaume Grimm (t. III , p. 330), et aussi (*ibid.* p. 154) un autre conte allemand (variante du n⁰ 88 de la collection Grimm). — Dans un conte de la Haute-Bretagne (Sébillot , I , n⁰ 16) , cet épisode forme à peu près tout le conte à lui seul.

*
* *

Au XVIIᵉ siècle, Basile insérait dans son *Pentamerone* (n⁰ˢ 17 et 29) deux contes du genre de *Chatte Blanche*. Dans le premier se trouve l'épisode des tâches , parmi lesquelles celle de fendre et scier un tas énorme de bois , et aussi l'épisode de la fiancée oubliée et de la colombe qui reproche cet oubli au prince , comme dans les contes indiqués plus haut. Dans le second , l'oubli seulement et l'aventure des trois seigneurs mystifiés.

*
* *

Il semble naturellement indiqué de rapprocher de notre conte l'idée générale du mythe grec de Jason et Médée , qui , du reste , a bien l'air d'un conte populaire : Jason , pour obtenir la toison d'or , doit accomplir plusieurs travaux ; Médée , fille de celui qui les lui a imposés , vient à son secours par des moyens magiques. Ils s'enfuient ensemble et échappent à la poursuite du père de Médée. Plus tard , — bien des années après , il est vrai , et tout à fait de gaîté de cœur, — Jason abandonne sa libératrice (*Apollodori Bibliotheca* , I , 9 , 23 seq.).

XXXIII

LA MAISON DE LA FORÊT

Il était une fois un soldat, nommé La Ramée. Il dit un jour à son capitaine qu'il voulait aller parler au roi. Le capitaine lui accorda un congé de quelques jours, et La Ramée se mit en route. Il avait déjà fait une quarantaine de lieues, lorsqu'il retourna sur ses pas. « Te voilà revenu de ton voyage ? » lui dit le capitaine. — « Non, » répondit La Ramée ; « c'est que j'ai oublié ma ration de pain et deux liards qui me sont dus. — Au lieu de deux liards, » dit le capitaine, « je vais te donner deux sous. » La Ramée mit les deux sous dans sa poche, le pain dans son sac, et reprit le chemin de Paris.

Comme il traversait une grande forêt, il rencontra un chasseur. « Bonjour, » lui dit-il, « où vas-tu ? — Je vais à tel endroit. — Moi aussi. Veux-tu faire route avec moi ? — Volontiers, » dit le chasseur.

La nuit les surprit au milieu de la forêt ; ils finirent par trouver une maison isolée où ils demandèrent un gîte. Une vieille femme qui demeurait dans cette maison avec une petite fille leur dit d'entrer et leur donna à souper. Pendant qu'ils mangeaient, l'enfant s'approcha de La Ramée et lui dit de se tenir sur ses gardes, parce que cette maison était un repaire de voleurs.

Après le souper, le chasseur, qui n'avait rien entendu, paya tranquillement l'écot, et laissa voir l'or et l'argent qu'il avait dans sa bourse. Puis la vieille les fit monter dans une chambre haute. Le chasseur se coucha et fut bientôt endormi ; mais La Ramée, qui était prévenu, poussa une armoire contre la porte pour la barricader.

Au milieu de la nuit, les voleurs arrivèrent. La vieille leur dit qu'il se trouvait là un homme très riche et qu'ils pourraient faire un bon coup. Mais, quand ils essayèrent d'enfoncer la porte, ils ne purent y parvenir. Ils dressèrent alors une échelle contre la fenêtre de la chambre, et La Ramée, qui était aux aguets, entendit l'un d'eux demander dans l'obscurité : « Tout est-il prêt ? — Oui, » dit La Ramée.

Le voleur grimpa à l'échelle, et, comme il avançait la tête dans la chambre, La Ramée la lui abattit d'un coup de sabre. Un second voleur vint ensuite et eut le même sort ; puis un troisième, et ainsi des autres jusqu'à huit qu'ils étaient. Quand La Ramée eut fini, il voulut compter les têtes coupées ; mais, comme il faisait sombre, il crut qu'il y en avait neuf. « Bon ! » dit-il, « voilà que j'ai tué mon compagnon avec les autres ! » Cependant il chercha partout, et finit par trouver le chasseur sous le lit, où il était blotti, plus mort que vif.

Le lendemain matin, La Ramée jeta la méchante vieille dans un grand feu et fit un beau cadeau à la petite fille. La maison était pleine d'or et d'argent, mais il n'en fut pas plus riche : le chasseur avait tout empoché. La Ramée lui dit adieu et continua son voyage.

Arrivé à Paris, il entra dans un beau café pour se rafraîchir. Quand il voulut payer, on lui dit qu'il ne devait rien. « Tant mieux ! » se dit-il ; « c'est autant de gagné. » Il entra plus loin dans un autre café, et, après qu'il se fut bien régalé, on lui dit encore qu'il ne devait rien. « Voilà qui va bien, » pensa La Ramée ; « qu'il en soit toujours ainsi ! » Il alla se loger à l'hôtel des princes, et, là encore, il n'eut rien à payer.

Pendant qu'il était à réfléchir sur son aventure, il vint à penser au chasseur qui avait pris tout l'argent dans la maison de la forêt. « Ah ! » dit-il, « que je le rencontre, ce gredin-là, et je lui en ferai voir de belles ! »

Au même instant, une porte s'ouvrit et le chasseur parut devant lui.

« Attends, coquin, » cria La Ramée, « que je te tue ! »

Le chasseur s'esquiva ; mais, quelques instants après, il revint, vêtu en prince. « Ah ! sire, » lui dit La Ramée, « je vous demande pardon, je ne savais pas qui vous étiez. » Le roi lui dit : « Tu m'as sauvé la vie ; en récompense je te donne ma sœur en mariage. » La Ramée ne se fit pas prier, et les noces eurent lieu le jour même.

REMARQUES

Ce petit conte se retrouve en Allemagne et en Vénétie.

Comparer d'abord, dans la collection Wolf (*Deutsche Hausmærchen*), le conte allemand p. 65. Un soldat qui a déserté rencontre dans une forêt un chasseur et arrive avec lui dans un repaire de brigands. Il se fait passer, lui et son compagnon, pour des voleurs d'une autre bande et trouve moyen de tuer les brigands par surprise. Son compagnon s'est caché pendant le combat ; le soldat le raille de sa poltronnerie. Arrivé seul à la capitale du pays, il voit avec étonnement tous les factionnaires lui présenter les armes. Le roi, à qui il va demander du service, le reçoit fort bien et se fait reconnaître à lui pour le chasseur de la forêt. Le soldat se confond en excuses. Finalement, il est nommé colonel dans la garde du roi et devient bientôt feld-maréchal.

La collection Grimm renferme un conte tout à fait du même genre (no 199). Comparer aussi un troisième conte allemand, no 10 de la collection Simrock.

Dans le conte italien de Vénétie (Widter et Wolf, no 7), Beppo Pipetta, soldat du roi d'Ecosse, s'en allant en congé chez ses parents, rencontre sur une montagne le roi qui faisait un voyage à pied. Se doutant que c'est un grand personnage, Beppo s'offre à l'accompagner. Ils entrent ensemble dans une auberge mal famée, dont l'hôte les prévient que le soir il doit venir des brigands. Beppo mange le dîner des brigands ; puis on conduit les deux compagnons dans une chambre haute. Arrivent les brigands. Beppo, qui est resté aux aguets, tue un des hommes envoyés à la découverte, puis un second, un troisième, un quatrième. Restent trois brigands qui se présentent à leur tour. Beppo casse la tête à l'un d'un coup de pistolet et couche par terre les deux autres d'un coup d'épée. Le roi se sépare amicalement de Beppo, qui s'en va dans sa famille et revient ensuite à son régiment. A peine de retour à la caserne, il est mandé auprès du roi. Dans la salle d'audience il trouve le seigneur, son ancienne connaissance. « Que faites-vous ici ? » lui demande-t-il. — « Je suis appelé auprès du roi. — Moi aussi, » dit Beppo. Le seigneur se retire, et bientôt Beppo est introduit auprès du roi qui le reçoit en grand appareil, avec sa couronne et son manteau royal, et l'interroge sur l'affaire des brigands. Il lui demande, entre autres choses, s'il a des témoins. « Oui, sire, » répond Beppo, qui ne le reconnaît pas. « J'ai pour témoin un seigneur qui doit être en bas dans le palais. — Ce n'est pas vrai, » dit le roi, « car le voici devant vous. » Le roi récompense généreusement Beppo.

XXXIV

POUTIN & POUTOT

Ç'ataut Poutin et Poutot que faïaint ménage assane. Ain joû î s'disèrent :

« J'allons allée â fraises. »

Lo v'là partis â fraises. Poutot ataut bé pû hébéle [1] à maingée que Poutin. Qua î feut plein, î li disé :

« A ct' heuoure, veux-tu rev'né ?

— Niant, je n'veume rev'né que je n'fû aouss' plein qu'té.

— Eh bé ! j'ma vas dére aou leuou de te v'né maingée.

« Leuou, va-t'a maingée Poutin. Poutin n'veume rev'né que n'fû aouss' plein qu'mé.

— I n'm'é rin fâ, je n'li veux rin faiïre.

— Eh bé ! j'm'a vas dére aou p'tiot ché de te v'né abaïée.

C'étaient Poutin et Poutot, qui faisaient ménage ensemble. Un jour ils se dirent :

« Nous allons aller aux fraises. »

Les voilà partis aux fraises. Poutot allait bien plus vite à manger que Poutin. Quand il fut plein, il lui dit :

« Maintenant, veux-tu revenir ?

— Non, je ne veux revenir que je ne sois aussi plein que toi.

— Eh bien ! je m'en vais dire au loup de te venir manger.

« Loup, va-t'en manger Poutin. Poutin ne veut revenir qu'il ne soit aussi plein que moi.

— Il ne m'a rien fait, je ne lui veux rien faire.

— Eh bien ! je m'en vais dire au petit chien de te venir aboyer.

---

1. Etait bien plus habile.

« P'tiot ché, va-t'a abaïée le leuou : le leuou n'veume maingée Poutin ; Poutin n'veume rev'né que n'fû aouss' plein qu'mé.

— I n'm'é rin fâ, je n'li veux rin faiïre.

— Eh bé ! j'm'a vas dére aou bâton de te v'né batte.

« Bâton, va-t'a batte le p'tiot ché : le p'tiot ché n'veume abaïée le leuou ; le leuou n'veume maingée Poutin ; Poutin n'veume rev'né que n'fû aouss' plein qu'mé.

— I n'm'é rin fâ, je n'li veux rin faiïre.

— Eh bé ! j'm'a vas dére aou feuil de te v'né brûlée.

« Feuil, va-t'a brûlée l'bâton : l'bâton n'veume batte le p'tiot ché ; le p'tiot ché n'veume abaïée le leuou ; le leuou n'veume maingée Poutin ; Poutin n'veume rev'né que n'fû aouss' plein qu'mé.

— I n'm'é rin fâ, je n'li veux rin faiïre.

— Eh bé ! j'm'a vas dére à lé rivère de te v'né doteindre.

« Rivère, va-t'a doteindre l'feuil : l'feuil n'veume brûlée l'bâton ; l'bâton n'veume batte le p'tiot ché ; le p'tiot ché n'veume abaïée le leuou ; le leuou n'veume maingée Poutin ;

« Petit chien, va-t'en aboyer le loup : le loup ne veut manger Poutin ; Poutin ne veut revenir qu'il ne soit aussi plein que moi.

— Il ne m'a rien fait, je ne lui veux rien faire.

— Eh bien ! je m'en vais dire au bâton de te venir battre.

« Bâton, va-t'en battre le petit chien : le petit chien ne veut aboyer le loup ; le loup ne veut manger Poutin ; Poutin ne veut revenir qu'il ne soit aussi plein que moi.

— Il ne m'a rien fait, je ne lui veux rien faire.

— Eh bien ! je m'en vais dire au feu de te venir brûler.

« Feu, va-t'en brûler le bâton : le bâton ne veut battre le petit chien ; le petit chien ne veut aboyer le loup ; le loup ne veut manger Poutin ; Poutin ne veut revenir qu'il ne soit aussi plein que moi.

— Il ne m'a rien fait, je ne lui veux rien faire.

— Eh bien ! je m'en vais dire à la rivière de te venir éteindre.

« Rivière, va-t'en éteindre le feu : le feu ne veut brûler le bâton ; le bâton ne veut battre le petit chien ; le petit chien ne veut aboyer le loup ; le loup ne veut manger Poutin ;

Poutin n'veume rev'né que n'fû aouss' plein qu'mé.

— I n'm'é rin fâ, je n'li veux rin faiïre.

— Eh bé! je m'a vas dére aou bieu de te v'né boueïre.

« Bieu, va-t'a boueïre lé rivère : lé rivère n'veume doteindre l'feuil; l'feuil n'veume brûlée l'bâton; l'bâton n'veume batte le p'tiot ché; le p'tiot ché n'veume abaïée le leuou; le leuou n'veume maingée Poutin; Poutin n'veume rev'né que n'fû aouss' plein qu'mé.

— Elle n'm'é rin fâ, je n'li veux rin faiïre.

— Eh bé! je m'a vas dére aou boucher de te v'né tiée.

« Boucher, va-t'a tiée l'bieu : le bieu n'veume boueïre lé rivère; lé rivère n'veume doteindre l'feuil; l'feuil n'veume brûlée l'bâton; l'bâton n'veume batte le p'tiot ché; le p'tiot ché n'veume abaïée le leuou; le leuou n'veume maingée Poutin; Poutin n'veume rev'né que n'fû aouss' plein qu'mé. »

Le boucher tié l'bieu, l'bieu beuvé lé rivère, lé rivère dotcindé l'feuil, l'feuil brûlé l'bâton, l'bâton batté le p'tiot ché, le p'tiot ché abaïé le leuou, le leuou maingé Poutin, et tourtout feut fâ.

Poutin ne veut revenir qu'il ne soit aussi plein que moi.

— Il ne m'a rien fait, je ne lui veux rien faire.

— Eh bien! je m'en vais dire au bœuf de te venir boire.

« Bœuf, va-t'en boire la rivière : la rivière ne veut éteindre le feu; le feu ne veut brûler le bâton; le bâton ne veut battre le petit chien; le petit chien ne veut aboyer le loup; le loup ne veut manger Poutin; Poutin ne veut revenir qu'il ne soit aussi plein que moi.

— Elle ne m'a rien fait, je ne lui veux rien faire.

—Eh bien! je m'en vais dire au boucher de te venir tuer.

« Boucher, va-t'en tuer le bœuf : le bœuf ne veut boire la rivière; la rivière ne veut éteindre le feu; le feu ne veut brûler le bâton; le bâton ne veut battre le petit chien; le petit chien ne veut aboyer le loup; le loup ne veut manger Poutin; Poutin ne veut revenir qu'il ne soit aussi plein que moi. »

Le boucher tua le bœuf, le bœuf but la rivière, la rivière éteignit le feu, le feu brûla le bâton, le bâton battit le petit chien, le petit chien aboya le loup, le loup mangea Poutin, et tout fut fini.

REMARQUES

Un conte suisse de la Gruyère (*Romania*, 1875, p. 232) met en scène des personnages analogues à ceux de notre conte, et commence à peu près de la même manière ; mais bientôt il s'en écarte beaucoup plus que certains autres contes dont l'introduction est différente. Voici le commencement de ce conte : « Pelon et Peluna sont allés aux framboises ; ils ont regardé lequel serait le plus vite plein. Peluna a été pleine avant Pelon ; Pelon n'a pas pu aller à sa maison. » Alors on va chercher un char pour mener Pelon ; le char ne veut pas mener Pelon ; le cheval ne veut pas traîner le char, ni le pieu battre le cheval, ni le feu brûler le pieu, ni l'eau éteindre le feu, ni la souris boire l'eau, ni le chat manger la souris, ni le chien manger le chat ; mais le loup veut bien manger le chien, et alors les autres personnages consentent à la file à faire ce qu'on leur demandait.

Un conte de l'Allemagne du Nord (Kuhn et Schwartz, nᵒ 16) s'écarte de notre conte pour l'introduction, mais s'en rapproche pour tout le reste : Une femme a un petit chien et un *hippel* (?) ; elle veut aller à la foire et dit au *hippel* de rester à la maison ; il ne veut pas. Alors la femme dit au chien de le mordre. Entrent ensuite successivement dans l'action le *bâton*, le *feu*, l'*eau*, le *bœuf*, le *boucher*. C'est bien, comme on voit, la même série que celle de notre conte, moins le *loup*, qui est en tête dans le conte de Montiers. — D'autres contes, qui, pour la plupart, n'ont pas non plus le loup, ajoutent un dernier chaînon : le *juge,* qui veut bien pendre ou battre le boucher (voir une chanson parisienne, citée par M. Gaston Paris, *Romania*, 1872, p. 220, et un conte hongrois de la collection Gaal-Stier, nᵒ 20). Ailleurs, au lieu du juge, c'est le *bourreau* (conte alsacien, *Elsæssisches Volksbüchlein* d'Aug. Stœber, 1ʳᵉ éd., Strasbourg, 1842, p. 93 ; conte souabe de la collection Meier, nᵒ 82 ; conte de Saxe-Meiningen, cité par M. R. Kœhler, *Germania*, t. V, 1860, p. 466), ou bien c'est le *soldat* (conte vénitien : Bernoni, *Tradizioni*, p. 72), ou le *diable* (variante du conte souabe, *op. cit.*, p. 317, et chanson vosgienne, citée par M. G. Paris, *loc. cit.*), ou enfin la *Mort* (chanson bourguignonne, *Romania*, 1872, p. 219).

Dans un conte portugais (Coelho, nᵒ 4), cette série de personnages est rattachée à une autre série préliminaire. Un singe a laissé tomber un grain de grenade au pied d'un olivier ; à cette place pousse bientôt un grenadier. Alors le singe va trouver le propriétaire de l'olivier et lui dit de l'arracher pour permettre au grenadier de pousser. Sur son refus, le singe va trouver le juge ; le juge refusant d'obliger l'homme à arracher son olivier, le singe va trouver le roi, pour qu'il fasse marcher le juge ; puis la reine, pour qu'elle se brouille avec le roi ; puis le rat, pour qu'il aille ronger les jupes de la reine ; puis le chat, pour qu'il mange le rat ; le *chien*, pour qu'il morde le chat ; le *bâton*, le *feu*, l'*eau*, le *bœuf*, le *boucher* et enfin la *mort*, comme dans la chanson bourguignonne mentionnée plus haut [1].

---

[1]. Un conte espagnol, publié par M. Antonio Machado y Alvares dans la revue *la Enciclopedia* (Séville, livraison du 30 octobre 1880, p. 629), a une introduction analogue à celle du conte portugais : Une petite fille achète des pois grillés ; pendant qu'elle les mange à une fenêtre donnant sur le

Dans tout un groupe de contes, après le *bœuf*, vient une série différente de personnages. Ainsi, dans un conte sicilien (Pitrè, n° 131), une petite fille, Pitidda, ne voulant pas aller balayer la maison, sa mère appelle successivement le loup, le chien, le gourdin, le feu, l'eau, la vache; puis la *corde*, pour étrangler la vache; la *souris*, pour ronger la corde, et enfin, le *chat*, pour manger la souris. Un conte provençal (*Revue des langues romanes*, t. IV, 1873, p. 114), conduit cette même série jusqu'au *lien* et finit brusquement; un conte languedocien de l'Hérault (*ibid.*, p. 112) a la série complète, mais il intercale assez bizarrement, entre le chien et le bâton, le poulet, qui veut piquer le chien, et le renard, qui veut manger le poulet. Dans un conte allemand (Müllenhoff, n° 30), on s'adresse successivement au chien, au bâton, au feu, à l'eau, au bœuf, au lien, à la souris et finalement au chat. De même dans un conte flamand et dans un conte de la Frise septentrionale, cités par M. Kœhler (*loc. cit.*, p. 465 et 466). — Un conte toscan (V. Imbriani, *la Novellaja fiorentina*, n° 40), un conte du pays napolitain (V. Imbriani, *Conti pomiglianesi*, p. 232) et un conte flamand (n° 6 des contes flamands traduits par M. F. Liebrecht dans la revue *Germania*, année 1868), ne commencent leur série qu'au bâton, mais la poursuivent exactement comme les précédents.

Il faut ajouter à ce groupe de contes un conte anglais de la collection Halliwell, analysé par M. G. Paris (*loc. cit.*, p. 221) : ici, la corde intervient pour pendre le boucher et non pour lier ou étrangler le bœuf. Même chose dans deux contes allemands cités par M. Kœhler (*loc. cit.*, p. 465). Comparer un conte norwégien de la collection Asbjœrnsen (*Tales of the Fjeld*, p. 238) : pour faire rentrer une chèvre au logis, on met en mouvement le renard, le loup, l'ours, le Finnois (pour tirer sur l'ours), le pin (pour tomber sur le Finnois), le feu, l'eau, le bœuf, le joug, la hache, le forgeron, la *corde*, la *souris*, le *chat*. Dans ce dernier conte et dans le conte anglais, le chat ne consent à manger la souris qui si on lui donne du lait, et, — dans le conte anglais, — la vache ne donne son lait que si la vieille lui apporte une botte de foin. Cette fin, comme M. G. Paris l'a fait remarquer très justement, est empruntée à un conte appartenant à un genre analogue de poésie populaire et que nous avons étudié à l'occasion de notre n° 29, *la Pouillotte et le Coucherillot*.

Un conte russe (Gubernatis, *Zoological Mythology*, t. I, p. 405) nous offre une forme particulière du conte qui nous occupe : La chèvre ne voulant pas revenir du bois, le bouc envoie après elle le loup, puis l'ours après le loup, les hommes après l'ours, le chêne après les hommes, la hache après le chêne, la pierre à aiguiser après la hache, le feu après la pierre à aiguiser, l'eau après le feu, et enfin l'ouragan après l'eau.

D'après M. Kœhler et M. Liebrecht, un conte de cette famille existe

jardin du roi, le dernier de ses pois tombe près d'un poirier. La petite fille ne pouvant le retrouver, dit au jardinier d'arracher le poirier, pour qu'elle puisse chercher son pois. Comme il refuse, elle dit au chien de le mordre, puis au taureau de donner un coup de corne au chien, au lion de tuer le taureau, au roi d'envoyer tuer le lion, et enfin, à la reine de se fâcher contre le roi. La reine y consent, et alors, pour avoir la paix, le roi envoie des gens pour tuer le lion, etc. Cette série, qui n'est pas sans analogie avec la série préliminaire du conte portugais, ne se trouve, croyons-nous, nulle part en dehors de ce conte espagnol.

également chez les Grecs modernes. M. Kœhler (*loc. cit.*, p. 467) renvoie à
Sanders, *Volksleben der Neugriechen* (Mannheim, 1844, p. 56 et 94), et
M. Liebrecht à Passow, Τραγούδια Ῥωμαϊκά, nᵒˢ 273-276.

Un détail pour terminer cette revue des contes européens de ce genre actuelle-
lement vivants. Dans le conte alsacien mentionné plus haut, nous avons
retrouvé la formule du conte lorrain : « Il ne m'a rien fait, je ne lui veux
rien faire. »

*
* *

Dans un livre de la première moitié du siècle dernier, le *Neu-vermehrtes Berg-
Lieder-Büchlein*, a été insérée une sorte de chanson où se retrouve notre
thème (*Germania*, t. V, 1860, p. 463) : Le fermier envoie Jæckel couper les
orges ; Jæckel ne veut pas couper les orges, il aime mieux rester à la maison.
Le fermier envoie son valet chercher Jæckel, puis le chien mordre le valet.
Suit la série : gourdin, feu, eau, bœuf, boucher, diable, sorcière (pour
chasser le diable), bourreau (pour brûler la sorcière), et enfin docteur (pour
tuer le bourreau !).

M. Antonio Machado y Alvares, dans un travail que nous avons cité plus
haut, rappelle un passage de *Don Quichotte*, dans lequel Cervantès fait
évidemment allusion à un conte de ce genre : « Et comme on a coutume de
dire : *le chat au rat, le rat à la corde, la corde au bâton*, le muletier tapait sur
Sancho, Sancho sur la servante, la servante sur lui, l'hôtelier sur la servante. » (*Don Quichotte*, partie I, chap. 16.)

*
* *

Il est un rapprochement curieux, qui a déjà été fait plusieurs fois, notamment par M. Gaston Paris, dans la *Romania* (1872, p. 222). Les contes et
chansons appartenant au thème que nous étudions ont un grand rapport avec
un chant hébraïque qui, chez les Juifs de divers pays, se récite ou se chante le
second soir de la Pâque, avant qu'on ne se retire, et qui figure dans certains
manuscrits, — assez récents, il est vrai [1], — du *Sepher Haggadah*, sorte de
rituel contenant les hymnes et récits que les Juifs lisent et chantent en famille
lors de la fête de la Pâque. M. G. Paris a donné, d'après M. Darmesteter, une
traduction de ce chant, faite sur le texte hébraïque ; la voici :

« Un chevreau, un chevreau, que mon père a acheté pour deux *zuz* (monnaie talmudique de peu de valeur). — Un chevreau, un chevreau !

« Et est venu le chat, et a mangé le chevreau que mon père a acheté pour
deux zuz. — Un chevreau, un chevreau !

« Et est venu le chien, et a mordu le chat qui a mangé le chevreau que
mon père, etc.

« Et est venu le bâton, et a battu le chien qui a mordu, etc.

« Et est venu le feu, et a brûlé le bâton qui a battu, etc.

« Et est venue l'eau, et a éteint le feu qui a brûlé, etc.

« Et est venu le bœuf, et a bu l'eau qui a éteint, etc.

---

1. Ces manuscrits ne remontent pas au delà de la fin du XVIᵉ siècle.

« Et est venu le boucher, et a tué le bœuf qui a bu, etc.

« Et est venu l'Ange de la mort, et a tué le boucher qui a tué, etc.

« Et est venu le Saint (béni soit-il !), et a tué l'Ange de la mort qui a tué le boucher qui a tué le bœuf qui a bu l'eau qui a éteint le feu qui a brûlé le bâton qui a battu le chien qui a mordu le chat qui a mangé le chevreau que mon père a acheté pour deux zuz. — Un chevreau, un chevreau ! »

Le *Magasin pittoresque* a publié, dès 1843, dans un article sur les *Mœurs israélites de la Lombardie* (t. XI, p. 267), la traduction d'une version de ce chant recueillie chez les Juifs de Ferrare, et qui, paraît-il, se récitait en dialecte ferrarais dans les communautés juives de toute la Lombardie [1].

Ce chant juif avec sa série : *chat, chien, bâton, feu, eau, bœuf, boucher, ange de la mort* et *saint*, se rattache bien évidemment aux contes que nous avons examinés, et, pour préciser, au premier groupe de ces contes, celui dont fait partie le conte lorrain. Mais est-ce de là qu'il dérive, ou ces contes viendraient-ils eux-mêmes du chant juif, comme M. G. Papanti, par exemple, l'affirmait encore, en 1877, dans ses *Novelline popolari livornesi* ? Nous n'hésitons pas à affirmer, avec M. Gaston Paris, que cette dernière hypothèse n'est pas soutenable. M. G. Paris fait remarquer que « la forme hébraïque ne mentionne pas la résistance opposée par chacun des personnages de ce petit drame. » « Or, » ajoute-t-il, « cette résistance est le vrai sujet de la pièce, et il est peu probable qu'on l'ait ajoutée après coup à une traduction du chant juif. Il faudrait que cette altération fût bien ancienne, et il serait bien surprenant qu'aucune version française de la forme primitive ne se fût conservée [2]. Au contraire, on peut très bien comprendre qu'un juif, ayant entendu chanter

---

1. Nous croyons intéressant de reproduire ici une version provençale, mêlée d'hébreu, de ce même chant, qui se transmet traditionnellement chez les juifs du midi de la France (*Chansons hébraïco-provençales des Juifs comtadins*, réunies et transcrites par E. Sabatier. Nimes, 1874, p. 7) :

« Un cabri, un cabri, qu'avié acheta moun pèro un escu, dous escus. — Had gadya ! Had gadya ! (Un chevreau ! un chevreau !)

« Es vengu lou cat qu'a manja lou cabri qu'avié acheta moun pèro, un escu, dous escus. — Had gadya ! Had gadya !

» Es vengu lou chin qu'a mourdu lou cat, qu'avié manja lou cabri, etc.

« Es vengu la vergo qu'a pica lou chin qu'avié mourdu lou cat, etc.

« Es vengu lou fio qu'a brula la vergo qu'avié pica lou chin, etc.

« Es vengu l'aïgo qu'a amoussa lou fio qu'avié brula la vergo, etc.

« Es vengu lou biooù qu'a begu l'aïgo qu'avié amoussa lou fio, etc,

« Es vengu lou *chohet* (le boucher) qu'a *chahata* (qui a tué) lon biooù qu'avié begu l'aïgo, etc.

« Es vengu lou *malach hammaveth* (l'Ange de la mort) qu'a *chahata* lou *chohet* qu'avié *chahata* lou biooù, etc.

« Es vengu *hakkadosch barouch* (le Saint, béni soit-il !) qu'a *chahata* lou *malach hammaveth* qu'avié *chahata* lou *chohet*, qu'avié *chahata* lou biooù qu'avié begu l'aïgo, qu'avié amoussa lou fio qu'avié brula la vergo, qu'avié pica lou chin qu'avié mourdu lou cat, qu'avié manja lou cabri qu'avié acheta moun pèro un escu, dous escus. — Had gadya ! Had gadya ! »

2. Nous dirons, — ce qui rend encore plus fort le raisonnement de M. G. Paris, — aucune version *d'aucun pays*. Pour un observateur superficiel, le conte provençal et le conte languedocien, que nous avons mentionnés ci-dessus, pourraient au premier abord paraître reproduire la forme hébraïque. Il n'y est pas, en effet, parlé de résistance des divers personnages : « Le loup vient qui voulait manger la chèvre », puis le chien « qui voulait mordre le loup », etc. Mais il y a là, certainement, une altération, ainsi que le montre l'introduction où l'on dit à la chèvre de sortir d'un champ de mil qu'elle mange. Evidemment, dans la forme primitive, on appelait le loup contre la chèvre, puis le chien contre le loup, etc. D'ailleurs, — et ceci est décisif, — la fin de ces deux contes, avec la série *lien, souris, chat*, les rattache précisément au groupe de contes qui s'éloigne le plus du chant juif et dont nous ferons connaître tout à l'heure une forme orientale.

cette chanson singulière, y ait découvert un sens allégorique et l'ait adaptée,
en en retranchant la circonstance inutile (à son point de vue) de la résistance
des différents êtres qui y figurent, à l'expression symbolique des destinées de
sa nation. »

*
* *

Du reste, ce n'est pas seulement en Europe qu'on a recueilli des contes de
ce type ; on en a constaté l'existence à la source même d'où se sont répandus
dans le monde entier tant de contes de tout genre ; nous en avons un spécimen
indien. Mais, avant de le faire connaître, il faut dire quelques mots d'un
conte kabyle et d'un conte qui a été recueilli dans l'Afrique australe, chez les
Hottentots.

Dans le conte hottentot (voir dans la *Zeitschrift für Vœlkerpsychologie und
Sprachwissenschaft*, t. V, 1868, p. 63, l'analyse donnée par M. F. Liebrecht,
d'après un livre anglais de M. H. Bleek), un tailleur se plaint au singe de ce
que la souris mange ses habits. Le singe envoie le chat mordre la souris ; puis
le chien mordre le chat, le bâton battre le chien, le feu brûler le bâton, l'eau
éteindre le feu, l'éléphant boire l'eau, et enfin la fourmi piquer l'éléphant,
qui se décide alors à boire l'eau, etc.

Le conte ou plutôt l'espèce de chanson kabyle (J. Rivière, p. 137) est
ainsi conçu : « Viens, petit enfant, tu dîneras. — Je ne dînerai pas. — Viens,
bâton, tu frapperas l'enfant. — Je ne le frapperai pas. — Viens, feu, tu
brûleras le bâton. — Je ne le brûlerai pas. — Viens, eau, tu éteindras le feu.
— Je ne l'éteindrai pas. — Viens, bœuf, tu boiras l'eau. — Je ne la boirai
pas. — Viens, couteau, tu égorgeras le bœuf. — Je ne l'égorgerai pas. —
Viens, forgeron, tu briseras le couteau. — Je ne le briserai pas. — Viens,
courroie, tu lieras le forgeron. — Je ne le lierai pas. — Viens, rat, tu ronge-
ras la courroie. — Je ne la rongerai pas. — Viens, chat, tu mangeras le rat.
— Apporte-le ici. — Pourquoi me manger ? dit alors le rat, apporte la courroie, je la rongerai. — Pourquoi me ronger ? dit la courroie, amène le forgeron, je le lierai..... Pourquoi me frapper ? dit l'enfant (au bâton), apporte
mon dîner, je le mangerai. »

Voici maintenant le conte indien, emprunté à la *Bombay Gazette* par la *Calcutta Review* (t. LI, 1870, p. 116) : « Il était une fois un petit oiseau qui,
en passant à travers les bois, ramassa un pois et le porta au *barbhunja* (?)
pour le casser ; mais le malheur voulut qu'une moitié du pois restât engagée
dans l'emboîture de la manivelle du moulin à bras, et le barbhunja ne put
parvenir à la retirer. Le petit oiseau s'en alla trouver le charpentier et lui dit :
« Charpentier, charpentier, venez couper la manivelle du moulin à bras : mon
pois est engagé dans la manivelle du moulin à bras ; que mangerai-je ? que
boirai-je ? et que porterai-je en pays étranger ? — Allez vous promener, » dit
le charpentier, « y a-t-il du bon sens de penser que je vais couper la manivelle du moulin à bras à cause d'un pois ? » [1].

---

[1]. L'introduction de ce conte indien se retrouve à peu près dans le conte espagnol, cité plus haut,
où la petite fille veut faire arracher un arbre pour chercher un pois qui est tombé à côté.

« Alors, le petit oiseau alla trouver le roi et lui dit : « Roi, roi ! grondez le charpentier ; le charpentier ne veut pas couper la manivelle du moulin à bras, etc. — Allez vous promener, » dit le roi ; « pensez-vous que pour un pois je vais gronder le charpentier ? »

« Alors le petit oiseau alla trouver la reine : « Reine, reine ! parlez au roi ; le roi ne veut pas gronder le charpentier, etc. — Allez vous promener, » dit la reine ; « pensez-vous que pour un pois je m'en vais parler au roi ? »

Le petit oiseau va ensuite trouver successivement le serpent, pour piquer la reine ; le bâton, pour battre le serpent ; le feu, pour brûler le bâton ; la mer, pour éteindre le feu ; l'éléphant, pour boire la mer ; le *bhaunr* (sorte de liane), pour enlacer l'éléphant ; la souris, pour ronger le bhaunr ; le chat, pour manger la souris[1]. Alors le chat va pour manger la souris, et la souris va pour ronger le bhaunr, le bhaunr pour enlacer l'éléphant, et ainsi de suite, jusqu'au charpentier. « Et le charpentier retira le pois ; le petit oiseau le prit et s'en alla bien content. »

Un autre conte indien, recueilli dans le Pandjab (Steel et Temple, pp. 209 et 334), a la même série de personnages, avec une introduction du même genre. Ici c'est une graine qui s'est logée dans la fente d'un arbre[2].

Ces deux contes indiens se relient, comme on voit, au second groupe que nous avons signalé plus haut, groupe qui se distingue, par toute la fin, de celui dont se rapproche le chant juif. Nouvelle preuve que ce n'est pas dans ce chant juif qu'il faut chercher l'origine du thème que nous étudions.

D'ailleurs, l'idée de ce thème est tout indienne. C'est celle du conte bien connu du *Pantchatantra*, où le soleil renvoie le brahmane au nuage, qui est plus fort que lui ; le nuage au vent ; celui-ci à la montagne, et la montagne au rat (*Pantchatantra*, trad. Th. Benfey, t. II, p. 264. — Cf. La Fontaine, *Fables*, liv. IX, 7)[3]. Cela est si vrai que, dans un conte provençal (*Romania*,

---

1. Il y a ici, comme dans le conte portugais résumé ci-dessus, une série préliminaire de personnages, avant la série ordinaire ou, du moins, avant l'une des deux séries ordinaires, et, chose curieuse, cette série préliminaire, dans le conte portugais, — juge, *roi*, qui doit faire marcher le juge, *reine*, qui doit se fâcher contre le roi*, rat, qui doit ronger les jupes de la reine, chat, chien, puis *bâton*, — a beaucoup de rapport avec celle du conte indien. Ajoutons que l'introduction du conte portugais est analogue à celle du conte espagnol et, par suite, à celle du conte indien.

2. Dans un conte de l'île de Ceylan (*Orientalist*, 1885, p. 26), après une introduction analogue à celle des contes indiens, la série de personnages mis en scène est toute différente : Un oiseau a pondu deux œufs entre deux grosses pierres ; les pierres s'étant rapprochées, il ne peut plus arriver à son nid. Alors il appelle à son aide un maçon ; celui-ci ayant refusé de venir, l'oiseau dit à un sanglier d'aller dans le champ du maçon manger tout le grain ; puis à un chasseur, de tirer le sanglier ; à un éléphant, de tuer le chasseur ; à un *katussâ* (sorte de petit lézard), de s'introduire, par la trompe de l'éléphant, jusque dans son cerveau (*sic*) ; à une poule des jungles, de manger le katussâ ; à un chacal, de manger la poule. Le chacal se met à la poursuite de la poule, etc.

3. Un passage du Coran, que nous trouvons dans le *Magasin pittoresque* (t. 46, 1878, p. 334), nous paraît un écho de cette fable indienne. Voici ce passage, que l'on peut ajouter aux rapprochements faits par M. Benfey (*Pantchatantra*, II, p. 373 seq.) : « Quand Dieu eut fait la terre, elle vacillait de çà et de là, jusqu'à ce que Dieu eût mis les montagnes pour la tenir ferme. Alors les anges lui demandèrent : O Dieu, y a-t-il dans ta création quelque chose de plus fort que les montagnes ? Et Dieu répondit : Le fer est plus fort que les montagnes, puisqu'il les fend. — Et, dans ta création, est-il quelque chose de plus fort que le fer ? — Oui, le feu est plus fort que le fer, puisqu'il le fond. — Et est-il quelque chose de plus fort que le feu ? — Oui, l'eau, car elle l'éteint. — Est-il quelque chose de plus fort que l'eau ? — Oui, le vent, car il la soulève. — O notre soutien suprême, est-il dans ta création quelque chose de plus fort que le vent ?—Oui, l'homme de bien qui fait la charité : s'il donne de sa main droite sans que sa gauche le sache, il surmonte toutes choses. »

t. I, p. 108), à la série de personnages du *Pantchatantra* vient se juxtaposer celle de notre thème. La glace d'une rivière ayant coupé la patte à la fourmi, la mouche, compagne de celle-ci, interpelle d'abord la glace, le *soleil*, le *nuage*, le *vent*, la *muraille*, le *rat*, et ensuite le *chat*, le *chien*, le *bâton*, le *feu*, l'*eau*, le *bœuf*, l'*homme*, la *mort*. (Comparer le conte portugais nᵒ 2 de la collection Coelho.)

Ajoutons que, dans un conte swahili de l'île de Zanzibar (Steere, p. 287 seq.), on retrouve presque exactement la série des personnages du conte provençal et du conte portugais. Voici ce conte swahili : Il y avait un maître d'école, nommé Goso, qui apprenait aux enfants à lire sous un calebassier. Un jour, une gazelle, étant montée sur l'arbre [1], fait tomber une calebasse qui frappe Goso et le tue. Après avoir enterré leur maître, les écoliers déclarent qu'ils vont chercher, pour le tuer, celui qui a fait tomber la calebasse. Ils se disent d'abord que ce doit être le *vent du sud*. Ils le prennent donc et le battent. Quand le vent sait ce dont il s'agit, il leur dit : « Si j'étais le maître, serais-je arrêté par un *mur* de terre ? » Le mur dit à son tour aux écoliers : « Si j'étais le maître, serais-je percée par le *rat* ? — Et moi », dit le rat, « serais-je mangé par le *chat* ? » Le chat dit qu'il est lié par la corde ; la corde, qu'elle est coupée par le couteau ; le couteau, qu'il est brûlé par le feu ; le *feu*, qu'il est éteint par l'eau ; l'*eau*, qu'elle est bue par le bœuf ; le *bœuf*, qu'il est piqué par un certain insecte ; enfin, l'insecte, qu'il est mangé par la gazelle. La gazelle, interrogée par les écoliers, ne répond rien. Ils la prennent alors et la tuent.

---

1. Était-ce bien une gazelle dans le texte original, et n'y aurait-il pas là une erreur de traduction ?

XXXV

MARIE DE LA CHAUME DU BOIS

Il était une fois une femme qui avait deux filles : l'aînée servait dans une maison de la ville voisine; la plus jeune demeurait avec sa mère dans une chaumière isolée au milieu de la forêt.

Un jour que cette dernière, qu'on appelait Marie de la Chaume du Bois, était seule, occupée à filer, elle entendit frapper à la porte; elle ouvrit et vit entrer un beau jeune homme habillé en chasseur, qui la pria de lui donner à boire, lui disant qu'il était le roi du pays. Il fut si frappé de la beauté de la jeune fille, que peu de jours après il revint à la chaumière pour demander sa main. La mère, qui n'aimait que sa fille aînée, aurait bien voulu la faire épouser au roi; elle n'osa pourtant pas s'opposer au mariage de la cadette, et les noces se firent en grande cérémonie.

A quelque temps de là, le roi fut obligé de partir pour la guerre. Pendant son absence, la mère de la reine vint au château avec son autre fille. Celle-ci, qui enviait le bonheur de sa sœur et la haïssait mortellement, voulut profiter de l'occasion pour se venger. Elle se jeta un jour sur la reine, lui arracha d'abord les yeux, puis les dents, enfin lui coupa les mains et les pieds et la fit porter dans une forêt, où on l'abandonna. Comme elle ressemblait à sa sœur, elle se fit passer pour la reine.

Cependant, la pauvre reine n'attendait plus que la mort. Tout à coup, un vieillard se trouva près d'elle et lui dit : « Madame, qui donc vous a abandonnée dans cette forêt? » La reine lui ayant raconté ce qui lui était arrivé : « Vous pouvez, » dit le vieillard, « faire trois souhaits; ils vous seront accordés. — Ah! » répondit la reine, « je voudrais bien ravoir mes yeux, mes dents, mes mains, et, s'il m'était permis de faire un souhait de plus, mes pieds aussi. »

Le vieillard dit à un petit garçon qui était avec lui : « Prends ce rouet d'or, et va le vendre au château pour deux yeux. » Le petit garçon prit le rouet et s'en alla crier devant le château :

> « Au tour, au tour à filer !
> « Qui veut acheter mon tour à filer ? »

La fausse reine sortit au bruit et dit au petit garçon : « Combien vends-tu ton rouet ? — Je le vends pour deux yeux. » Elle s'en alla demander conseil à sa mère. « Tu as mis les yeux de ta sœur dans une boîte », dit la vieille; « tu n'as qu'à les donner à cet enfant. » Le petit garçon prit les yeux et les rapporta au vieillard. Celui-ci ne les eut pas plus tôt remis à leur place, que la reine recouvra la vue.

« Maintenant, » dit-elle, je voudrais bien ravoir mes dents. » Le vieillard donna une quenouille d'or au petit garçon et lui dit : « Va au château vendre cette quenouille pour des dents. » L'enfant prit la quenouille et s'en alla crier devant le château :

> « Quenouille, quenouille à filer !
> « Qui veut acheter ma quenouille ? »

« Ah ! » pensa la fausse reine, « que cette quenouille irait bien avec le rouet d'or ! » Elle descendit de sa chambre et dit au petit garçon : « Combien vends-tu ta quenouille ? — Je la vends pour des dents. » Elle retourna trouver sa mère. « Tu as les dents de ta sœur », dit la vieille; « donne-les à cet enfant. » Le petit garçon rapporta les dents, et le vieillard les remit à la reine, si bien qu'il n'y parut plus. Ensuite il donna une bobine d'or à l'enfant. « Va au château, » lui dit-il, « vendre cette bobine pour deux mains. »

La fausse reine acheta la bobine pour les deux mains de sa sœur. Il ne manquait plus à la reine que ses pieds. « On ne peut filer sans épinglette et sans mouilloir, » dit le vieillard à l'enfant; « va vendre cette épinglette et ce mouilloir d'or pour deux pieds. »

La fausse reine, charmée d'avoir toutes ces belles choses à si bon marché, courut chercher les pieds de sa sœur, que l'enfant rapporta. La reine ne savait comment témoigner sa reconnaissance au vieillard. Celui-ci la conduisit derrière le jardin du château, lui dit de ne pas se montrer encore et disparut.

Ce jour-là même, le roi revint de la guerre. En voyant la fausse reine, il crut que c'était sa femme; il la trouva changée, mais il supposa que c'était parce qu'elle avait eu du chagrin d'être restée longtemps sans le voir. Elle lui montra le rouet d'or, la quenouille et tout ce qu'elle avait acheté, puis ils descendirent ensemble au jardin.

Tout à coup, on entendit frapper à la porte : c'était le vieux mendiant. La fausse reine voulait le chasser, mais le roi lui fit bon accueil et lui demanda s'il n'avait rien vu dans ses voyages qui méritât d'être raconté.

« Sire, » dit le mendiant, « il n'y a pas longtemps, j'ai rencontré dans une forêt une dame à qui l'on avait arraché les yeux et les dents, coupé les pieds et les mains. C'était sa sœur qui l'avait traitée ainsi. J'ai envoyé à cette méchante sœur un petit garçon qui lui a vendu un rouet d'or pour ravoir les yeux, une quenouille d'or pour les dents, une bobine d'or pour les mains, une épinglette et un mouilloir d'or pour les pieds. Si vous voulez, sire, en savoir davantage, vous trouverez là-bas, au bout du jardin, une femme qui vous dira le reste. »

Le roi suivit le mendiant et fut bien surpris et bien joyeux en reconnaissant sa femme. Il la ramena au château ; puis il ordonna d'enchaîner la mère et la sœur de la reine et de les jeter aux bêtes.

REMARQUES

Notre conte présente la plus frappante ressemblance avec un conte tchèque de Bohême (Wenzig, p. 45). Ce dernier n'a de vraiment différent que le dénouement, où c'est le rouet d'or qui, mis en mouvement par la fausse princesse, en présence du prince, se met à parler et révèle le crime. Ajoutons que, dans ce conte tchèque, les dents n'ayant pas été arrachées à la princesse, le petit garçon ne va vendre au château que trois objets : un rouet d'or, un fuseau d'or et une quenouille d'or.

Le même thème se trouve traité d'une façon plus ou moins particulière dans plusieurs autres contes.

Dans un conte sicilien (Pitrè, no 62), une jeune fille doit épouser un roi; sa tante, qui s'est offerte à la conduire dans le pays du fiancé, lui substitue sa propre fille et l'abandonne dans une grotte après lui avoir arraché les yeux. Passe un vieillard, qui accourt aux cris de la jeune fille. Celle-ci l'envoie sous le balcon du roi avec deux corbeilles pleines de roses magnifiques qui, par suite d'un don à elle fait, tombent de ses lèvres quand elle parle, et lui dit de crier qu'il les vend pour des yeux. Elle rentre ainsi en possession de ses yeux, recouvre la vue et finit par se faire reconnaître du roi son fiancé.

Dans un conte italien du Montferrat (Comparetti, nº 25), une jeune fille a reçu divers dons d'un serpent reconnaissant, et un roi veut l'épouser. Les sœurs de la jeune fille, jalouses de son bonheur, lui coupent les mains et lui arrachent les yeux, et l'une d'elles se fait passer, auprès du roi, pour sa fiancée. La jeune fille est recueillie par de braves gens. Un jour, au milieu de l'hiver, le serpent vient lui dire que la reine, qui est enceinte, a envie de figues. D'après les indications du serpent, la jeune fille dit à l'homme chez qui elle demeure où il en pourra trouver, et elle l'envoie au palais en vendre pour des yeux; puis un autre jour, des pêches pour des mains. Elle se fait enfin reconnaître par le prince.

En Italie encore, nous trouvons un conte toscan du même genre (Gubernatis, *Novelline di S. Stefano*, nº 13). Le voici dans ses traits essentiels : La belle-mère d'une jeune reine hait mortellement sa bru. Pendant l'absence du roi, elle ordonne à deux de ses serviteurs de conduire la reine dans un bois et de la tuer. Emus de ses larmes, les serviteurs se contentent de lui arracher les yeux pour les porter à la reine-mère comme preuve de l'exécution de ses ordres. La jeune femme est recueillie par un vieillard. Ayant reçu d'un serpent trois objets merveilleux, elle se fait conduire, le visage voilé, devant le palais de son mari, et met en vente le premier objet pour un œil, puis le second aussi pour un œil; pour prix du troisième objet, elle demande (comme dans l'*Oiseau bleu* de Mme d'Aulnoy, et dans les autres contes de ce type, Grimm, nº 88, etc.) la permission de passer la nuit dans la chambre voisine de celle du roi, et se fait ainsi reconnaître de son mari.

Dans un conte catalan (*Rondallayre*, t. III, p. 114), les yeux de la vraie fiancée d'un roi, fille d'un charbonnier, lui sont arrachés par une jeune fille, envieuse de son bonheur. C'est encore un serpent reconnaissant qui vient à son secours; il donne à sa bienfaitrice une pomme magnifique qu'elle devra aller vendre à la nouvelle reine pour « des yeux de chrétienne ». La fausse reine la trompe et lui donne des yeux de chat; mais ensuite, en échange d'une poire qui vient également du serpent, la vraie reine rentre en possession de ses yeux. — Comparer un conte recueilli chez les Espagnols du Chili (*Biblioteca de las Tradiciones populares españolas*, t. I, p. 137).

Dans un conte grec moderne d'Epire (Hahn, nº 28), une jeune reine se met en route, accompagnée de sa nourrice et de sa sœur de lait, pour aller célébrer ses noces dans le pays de son fiancé. Mourant de soif pendant le voyage, — sa nourrice ne lui a fait manger tout le temps que d'une pâtisserie extrêmement salée, — elle supplie sa nourrice de lui donner à boire. Cette méchante femme lui dit que dans ce pays l'eau est si chère, que chaque gorgée se paie au prix d'un œil. La reine, pour avoir à boire, s'arrache d'abord un œil, puis l'autre[1]. Alors la nourrice l'abandonne et fait passer sa propre fille pour la

---

1. Dans un conte sicilien, tout différent (Pitrè, *Nuovo Saggio*, nº 6), deux méchantes sœurs, jalouses de la beauté de leur cadette, mettent quantité de sel dans un plat qu'elles font manger à cette dernière, et la jeune fille, mourant de soif, est obligée de se laisser arracher les yeux pour avoir à boire. Des fées lui rendent la vue.

reine. Cette dernière est recueillie par une vieille femme charitable. Or, la vraie reine avait ce don, que des roses s'échappaient de sa bouche toutes les fois qu'elle souriait. Elle envoie la bonne vieille au palais vendre de ces roses pour des yeux. (Ici, par suite d'une altération évidente, les yeux de chienne qu'on lui donne lui font recouvrer la vue.)

Citons encore un conte russe analysé par M. de Gubernatis (*Zoological Mythology*, I, p. 218) : La servante de la fiancée d'un tzar endort sa maîtresse et lui arrache les yeux ; puis elle se substitue à elle et épouse le tzar. La jeune fille est recueillie par un vieux berger. Pendant la nuit, elle fait, quoique aveugle, une couronne de tzar et envoie le vieillard au palais la vendre pour un œil ; le lendemain, elle recouvre de la même manière son second œil.

On peut enfin rapprocher de ces différents récits un passage d'un conte roumain de Transylvanie (dans la revue *Ausland*, 1856, p. 2122) : Par suite de la trahison de sa mère, le héros Frounsé-Werdyé a été tué et haché en mille morceaux par un dragon. La « Sainte Mère Dimanche », protectrice de Frounsé, rassemble tous ces morceaux et le ressuscite ; mais il manque les yeux, que le dragon a gardés. La « Sainte Mère Dimanche » prend un violon, se déguise en musicien et se rend au château du dragon. Justement celui-ci célèbre ses noces avec la mère de Frounsé ; il appelle le prétendu musicien pour qu'il les fasse danser. A peine la « Sainte Mère Dimanche » a-t-elle commencé à jouer, qu'une corde de son violon casse. Elle dit qu'elle ne peut raccommoder cette corde qu'au moyen d'yeux d'homme. « Donne-lui un œil de mon fils, » dit la mère de Frounsé au dragon. Une seconde corde casse, et la « Sainte Mère Dimanche » obtient de la même façon le second œil. — Comparer la fin d'un conte grec moderne de même type que ce conte roumain (Hahn, nᵒ 24).

*
* *

Chez les Kabyles, on a recueilli un conte qui, malgré nombre d'altérations, se rapproche des contes analysés plus haut, et, en particulier, du conte grec moderne. Dans ce conte kabyle (J. Rivière, p. 51), une jeune fille qui a divers dons, entre autres (à peu près comme l'héroïne du conte grec et celle du conte sicilien nᵒ 62 de la collection Pitrè) le don de semer des fleurs sous ses pas, se prépare à se mettre en route pour le pays de son fiancé. Au moment du départ, sa marâtre lui donne un petit pain dans lequel elle a mis beaucoup de sel (toujours comme dans le conte grec). Quand la jeune fille a mangé, elle demande à boire. « Laisse-moi t'arracher un œil, » lui dit la fille de sa marâtre, « et je te donnerai à boire. » Elle se laisse arracher successivement les deux yeux, et la marâtre emmène sa fille à la place de l'aveugle ; mais la fraude est bientôt reconnue, car la fausse fiancée n'a aucun des dons de la véritable. Des corbeaux rendent la vue à celle-ci, et, plus tard, après des aventures assez confuses, elle est reconnue pour ce qu'elle est réellement.

XXXVI

JEAN & PIERRE

Il était une fois une pauvre femme qui avait deux fils, Jean et Pierre. Pierre, voyant sa mère dans la misère, alla se mettre au service d'un laboureur. « Combien demandes-tu ? » lui dit le laboureur. — « Cent écus, » répondit Pierre. — « Tu les auras ; mais voici mes conditions : à la première dispute, celui de nous deux qui se fâchera aura les reins cassés. — Maître, je ne me fâche jamais. »

A peine s'était-il passé huit jours que Pierre eut une discussion avec son maître ; il se fâcha, et le laboureur lui cassa les reins. Il s'en retourna chez sa mère et raconta à son frère Jean ce qui lui était arrivé. Jean se fit indiquer la maison du laboureur et s'offrit à le servir, sans dire qu'il était frère de Pierre. « Combien veux-tu ? — Maître, vous me donnerez cent écus. — Tu les auras ; mais voici mes conditions : à la première dispute, celui de nous deux qui se fâchera aura les reins cassés. — Maître, je ne me fâche jamais. »

Le lendemain, le maître envoya Jean conduire au marché un chariot de grain attelé de quatre chevaux. Jean vendit le chariot et les quatre chevaux et porta l'argent à son frère. Quand il rentra chez son maître, celui-ci lui dit : « Qu'as-tu fait du chariot et des chevaux ? — Maître, » répondit Jean, « je les ai vendus à un homme que j'ai rencontré sur la route. — Et l'argent ? — L'argent, je l'ai porté à mon frère, à qui vous avez cassé les reins. — Tu veux donc me ruiner ? — Maître, est-ce que vous vous fâchez ? — Je ne me fâche pas pour si peu. — Vous savez que celui qui se fâchera aura les reins cassés. — Oh! je ne me fâche pas du tout. »

Le jour suivant, le maître dit à sa femme : « Je vais envoyer Jean chercher le plus gros chêne de la forêt ; il ne pourra pas le rapporter, et, quand je lui ferai des reproches, il se mettra en colère. » Jean partit avec un chariot à quatre chevaux, vendit tout l'équipage comme la première fois, puis revint à la maison. « Eh bien ! » lui dit le laboureur, « où est le chariot ? — Le chariot ? je l'ai laissé dans la forêt : je n'ai pu l'en faire sortir. — Oh ! tu nous ruineras, tu nous ruineras ! » La femme criait encore plus haut : « Tu nous ruineras ! » — « Maître, » dit Jean, « est-ce que vous vous fâchez ? — Je ne me fâche pas pour si peu. — Vous savez que celui qui se fâchera aura les reins cassés. — Oh ! je ne me fâche pas du tout. »

Un autre jour, tandis que Jean battait en grange, le laboureur et sa femme allèrent déjeuner sans l'appeler. Jean ne fit pas semblant de s'en apercevoir ; il alla vendre le blé qu'il avait battu, fit un bon déjeuner à l'auberge et revint à la maison. « Jean, » dit le maître, « qu'as-tu fait du grain ? — Vous ne m'avez pas appelé pour déjeuner ; j'ai été vendre le grain et j'ai déjeuné avec l'argent. — Tu nous ruineras, Jean, tu nous ruineras ! — Maître, est-ce que vous vous fâchez ? — Je ne me fâche pas pour si peu. — Vous savez que celui qui se fâchera aura les reins cassés. — Oh ! je ne me fâche pas du tout. »

La femme du laboureur dit à son mari : « Envoyons-le mener les petits porcs au pâturage : l'ogre le mangera et nous serons débarrassés de lui. »

Jean partit donc avec le troupeau, et, arrivé près de la maison de l'ogre, il y entra. Il tenait un moineau dans sa main. « Tu ne monterais pas si haut que ce petit oiseau ? » dit-il en le montrant à l'ogre. — « Oh ! non, » dit l'ogre. — « J'ai faim, » reprit Jean. — « Moi aussi. Qu'est-ce que nous allons faire pour déjeuner ? — Si nous faisions de la bouillie ? » dit Jean.

La bouillie faite, ils se mirent à table. Jean, qui s'était attaché sur l'estomac une grande poche, y faisait entrer une bonne partie de sa bouillie, tandis que l'ogre avalait tout. Quand la poche de Jean fut pleine, il la fendit d'un coup de couteau, et toute la bouillie se répandit ; puis il recommença à manger. « Tiens ! » dit l'ogre, « je voudrais bien pouvoir me soulager comme toi.

Fends-moi donc aussi l'estomac. » Jean ne se le fit pas dire deux fois, et il lui fendit si bien l'estomac, que l'ogre en mourut.

Cela fait, Jean retourna près de ses cochons, et, après leur avoir coupé à tous la queue, il les alla vendre; ensuite il enfonça les queues dans la vase d'un marais et revint chez son maître. « Où sont les cochons? » lui demanda le maître. — « Ils sont tombés dans un marécage. — Eh bien! il faut les en tirer. — Maître, il n'y a pas moyen d'y entrer. » Le maître alla pourtant voir ce qu'il en était; mais quand il voulut retirer un des cochons par la queue, la queue lui resta dans la main, et il tomba à la renverse dans la bourbe. « Tu nous ruineras, Jean, tu nous ruineras! — Maître, est-ce que vous vous fâchez? — Je ne me fâche pas pour si peu. — Vous savez que celui qui se fâchera aura les reins cassés. — Oh! je ne me fâche pas du tout. »

La femme dit à son mari : « Il faut l'envoyer mener les oies au pâturage. » Jean partit avec les oies. Le soir, il en manquait deux ou trois qu'il avait vendues. « Jean, » dit le laboureur, « il manque des oies. — Maître, je n'en suis pas cause : c'est une bête qui les a mangées. — Tu nous ruineras, Jean, tu nous ruineras! — Maître, est-ce que vous vous fâchez? — Je ne me fâche pas pour si peu. — Vous savez que celui qui se fâchera aura les reins cassés. — Oh! je ne me fâche pas du tout. »

« Voilà un singulier domestique, » dit le lendemain la femme; « il va nous ruiner. J'irai me cacher dans un buisson pour voir ce qu'il fait des oies. » Jean avait entendu ce qu'elle disait; avant de partir pour le pâturage, il dit au laboureur : « Maître, je prends votre fusil; si la bête vient, je la tuerai. » Quand il vit la femme dans le buisson, il fit feu sur elle et la tua. Le soir, il ramena les oies à la maison. « Maître », dit-il, « comptez, il n'en manque pas une; j'ai tué la bête qui les mangeait. — Ah! malheureux! tu as tué ma femme! — Je n'en sais rien; toujours est-il que j'ai tué une grosse bête. Mais vous, est-ce que vous vous fâchez? — Ah! certes oui! je me fâche! » Là-dessus, Jean lui cassa les reins; puis il revint chez lui, et moi aussi.

———————

REMARQUES

Le thème principal de ce conte, — la convention entre le maître et son valet, — se retrouve sous une forme plus ou moins ressemblante dans des contes recueillis en Bretagne (F.-M. Luzel, 5e rapport, p. 29, et *Mélusine*, 1877, col. 465), en Picardie (Carnoy, p. 316), dans le pays basque (Webster, p. 6 et p. 11), en Espagne (*Biblioteca de las Tradiciones populares españolas*, t. IV, p. 139), en Corse (Ortoli, p. 203), dans diverses parties de l'Italie (*Jahrbuch für romanische und englische Literatur*, t. VIII, p. 246, et *Propugnatore*, t. IX, 2e partie, 1876, p. 256), dans le Tyrol allemand (Zingerle, II, p. 223), en Allemagne (Prœhle, II, no 16), chez les Lithuaniens (Schleicher, p. 45), chez les Slaves de Moravie (Wenzig, p. 5), en Valachie (Schott, no 23, p. 229), chez les Grecs d'Epire (Hahn, no 11 et no 34, p. 222), en Irlande (Kennedy, II, p. 74; *Royal Hibernian Tales*, p. 51), en Ecosse (Campbell, no 45), et, d'après M. R. Kœhler (*Mélusine*, loc. cit., col. 473), en Danemark et en Norwège.

Dans presque tous ces contes, la condition qui doit être observée par les deux parties, c'est, comme dans notre conte, de ne point se fâcher; — dans quelques-uns (conte écossais, premier conte basque, second conte grec), il faut ne pas manifester de regrets au sujet de l'engagement; — enfin, dans le second conte basque, il est dit simplement que le valet s'engage à faire tout ce que son maître lui ordonnera.

Quant à la punition de celui qui aura manqué à la convention, c'est, dans le plus grand nombre des contes, de se voir enlever par l'autre une ou plusieurs lanières dans le dos, « un ruban de peau rouge depuis le sommet de la tête jusqu'aux talons, » dit un des contes bretons. Dans le premier des deux contes italiens, il doit être écorché vif; dans le conte de la Moravie, il doit perdre le nez; dans le conte picard, une oreille; dans les contes corse, tyrolien et allemand, les deux oreilles.

Ajoutons que, dans plusieurs de ces contes (conte écossais, second conte breton, contes tyrolien, valaque, second conte grec), le héros n'a pas, comme le nôtre, de frère qui, avant lui, ait mal réussi dans l'entreprise. — Dans tous les autres contes européens, il y a trois frères; nous n'en avons rencontré deux que dans le premier conte breton.

Parmi les mauvais tours que Jean joue à son maître pour le fâcher, l'histoire des queues de cochon, fichées dans le marais, figure dans le second conte breton, le conte picard, le conte corse, les deux contes basques, le conte allemand de la collection Prœhle (où ce sont des queues de vache), et, d'après M. Kœhler (*Jahrb. für rom. und engl. Lit.*, VIII, p. 251), dans un conte norwégien. — Elle se retrouve dans plusieurs contes qui n'ont pas le cadre du nôtre et qui se composent simplement d'aventures de voleurs ou d'adroits fripons, par exemple, dans un conte piémontais (Gubernatis, *Zoological Mythology*, I, p. 234), un conte sicilien (Gonzenbach, no 37, p. 254), un conte portugais (Braga, no 77), un conte islandais (Arnason, p. 552), un conte allemand

(Prœhle, I, n° 49), et un conte russe (Gubernatis, *loc. cit.*). Dans le conte allemand, c'est une queue de bœuf que le voleur plante dans le marais ; dans le conte russe, une queue de cheval.

Le conte slave de Moravie a, comme le conte lorrain, un épisode où le valet, voyant ses maîtres déjeuner sans l'appeler, va vendre un sac de grain qu'il vient de battre et fait un bon déjeuner avec l'argent. — Dans le conte tyrolien, le maître lui ayant dit d'aller travailler au lieu de dîner, le valet vend deux vaches et s'en va dîner à l'auberge. — Dans le conte picard, où le seigneur dit à Jean le Malin qu'il ne lui fera pas donner à déjeuner, Jean va vendre tous les bœufs et tous les cochons de son maître, de sorte qu'il a de quoi faire bonne chère.

*
* *

L'épisode de l'ogre ne se rencontre que dans cinq des contes mentionnés ci-dessus, le conte écossais, le premier conte italien, les deux contes basques et le conte espagnol. (Dans ce dernier, l'ogre est remplacé par un ours.) En réalité, c'est un thème tout à fait indépendant du thème principal et qui s'y trouve intercalé. Nous avons déjà fait connaissance avec ce thème dans le conte n° 25 de notre collection, *le Cordonnier et les Voleurs*. Le moineau que Jean montre à l'ogre est évidemment un souvenir obscurci de l'oiseau que le cordonnier lance en l'air comme si c'était une pierre, pour donner aux voleurs une haute idée de sa force. D'ailleurs, cet épisode se trouve sous une forme bien plus complète et bien mieux conservée dans le conte italien, dans le premier conte basque et dans le conte espagnol : nous y retrouvons à peu près tous les traits qui figurent dans les contes du type de notre conte *le Cordonnier et les Voleurs*. — Dans le conte écossais, au lieu d'être intercalé dans le thème principal, cet épisode lui est simplement juxtaposé. Après avoir réussi à fâcher son maître et lui avoir taillé dans le dos une lanière de peau, le héros entre au service d'un géant, etc.

L'épisode en question présente, dans ce dernier conte, un trait qui le rapproche tout à fait du conte lorrain : Mac-a-Rusgaich et son maître le géant se portent réciproquement un défi à qui mangera le plus. Mac-a-Rusgaich s'attache sur la poitrine un sac de cuir où il fait entrer la plus grande partie de ce qu'il doit manger, et enfin il fend ce sac en disant qu'une telle bedaine l'empêche de se baisser. Le géant veut l'imiter et il meurt. — Dans le conte espagnol, cet épisode s'enchaîne avec un autre épisode dans lequel l'ours et Pedro se défient à la course. Pedro, qui a de l'avance sur l'ours, passe auprès de lavandières ; il les prie de lui prêter un couteau, il fend le sac caché sous sa chemise, et toute la bouillie se répand ; puis il se remet à courir. L'ours étant arrivé près des lavandières, leur demande si elles ont vu passer un homme. « Oui, et il s'est ouvert le ventre avec le couteau que nous lui avons prêté. — Prêtez-le moi aussi, » dit l'ours, « je courrai mieux. » Et il se tue. (Comparer le conte sicilien n° 83 de la collection Pitrè.) — Dans le premier des deux contes basques mentionnés plus haut, le héros, en s'enfuyant de chez le *tartaro* (ogre), fait semblant de s'ouvrir le ventre et jette sur la route les entrailles d'un cochon qu'il tenait cachées, afin de faire croire au tartaro que c'est là un moyen de devenir plus agile. Il en est de même dans un conte du Tyrol allemand (Zingerle, II, p. III) et dans un conte portugais (Braga, n° 77).

Nous ferons remarquer que ce trait se rencontre encore dans un autre conte de Montiers, variante de notre n° 1. Dans cette variante, Jean-sans-Peur, Jean-de-l'Ours et Tord-Chêne arrivent chez un ogre, pendant l'absence de celui-ci. Quand il rentre, les trois compagnons, sans se déconcerter, lui disent qu'ils ont faim. La femme de l'ogre prépare des grimées[1], et l'on se met à table. Les trois compagnons se sont attaché des poches sur l'estomac, et ils y introduisent les grimées. L'ogre, croyant qu'ils avalent tout, ne veut pas avoir le dessous, et il mange tant qu'il en meurt. — Plusieurs contes du type de notre n° 25, le Cordonnier et les Voleurs, présentent un passage analogue. Ainsi, dans un conte suédois (Cavallius, p. 7), dans un conte norwégien (Asbjœrnsen, I, n° 6), c'est absolument le trait de Jean et Pierre : trompé par la même ruse, le géant veut aussi se soulager en s'ouvrant l'estomac, et il se tue. Comparer un conte suisse (Sutermeister, n° 41), un conte sicilien (Gonzenbach, n° 41), et aussi un conte gascon de la collection Cénac-Moncaut (p. 90).

Notons encore un passage d'un livre populaire anglais du siècle dernier, *Jack le Tueur de géants*, déjà cité dans les remarques de notre n° 25 (I, p. 261) : Jack, déjeunant avec le géant, attache sous ses vêtements un grand sac de cuir et y jette, sans être aperçu, tout le pudding qui lui est servi. Ensuite il dit au géant qu'il va lui faire voir un tour d'adresse. D'un coup de couteau il fend le sac de cuir, et tout le pudding tombe à terre. Le géant se croit obligé de faire comme Jack, et il se tue.

*
* *

Le dernier épisode de notre conte, — celui de la femme tuée, — a subi une altération. Dans les autres contes où il existe, voici comment il se présente : L'année du valet doit se terminer au premier chant du coucou. Pour se débarrasser de lui plus vite, la femme du maître grimpe sur un arbre et imite le coucou; le valet tire sur le prétendu oiseau et le tue. Voir, parmi les contes mentionnés plus haut, le premier conte breton, le conte corse, le conte espagnol, le conte tyrolien, le conte allemand, le conte slave de Moravie, le second conte grec, le second conte irlandais, et, d'après M. Kœhler, le conte danois et le conte norwégien. — Il faut ajouter enfin un passage d'un conte sicilien d'un autre type, que nous avons déjà eu occasion de citer à propos de l'épisode des queues de cochon (Gonzenbach, n° 37, p. 254).

*
* *

En Orient, nous rencontrons d'abord cet épisode des queues dans un conte recueilli par M. Radloff (t. IV, p. 282) chez les tribus tartares de la Sibérie méridionale, riveraines de la Tobol, tribus chez lesquelles des contes sont venus du sud avec l'islamisme, ainsi que nous l'avons montré dans les

---

1. *Grimées*, ailleurs *grumelets* (comparer le mot *grumeaux*). C'est un mets du pays, composé d'un mélange de farine et d'œufs, cuit dans du lait.

remarques de notre n° 32, *Chatte blanche* (II, p. 17) : Un fripon propose à un laboureur de conduire sa charrue. Pendant que le laboureur va lui chercher à manger, il dételle le bœuf, lui coupe la queue et le fait emmener par un compère ; puis il fiche la queue en terre, et, quand il voit revenir le laboureur, il la tire de toutes ses forces, si bien qu'il tombe à la renverse. Le laboureur étant accouru, le fripon lui dit que le bœuf s'est tout à coup enfoncé dans la terre et qu'en essayant de le retenir, la queue lui est restée dans la main [1].

Pour l'ensemble, on peut rapprocher de notre conte et de ses pendants européens un conte recueilli chez les Afghans du Bannu (Thorburn, p. 199). Nous en reproduirons l'abrégé tout à fait écourté qu'en donne l'auteur anglais : Un jeune homme un peu simple entre au service d'un maître aux conditions suivantes : le maître doit lui fournir une charrue et une paire de bœufs, et le serviteur doit tous les jours semer une corbeille de grain et aller chercher un panier de bois de chauffage et la nourriture de la famille ; celui des deux qui ne tiendra pas son engagement doit perdre le nez. Dès le premier jour, le serviteur ne peut faire sa besogne, et le maître lui coupe le nez. Il retourne chez lui et raconte sa mésaventure à son frère, qui entre au service du même maître aux mêmes conditions. Ce second serviteur, arrivé aux champs, répand tout le grain par terre, tue un des bœufs et brise la charrue, et, rentré à la maison, il dit au maître qu'il a rempli ses engagements. Il en fait autant le second jour. Le troisième jour, le maître ne peut lui fournir ni grain, ni charrue, ni bœufs, et perd son nez.

Autant qu'on en peut juger par cet abrégé, le conte afghan est extrêmement altéré. On a recueilli, dans l'Asie Centrale, chez les peuplades *sarikoli*, une forme meilleure de ce thème (*Journal of the Asiatic Society of Bengal*, t. 45, 1876, p. 182) : Un homme, en mourant, dit à ses trois fils de ne point aller dans certain moulin : il y a là un vieillard borgne qui mange les gens. Le père une fois mort, l'aîné s'en va au moulin. Le vieillard lui dit qu'il le recevra comme son fils. Il le charge de nettoyer l'étable de son âne. « Mais, » ajoute-t-il, « j'ai une habitude. Si tu te fâches, je t'arracherai les yeux ; si c'est moi qui me fâche, tu me les arracheras. — Bien, » dit le jeune homme. Au bout

---

1. Chose à noter, ce même conte tartare, dont le cadre n'est nullement celui du conte lorrain, renferme encore un épisode qui fait partie de certains contes européens du type de *Jean et Pierre*. Après avoir été hébergé par un brave homme, le fripon du conte tartare donne sa coiffure à un compère et s'en va tête nue remercier son hôte, qui travaille aux champs à peu de distance de sa maison. Celui-ci lui ayant demandé pourquoi il n'a rien sur la tête, le fripon lui dit : « C'est parce que votre femme m'a retenu ma coiffure pour se payer de m'avoir hébergé. » L'hôte, très fâché contre sa femme, dit au fripon d'aller lui réclamer sa coiffure : « Si elle s'obstine à la garder, » ajoute-t-il, « je lui crierai de la rendre. » Arrivé à la maison, le fripon dit à la femme que l'hôte lui a donné sa fille, et il se met en mesure d'emmener celle-ci. La mère faisant résistance, le fripon crie au bonhomme : « On ne veut pas me la donner. » Alors, ce dernier, brandissant sa pelle : « Donnez-la ! donnez-la ! sinon, je vous tue ! » La femme est donc obligée de lui donner sa fille. — Dans le premier des deux contes bretons, le seigneur, qui est aux champs avec son serviteur Fanch, dit à celui-ci d'aller vite au château chercher deux pelles et de les mettre dans un sac, parce qu'il ne veut pas qu'on les voie. Fanch se rend au château et dit à la dame et à sa fille que son maître lui a ordonné de les mettre toutes les deux dans un sac. Puis, courant à la fenêtre : « Toutes les deux dans un sac, n'est-ce pas, Monseigneur ? — Oui, toutes les deux, » crie le seigneur, pensant aux deux pelles, « et dépêche-toi. » (Comparer le premier conte basque.) — Dans le conte portugais (Braga, n° 77) et le conte tyrolien (Zingerle, II, p. 111), cités un peu plus haut, ce passage a subi une modification : c'est une bourse ou des sacs d'argent que le héros se fait donner.

de la journée, il n'a pas encore fini d'enlever le fumier. Impatienté, il rentre au moulin et jette son outil par terre. « Tu es fâché ? » dit le vieillard. — « Comment ne serais-je pas fâché ? Tu m'as tué de travail. » Le vieillard se lève et lui arrache les yeux. — Quelque temps après arrive le second fils. Après qu'il a nettoyé l'étable, le vieillard lui dit d'aller le lendemain chercher du bois à la forêt, et il dit à son âne : « Quand il te chargera, couche-toi. » C'est ce que fait l'âne. Le jeune homme, voyant que l'âne ne veut pas se lever, tire son couteau et lui coupe une oreille. Alors l'âne se montre docile. Quand le vieillard voit l'oreille coupée, il demande au jeune homme pourquoi il a agi ainsi. « Oh ! père, » dit le jeune homme, « est-ce que tu es fâché ? — Oui, » dit le vieillard. Le jeune homme se jette sur lui et lui arrache les yeux, et le vieillard meurt.

Dans l'Inde, nous avons découvert une autre forme, plus complète. C'est un conte qui, paraît-il, est un des plus populaires parmi les mahométans du pays. Il a été publié en 1870 dans la *Calcutta Review* (t. LI, p. 126). Le voici :

« Il y avait une fois deux frères, Halálzádah et Harámzádah. Dans le même pays habitait un Qázi (sorte de magistrat, de juge). Halálzádah alla trouver ce Qázi pour entrer à son service. Le Qázi lui dit : « Si vous entrez à mon service, ce sera à la condition que, si vous me quittez, je vous couperai le nez et les oreilles, et, si je vous renvoie, vous m'en ferez autant. Quant à votre nourriture, vous en aurez par jour plein une feuille. » Halálzádah accepta ces conditions. Chaque jour, le Qázy l'envoyait faire paître les vaches et les chèvres, et il lui donnait de la nourriture plein une feuille de tamarin. Cela ne faisait guère l'affaire de Halálzádah, et il dit au Qázi qu'il ne pouvait travailler l'estomac vide. Le Qázi lui répondit tout simplement que, s'il n'était pas content, il pouvait s'en aller. A la fin, Halálzádah, ayant dépensé tout son argent et se voyant au moment de mourir de faim, demanda son congé. Sur quoi le Qázi lui coupa le nez et les oreilles, et l'autre s'en alla.

« Son frère, Harámzádah, le voyant dans ce triste état, lui demanda ce qui lui était arrivé, et, ayant appris la façon d'agir du Qázi, il demanda à Halálzádah de lui montrer où il demeurait. Il se rendit chez le Qázi et s'engagea à son service aux mêmes conditions que son frère. Le Qázi lui donna les vaches et les chèvres à mener paître. Harámzádah les conduisit aux champs ; de retour au logis, il alla prendre dans le jardin une feuille de bananier, et, la présentant au Qázi, il lui demanda son dîner. Le Qázi fut bien obligé de lui remplir sa feuille de bananier. Harámzádah s'en fut encore avec le troupeau au pâturage ; il tua une des chèvres, invita ses amis et fit avec eux un festin, puis il ramena à la maison le reste du troupeau.

« Le lendemain matin, Harámzádah mena de nouveau paître le troupeau ; cette fois, il vendit une douzaine de chèvres et quatre vaches ; puis, courant à la maison, il dit au Qázi : « Dieu est miséricordieux ! Il vient de me sauver la vie ! — Comment cela ? » dit le Qázi. — « Il est venu des loups qui ont emporté douze chèvres et quatre vaches, et je n'ai pu leur échapper qu'en grimpant sur un arbre. » Le Qázi l'accabla d'injures et lui demanda de quel côté il avait mené paître le troupeau. « Du côté du couchant, » répondit l'autre. Le Qázi lui ordonna de le conduire désormais du côté du nord. Harámzádah, en attendant, s'en fut au jardin cueillir une feuille de bananier, se la fit remplir, et, après avoir mangé tout son soûl, donna le reste aux mendiants. Puis il conduisit le troupeau du côté du nord.

« Cette fois, il vendit tout le troupeau et courut trouver son maître. « Hé! Qázi! hé! Qázi! voilà un bel ordre que vous m'avez donné de conduire le troupeau du côté du nord! — Qu'est-il arrivé? » dit le Qázi. — « Une bande de tigres a emporté tout le troupeau, et je ne me suis sauvé qu'en me cachant dans une caverne de la montagne. »

« Le jour suivant, le Qázi dit à Harámzádah d'aller promener son cheval. Harámzádah partit avec le cheval, et, ayant rencontré en chemin un marchand de chevaux, il lui vendit la bête sous cette condition qu'il garderait la queue; il coupa donc la queue du cheval, et, de retour à la maison, il l'enfonça dans un trou de rat qui se trouvait dans un coin de l'écurie, et battit la terre tout autour pour qu'elle tînt bien. Puis il alla se faire remplir par le Qázi sa feuille de bananier.

« Le lendemain matin, Harámzádah courut trouver le Qázi en poussant les hauts cris : « O Qázi! venez dans l'écurie voir le malheur qui vient d'arriver! les rats sont en train d'emporter le cheval; il n'y a plus que la moitié de la queue qui soit encore hors de leur trou. Hâtez-vous, hâtez-vous! » Le Qázi courut à l'écurie et se mit à tirer, tirer la queue, jusqu'à ce qu'elle sortît du trou, mais point de cheval avec. Harámzádah dit que les rats devaient avoir mangé le reste. »

Bref, continue la *Calcutta Review*, le Qázi est complètement ruiné, et, qui pis est, sa famille est déshonorée par Harámzádah, qui finalement s'en va avec son congé et aussi avec le nez et les oreilles de son maître.

Enfin, dans l'île de Ceylan, ce même thème se retrouve, mais sous une forme altérée (*Orientalist*, juin 1884, p. 131) : Un *gamarâla* (sorte de seigneur de village) a pris tellement en horreur une certaine exclamation de surprise, très commune dans le pays, que, toutes les fois qu'il l'entend, il se jette sur le malheureux qui l'a laissée échapper, et lui coupe le nez. L'aîné de deux frères, étant entré au service de ce gamarâla, se voit ainsi traité. Revenu à la maison, il raconte son aventure à son frère, nommé Hokkâ, qui se promet de le venger. Hokkâ s'engage donc comme serviteur chez le gamarâla, et lui joue tant de mauvais tours, en interprétant ses ordres de travers, que le gamarâla, s'apercevant enfin qu'il n'a pas affaire à un imbécile, mais à un fin matois, laisse échapper lui-même la fameuse exclamation. Alors le jeune homme saute sur lui et lui coupe le nez. — Il est inutile d'entrer dans les détails, les mauvais tours joués par le héros n'ayant aucun rapport avec ceux des contes que nous avons étudiés.

XXXVII

LA REINE DES POISSONS

Il était une fois un pêcheur. Un jour qu'il était à la pêche, il prit la reine des poissons. « Rejette-moi dans l'eau, » lui dit-elle, « et tu prendras beaucoup d'autres poissons. » Il la rejeta dans l'eau et prit en effet une grande quantité de poissons, si bien qu'il fit une bonne journée.

De retour à la maison, il dit à sa femme : « J'ai pris la reine des poissons; elle m'a promis que j'attraperais beaucoup de poissons si je la laissais aller. Je l'ai rejetée dans l'eau, et, en effet, j'en ai pris en quantité — Que tu es nigaud! » dit la femme, « j'aurais bien voulu la manger. Il faudra me l'apporter. »

Le pêcheur retourna à la rivière et prit une seconde fois la reine des poissons. « Laisse-moi aller, pêcheur, » lui dit-elle, « et tu prendras beaucoup d'autres poissons. » Il la rejeta dans l'eau et revint chez lui après avoir fait une bonne pêche.

« Tu ne me rapportes pas la reine des poissons? » lui dit sa femme; « une autre fois j'irai avec toi, et je la prendrai. — Si je l'attrape encore, » répondit le pêcheur, « tu l'auras. »

Il jeta de nouveau le filet et ramena la reine des poissons. « Laisse-moi aller, » lui dit-elle, « et tu prendras beaucoup d'autres poissons. — Non, ma femme veut te manger. — Eh bien! qu'il soit fait selon votre désir; mais quand vous m'aurez mangée, mettez de mes arêtes sous la chienne, mettez-en sous la jument, et mettez-en aussi sous un rosier dans le jardin. »

Le pêcheur fit ce que lui avait dit la reine des poissons, et, le lendemain, étant allé dans le jardin, il trouva sous le rosier trois garçons déjà grands; il trouva trois chiens sous la chienne, et trois poulains sous la jument. Dans le cas où il arriverait malheur aux jeunes garçons, une rose devait tomber du rosier.

Un jour, l'aîné prit avec lui les trois chiens et se mit en route. Etant arrivé dans un village, il vit tout le monde en pleurs; il demanda ce qui était arrivé. On lui dit qu'une princesse allait être dévorée par une bête à sept têtes. Le jeune homme se fit indiquer l'endroit où l'on avait conduit la princesse; il la trouva qui pleurait près d'une fontaine. « Qu'avez-vous, ma princesse? » lui demanda-t-il. — « Hélas! » dit-elle, « je vais être dévorée par une bête à sept têtes. — Si je pouvais vous délivrer? » dit le jeune homme. « Pour moi, je ne crains rien, je n'ai pas d'âme à sauver [1]. »

La bête à sept têtes arriva bientôt. Le jeune homme, qui avait amené ses trois chiens, lança contre la bête le premier, nommé Brise-Vent. Après avoir combattu longtemps, Brise-Vent abattit trois têtes à la bête. « Je m'en vais, » dit-elle, « mais je reviendrai demain. »

Le lendemain, le jeune homme se rendit encore à la fontaine. « Oh! » dit la bête, « il est donc toujours ici! » Le jeune homme lança contre elle le second de ses chiens, Brise-Fer, qui lui abattit encore trois têtes. « Remettons la partie à demain, » dit-elle.

Le jour suivant, le jeune homme lança contre elle son troisième chien, Brise, qui n'était pas si fort que les autres, mais il n'y avait plus qu'une tête à abattre, et il l'abattit.

Quand la bête fut morte, la princesse invita le jeune homme à venir avec elle chez le roi son père; mais il refusa et s'en retourna chez lui.

Le roi fit publier à son de caisse que celui qui avait délivré la princesse vînt se présenter au château avec les sept têtes de la bête. Le plus jeune des trois frères aurait bien voulu les avoir; mais l'aîné les cacha et en fit faire de pareilles en bois. Le plus jeune prit celles-ci et les porta au roi, qui, voyant que ce n'étaient pas les vraies têtes, entra dans une grande colère et fit jeter le jeune homme en prison, disant qu'il serait pendu le lendemain.

Cependant le second des trois frères était allé se promener au jardin; il vit une rose tombée du rosier. « Il est arrivé malheur à

1. Voir les remarques.

mon frère, » se dit-il. Aussitôt il alla trouver le roi. « Que viens-tu faire ici ? » lui dit le roi. — « Je viens pour délivrer mon frère. » Le roi ordonna qu'on le mît en prison lui-même, et qu'on le pendît le lendemain.

Une rose tomba encore du rosier. « Il faut, » se dit l'aîné, « qu'il soit arrivé malheur à mes deux frères. » Il prit les sept têtes et les sept langues de la bête et se rendit au château. « Que viens-tu faire ici? » lui demanda le roi. — « Je viens pour délivrer mes frères. Voici les sept têtes et les sept langues de la bête. — C'est bien, » dit le roi ; « à cause de toi je leur ferai grâce, et tu épouseras ma fille. »

Le jeune homme épousa donc la princesse, et ses frères se marièrent avec deux dames d'honneur. Les parents ne furent pas oubliés, et tout le monde fut heureux.

REMARQUES

Ce conte est une variante de notre n° 5, *les Fils du Pêcheur*. Voir les remarques de ce conte.

*
* *

Indépendamment de diverses altérations que l'on reconnaîtra aisément, il s'est introduit ici un élément nouveau qu'il faut signaler : nous voulons parler des trois chiens, *dont chacun a son nom et qui tuent la bête*.

A propos d'un conte italien de la Vénétie, du même genre que le nôtre (Widter et Wolf, n° 8), M. R. Kœhler a fait observer avec raison que ce trait appartient proprement à un type de contes différent de celui auquel se rapportent notre conte *les Fils du Pêcheur* et ses variantes. Dans les contes auxquels il fait allusion, l'idée générale est à peu près celle-ci : Un jeune homme, sur la proposition d'un inconnu, échange trois brebis, toute sa fortune, contre trois chiens, dont chacun est doué de qualités merveilleuses. Grâce à leur aide, il s'empare d'une maison habitée par des brigands, que ses chiens tuent, et s'y établit avec sa sœur. Celle-ci l'ayant trahi et livré à un des brigands échappé au carnage et qu'elle veut épouser, les trois chiens le sauvent. Ce sont eux encore qui tuent un dragon auquel est exposée une princesse.

Parmi les contes bien complets se rapportant à ce thème, on peut mentionner un conte tchèque de Bohême (Waldau, p. 469), un conte piémontais (Gubernatis, *Zoological Mythology*, II, p. 36), un conte toscan (Pitrè, *Novelle popolari toscane*, n° 2), un conte allemand de la principauté de Waldeck (Curtze, n° 2), et aussi un conte du « pays saxon » de Transylvanie (Haltrich, n° 24), dans lequel les chiens n'ont pas de noms. — D'autres contes sont plus ou moins altérés, plus ou moins complets, par exemple, un conte de la Basse-Bretagne (Luzel, *Contes bretons*, p. 23), deux contes allemands (Grimm, III,

p. 104; Strackerjan, II, p. 331), un conte du Tyrol allemand (Zingerle, I, nº 8), un conte suédois (Cavallius, nº 13), un conte lithuanien (Schleicher, p. 4), un conte italien du Mantouan (Visentini, nº 15), un conte vénitien (Bernoni, I, nº 10), un conte portugais (Coelho, nº 49), un conte portugais du Brésil (Roméro, nº 23).

Si l'on examine les noms donnés aux chiens dans ces contes, on en trouvera qui ressemblent, parfois identiquement, à certains des noms du conte lorrain. Ainsi, dans le conte bohême, les noms sont « Brise, Mords, Attention! »; dans le conte allemand de la collection Grimm : « Arrête, Attrape, Brise-Fer-et-Acier (Bricheisenundstahl) ; ce dernier nom se retrouve dans les variantes allemandes des collections Curtze et Strackerjan. Dans le conte breton, c'est tout à fait « Brise-Fer », comme dans notre conte; de même dans le conte vénitien, Sbranaferro. — Enfin, on peut rapprocher de notre « Brise-Vent » le « Vite-comme-le-Vent » Geschwindwiederwind du conte du Tyrol allemand, et le « Cours-comme-le-Vent » du conte piémontais et du conte du Mantouan.

Le thème sur lequel nous venons de jeter un coup d'œil, le thème des *Trois Chiens*, si on veut lui donner cette dénomination, a, en commun avec le thème des *Fils du Pêcheur*, on a pu le remarquer, toute une partie : le combat contre le dragon et la délivrance de la princesse, parfois même la suite d'aventures se rattachant à ce combat (l'intervention d'un imposteur qui se donne pour le libérateur, et les moyens que prend le héros pour faire connaître sa présence à la princesse et ensuite pour démasquer l'imposteur). Les deux thèmes sont donc très voisins. Rien d'étonnant qu'un élément du thème des *Trois Chiens* se soit glissé dans le thème des *Fils du Pêcheur*. Cela s'est fait d'autant plus naturellement que, dans ce dernier thème, figurent déjà des chiens, nés du poisson merveilleux. Ces chiens, qui n'étaient qu'un accessoire, sont devenus, par suite de l'infiltration d'un élément de l'autre thème, des personnages importants, ayant chacun son nom et jouant un rôle obligé.

*
* *

Quelques détails pour finir :

Dans notre conte, on a remarqué le curieux passage où le jeune homme dit qu'il « n'a pas d'âme à sauver ». Le récit indique bien ici qu'il est, comme les chiens, une incarnation de la reine des poissons.

Dans un conte du Tyrol italien (Schneller, var. du nº 28), et dans un conte portugais (Braga, nº 48), c'est le « roi des poissons » que prend le pêcheur. — Il en est de même dans un conte de la Haute-Bretagne (Sébillot, I, nº 18). De plus, dans ce conte breton, la plante qui doit se flétrir quand les jeunes gens seront en danger de mort, est un rosier, comme dans notre conte. Seulement, dans le conte breton, chacun des trois fils du pêcheur a son rosier.

XXXVIII

LE BÉNITIER D'OR

Il était une fois de pauvres gens, qui avaient autant d'enfants qu'il y a de trous dans un tamis. Ils venaient d'avoir encore une petite fille, lorsqu'ils virent entrer chez eux une dame qui s'offrit à être marraine de l'enfant ; ils acceptèrent bien volontiers. Cette dame était la Sainte-Vierge. « Dans huit ans, » dit-elle, « je viendrai chercher l'enfant. » Elle revint, en effet, au bout de huit ans, et emmena la petite fille.

Un jour, elle lui dit : « Voici toutes mes clefs, mais vous n'irez pas dans cette chambre. » Puis elle alla se promener.

A peine fut-elle sortie, que la petite fille ouvrit la porte de la chambre où il lui était défendu d'entrer. Voyant un bénitier d'or, elle y trempa les doigts et les porta à son front ; aussitôt ses doigts et son front furent tout dorés. Elle se mit un bandeau sur le front et des linges aux doigts.

Bientôt la Sainte-Vierge revint. « Eh bien ! » dit-elle à l'enfant, « êtes-vous entrée dans la chambre où je vous ai défendu d'aller ? — Non, ma marraine. — Si vous ne dites pas la vérité, vous aurez à vous en repentir. — Non, ma marraine, je n'y suis point entrée. »

Il arriva, dans la suite, que la jeune fille épousa un roi. Le premier enfant qu'elle mit au monde disparut aussitôt après sa naissance, et, son mari lui ayant demandé ce qu'il était devenu, elle ne put le lui dire. Le roi, furieux, sortit en menaçant la reine de la faire mourir.

Tout à coup, la Sainte-Vierge parut devant elle et lui dit : « Etes-vous entrée dans la chambre ? — Non, ma marraine. —

Si vous me dites la vérité, je vous rendrai votre enfant. — Non, ma marraine, je n'y suis point entrée. »

Au bout d'un an, la reine eut un second enfant, qui disparut comme le premier. Le roi, encore plus furieux que la première fois, dit qu'il voulait absolument savoir où étaient les enfants; la reine ne répondit rien. Un instant après, la Sainte-Vierge parut devant elle et lui dit : « Ma fille, êtes-vous entrée dans la chambre ? — Non, ma marraine. — Si vous me dites la vérité, je vous rendrai vos deux enfants. — Non, ma marraine, je n'y suis point entrée. »

La reine ayant mis au monde un troisième enfant, le roi aposta des gardes pour voir ce qui se passerait. Tout à coup on entendit au dehors une musique si agréable que tout le monde y courut; or, cette musique s'était fait entendre par l'ordre de la Sainte-Vierge, qui enleva l'enfant pendant qu'il n'y avait plus personne dans la chambre. Le roi, outré de colère, déclara que, pour le coup, il allait faire dresser un bûcher et que sa femme y serait brûlée vive.

La Sainte-Vierge se présenta une troisième fois devant la reine. « Ma fille, » lui dit-elle, « êtes-vous entrée dans la chambre ? — Non, ma marraine. — Dites-moi la vérité et je vous rendrai vos trois enfants. — Non, ma marraine, je n'y suis point entrée. »

On conduisit la reine au bûcher. Au moment d'y monter, elle vit encore la Sainte-Vierge, qui lui dit : « Si vous me dites la vérité, je vous rendrai vos trois enfants. — Non, je n'y suis point entrée. » La Sainte-Vierge lui apparut de nouveau pendant qu'elle montait; elle persista à dire non; mais, quand elle se vit en haut du bûcher, le cœur lui manqua, et elle avoua.

La Sainte-Vierge la fit alors descendre du bûcher et lui rendit ses enfants. Depuis ce temps, la reine vécut heureuse avec son mari.

REMARQUES

Il a été recueilli des contes de ce genre dans divers pays d'Allemagne (Grimm, n° 3; Ey, p. 176; Meier, n° 36), en Suède (Grimm, III, p. 324), en Norwège (Asbjœrnsen, I, n° 8), chez les Wendes de la Lusace (Haupt et Schmaler, II, p. 179), chez les Tchèques de Bohême (Waldau, p. 600),

chez les Lithuaniens (Leskien, p. 498), en Valachie (Schott, nº 2), en Toscane (Comparetti, nº 38), en Sicile (Gonzenbach, nº 20).

Le conte lorrain offre la plus grande ressemblance avec le conte hessois
nº 3 de la collection Grimm, *l'Enfant de Marie*, dont il est pour ainsi dire
l'abrégé. Pourtant il est deux ou trois points où il en diffère. Ainsi, dans le
conte allemand, la Sainte-Vierge n'est pas la marraine de l'enfant (on verra
tout à l'heure que ce trait de notre conte se retrouve dans des contes étrangers
du même type). — Ainsi encore, dans le conte allemand, la jeune fille, en
ouvrant la porte de la chambre défendue, est éblouie des splendeurs de la
Sainte-Trinité ; elle touche du doigt les rayons de la gloire, et son doigt est
tout doré. On a vu que ce détail singulier est remplacé dans notre conte par
un autre plus simple, celui du bénitier d'or. — Enfin, dans *l'Enfant de Marie*,
l'épisode de la musique qui attire les gardes hors de la chambre n'existe pas.
Du reste, ce conte hessois est plus complet que le nôtre ; là, ainsi que dans
la plupart des contes analogues, on voit comment la jeune fille devient reine :
chassée du Paradis, privée de la parole, elle vivait misérablement dans une
forêt quand un roi la rencontre et l'épouse.

Les contes de cette famille peuvent se diviser en trois groupes.

Un premier groupe, — contes wende, norwégien, hessois, lithuanien,
valaque, — mettent en scène la Sainte-Vierge, comme le conte lorrain. Le
conte wende et le conte norwégien en font, toujours comme notre conte, la
marraine de la jeune fille. Dans les autres, la Sainte-Vierge la recueille dans
des circonstances qui diffèrent selon les récits.

· Dans un second groupe, — conte tchèque, conte allemand de la collection
Ey, conte toscan, — au lieu de la Sainte-Vierge, nous trouvons une femme
mystérieuse qui, dans le conte tchèque, est la marraine de la jeune fille.

Enfin, dans le conte souabe de la collection Meier, la jeune fille est vendue
par son père à un nain noir. — Dans le conte suédois, elle est donnée à un
certain « homme à manteau gris », par suite d'une promesse imprudente de
son père.

Dans tous ces contes, — excepté dans le conte souabe, où ce qui est défendu
à la jeune fille, c'est de cueillir des roses d'un certain rosier, — nous retrouvons la défense d'ouvrir une certaine porte ; mais c'est seulement dans le conte
hessois et dans le conte wende, qu'il reste au doigt de la jeune fille, comme
dans notre conte, des traces accusatrices de sa désobéissance. (Comparer la
tache ineffaçable de la clef, dans *la Barbe Bleue*.) — Dans le conte norwégien,
la filleule de la Sainte-Vierge ayant ouvert une première chambre dans le
Paradis, il s'en échappe une étoile ; d'une seconde s'échappe la lune ; d'une
troisième, le soleil.

Partout ailleurs, la désobéissance de la jeune fille n'est point, si l'on peut
parler ainsi, matériellement constatée ; mais, presque toujours, en entr'-
ouvrant la porte défendue, elle aperçoit dans la chambre sa protectrice (ou
l' « homme au manteau gris »), et elle en est vue elle-même.

Dans les contes formant le second groupe, il se trouve finalement que la
femme qui avait défendu à la jeune fille d'entrer dans telle chambre, est déli-

vrée d'un enchantement, parce que la jeune fille a persisté à dire — faussement — qu'elle n'a rien vu. Il y a là, ce nous semble, une altération de l'idée primitive.

*
* *

Le doigt doré du conte lorrain, du conte hessois et du conte wende forme lien entre les différents contes de cette famille et certains contes orientaux que nous avons résumés dans les remarques de notre n° 12, *le Prince et son Cheval* (voir notamment, I, p. 146, le conte du Cambodge et celui de l'île de Zanzibar).

Du reste, la défense d'ouvrir telle porte, de pénétrer dans tel endroit, et les malheurs qui résultent de la désobéissance, — malheurs différents, sans doute, de ceux que retrace notre conte, — se retrouvent dans plusieurs récits de l'Orient. On se rappelle l'*Histoire du Troisième Calender, fils de roi*, dans les *Mille et une Nuits* (comparer encore un autre conte arabe de ce même recueil, t. XV, p. 194, de la traduction allemande dite de Breslau). — Dans un conte indien de la grande collection formée au XIIᵉ siècle de notre ère par Somadeva de Cachemire (trad. all. de H. Brockhaus, t. II, p. 166 seq.), une *Vidhyâdharî* (sorte de génie), qui a épousé un mortel, Saktideva, lui dit qu'elle va s'absenter pour deux jours : pendant ce temps, il pourra visiter tout le palais ; mais il ne faudra pas qu'il monte sur telle terrasse. Saktideva cède à la curiosité. Quand il est sur la terrasse, il voit trois portes ; il les ouvre l'une après l'autre et trouve, étendus sur des lits de diamant, les corps de trois jeunes filles. Puis, de la terrasse, il aperçoit un beau lac et, sur le bord, un superbe cheval. Il va pour le monter ; mais, dès qu'il est en selle, le cheval se cabre, jette son cavalier dans le lac, et Saktideva se retrouve dans son pays natal, bien loin du palais de la Vidhyâdharî. (Comparer l'introduction de M. Th. Benfey à sa traduction du *Pantchatantra*, § 52.)

XXXIX

JEAN DE LA NOIX

Il était une fois un homme, appelé Jean de la Noix, qui avait beaucoup d'enfants, et rien pour les nourrir. Il se dit un jour : « Je vais aller demander du pain au Paradis. » Le voilà donc parti ; mais il se trompa de chemin et arriva à la porte de l'enfer. Il y frappa du genou ; point de réponse. « Peut-être, » se dit-il, « ai-je frappé trop fort. » Et il frappa de la pointe du pied. Lucifer ouvrit la porte et lui demanda ce qu'il voulait. « Je viens voir si l'on veut me donner du pain pour ma femme et pour mes enfants. — On ne donne point de pain ici, » répondit Lucifer ; « va-t'en ailleurs. — Oh ! oh ! » dit Jean, « comme on parle ici ! Je vois que je me suis trompé de porte ; je m'en vais trouver saint Pierre. »

Il prit cette fois le bon chemin, et, arrivé à la porte du Paradis, il frappa en disant d'une petite voix douce : « Toc, toc. » Saint Pierre vint lui ouvrir et lui dit : « Que demandes-tu ? — Je suis Jean de la Noix, et je viens demander du pain pour ma femme et pour mes enfants. — Tu arrives à propos, » dit saint Pierre : « c'est justement ma fête aujourd'hui ; tu en profiteras. Tiens, voici une serviette ; emporte-la, mais ne lui demande pas ce qu'elle sait faire. »

Jean prit la serviette et partit en disant : « Merci, monsieur saint Pierre. » Il se disait en lui-même que c'était un singulier cadeau. A peine eut-il fait quelques pas, qu'il dit à la serviette : « Eh bien ! ma pauvre serviette, que sais-tu faire ? On m'a défendu de te le demander, mais dis-le moi tout de même. » Aussitôt la serviette se couvrit de mets excellents.

« Voilà qui est bien, » dit Jean de la Noix ; « mais cet endroit-ci ne me plaît pas. Je mangerai quand je serai à la maison. » Il replia la serviette, et tout disparut. Il redescendit la côte et regagna son logis. Il dit en rentrant à sa femme : « Je viens du Paradis. C'était la fête de saint Pierre ; tout le monde y était dans la joie. Saint Pierre m'a donné une serviette que voici ; mais ne va pas lui demander ce qu'elle sait faire. »

« Pourquoi me fait-il cette recommandation ? » pensa la femme. Dès qu'elle fut seule, elle dit à la serviette : « Serviette, que sais-tu faire ? » La serviette se trouva aussitôt garnie de plats de toute sorte. « C'est trop beau pour nous, » dit la femme ; « je n'ose pas y toucher. Je vais vendre cette serviette. » Elle la vendit pour un morceau de pain. Son mari, de retour, lui demanda où était la serviette. « Nous ne pouvons vivre de chiffons, » répondit-elle ; « je l'ai vendue pour un morceau de pain. »

Jean, bien fâché, se décida à retourner au Paradis. « C'est encore moi, Jean de la Noix, » dit-il à saint Pierre ; « ma femme a vendu la serviette, et je viens vous prier de me donner quelque autre chose. — Eh bien ! voici un âne ; mais ne lui demande pas ce qu'il sait faire. — Merci, monsieur saint Pierre... Vraiment, » pensait Jean, « on rapporte de singulières choses du Paradis ! Après tout, le chemin du Paradis est si rude et si raboteux ! cet âne m'aidera toujours à le descendre plus facilement... Or çà, bourrique, que sais-tu faire ? » L'âne se mit à faire des écus d'or. Jean de la Noix en ramassa plein ses poches et dit à l'âne de s'arrêter pour ne pas tout perdre en chemin. Il amena l'âne dans sa maison et dit à sa femme : « Voici une bourrique que saint Pierre m'a donnée ; ne 'lui demande pas ce qu'elle sait faire. »

Tandis que Jean dormait, sa femme n'eut rien de plus pressé que de dire à l'âne : « Bourrique, que sais-tu faire ? » Et les écus d'or de pleuvoir. « Oh ! » dit-elle, « qu'est-ce que cela ? c'est trop beau pour nous. » En ce moment, un marchand de verres passait dans la rue en criant : « Jolis verres, jolis ! » Il avait un âne qui portait sa marchandise. La femme l'appela et lui demanda s'il était content de son âne. « Pas trop, » répondit le marchand ; « il m'a déjà cassé plusieurs verres. — Eh bien ! voudriez-vous acheter le mien ? m'en donneriez-vous bien dix francs ? — Quinze, si vous le voulez. » Bref, elle vendit l'âne pour dix francs. A son réveil, Jean demanda des nouvelles de l'âne. « Je l'ai vendu pour dix francs, » dit la femme. — « Ah ! malheureuse ! il nous en aurait donné bien autrement de l'argent ! Quand le pauvre Job eut perdu tout son bien, pour comble de misère on lui laissa sa femme. Je crois que le bon Dieu me traite comme il a traité Job. »

Il ne restait plus à Jean de la Noix d'autre parti à prendre que de retourner une troisième fois au Paradis. Arrivé à la porte, il entendit saint Pierre qui disait : « C'est ennuyeux d'être si souvent dérangé ; hier, c'était Jean de la Noix ; aujourd'hui... — N'achevez pas, » cria Jean, « c'est encore lui. Ma femme a vendu la bourrique. — Tiens, » dit saint Pierre, « voici une crosse ; mais ne lui demande pas ce qu'elle sait faire, et ne reviens plus. »

Jean repartit avec la crosse. « Qu'est-ce que je ferai de cela ? » se disait-il ; « cette crosse ne pourra me servir que de bâton de vieillesse. Eh bien ! ma crosse, que sais-tu faire ? » Aussitôt la crosse se mit à le battre. « Arrête, arrête, » cria Jean, « ce n'est plus comme avec la bourrique !... Cette fois, » pensa-t-il, « ma femme pourra s'en régaler. »

Rentré chez lui, il dit à sa femme : « Saint Pierre m'a donné une crosse ; ne lui demande pas ce qu'elle sait faire. » La femme ne répondit rien, mais elle pensait : « C'est bon ; quand tu seras couché... — Je suis bien las, » dit Jean, « je tombe de sommeil ! » Il se coucha aussitôt et fit semblant de dormir. Dès que sa femme l'entendit ronfler, elle dit à la crosse : « Crosse, que sais-tu faire ? » La crosse se mit à la battre comme plâtre. « Tape, tape, ma crosse, » cria Jean de la Noix, « jusqu'à ce qu'elle m'ait rendu ma serviette et ma bourrique ! »

REMARQUES

Comparer nos nᵒˢ 4, *Tapalapautau*, et 56, *le Pois de Rome*. — Voir les remarques de notre nᵒ 4.

Dans un conte champenois, l'*Histoire du Bonhomme Maugréant*, qui a été publié par M. Ch. Marelle dans l'*Archiv für das Studium der neueren Sprachen und Literaturen*, t. LV, p. 363 (Brunswick, 1876), et reproduit dans les *Contes des provinces de France* (p. 46), c'est aussi saint Pierre qui donne au bonhomme les objets merveilleux.

On aura remarqué dans *Jean de la Noix* diverses altérations du thème primitif. Ainsi, le passage où il est dit au pauvre homme de ne point demander à la serviette et à l'âne ce qu'ils savent faire, n'a pas de sens. (Il est assez curieux de constater que cette altération se retrouve dans le conte valaque nº 20 de la collection Schott et dans le conte publié au XVIIᵉ siècle par Basile dans le *Pentamerone*, nº 1). — Ainsi encore, c'est à la sottise de sa femme et non à la friponnerie d'un aubergiste que Jean doit la perte des objets merveilleux.

*
* *

Nous avons recueilli, à Montiers-sur-Saulx, une autre version du même conte. La première partie de cette variante tient à la fois de *Tapalapautau* et de *Jean de la Noix*. Comme dans le premier conte, c'est du bon Dieu que le pauvre homme reçoit successivement une serviette, un âne et une crosse d'or, à laquelle on dit : *Tapautau, tape dessus*, pour la faire agir, et *Alapautau* pour l'arrêter ; comme dans *Jean de la Noix*, défense est faite de demander à ces objets merveilleux ce qu'ils savent faire ; mais la curiosité de la femme n'a pas ici les mêmes conséquences : les trois objets merveilleux restent en la possession de la famille, qui bientôt se trouve très riche. Un jour, l'homme veut mesurer son or et son argent ; il envoie ses enfants emprunter un boisseau à la voisine. Un louis reste au fond du boisseau (voir les remarques de notre nº 20, *Richedeau*), et la voisine va dénoncer l'homme à la justice, qui le condamne à être pendu. Quand il est au pied de la potence, il se met à pleurer en regardant sa femme et ses enfants. « Hélas ! » dit-il, « si j'avais seulement mon pauvre bâton, que je l'embrasse encore une fois avant de mourir ! » On lui apporte sa crosse d'or. Aussitôt il lui dit :

« Tapautau, tape dessus, corrige-les bé (bien) !
« Tape sur celle qui m'a prêté le boissé (boisseau) ! »

On le supplie de rappeler son bâton ; à la fin il consent à le faire et il rentre tranquillement chez lui.

Le dénouement de cette variante est à peu près identique à celui du conte de la Haute-Bretagne (Sébillot, III, nº 24) cité dans les remarques de notre nº 4. Il faut aussi en rapprocher la fin d'un conte espagnol de même type (Caballero, I, p. 46), dont voici l'analyse : Le père Curro a dépensé tout son bien en bombances. Désespéré des avanies que lui font subir sa femme et ses enfants, il veut se pendre à un olivier. Un follet vêtu en moine l'arrête et lui donne une bourse qui ne se vide jamais. En retournant chez lui, il entre dans une auberge, y fait grande chère et s'y endort sous la table. L'aubergiste fait faire par sa femme une bourse semblable à celle du père Curro et la substitue à celle-ci. Arrivé chez lui, le père Curro dit à sa famille de se réjouir et met la main dans la bourse sans en rien retirer. Roué de coups par sa femme, il reprend la corde pour se pendre. Le follet, sous la figure d'un *caballero*, lui donne une nappe qui lui fournira toujours de quoi manger. La nappe, étendue par terre, se couvre de mets excellents. Le père Curro entre dans l'auberge, et sa nappe lui est dérobée. Sa femme et ses enfants, voyant que la nappe ne

se garnit pas, tombent sur lui et le laissent en piteux état. Le père Curro s'en
retourne avec sa corde. Cette fois, le follet lui donne une petite massue, à
laquelle il doit dire certaines paroles, s'il veut qu'on le laisse en paix. Il rentre
chez lui ; ses enfants viennent lui demander du pain en l'injuriant ; il envoie
sa massue contre eux, et les voilà sur le carreau. La mère vient au secours de
ses enfants ; la massue tombe sur elle et la tue. L'alcade arrive avec ses alguazils ; l'alcade est tué et les alguazils s'enfuient. Le roi envoie un régiment de
grenadiers, qui sont fort maltraités et qui se retirent en désordre. Le père
Curro s'endort avec sa massue sur lui. Il se réveille pieds et poings liés ; on le
mène en prison, et il est condamné à mourir par le garrot. Sur l'échafaud on
lui délie les mains ; il prend sa massue et l'envoie tuer le bourreau. Le roi
ordonne de le laisser aller et lui donne une propriété en Amérique. Il s'en va
dans l'île de Cuba et y bâtit une ville. Il y tue tant de monde avec sa massue
que la ville en garde le nom de *Matanzas* (du mot *matar*, « tuer »).

Dans ce conte espagnol il n'est point question, comme dans notre variante
et dans le conte breton, de dernière grâce demandée par le condamné. Ce
trait, ainsi que tout le dénouement, nous le rencontrons dans des contes qui
se rapportent à d'autres thèmes. Ainsi, dans un conte allemand de la collection
Ey (p. 122), dont nous avons donné l'analyse à propos de notre n° 31,
l'*Homme de fer* (II, p. 6), le soldat, au pied de la potence, obtient du roi la
permission d'allumer une certaine bougie. Aussitôt paraît, un gourdin à la
main, l'homme de fer, serviteur de la bougie, et il assomme le bourreau et
les spectateurs. Le roi crie au soldat de faire trêve et lui donne sa fille en
mariage. (Comparer Grimm, n° 116.) — Ailleurs, par exemple dans un conte
allemand (Grimm, n° 110), dans un conte polonais de la Prusse orientale
(Tœppen, p. 148), c'est en se faisant donner la permission de jouer une
dernière fois de son violon, que le condamné sauve sa vie. Forcé, ainsi que
tous les assistants, par la vertu du violon merveilleux, de danser et de danser
toujours, le juge lui crie de cesser de jouer et lui fait grâce.

XL

LA PANTOUFLE DE LA PRINCESSE

Il était une fois un homme et sa femme, qui avaient deux fils et qui étaient bien pauvres. Le père étant mort, sa femme et ses enfants ne purent lui faire dire une messe, faute d'argent. Depuis ce moment, on entendit chaque soir des coups frappés dans divers endroits de la maison : c'était le père qui revenait et demandait des prières.

Un jour que le plus jeune des deux fils priait sur la tombe de son père, il vit un petit oiseau voltiger près de lui ; il voulut l'attraper, l'oiseau s'envola à quelque distance. Le jeune homme se mit à sa poursuite, et il se laissa entraîner si loin, qu'à la fin de la journée il se trouva au milieu d'un grand bois. La nuit vint ; le jeune homme monta sur un chêne pour y dormir en sûreté, et il y était à peine qu'il vit trois hommes s'approcher de l'arbre : l'un portait du pain, l'autre de la viande et du vin, le troisième du feu. Ils ramassèrent du bois, l'allumèrent et firent un grand brasier pour y faire cuire leur viande. Or, ces hommes étaient des voleurs.

Ils vinrent à parler d'un château qu'ils voulaient aller piller ; une seule chose les embarrassait, c'était un petit chien qui gardait la porte du château et aboyait à tout venant. Il s'agissait de savoir qui tuerait ce chien ; aucun d'eux ne voulait s'en charger. Comme ils se disputaient, ils levèrent les yeux et aperçurent le jeune homme sur son arbre. Ils lui crièrent de descendre. « C'est toi, » lui dirent-ils, « qui tueras le petit chien ; si tu ne veux pas, nous te tuerons toi-même. — Je ferai ce qu'il vous plaira, » répondit le jeune homme.

En effet, il tua le petit chien et s'introduisit dans le château par un trou qu'il fit dans le mur. Les voleurs lui passèrent une hache afin qu'il brisât la porte ; mais il les engagea à entrer par le trou qu'il venait de faire. Un des voleurs s'y étant glissé, le jeune homme lui abattit la tête d'un coup de sa hache et tira le corps en dedans. « A votre tour, » dit-il au second ; « dépêchons. » Et il lui coupa aussi la tête. Le troisième eut le même sort.

Cela fait, le jeune homme entra dans une chambre, où il trouva une belle princesse qui dormait. Il passa dans une autre chambre, où était aussi une princesse endormie, plus belle encore que la première. Parvenu dans une dernière chambre, il vit une troisième princesse, également endormie, qui était encore plus belle que les deux autres. Le jeune homme prit une des pantoufles de cette princesse et sortit du château. De retour à la maison, il fit dire une messe pour son père.

Cependant, la plus belle des trois princesses aurait bien voulu savoir qui avait pénétré dans le château et enlevé sa pantoufle. Elle fit bâtir une hôtellerie, sur la porte de laquelle était écrit : *Ici l'on boit et mange pour rien, moyennant qu'on raconte son histoire.* Un jour, le jeune homme s'y trouva avec sa mère et son frère. Survint la princesse, qui demanda d'abord à l'aîné de raconter son histoire. L'aîné dit : « Je suis charbonnier ; tous les jours de ma vie je vais au bois pour faire du charbon : voilà toute mon histoire. — Et vous, » dit-elle au plus jeune, « qu'avez-vous à raconter ? »

Le jeune homme commença ainsi : « Un jour, des voleurs voulurent entrer dans un château ; ce château était gardé par un petit chien, qui aboyait à tout venant. Ils m'ordonnèrent de tuer ce petit chien, ce que je fis. »

La mère du jeune homme lui disait de se taire, mais la princesse l'obligea à poursuivre.

« Quand les voleurs, » continua-t-il, « voulurent ensuite pénétrer dans le château, je les tuai l'un après l'autre. J'entrai dans une chambre, où je trouvai une belle princesse qui dormait ; puis dans une seconde, où était aussi une princesse endormie, plus belle encore que la première ; enfin, dans une dernière chambre, où je vis une troisième princesse, également endormie, encore plus belle que les deux autres. Je pris la pantoufle de cette princesse, et je sortis du château. Cette pantoufle, la voici. »

A ces mots, la princesse, toute joyeuse, montra l'autre pantoufle. Quelque temps après, elle épousa le jeune homme.

REMARQUES

Ce conte se rencontre en Allemagne (Grimm, n° 111), dans le Tyrol allemand (Zingerle, I, n° 33), dans le « pays saxon » de Transylvanie (Haltrich, n° 22), en Hongrie (Gaal-Stier, n° 1, et miss Busk, pp. 167-168), en Serbie (*Archiv für slavische Philologie*, t. II, 1876, pp. 614 et 616), en Italie (*Jahrbuch für romanische und englische Literatur*, t. VII, p. 384), en Grèce (Hahn, n° 52, et J.-A. Buchon, *la Grèce continentale et la Morée*. Paris, 1843, p. 267, reproduit dans E. Legrand, p. 145), chez les Albanais (Dozon, n° 15).

De toutes ces versions, c'est, ce nous semble, la version transylvaine qui présente le thème sous la forme la mieux conservée. En voici le résumé : Un riche marchand meurt en faisant promettre à sa femme et à ses trois fils de faire un pèlerinage à telle chapelle en expiation de ses péchés. La promesse ayant été oubliée, on entend pendant trois nuits un grand bruit dans la maison. Un prêtre, appelé, dit que, si l'on ne s'acquitte pas du pèlerinage dès le lendemain, l'esprit reviendra encore. Les trois frères se mettent donc en route avec leur mère. La nuit venue, ils s'arrêtent dans une forêt, et les jeunes gens conviennent qu'ils veilleront tour à tour. Le plus jeune, qui passe pour un peu simple, veille le dernier, et pendant ce temps il tue successivement avec sa sarbacane, sans que ses frères se réveillent, un lion, un ours et un loup. Puis, étant monté sur un arbre pour voir s'il n'y aurait pas une maison dans le voisinage, il aperçoit dans le lointain un grand feu. Il marche dans cette direction et voit trois géants assis auprès du feu et en train de manger. Le jeune homme se réfugie sur un arbre ; mais bientôt il lui vient la fantaisie d'éprouver sur les géants son adresse à se servir de sa sarbacane, en faisant voler bien loin tantôt le morceau de viande, tantôt le gobelet que l'un ou l'autre portait à sa bouche. Les géants finissent par le découvrir et lui disent qu'ils vont lui donner occasion d'exercer ses talents : ils sont en route pour le château du roi, d'où ils veulent enlever la princesse ; mais il y a là un petit chien qui veille la nuit et qui au moindre bruit donne l'alarme ; il faut que le jeune homme tue ce petit chien. Le jeune homme l'ayant tué, les géants font un trou dans le mur du château et disent à leur compagnon d'entrer par là et de leur apporter la princesse. Il traverse la chambre du roi, puis celle de la reine, et arrive dans la chambre de la princesse. A la muraille est pendue une épée auprès de laquelle est une fiole, et il est dit sur un écriteau que celui qui boira trois fois de cette fiole, sera en état de manier l'épée et pourra tout tailler en pièces. Le jeune homme boit trois fois de la fiole, saisit l'épée et va dire aux géants qu'à lui seul il ne peut emporter la princesse. Pendant que les géants se glissent par le trou, il leur coupe la tête ; puis il va remettre l'épée à sa place et s'en retourne, emportant l'anneau de la princesse et les trois langues des géants. Un capitaine, qui a vu le premier, au lever du jour, les trois géants étendus morts, se donne pour le libérateur de la princesse, et le roi lui accorde la main de celle-ci. Mais la princesse obtient de son père que le mariage soit remis à un an et un jour, et qu'on lui fasse bâtir sur la grande route une hôtellerie où elle habitera avec ses suivantes. Au-dessus de la porte de l'hôtellerie elle fait mettre une enseigne avec ces mots : « Ici on ne loge pas pour de l'argent, mais on est bien hébergé si l'on raconte son histoire. » Cependant le jeune homme, après son aventure, est revenu dans la forêt auprès de sa mère et de ses frères qu'il trouve encore endormis ; il leur dit ce qui lui est arrivé, mais personne ne veut le croire. Après avoir fait leurs prières dans la chapelle où ils se rendaient, les trois jeunes gens et leur mère s'en retournent chez eux. Chemin faisant, ils passent auprès de l'hôtellerie de la princesse. Ils y entrent ; le jeune homme, interrogé, raconte son histoire et montre à la princesse l'anneau qu'il lui a enlevé. Justement l'époque fixée pour le mariage de la princesse avec le capitaine est arrivée ; les trois frères et leur mère y sont invités. Pendant le repas, le plus jeune demande au capitaine comment il peut prouver qu'il a tué les géants. Celui-ci fait apporter les trois têtes ; mais c'est le jeune homme qui a les trois langues : l'imposture du capitaine est dévoilée ; il est mis à mort, et le jeune homme épouse la princesse [1].

Dans le conte italien, une pauvre famille a résolu d'aller en pèlerinage à Saint-Jacques de Compostelle ; mais, avant qu'elle ait pu le faire, le père meurt, et bientôt son âme vient demander que l'on s'acquitte de son vœu. Suit l'épisode de la nuit passée dans la forêt. L'aîné des fils, pendant qu'il veille, tue un serpent ; le cadet, un tigre ; le plus jeune se laisse entraîner à la poursuite d'un aigle, et il ne retrouve plus sa route. Un géant qu'il rencontre lui dit qu'il le remettra sur le bon chemin si le jeune homme lui rend un service : il s'agit de pratiquer un trou dans le mur d'un palais. Le jeune homme le fait et parvient en même temps à tuer le géant. Il pénètre dans le palais, trouve une princesse endormie et emporte en se retirant les bagues de la princesse et ses pantoufles. Il rejoint sa famille, s'acquitte avec elle du pèlerinage, puis il entre dans l'auberge où, pour tout paiement, on doit conter son histoire, se fait reconnaître de la princesse pour son libérateur et l'épouse.

Nous avons dans ce conte italien deux détails de notre conte qui n'existaient pas dans le conte transylvain : l'*oiseau* qui attire le jeune homme bien avant dans la forêt, et les *pantoufles* qu'il emporte du palais.

Le conte grec moderne recueilli par J.-A. Buchon traite également ce thème, mais en le combinant avec un autre. Là, un roi, en mourant, ordonne à ses trois fils de passer, chacun à son tour, une nuit à prier sur sa tombe, et de donner ses deux filles à ceux qui, les premiers, les demanderont en mariage. L'aîné étant aller prier sur la tombe, il arrive le lendemain un mendiant qui demande et obtient la main de l'aînée des princesses. Après la nuit passée par le cadet, la seconde princesse est donnée à un autre mendiant. La troisième nuit, le plus jeune prince, ayant eu ses cierges éteints par un coup de vent, se dirige vers une grande clarté qu'il aperçoit dans le lointain. Il trouve couchés autour d'un grand feu quarante dragons qui surveillent une énorme chaudière.

---

1. Pour cet épisode de l'imposture du capitaine et des langues des géants, voir notre n° 5, *les Fils du Pêcheur*, et les remarques (I, p. 74 et pp. 76-78).

Le prince enlève la chaudière d'une seule main, et, après avoir allumé ses cierges, il la remet sur le feu. Frappés de sa force, les dragons le chargent d'enlever une princesse qui est enfermée dans une haute tour et dont ils voudraient depuis longtemps s'emparer. Le jeune homme se fait une sorte d'échelle avec de grands clous qu'il enfonce dans le mur ; parvenu tout en haut, il s'introduit dans la tour par une petite fenêtre ; alors il engage les dragons à le suivre, et, à mesure qu'ils cherchent à entrer par la fenêtre, il les tue. Puis il pénètre dans la chambre de la princesse endormie, échange sa bague contre celle de la jeune fille et s'en retourne sur la tombe de son père. Le roi, père de la princesse, voulant savoir qui a tué les dragons et pénétré dans la tour, fait annoncer dans tous les pays de grandes réjouissances : chacun y pourra prendre part à condition de raconter son histoire. Les trois princes se rendent à ces fêtes, et le roi reconnaît au récit de ses exploits le libérateur de sa fille. Après le mariage du prince, le conte s'engage dans une autre série d'aventures : la princesse est enlevée par un magicien, et son mari parvient à la délivrer, grâce à ses beaux-frères, les deux mendiants, qui sont en réalité, l'un, le roi des oiseaux ; l'autre le roi des animaux.

*
* *

Ce conte grec peut servir de lien entre le conte lorrain et un conte oriental. Dans un conte des Avares du Caucase (Schiefner, nº 4), un père dit sur son lit de mort à ses trois fils : « Quand je serai mort, que chacun de vous garde trois nuits mon tombeau ; et ensuite, si quelqu'un vient demander la main d'une de mes filles, fût-ce un oiseau ou une bête des champs, donnez-la lui. » Le plus jeune des trois frères obtient, mais par d'autres exploits que les héros des contes précédents, la main d'une princesse. (Voir ce passage du conte avare vers la fin des remarques de notre nº 43, le Petit Berger.) Plus tard, le jeune homme tue un serpent à neuf têtes *pendant que ses frères dorment ;* puis il revient se coucher auprès d'eux et, le lendemain, ne leur raconte rien de son aventure. (Il y a là, ce nous semble, la transposition d'un épisode que nous avons vu figurer dans plusieurs des contes cités plus haut). A la suite de cet exploit, un vieillard marie le jeune homme à sa fille, merveilleusement belle. Cette seconde femme ayant été enlevée par certain être malfaisant, le héros trouve du secours auprès de ses trois beaux-frères, le loup, le vautour et le faucon, ou plutôt les êtres mystérieux qui, sous ces diverses formes, sont venus demander la main de ses sœurs [1].

*
* *

Les autres contes dont nous avons donné l'indication n'ont pas le pèlerinage ou les prières dites pour l'âme du père ; mais, dans les deux contes hongrois,

---

1. Ce thème des sœurs du héros, données en mariage à des personnages plus ou moins mystérieux, qui se trouvent être les rois des animaux, poissons, etc., et qui viennent ensuite au secours de leur beau-frère, figure dans divers contes européens, indépendamment du conte cité plus haut : par exemple, dans un autre conte grec (Hahn, nº 25), dans un conte sicilien (Gonzenbach, nº 29), dans un conte toscan (Pitrè, *Novelle popolari toscane*, nº 11), dans un conte de la Haute-Bretagne (Sébillot, nº 16), dans un conte portugais (Coelho, nº 16), dans un conte portugais du Brésil (Roméro, nº 1). Il avait déjà été fixé par écrit au XVIIe siècle, en Italie, par le Napolitain Basile (*Pentamerone*, nº 33), et au XVIIIe, en Allemagne, par Musæus (*Volksmærchen der Deutschen*, 1782, nº 1).

nous retrouvons les trois frères qui veillent successivement et dont chacun tue
un monstre pendant qu'il monte sa garde [1]. Le plus jeune, voyant son feu
éteint, veut aller chercher de quoi le rallumer. Après divers incidents, il arrive
auprès de trois géants. Dans le premier de ces contes hongrois, comme dans
les récits précédents, il tue le coq et le petit chien qui gardent un château ; il
prend les anneaux de trois princesses endormies (*trois*, comme dans le conte
lorrain), coupe la tête aux géants quand ils veulent passer sous la porte du
château, et revient auprès de ses frères. Dans le second conte, qui, pour tout
ce passage, est presque identique au premier, le roi et les trois princesses, pour
savoir qui a tué les géants, s'établissent déguisés dans une auberge et font
raconter leurs aventures à ceux qui passent. — Comparer les deux contes serbes
mentionnés ci-dessus, qui, l'un et l'autre, ont l'épisode de l'auberge.

Le conte grec moderne de la collection Hahn, malgré de notables lacunes,
se rattache bien évidemment à cette famille de contes. Veillée des trois frères ;
monstres tués par chacun d'eux pendant son temps de veille ; rencontre de
quarante voleurs par le plus jeune, qui est allé chercher du feu, voilà déjà,
sans parler d'autres traits, suffisamment de rapprochements [2]. Les quarante
voleurs, voyant la force extraordinaire du troisième frère, lui proposent de
s'associer à eux pour aller piller le trésor d'un roi. Le jeune homme entre le
premier dans la chambre par un trou fait dans le mur, et il décapite successivement tous les voleurs, à mesure qu'ils passent par ce trou. Le roi, surpris de
voir ces quarante voleurs décapités, veut savoir qui les a tués. Suit, comme
dans les contes précédents, l'épisode de l'hôtellerie. (Comparer le conte
albanais, très voisin de ce conte grec) [3].

Il est inutile de nous arrêter longtemps sur le conte tyrolien et sur le conte
allemand. Le premier a conservé, sous une forme altérée, l'épisode des trois
frères et de leurs exploits ; dans le conte allemand, il n'est plus question que
d'un habile tireur. Du reste, dans l'un et dans l'autre figurent les trois géants,
le chien qu'il faut tuer, les objets emportés du château (entre autres, une
pantoufle, dans le conte allemand), et finalement l'hôtellerie de la princesse [4].

On a pu remarquer que les géants ou dragons des contes étrangers sont
remplacés par des voleurs dans le conte lorrain. Nous avons déjà rencontré,
dans notre n° 25, *le Cordonnier et les Voleurs*, un semblable affaiblissement de
l'idée première.

---

1. Dans le premier de ces contes hongrois, un roi, près de mourir, dit à ses trois fils de donner
leurs trois sœurs aux premiers qui les demanderont, et il leur recommande, si jamais ils s'attardent à
la chasse, de ne point passer la nuit sous certain peuplier. Les jeunes gens veulent voir pourquoi leur
père leur a fait cette recommandation, et c'est sous ce peuplier qu'ils ont leur aventure. — Il nous
semble que cette introduction est une altération de la veillée de prières du thème primitif.

2. Ce conte a aussi de commun avec le premier conte grec, le conte albanais, le second conte
hongrois et le second conte serbe, un trait tout à fait particulier. Dans ces divers contes, en allant
chercher de quoi rallumer son feu, le héros rencontre un personnage qui « dévide le jour et la nuit »,
ou bien, successivement, la Nuit et l'Aurore. Il les lie à un arbre pour retarder la venue du jour.

3. Ces deux contes n'ont-ils pas quelque rapport avec l'histoire égyptienne de Rhampsinite et des fils
de l'architecte dans Hérodote (II, 121) ?

4. L'hôtellerie de la princesse se trouve encore dans un conte allemand (Wolf, pp. 154, 158) et
dans un conte sicilien (Pitrè, II, p. 34), de types tout différents.

*
* *

Rappelons que, dans un récit oriental se rattachant à une autre famille de contes, — un roman hindoustani analysé par nous dans les remarques de notre nº 19, *le Petit Bossu*, I, pp. 218-219, — le héros pénètre dans le jardin de Bakawali, fille du roi des fées, pour y prendre une rose merveilleuse ; puis il entre dans le château de Bakawali endormie et emporte l'anneau de celle-ci. Bakawali, surprise de la disparition de sa rose et de son anneau, se met à la recherche du ravisseur, qu'elle finit par trouver et qu'elle épouse. (Voir, dans les remarques de ce même nº 19, I, pp. 217-218, le conte arabe dans lequel le héros pénètre aussi dans le château d'une princesse endormie.)

XLI

LE PENDU

Il était une fois un homme qui avait cinq ou six enfants. Un jour qu'une de ses filles était malade, il voulut aller à la foire ; il dit à ses enfants : « Que voulez-vous que je vous rapporte de la foire ? — Un mouchoir, » dit l'un. — « Des souliers, » dit l'autre. — « Moi, une robe. — Moi, une robe aussi. — Et toi, ma pauvre malade ? — Mon père, je voudrais de la viande pour me guérir. »

Arrivé à la foire, le père acheta les robes, le mouchoir, les souliers qu'il avait promis à ses enfants, mais il oublia la viande que sa fille malade lui avait demandée ; il ne s'en aperçut qu'en retournant à la maison. « Quel malheur ! » se dit-il, « c'était ce qui pressait le plus. »

A la nuit tombante, traversant une forêt, il lui sembla voir des pendus ; comme il ne distinguait pas bien, il s'approcha et s'assura qu'en effet c'étaient des pendus. Il coupa une cuisse à l'un d'eux et revint à la maison. Il donna à ses enfants ce qu'il avait acheté pour eux et dit à la malade : « Tiens, mon enfant, voici de la viande pour toi. — Oh ! la belle viande ! » dit la jeune fille. On en fit du bouillon, qu'elle trouva excellent.

Sur le soir, la malade vit entrer dans sa chambre un homme qui n'avait qu'une cuisse. « Vous avez ma cuisse, » lui dit-il, « vous avez ma cuisse ! — Que voulez-vous dire ? » demanda-t-elle. — « Vous le saurez un autre jour. »

Le lendemain, l'homme revint encore. « Où donc est votre cuisse ? » demanda la jeune fille. — « MAIS C'EST TOI QUI L'AS MANGÉE ! »

A ces mots, il disparut. La jeune fille demanda à son père si l'homme avait dit vrai ; il fut bien forcé de l'avouer. Vous pensez si la pauvre enfant fut épouvantée !

REMARQUES

Un conte de l'Agenais (Bladé, n° 7), intitulé *la Goulue*, est au fond tout à fait le nôtre, si ce n'est qu'à la fin la « Goulue » est emportée par le mort dont ses parents ont coupé la jambe pour la lui donner.

Les deux contes français correspondent au conte allemand inséré par les frères Grimm dans leur troisième volume (p. 267), et, qualifié par eux de « fragment » : Une vieille femme qui, le soir, a des hôtes à héberger, prend le foie d'un pendu et le leur fait cuire. A minuit, elle entend frapper à la porte ; elle ouvre. C'est un mort, la tête chauve, sans yeux et avec une plaie au flanc. « Où sont tes cheveux ? — Le vent me les a enlevés. — Où sont tes yeux ? — Les corbeaux me les ont arrachés. — Où est ton foie ? — C'est toi qui l'a mangé. »

En 1856, Guillaume Grimm ne connaissait aucun rapprochement à faire. Il en existait pourtant dans les collections déjà publiées, et depuis lors, des récits analogues ont été recueillis dans divers pays. Voici, par exemple, un conte allemand de la collection Kuhn et Schwartz, publiée en 1848 : Un jour, une femme fait cuire du foie pour son mari, Ahlemann, qui aime beaucoup ce mets. L'envie lui prend d'y goûter, et elle goûte tant et si bien qu'elle finit par tout manger. Craignant le mécontentement de son mari, elle va prendre le foie d'un pendu, qu'elle fait cuire. Ahlemann le trouve excellent. Le soir, pendant qu'elle est couchée et que son mari est au cabaret, elle entend des pas s'approcher et une voix crier : « Où est Ahlemann ? où est Ahlemann ? » Elle répond qu'il est au cabaret. Les pas se rapprochent ; éperdue, elle appelle son mari à son secours ; peine inutile. Tout à coup l'apparition est près d'elle et lui tord le cou. — Le *Rondallayre* catalan (t. II, p. 100) donne un conte tout à fait du même genre que ce conte allemand.

La même idée se retrouve, un peu affaiblie, dans un conte anglais de la collection Halliwell (p. 25), publiée en 1849. M. Kœhler, dans ses remarques jointes à la collection Bladé, mentionne encore un autre conte anglais et un second conte catalan.

Dans un conte vénitien (Bernoni, *Tradizioni*, p. 125), une femme enceinte a envie de manger du cœur. Son mari, qui est sonneur et porteur de morts, prend le cœur d'un mort et le lui donne. Elle le fait cuire et le mange sans se douter de ce que c'est. Trois nuits de suite, le mort vient réclamer son cœur, et la troisième fois il étrangle la femme.

Dans un vieux livre flamand (cité par J. W. Wolf, *Deutsche Mærchen und Sagen*, n° 132), un distillateur s'est procuré le crâne d'un voleur pendu pour le distiller et en mélanger l' « esprit » avec de l'eau-de-vie. Tout à coup, la nuit, le pendu entre et lui dit : « Rends-moi ma tête ! »

***

Il existe aussi un autre thème très voisin de celui-ci. Là, c'est la « jambe d'or », le « bras d'or » d'une personne morte et enterrée que, par cupidité, quelqu'un va voler, et que le mort vient réclamer. On peut voir, à ce sujet, le conte agenais n⁰ 4 de la collection Bladé, *la Jambe d'or*, et les remarques de M. Kœhler. A ce second thème se rapportent trois contes allemands (Strackerjan, I, p. 155 ; — Müllenhoff, p. 465 ; — Colshorn, n⁰ 6), et, d'après M. Kœhler, un conte anglais.

. Dans la collection Pitrè (n⁰ 128), nous trouvons un conte sicilien qui tient, pour ainsi dire, le milieu entre ces deux types de contes : Une petite fille, qui est folle, se cache un jour dans une chapelle où l'on a déposé le corps d'une riche voisine, revêtu de ses beaux habits et orné de ses bijoux. Restée seule, elle prend les bijoux et la belle robe, puis elle veut prendre aussi les bas ; mais, tandis qu'elle en tire un, la jambe lui reste dans la main. Elle emporte cette jambe dans l'intention de la manger ; mais elle n'en fait rien. Les jours suivants, la morte vient le soir réclamer sa jambe à la petite fille, qu'elle finit par étrangler, et elle reprend sa jambe. — Comparer un conte vénitien (Bernoni, *Tradizioni*, p. 123) et un conte toscan (Pitrè, *Novelle popolari toscane*, n⁰ 19).

XLII

LES TROIS FRÈRES

Il était une fois trois cordonniers : c'étaient trois frères, fils d'une pauvre veuve. Voyant qu'ils ne gagnaient pas assez pour vivre et pour nourrir leur mère, ils s'engagèrent tous les trois et donnèrent leur argent à leur mère, afin qu'elle vécût plus à l'aise. L'aîné s'appelait Plume-Patte, le second Plume-en-Patte et le troisième Bagnolet.

Quand ils furent au régiment, le colonel dit un jour à Plume-Patte d'aller monter la garde à minuit dans une tour où il revenait des esprits : tous ceux qui y étaient allés monter la garde depuis dix ans y avaient été retrouvés morts. Quand Plume-Patte fut dans la tour, il entendit un bruit de chaînes qu'on traînait ; d'abord il eut peur, mais il se remit presque aussitôt et cria : « Qui vive ? » Personne ne répondit. « Si tu ne réponds pas, je te brûle la cervelle. — Ah ! tu as du bonheur de bien faire ton service ! » dit l'homme qui traînait les chaînes ; « sans cela il t'arriverait ce qui est arrivé aux autres. Tiens, voici une bourse : plus tu prendras d'argent dedans, plus il y en aura. — Mets-la au pied de ma guérite, » dit Plume-Patte ; « je la prendrai quand j'aurai fini ma faction. » Sa faction terminée, il ramassa la bourse.

Le soldat qui tous les jours depuis dix ans venait à la tour voir ce qui s'était passé et qui n'avait jamais retrouvé personne en vie, arriva le matin pour savoir ce que Plume-Patte était devenu ; il fut fort surpris de le trouver vivant. « Tu n'as rien vu ? » lui demanda-t-il. — « Non, je n'ai rien vu. » Ses frères lui demandèrent aussi : « Tu n'as rien vu ? — Non, je n'ai rien vu. » A son tour, le colonel lui dit : « Tu n'as rien vu ? — Non, mon colonel, je n'ai rien vu. » Il ne parla de la bourse à personne.

Le lendemain, à minuit, Plume-en-Patte fut envoyé dans la tour. Il entendit un bruit épouvantable de chaînes ; il fut d'abord effrayé, mais presque aussitôt il cria : « Qui vive ? » Personne ne répondit. « Si tu ne réponds pas, je te brûle la cervelle. — Ah ! tu as du bonheur de bien faire ton service ! » dit l'homme qui traînait les chaînes ; « sans cela il t'arriverait ce qui est arrivé aux autres. Viens, voici une giberne : quand tu voudras, tu en feras sortir autant d'hommes qu'il y en a dans tout l'univers. » Il la tint ouverte pendant une demi-heure, et il en sortit quatre mille hommes. — « Mets-la au pied de ma guérite, » dit Plume-en-Patte ; « je la prendrai quand j'aurai fini ma faction. » Sa faction terminée, il ramassa la giberne.

Le matin, le soldat vint voir si Plume-en-Patte était mort. « Tu n'as rien vu ? » lui dit-il, bien étonné de le trouver vivant. — « Non, je n'ai rien vu. — Tu n'as rien vu ? » dirent ses frères. — « Non, je n'ai rien vu. » Le colonel lui demanda aussi : « Tu n'as rien vu ? — Non, mon colonel, je n'ai rien vu. » Il ne parla point de sa giberne ; seulement il dit à son frère Bagnolet : « Tu tâcheras de bien faire ton service, quand tu iras dans la tour. »

Lorsqu'il s'agit le lendemain de monter la garde à la tour, le sort tomba sur un jeune homme riche ; il était bien triste et bien désolé, car il craignait d'y périr. Bagnolet lui dit : « Si tu veux me donner deux mille francs, j'irai monter la garde à ta place. » Le jeune homme accepta la proposition ; il remit les deux mille francs entre les mains du colonel et fit un écrit par lequel il s'engageait, si Bagnolet ne revenait pas, à donner l'argent à ses frères. Quand Bagnolet fut dans la tour, il entendit un bruit épouvantable de chaînes ; d'abord il eut peur, mais il cria presque aussitôt : « Qui vive ? » Personne ne répondit. « Si tu ne réponds pas, je te brûle la cervelle. — Ah ! tu as du bonheur de bien faire ton service ! » dit l'homme qui traînait les chaînes, « sans cela il t'arriverait ce qui est arrivé aux autres. Tiens, voici un manteau : quand tu le mettras, tu seras invisible. Voici encore un sabre : par le moyen de ce sabre, tu auras tout ce que tu désireras et tu seras transporté où tu voudras. — Mets-les au pied de ma guérite, » dit Bagnolet ; « je les prendrai quand j'aurai fini ma faction. »

Sa faction terminée, il mit le manteau et tira le sabre. « Mon maître, » lui dit le sabre, « qu'y a-t-il pour votre service ? — Je voudrais une table chargée des meilleurs mets, un beau couvert et un beau fauteuil. — Mon maître, retournez-vous, vous êtes servi. » Bagnolet se mit à table et mangea de bon appétit, puis il ôta son manteau. Le soldat, qui était venu plusieurs fois sans le voir, à cause du manteau, lui dit alors : « Où donc étiez-vous ? je suis venu plus de vingt fois sans vous trouver. Vous n'avez rien vu dans la tour ? — Non, je n'ai rien vu. — Tu n'as rien vu ? » demandèrent ses frères. — « Non, je n'ai rien vu. » Le colonel lui demanda aussi : « Tu n'as rien vu ? — Non, mon colonel, je n'ai rien vu. » Il ne parla pas du sabre ni du manteau.

Bagnolet engagea ses frères à venir au bois avec lui, et leur dit qu'il leur donnerait à dîner. Arrivés au bois, ses frères ne virent rien de préparé. Bagnolet tira tout doucement son sabre et lui dit : « Je voudrais une table chargée des meilleurs mets, trois beaux couverts et trois beaux fauteuils, les plus beaux qu'on puisse voir. — Mon maître, retournez-vous, vous êtes servi. » Les trois frères se racontèrent alors leurs aventures : Plume-Patte dit qu'il avait une bourse toujours remplie d'argent ; Plume-en-Patte ouvrit sa giberne, et il en sortit un grand nombre d'hommes, qui se rangèrent sur deux lignes ; il fit un signe, et les hommes rentrèrent dans la giberne. Bagnolet montra à ses frères son manteau qui le rendait invisible, et leur apprit tout ce qu'il pouvait faire avec son sabre.

Bagnolet savait que le roi d'Angleterre avait trois filles à marier. Le repas fini, il tira son sabre. « Mon maître, qu'y a-t-il pour votre service ? — Je voudrais être transporté avec mes frères dans le château du roi d'Angleterre. — Retournez-vous, vous y êtes. »

Les trois frères se présentèrent aussitôt devant le roi et lui demandèrent ses filles en mariage. Le roi leur dit : « Je ne donne pas mes filles à des capitaines : il faut être maréchal. Entrez à mon service pour cinq ou six mois. — Vous ne savez donc pas, » dirent les trois frères, « que nous avons des dons ? — Moi, » dit Plume-Patte, « j'ai une bourse : plus on prend d'argent dedans, plus il y en a. — Moi, j'ai une giberne, » dit Plume-en-Patte ; « j'en peux faire sortir autant d'hommes qu'il y en a dans tout l'univers, et, si je voulais, je vous ferais périr, vous et toute votre cour. » Le roi fut bien en colère en entendant ces paroles. — « Et moi, » ajouta Bagnolet, « j'ai un manteau qui me rend invisible. » Il ne parla pas du sabre. — « Revenez demain à dix heures du matin, » dit le roi, « je vais demander à mes filles si elles veulent se marier. » Là-dessus les jeunes gens se retirèrent.

Le roi fit part aux princesses de la demande des trois frères et leur dit : « Quand ils viendront, vous les prierez de vous montrer leurs dons, et, dès qu'il vous les auront remis, vous donnerez un coup de sifflet. Aussitôt il viendra deux hommes qui les enchaîneront et les jetteront en prison. »

Le lendemain, Plume-Patte arriva le premier. « Mais, mon ami, » lui dit le roi, « dépêchez-vous donc. Voilà au moins une heure que ma fille aînée vous attend. » Plume-Patte alla saluer la princesse. Après avoir causé quelque temps avec lui, la princesse lui dit : « Vous seriez bien aimable si vous me montriez votre bourse. — Volontiers, ma princesse. » Aussitôt qu'elle eut la bourse, elle donna un coup de sifflet : deux hommes entrèrent, saisirent le pauvre garçon et le jetèrent dans un cachot pour l'y laisser mourir de faim.

Bientôt après, Plume-en-Patte arriva. « Dépêchez-vous donc, » lui dit le roi, « ma fille cadette vous a attendu plus de deux heures en se promenant dans le jardin. Maintenant elle est dans sa chambre. » Plume-en-Patte alla saluer la princesse qui lui parla d'abord de choses et d'autres et lui dit enfin : « Voudriez-vous me montrer votre giberne ? — Volontiers, ma princesse. » Une fois qu'elle eut la giberne entre les mains, elle donna un coup de sifflet : les deux hommes entrèrent, saisirent Plume-en-Patte, et le jetèrent en prison avec son frère.

Quand Bagnolet se présenta, le roi lui dit : « Dépêchez-vous de monter dans la chambre de ma plus jeune fille ; voilà bien longtemps qu'elle vous attend. » Bagnolet salua gracieusement la princesse et lui parla avec politesse ; ils causèrent très long-temps, car Bagnolet parlait mieux que ses frères. Enfin la princesse lui dit : « J'ai entendu dire que vous aviez un manteau qui rend invisible ; voudriez-vous me le montrer ? — Volontiers, ma princesse. » Elle saisit le manteau et donna un coup de sifflet : les deux hommes vinrent enchaîner Bagnolet et le mirent en prison avec ses frères, pour l'y laisser mourir de faim.

Ils étaient tous les trois bien tristes, quand Bagnolet se souvint qu'il avait encore son sabre ; il le tira. « Mon maître, qu'y a-t-il pour votre service ? — Je désire que tu nous apportes une table chargée des meilleurs mets, trois beaux couverts et trois beaux fauteuils, et que tu changes notre prison en un beau palais. » Tout cela se fit à l'instant, et ils avaient de plus beaux salons que le roi.

Le roi, étant venu voir ce qu'ils faisaient, les trouva à table ; il fut dans une grande colère et les fit mettre dans une autre prison. Bagnolet tira son sabre. « Mon maître, qu'y a-t-il pour votre service ? — Je voudrais, s'il était possible, être transporté avec mes frères à vingt lieues de la ville. — Retournez-vous, vous y êtes. »

Il y avait par là un château où personne n'habitait parce qu'il y revenait des esprits ; les trois frères s'y établirent. Bagnolet dit au sabre : « Peux-tu faire venir la princesse qui a pris la bourse ? — Mon maître, elle sera ici à minuit avec la bourse. » Quand la princesse fut arrivée, ils lui reprirent la bourse, la maltraitèrent, lui cassèrent les reins et la renvoyèrent. Le roi entra dans une colère effroyable ; il aurait bien voulu savoir où étaient les trois frères.

Bagnolet tira encore son sabre et lui dit : « Je désire, s'il est possible, que tu nous amènes la princesse qui a pris la giberne. — Mon maître, elle sera ici à minuit avec la giberne. » Quand elle arriva, ils lui reprirent la giberne, la maltraitèrent, lui cassèrent les reins et la renvoyèrent. Le roi, encore plus furieux, dit à sa plus jeune fille : « Je pense, ma fille, que tu vas avoir le même sort que tes sœurs ; mais il faudra marquer de noir la porte de la maison où l'on te conduira. »

Le lendemain, Bagnolet dit au sabre : « Je désire que tu fasses venir la princesse qui a pris le manteau. — Mon maître, elle sera ici à minuit avec le manteau. Son père lui a recommandé de marquer de noir la porte de la maison où on la conduirait ; mais j'irai marquer toutes les maisons du quartier, et l'on ne pourra rien reconnaître. » A minuit, la princesse se trouva au château ; les trois frères lui reprirent le manteau, la maltraitèrent encore plus que les autres, parce qu'elle était la plus méchante, lui cassèrent les reins et la renvoyèrent chez son père, qui ne se sentit plus de fureur. Puis ils dépêchèrent au roi un ambassadeur pour lui déclarer la guerre.

Le roi fit marcher contre eux une grande armée. Les trois
frères étaient seuls de leur côté. « C'est vous qui êtes le plus
âgé, » dirent-ils au roi, « rangez vos hommes le premier. »
Ensuite Plume-en-Patte ouvrit sa giberne et en fit sortir un grand
nombre d'hommes armés. Les soldats d'Angleterre eurent beau
tirer ; les hommes de Plume-en-Patte étaient ainsi faits qu'ils ne
pouvaient être tués. Le roi d'Angleterre perdit toute son armée
et s'enfuit. Les trois frères allèrent piller son château, puis ils
allumèrent un grand feu et y jetèrent la reine et ses trois filles.

Ils retournèrent ensuite en France, mais ils furent arrêtés
comme déserteurs et on les mit en prison. Bagnolet tira son
sabre : « Mon maître, qu'y a-t-il pour votre service ? — Je
voudrais, s'il était possible, être transporté avec mes frères à la
cour du roi de France. — Retournez-vous, vous y êtes. » Le
roi de France n'avait qu'une fille ; ils la demandèrent en mariage.
« Je ne donne pas ma fille à des capitaines, » leur dit le roi ;
« mais dans deux ou trois mois chacun de vous peut être maréchal,
et celui qui se sera le plus distingué aura ma fille. » Les trois
frères lui dirent alors qu'ils avaient des dons, et lui parlèrent de
la bourse, de la giberne, du sabre et du manteau. Au bout de
deux mois, Plume-en-Patte, celui qui avait la giberne, devint
maréchal et épousa la princesse ; ses frères se marièrent le même
jour. Le roi d'Angleterre se trouvait aux noces ; il se dit que les
mariés ressemblaient fort aux trois frères qui lui avaient fait tant
de mal, mais il ne les reconnut point.

Moi, j'étais de faction à la porte de la princesse, comptant les
clous pour passer le temps. Je m'y suis ennuyé, et je suis revenu.

REMARQUES

Ce conte vient d'un régiment, comme les nos 3 et 15.

Il se compose, ainsi qu'on a pu le remarquer, d'éléments qui se sont déjà
présentés à nous dans deux de nos contes. L'introduction et la première partie
du récit se rapprochent de notre no 11, la Bourse, le Sifflet et le Chapeau, et la
dernière partie, — l'enlèvement des princesses, le moyen employé par le
sabre pour déjouer la ruse de la plus jeune, la guerre des trois frères contre le
roi, — de notre no 31, l'Homme de fer. Nous renverrons aux remarques de
ces deux contes, et nous y ajouterons quelques observations sur divers traits
particuliers au conte que nous venons de donner.

*
* *

L'introduction d'un conte roumain de Transylvanie (dans la revue *Ausland*, 1856, p. 716) présente beaucoup de ressemblance avec celle du nôtre : Deux frères servent dans l'armée ; l'un est capitaine, l'autre, appelé Hærstældai, simple soldat et grand buveur. Ennuyé de le voir constamment ivre, le capitaine envoie Hærstældai monter la garde devant une maison abandonnée, hantée par le diable. A minuit, Hærstældai entend un grand fracas dans la maison ; le diable paraît devant lui et lui dit de décamper. Hærstældai, sans s'effrayer, ɔharɡe sur lui son fusil. Alors le diable lui demande grâce, et lui donne une bɔɔɔɔ qui ne se vide jamais et un chapeau d'où il sort, quand on le secoue, ɑ de soldats que l'on veut. Le reste de ce conte roumain se rapporte bien mɔins à notre conte des *Trois Frères* qu'à notre n° 11, *la Bourse, le Sifflet et le Chapeau*. Nous en avons parlé, du reste, dans les remarques de ce dernier conte (I, p. 126). — Comparer l'introduction d'un conte picard (Carnoy, p. 292), où le diable donne successivement à trois frères, déserteurs, dont chacun monte la garde à son tour dans un château hanté, une serviette merveilleuse, un bâton qui procure autant d'or qu'on en peut désirer et un manteau qui rend invisible et transporte où l'on veut. Comme dans le conte roumain, la suite du récit est du genre de notre n° 11 (histoire de poires qui font allonger le nez).

Dans un conte sicilien (Pitrè, n° 26), se trouve un épisode que l'on peut comparer au passage de notre conte où les trois frères mènent joyeuse vie dans la prison. Petru, qui possède trois objets merveilleux, une bourse, une serviette et un violon, est jeté en prison pour avoir perdu une partie d'échecs contre une princesse qui triche (comme celle de notre n° 11). Avec son violon qui met tout en branle, il fait danser ses compagnons de captivité, et les régale au moyen de sa serviette magique.

Deux contes allemands de cette famille (Wolf, p. 16, et Prœhle, I, n° 27) ont, comme notre conte, une dernière partie où le héros fait la guerre à un roi, père d'une princesse qui a volé les objets merveilleux. Le conte de la collection Prœhle a, de plus, un trait qui le rattache au thème de notre n° 31, dont nous parlons au commencement de ces remarques : c'est le passage où le soldat dit chaque nuit au chapeau enchanté de lui apporter la princesse.

*
* *

Les objets merveilleux qui figurent dans notre conte jouent également un rôle dans nombre de récits, comme on l'a vu dans les remarques de notre n° 11. Nous nous bornerons ici à quelques rapprochements tirés de la littérature orientale. Indépendamment des contes kalmouk, hindoustani et arabe d'Egypte analysés dans les remarques de notre n° 11 (I, pp. 129-132), nous citerons divers contes n'appartenant pas à cette famille. D'abord un conte persan du *Tuti-Nameh* (traduction G. Rosen, t. II, p. 249), où se trouvent une bourse inépuisable, une écuelle de bois, d'où l'on peut tirer toute sorte de bonnes choses à boire et à manger, une paire de sandales qui transportent en un clin d'œil où l'on désire aller. — Dans un autre conte persan (*le Trône enchanté*, conte indien traduit du persan, par le baron Lescallier. New-York, 1817, t. II, p. 91), il est parlé de trois objets merveilleux : un petit chien, un bâton et une bourse. « Le petit chien avait la vertu de faire paraître, au gré de son possesseur, tel nombre d'hommes de guerre, d'éléphants et de chevaux qu'il pouvait lui demander. En prenant le bâton de la main droite, et le tournant vers ces hommes, on avait la faculté de leur donner à tous la vie ; en prenant ce même bâton de la main gauche, et le dirigeant vers cette troupe armée, on pouvait la rendre au néant. Quant à la bourse, elle produisait, au commandement de son maître, de l'or et des bijoux. » (Comparer un troisième conte persan du *Bahar-Danush*, traduction de Jonathan Scott, t. II, p. 250, où se trouvent à peu près les mêmes objets que dans le premier.) — Un conte arabe des *Mille et une Nuits* (Histoire de Mazen du Khorassan, p. 741, éd. du Panthéon littéraire) met en scène un bonnet qui rend invisible, un tambour de cuivre, par le moyen duquel on peut faire venir à son aide les chefs des génies et leurs légions, et une boule qui rapproche les distances. — Dans un conte indien de la grande collection de Somadeva, déjà citée (t. I, p. 19 de la traduction H. Brockhaus), les objets merveilleux sont une paire de babouches, un bâton et une tasse. La tasse se remplit de tous les mets que désire celui qui la possède ; tout ce qu'on écrit avec le bâton s'exécute à l'instant même, et les babouches donnent la faculté de traverser les airs. — Dans le recueil sanscrit la *Sinhâsana-dvâtrinçikâ* (les « Trente-deux récits du trône »), Vikrama reçoit d'un *yoghi* (religieux mendiant, souvent magicien) trois objets merveilleux : un morceau de craie, un bâton et un morceau d'étoffe. Avec le morceau de craie, on dessine une armée ; avec le bâton manié de la main droite, on donne la vie à cette armée, qui exécute les ordres qu'on lui donne ; si on prend le bâton de la main gauche et qu'on la touche, elle disparaît. Enfin, par le moyen du morceau d'étoffe, on se procure tout ce à quoi l'on pense : aliments, habits, or, parures, etc. (*Indische Studien*, t. XV, 1878, p. 384). — Enfin, dans un conte populaire indien du Bengale (miss Stokes, n° 22), figurent quatre objets magiques : un lit qui transporte où l'on veut ; un sac qui procure tout ce que l'on peut désirer ; une tasse qui donne de l'eau, autant qu'on en a besoin ; un bâton et une corde auxquels on n'a qu'à dire, en cas de guerre, de battre et de lier tous les soldats de l'armée ennemie.

Nous rappellerons également les objets merveilleux dont il est question dans les contes indiens et autres contes orientaux cités dans les remarques de notre n° 4, *Tapalapautau* (I, pp. 55-58).

On a remarqué que le sabre de « Bagnolet » a une double propriété : « Avec ce sabre, tu auras tout ce que tu désireras, et tu seras transporté où tu voudras. » Dans un conte populaire indien résumé dans les remarques de notre n° 19, *le Petit Bossu* (I, p. 219), le dieu Siva donne à son protégé Siva Dâs un sabre, qui, entre autres vertus, a aussi celle de transporter son possesseur partout où celui-ci lui ordonne de le faire.

*
* *

Ce trait des objets merveilleux, nous allons encore le rencontrer, toujours en Orient, dans deux récits qui offrent une frappante ressemblance avec un conte populaire allemand de la collection Grimm, *le Havre-Sac, le Chapean et le Cornet* (nᵒ 54), très voisin de nos *Trois Frères*. Résumons le plus brièvement possible l'ensemble du conte allemand : Le plus jeune de trois frères trouve dans une forêt une serviette merveilleuse, qui se couvre de mets au commandement. Un charbonnier, chez lequel il s'arrête et qu'il régale, lui propose en échange de la serviette un havre-sac sur lequel il suffit de frapper pour faire paraître à chaque coup un caporal et six hommes [1]. Le jeune homme accepte ; puis, quand il est un peu loin, il fait paraître les six hommes et le caporal, et leur commande d'aller reprendre sa serviette. Il l'échange encore, d'abord contre un vieux chapeau qu'on a qu'à tourner autour de sa tête pour faire tonner toute une batterie de canons, auxquels rien ne peut résister, et enfin contre un cornet dont le son fait crouler les forteresses et, si l'on continue à souffler, les villes et les villages. Par le moyen de ses soldats, il se remet chaque fois en possession de sa serviette. Revenu au pays, il est mal accueilli par ses frères et les fait corriger par ses soldats ; les voisins accourent : grand tapage. Le roi, averti, envoie un capitaine avec sa compagnie pour mettre le holà. Mais le capitaine et ses gens sont battus, et battues aussi, grâce aux canons que le chapeau met en jeu, toutes les troupes envoyées contre le jeune homme. Celui-ci fait dire au roi qu'il ne fera la paix que si le roi lui donne sa fille en mariage. Il faut bien en passer par là. La princesse, peu satisfaite de se voir mariée à un homme du commun, toujours coiffé d'un vieux chapeau, avec un vieux havre-sac en bandoulière, finit par se demander s'il n'y a pas quelque magie dans ce havre-sac. Par ses cajoleries, elle réussit à se faire révéler le secret ; puis elle s'empare du havre-sac et ordonne aux soldats d'aller arrêter leur ancien maître. Mais celui-ci a recours au vieux chapeau, et les soldats sont balayés par son artillerie. Alors la princesse va lui demander pardon, et elle sait si bien s'y prendre que bientôt elle connaît la vertu du chapeau et s'en saisit. Le jeune homme serait perdu s'il ne lui restait son cornet, comme il reste à Bagnolet son sabre. Il souffle dans le cornet, et forteresses, palais, tout s'écroule, écrasant sous leurs ruines le roi et la princesse. — Ici, comme on voit, la trahison de la princesse et la bataille contre les troupes du roi ne sont point placées, dans le récit, au même endroit que dans notre conte ; mais la ressemblance n'en est pas moins certaine.

Ce conte allemand forme lien entre notre conte et les deux récits orientaux dont nous allons donner l'analyse. Le premier est un conte kalmouk de la collection du *Siddhi-Kür* (6ᵉ récit) : Dans un certain pays, vivait un homme d'un caractère intraitable. Il en fait tant que le khan, son souverain, se voit obligé de le bannir. Traversant un steppe, notre homme trouve, — après des incidents que nous avons racontés dans les remarques de notre nᵒ 22 (I, p. 243), — une coupe d'or, qui procure à volonté à boire et à manger. Il la prend et s'en va plus loin. Bientôt il rencontre un homme tenant à la main un bâton, et apprend que ce bâton a la propriété d'aller, au commandement de son possesseur, tuer les gens et reprendre ce qu'ils ont volé [2]. Il lui propose

---

1. Dans un conte danois du même genre (Grimm, III, p. 91), c'est une giberne, comme dans le conte français.

2. Dans un conte lithuanien qui correspond au conte allemand de la collection Grimm que nous venons de citer (Chodzko, p. 349), c'est également un bâton qui remplace le havre-sac et ses soldats.

d'échanger sa coupe d'or contre le bâton ; puis, quand il a le bâton, il l'envoie tuer l'homme et reprendre la coupe d'or. Il se met de la même manière en possession de deux autres objets merveilleux : un marteau de fer qui, si l'on en frappe neuf fois la terre, fait surgir une tour de fer à neuf étages, et un sac de cuir qui fait pleuvoir aussi fort que l'on veut quand on le secoue. Muni de ces quatre talismans, il retourne dans son pays pour se venger du khan. Il arrive vers minuit derrière le palais ; par la vertu de son marteau, le lendemain matin, une tour de fer à neuf étages s'élève à cette place. Le khan, furieux, rassemble ses sujets et leur ordonne d'entasser du charbon contre cette tour et de l'allumer ; mais l'homme secoue son sac de cuir, des torrents de pluie tombent et le brasier s'éteint. — Le conte kalmouk se termine brusquement à cet endroit.

Voilà bien, réunies ici, et l'introduction du conte allemand, et la lutte du possesseur des objets merveilleux contre le roi, épisode commun au conte allemand et à notre conte. Mais ce second trait va se retrouver, plus nettement accusé encore, dans le second récit oriental.

Ce récit est un *djâtaka*, c'est-à-dire une légende bouddhique, rédigée dans la langue sacrée du bouddhisme, le pali, et relative aux aventures du Bouddha dans ses précédentes existences (*Five Jatakas*, *with a translation by V. Fausböll*. *Copenhagen*, 1861, p. 20 seq.). Là, un habitant du royaume de Kasi, chassé par ses parents, est jeté par un naufrage dans une île, au milieu de la mer. Il y trouve un sanglier, possesseur de joyaux qui lui permettent de s'élever en l'air ; il les lui dérobe pendant son sommeil et le tue. Puis, voyageant à travers l'espace, il arrive sur les hauteurs de l'Himavanta. Voyant de là plusieurs ermitages, il descend et entre chez un premier ascète, qui possède une hache, laquelle coupe du bois, allume du feu et exécute les ordres qu'on lui donne. Il offre ses joyaux à l'ascète en échange de cette hache, et, quand il l'a entre les mains, il lui ordonne d'aller couper la tête à l'ascète et de lui rapporter ses joyaux. Il se rend ensuite chez un second ascète ; celui-là a un tambour magique qui, frappé d'un côté, met en fuite l'ennemi, et qui, frappé de l'autre côté, fait paraître une armée entière. L'homme fait aussi un échange avec cet ascète, puis il envoie la hache lui couper la tête et reprendre ses joyaux. Il agit de même avec un troisième ascète, possesseur d'une tasse qui, si on la retourne, fournit tout ce que l'on souhaite. Maître alors des quatre objets merveilleux, l'homme fait porter une lettre au roi de Baranasi pour le sommer de lui abandonner son royaume. Le roi envoie des gens avec ordre de se saisir de lui. Mais l'homme frappe un des côtés de son tambour, et aussitôt il se trouve entouré d'une armée ; il retourne sa tasse, et une grande rivière inonde tout le terrain où se déploie l'armée royale. Enfin il ordonne à sa hache de lui rapporter la tête du roi. Il entre avec toutes ses forces dans la capitale et monte sur le trône.

XLIII

LE PETIT BERGER

Il était une fois un roi et une reine qui n'avaient qu'une fille ; c'était une enfant gâtée, à qui l'on passait tous ses caprices. Se promenant un jour dans les champs avec le roi et la reine, elle vit un troupeau de moutons et voulut avoir un agneau. Ses parents s'adressèrent à la bergère ; celle-ci leur dit que les moutons ne lui appartenaient pas et les renvoya au fermier, qui n'était pas loin ; finalement, la princesse eut son agneau. Elle voulut ensuite le mener aux champs elle-même. Cette nouvelle fantaisie contraria fort ses parents ; ils regrettèrent de lui avoir acheté l'agneau. « Il fait bien chaud dans les champs, » dirent-ils à leur fille ; « tu te gâteras le teint. D'ailleurs, il n'est pas convenable pour une princesse de garder les moutons. »

Au bout de quelque temps, l'agneau devint brebis et mit bas un petit agneau ; l'année suivante il en vint d'autres, si bien que la princesse finit par avoir un troupeau. Elle en était toute joyeuse et disait à sa mère qu'elle vendrait la laine de ses moutons. « Nous n'avons pas besoin de cela, » répondait la reine.

Il fallait un berger au troupeau. Le roi, étant sorti pour en chercher un, fit la rencontre d'un jeune garçon qui avait l'air très doux et très gentil. « Où vas-tu, mon ami ? » lui demanda le roi. — « Je cherche un maître. — Veux-tu venir chez moi ? je suis le roi. — Cela dépend des gages que vous me donnerez. » Le roi lui fit une offre dont il fut content, et le jeune garçon le suivit.

« Maintenant, » dit le roi à sa fille, « tu n'as plus besoin d'aller aux champs. » La princesse répondit : « J'irai conduire mon troupeau le matin, et le soir j'irai le rechercher. — C'est au mieux, » dit le roi ; « le matin et le soir il fait frais aux champs ; ainsi le soleil ne te gâtera pas le teint. »

Tous les jours le roi donnait au petit berger de la viande et une bouteille de vin. La princesse, un matin, conduisit le petit berger dans une belle plaine, près d'un petit bois. « Gardez-vous bien d'entrer dans ce bois, » lui dit-elle ; « il y a là trois géants. — Je n'y entrerai pas, ma princesse, » répondit-il.

Mais elle ne fut pas plus tôt partie qu'il entra dans le bois ; il avait tiré de sa poche un petit couteau de deux sous à sifflet, et sifflait joyeusement. Tout à coup, il vit venir un géant tout vêtu d'acier qui lui cria : « Que viens-tu faire ici, drôle ? — Je me promène en gardant les moutons du roi. » Le géant tourna autour de lui. « Qu'as-tu donc sur le dos ? » lui demanda-t-il. — « C'est une gibecière, » répondit le berger ; « j'ai dedans du pain, de la viande et du vin. En veux-tu ? » Le géant accepta. Après avoir mangé toutes les provisions du berger, il prit la bouteille et la vida d'un trait. Il n'eut pas plus tôt bu qu'il se laissa aller à terre et s'endormit : les géants ne sont pas habitués à boire du vin. Aussitôt le petit berger lui enfonça son couteau dans la gorge. Ensuite il fit le tour du bois et trouva une maison toute d'acier ; il y entra : dans l'écurie était un cheval d'acier ; dans les chambres, chaises, tables, cuillers, fourchettes, tout était d'acier. C'était la maison du géant.

Le soir, quand la princesse arriva, le petit berger était revenu dans la prairie. Elle lui demanda : « Etes-vous entré dans le bois ? — Non, ma princesse. — Tant mieux ; j'étais en peine de vous. — Ah ! » dit-il, « ma princesse, qu'il faisait chaud aujourd'hui ! J'ai eu bien soif. — Si vous n'avez pas eu assez d'une bouteille, » dit la princesse, « demain vous en aurez deux : une de mon père, comme à l'ordinaire, et une que je vous donnerai ; mais n'en dites rien à mon père. »

Le lendemain, la princesse le conduisit encore dans la plaine et lui défendit d'aller dans le petit bois ; mais, comme la veille, dès qu'il l'eut perdue de vue, il y entra en sifflant dans son sifflet. Cette fois, il rencontra un géant tout vêtu d'argent, qui lui dit : « Que viens-tu faire ici, drôle ? — Je me promène, » répondit le berger. « Quoique tu sois plus gros et plus grand que moi, tu ne me fais pas peur. » Le géant tourna autour de lui et lui demanda : « Qu'as-tu donc sur le dos ? — C'est une gibecière ;

il y a dedans du pain, de la viande et du vin. As-tu faim ? — Oui, je mangerais bien un morceau. » Le berger lui donna son dîner, puis il lui présenta une de ses bouteilles, que le géant vida d'un trait. L'autre bouteille y passa également, et le géant s'endormit. Alors le berger lui enfonça son couteau dans la gorge. Il fit ensuite le tour du bois et vit une maison toute d'argent : dans l'écurie était un cheval d'argent ; dans les chambres, chaises, tables, assiettes, cuillers, fourchettes, tout était d'argent. C'était la maison du géant.

En arrivant le soir, la princesse dit au berger : « Etes-vous entré dans le petit bois ? — Non, ma princesse. — Vous avez bien fait. — Ah! » dit-il, « ma princesse, qu'il a fait chaud aujourd'hui ! — Demain, » dit-elle, « je vous donnerai deux bouteilles ; avec celle que mon père vous donnera, cela fera trois bouteilles. Mais surtout, n'en dites rien. »

La princesse conduisit, le jour suivant, le petit berger dans la même plaine et lui défendit d'entrer dans le bois ; mais, aussitôt qu'elle eut le dos tourné, il y entra en sifflant dans son sifflet. Il eut à peine fait quelques pas qu'il se trouva en face d'un géant tout vêtu d'or. « Que viens-tu faire ici, drôle ? — Je me promène. » Le géant tourna autour de lui. « Qu'as-tu donc sur le dos ? — C'est une gibecière : il y a dedans du pain, de la viande et du vin. As-tu faim ? — Oui, j'ai faim. — Eh bien ! mange. » Quand le géant eut mangé, le berger lui donna une bouteille, qu'il vida d'un trait. « En veux-tu une autre ? » lui demanda le berger. — « Oui. — En veux-tu une troisième ? — Oui. — En veux-tu une quatrième ? — Mais tu en as donc un tonneau ? — Oh! bien, » dit le berger, qui n'en avait plus, « je la garde pour quand tu auras encore soif. » Le géant une fois endormi, le petit berger lui enfonça son couteau dans la gorge, puis il fit le tour du bois et vit une maison toute d'or : dans l'écurie était un cheval d'or ; dans les chambres, chaises, tables, assiettes, cuillers, fourchettes, tout était d'or. C'était la maison du géant.

Cependant le roi, qui voulait marier sa fille, fit préparer trois pots de fleurs : plusieurs seigneurs devaient combattre à qui gagnerait ces pots de fleurs et épouserait la princesse. Celle-ci dit au petit berger : « Venez demain, à neuf heures, et tâchez de gagner le prix. »

Le petit berger promit de venir. Le lendemain, en effet, il s'habilla tout d'acier, de sorte que personne ne le reconnut. « Ah ! le beau seigneur ! » disait le roi, « je voudrais bien qu'il eût ma fille. » Mais la princesse pleurait, ne voyant pas venir son berger. Après avoir combattu longtemps, le berger gagna un pot de fleurs, ce dont le roi fut enchanté.

Le soir, quand la princesse vit le berger, elle lui dit tout affligée : « Pourquoi n'êtes-vous pas venu ? — La chaleur m'avait rendu malade. — Ah ! » dit la princesse, « vous n'êtes pas bien ici ; vous dépérissez. » Durant les trois jours qu'il avait rencontré les géants, il n'avait ni bu ni mangé. — « Je tâcherai d'y aller demain, » répondit-il.

Le lendemain, il s'habilla tout d'argent. « Voilà, » dit le roi, « un superbe chevalier ! Il est encore plus beau que celui d'hier. » Ce fut encore le berger qui gagna le second pot de fleurs, à la grande satisfaction du roi.

Le soir, la princesse fit des reproches au berger. « Ah ! ma princesse, » dit-il, « que voulez-vous que je fasse au milieu de ces grands seigneurs ? Je n'oserai jamais y aller. — Je vous prêterai les habits de mon père, » dit la princesse. — « Vous êtes bien bonne, ma princesse, mais je n'en ai pas besoin ; j'irai demain. — Eh bien, » dit-elle, « on vous attendra. »

Le jour suivant, il s'habilla tout d'or et se présenta à neuf heures au château. « Ah ! le beau jeune homme ! » dit le roi, « je voudrais bien qu'il eût ma fille. — Mon père ; « dit la princesse, « si l'on attendait jusqu'à neuf heures et demie ? » A neuf heures et demie, ne voyant toujours pas venir le berger, elle dit : « Mon père, attendons jusqu'à dix heures. » Dix heures sonnèrent ; elle demanda un nouveau délai. « Nous attendrons jusqu'à onze heures, » dit le roi, « mais pas plus tard ; ce n'est pas ma faute si ton berger ne veut pas venir. » A onze heures précises, le combat commença ; il dura longtemps, et ce fut encore le petit berger qui gagna le dernier pot de fleurs.

Le soir venu, la princesse se rendit auprès de lui tout éplorée et lui dit : « C'est vous que je voulais épouser, et mon père va me donner à un autre. — Oh ! » dit le berger, « si je ne suis pas venu, c'est que j'ai encore été un peu malade. »

Le lendemain, pourtant, il pria la princesse de le suivre dans le petit bois, et lui montra les trois pots de fleurs qu'il avait mis dans la maison d'acier. « C'est moi, » dit-il, « qui les ai gagnés, et, de plus, j'ai vaincu les trois géants : voici la maison du premier. » Il lui fit voir aussi la maison d'argent et la maison d'or, en lui disant : « Tout cela m'appartient. — Hélas ! » dit la princesse, « maintenant vous êtes trop riche pour moi ! » Mais le petit berger se présenta avec elle devant le roi. Celui-ci, ayant appris que c'était lui qui avait gagné les trois pots de fleurs, consentit avec joie à lui donner sa fille en mariage, et les noces se firent le jour même.

REMARQUES

Nous pouvons d'abord rapprocher du conte lorrain un conte du Tyrol allemand (Zingerle, II, p. 326) : Un jeune homme s'engage chez un comte comme berger. Il doit prendre garde que son troupeau ne s'aventure dans certaine prairie enchantée. Un jour, fatigué de surveiller ses bêtes, il les laisse aller dans la prairie. Tout à coup apparaît un dragon à une tête. Le berger, qui, par suite de circonstances trop longues à raconter ici, est en possession d'une épée merveilleuse, abat la tête du monstre ; il l'ouvre et y trouve une clef de fer, qu'il met dans sa poche. Le lendemain, il tue un dragon à deux têtes, dont l'une renferme une clef d'argent ; le jour d'ensuite, un dragon à trois têtes, dans l'une desquelles il trouve une clef d'or. Au moyen de ces trois clefs, il pénètre dans trois grandes salles souterraines, l'une toute de fer, l'autre d'argent, la troisième d'or, où sont trois chevaux, l'un noir, l'autre rouge, l'autre blanc, et trois armures : de fer, d'argent et d'or. Le comte ayant fait annoncer un grand tournoi, dont le prix est la main de sa fille, le berger s'y rend sur le cheval noir et avec l'armure de fer. Il réussit à enlever une fleur que tient la jeune fille, assise au haut d'une colonne, et s'enfuit à toute bride. Voyant que le vainqueur ne revient pas, le comte ordonne un second, puis un troisième tournoi, où le berger paraît d'abord avec le cheval rouge et l'armure d'argent, puis avec le cheval blanc et l'armure d'or, et où il remporte encore la victoire. Après chaque tournoi, il fait secrètement hommage de la fleur à la fille du comte. Celui-ci, ayant appris que les trois fleurs sont revenues entre les mains de sa fille, lui demande de qui elle les tient. Le berger est interrogé, et le comte lui donne sa fille en mariage.

Dans d'autres contes analogues, nous allons rencontrer certains détails de notre conte qui manquent dans le conte tyrolien.

Commençons par un conte hongrois (Gaal, p. 32) : Tous les porchers d'un roi disparaissent successivement ; aussi personne ne se présente pour les remplacer. Un jeune homme appelé Pista tente l'aventure. Le plus vieux verrat du troupeau lui conseille de demander au roi *une miche de pain et une bouteille de vin* : il les donnera au dragon qui viendra pour le dévorer. Pista suit ce conseil, et il offre le pain et le vin au dragon, en le priant d'épargner sa vie. *Après*

avoir bu, le dragon s'endort. Alors Pista *tire son couteau de sa poche et lui coupe la gorge.*
Il trouve dans la gueule une clef de cuivre, au moyen de laquelle il ouvre la porte
d'un château de cuivre. Dans le jardin du château, il cueille une rose si belle
que, lorsqu'il revient chez le roi, la plus jeune des trois princesses la lui
demande en présent. Le lendemain, le vieux verrat lui conseille de se pourvoir
de *deux fois plus de pain et de vin.* Même aventure lui arrive avec un second
dragon, plus fort que le premier, et Pista pénètre dans un château d'argent.
Enfin, le jour d'après, il tue de la même manière un troisième dragon et se
met en possession d'un château d'or. Vient ensuite l'histoire du tournoi où
Pista se rend trois jours de suite, avec trois équipements différents, pris
successivement dans chacun des trois châteaux. Chaque fois, il abat d'un coup
de lance une pomme d'or sur laquelle est écrit le nom d'une des trois princesses,
et s'enfuit. Il va ensuite, sous ses vêtements ordinaires, réclamer au roi son
salaire de porcher. Comme il a mis les trois pommes d'or dans son chapeau,
il le garde sur sa tête. La plus jeune des princesses le lui enlève, et les pommes
d'or tombent par terre. Il est reconnu pour le vainqueur, et épouse la princesse.

Dans un second conte du Tyrol allemand (Zingerle, II, p. 91), la fermière
chez laquelle sert le berger lui recommande de ne pas laisser aller les moutons
dans la prairie des *trois géants.* Ces géants demeurent dans un magnifique
château, et on en a si grand'peur que le roi a promis sa fille en mariage à
quiconque les tuerait. Le berger s'en va droit de ce côté *en chantant et jouant de
la cithare.* Un des géants accourt au bruit, et les réponses du berger à ses
questions lui plaisent tant qu'il va chercher du pain et du vin pour qu'ils
mangent et boivent ensemble. Le berger met un narcotique dans le vin du
géant, qui ne tarde pas à s'endormir ; puis il tire son couteau de sa poche,
coupe la tête du géant et prend la langue. Il se met de nouveau à chanter et à
jouer de son instrument. Le second géant arrive ; il a le même sort que le
premier, et aussi, un peu après, le troisième. — La fin de ce conte tyrolien
se rapproche d'un passage de notre n° 5, *les Fils du Pêcheur.* Un forestier, qui
a trouvé les cadavres des géants, va porter les têtes au roi et réclame la
récompense promise ; mais le berger, qui a gardé les trois langues, dévoile
l'imposture.

Nous mentionnerons encore deux autres contes tyroliens (*Ibid.*, p. 96 et
372), qui ont, l'un et l'autre, les trois géants et le tournoi. Dans celui de la
page 96, — où le berger apparaît successivement sous une armure d'abord
d'acier, puis d'argent et enfin d'or, — nous relèverons un trait de notre conte
qui ne s'était pas encore présenté à nous : l'amour de la princesse pour le
berger. Ce dernier trait figure dans deux contes italiens du même genre
(Comparetti, n°s 22 et 62). Le second de ces contes a même un détail qui,
sur ce point, le rapproche particulièrement de notre *Petit Berger.* La princesse
conseille au berger d'aller, lui aussi, combattre à la joute ; mais il fait le niais.
Ce n° 62 de la collection Comparetti est altéré dans sa première partie. Le n°
22 est beaucoup mieux conservé : nous y trouvons la défense de passer un
certain ruisseau ; le serpent à trois têtes, dans chacune desquelles est une clef
qui ouvre la porte d'un château ; les trois châteaux, de cristal, d'argent et
d'or ; la joute et la triple apparition du berger avec cheval de cristal et bride de
cristal, cheval d'argent et bride d'argent, etc.

A ces rapprochements il faut ajouter la première partie d'un conte flamand, qui correspond à peu près à la première partie du nôtre (J.-W. Wolf, *Deutsche Mærchen und Sagen*, nº 2), un conte autrichien assez peu complet (Vernaleken, nº 23), un conte allemand (J.-W. Wolf, *Deutsche Hausmærchen*, p. 269), et un conte slave de Moravie (Wenzig, p. 1).

Les deux derniers contes ont en commun un détail particulier : quand, pour la troisième fois, le héros s'enfuit après le tournoi, le roi ou les princes qui ont pris part à la fête cherchent à l'empêcher de s'échapper et le blessent à la jambe ; c'est à cette blessure qu'il est ensuite reconnu pour le vainqueur. (Comparer la fin d'un des contes tyroliens mentionnés plus haut, Zingerle, II, p. 96.) Ce trait, on s'en souvient peut-être, se rencontre dans notre nº 12, *le Prince et son Cheval*.

Du reste, l'idée générale de ce dernier conte n'est pas sans analogie avec celle de notre *Petit Berger* et des contes étrangers du même type : l'un des contes italiens dont nous avons parlé (Comparetti, nº 62) emprunte à ce thème du *Prince et son Cheval*, au lieu d'un simple détail, tout un épisode, l'histoire des rapports du héros avec ses deux beaux-frères ; un autre conte, recueilli dans le « pays saxon » de Transylvanie (Haltrich, nº 11), après une première partie analogue à la première partie du *Petit Berger*, — combat du chevrier contre le dragon de cuivre, le dragon d'argent et le dragon d'or, et prise de possession par lui de trois châteaux, de cuivre, d'argent et d'or, — donne, comme *le Prince et son Cheval*, le récit de trois batailles où le chevrier, devenu marmiton chez le roi, relève, sans être connu, la fortune de l'armée royale. Ici, il accourt la première fois à la tête de soldats aux armures de cuivre ; la seconde fois, avec des soldats aux armures d'argent, et enfin avec des soldats aux armures d'or. Ces trois armées, il les fait successivement apparaître en secouant une bride de cuivre, une bride d'argent et une bride d'or, qu'il a rapportées des châteaux des trois dragons.

Dans un conte allemand de la collection Müllenhoff (nº 15), le tournoi est remplacé par le combat du héros contre un monstre que le roi, son maître, lui a ordonné d'aller tuer. Le premier jour, ce monstre a trois têtes ; le second, six ; le troisième, neuf. Jean les abat avec les trois épées de cuivre, d'argent et d'or qu'il a trouvées chez les géants. — Un conte breton, recueilli par M. F.-M. Luzel (5e Rapport, p. 34), présente cette même idée d'une façon qui la rapproche tout à fait de nos contes *les Fils du Pêcheur* (nº 5) et *la Reine des Poissons* (nº 37). Il ne s'agit pas seulement de tuer un monstre, mais de sauver une princesse que ce monstre (ici un serpent à sept têtes) doit dévorer. Le berger, qui combat trois jours de suite, arrive chaque fois sous une armure différente, — couleur de la lune, couleur des étoiles, couleur du soleil, — qu'il a trouvée dans le château du sanglier, lequel, dans ce conte breton, tient la place des géants ou des dragons. Malgré l'introduction de cet épisode du combat contre le serpent, le conte se termine par le tournoi, mais avec une altération, nécessaire pour qu'il n'y ait pas double emploi : le chevalier inconnu ayant disparu après avoir tué le serpent, le roi fait annoncer dans tout le royaume un grand tournoi qui doit durer trois jours ; le berger s'y rend, équipé en chevalier, et la princesse le reconnaît. — Dans un conte souabe

(Meier, no 1), un berger va successivement dans trois vallées où il lui est défendu d'aller ; chaque fois il tue un géant et découvre un château dans l'écurie duquel est un cheval de couleur différente. Or, son maître a promis sa fille au diable. Le berger, qui a trouvé dans chacun des trois châteaux une bouteille de vin et une épée qui doivent donner le moyen de vaincre le diable, le vainc en effet par trois fois. La troisième fois, le diable, qui a paru d'abord sous la forme d'un serpent, puis sous celle d'un dragon, puis enfin sous celle d'un aigle, lui fait une blessure à la main. Le gentilhomme, maître du berger, le surprend pendant qu'il examine sa blessure, et le berger est obligé d'avouer ses exploits.

Müllenhoff mentionne une variante allemande recueillie par lui, dans laquelle l'histoire du berger et de ses trois chevaux merveilleux est combinée avec « le conte bien connu où le héros gravit à cheval une montagne de verre pour conquérir la main d'une belle princesse ». Ce second thème est au fond le même que celui du tournoi. C'est ce qui se voit plus nettement encore peut-être dans les contes de ce type où, au lieu d'avoir à gravir à cheval une montagne de verre, les prétendants à la main d'une princesse doivent faire sauter leur cheval jusqu'au troisième étage du château royal (contes russe, polonais, finnois cités par M. R. Kœhler dans ses remarques sur le conte esthonien no 15 de la collection Kreutzwald).

*
* *

En Orient, nous avons à citer un conte des Avares du Caucase (Schiefner, no 4), dont nous avons déjà dit un mot à propos de notre no 40, la *Pantoufle de la Princesse* (II, p.73) : Le plus jeune de trois frères, obéissant aux dernières volontés de son père, passe successivement trois nuits sur la tombe de celui-ci. La première fois, à minuit, paraît un superbe cheval « bleu » ; le jeune homme le dompte, et le cheval lui dit d'arracher un crin de sa crinière : si jamais le jeune homme a besoin de ses services, il n'aura pour le faire venir qu'à brûler ce crin. La seconde nuit, même aventure avec un cheval rouge, et, la troisième, avec un cheval noir. Quelque temps après, la nouvelle se répand que le « souverain de l'Occident » donnera sa fille à celui qui sautera avec son cheval par dessus une certaine tour. Le jeune homme, à l'insu de ses frères qui n'ont pour lui que du mépris, brûle le crin du premier cheval, et aussitôt le cheval « bleu » se trouve devant lui, apportant à son maître une armure bleue et des armes bleues. Le jeune homme s'en revêt et se rend à la ville du « souverain de l'Occident ». Il saute avec son cheval par dessus la tour et enlève la princesse. Suivent deux autres exploits semblables, que le jeune homme accomplit, d'abord tout équipé de rouge et avec le cheval rouge, puis tout équipé de noir et avec le cheval noir. Dans ces deux occasions, il enlève les deux sœurs de la princesse. Il garde pour lui la plus jeune et donne les deux autres à ses frères. — Le récit s'engage ensuite dans une autre série d'aventures.

Nous ferons remarquer que la triple veillée du héros sur la tombe de son père forme également l'introduction des contes esthonien, russe, polonais, finnois, mentionnés ci-dessus. Voici, par exemple, en quelques mots, le conte esthonien : Un père, en mourant, dit à ses trois fils de passer chacun à son tour une nuit sur sa tombe. C'est le plus jeune, méprisé par ses frères, qui passe les trois nuits, et, chaque fois, l'âme de son père lui dit que, lorsqu'il aura besoin de beaux habits pour aller parmi les grands seigneurs, il n'aura qu'à venir frapper sur la tombe. Le roi du pays ayant promis la main de sa fille à celui qui gravirait à cheval une montagne de verre sur le sommet de laquelle est la princesse, endormie d'un sommeil magique, le jeune homme s'en va frapper sur la tombe de son père : aussitôt paraît un cheval de bronze et, sur la selle de ce cheval, une armure de bronze. Une seconde fois, c'est un cheval d'argent et une armure d'argent, et enfin un cheval d'or et une armure d'or. Le jeune homme gravit d'abord un tiers de la montagne, puis les deux tiers ; enfin il arrive au sommet, et la princesse est délivrée.

Toujours en Orient, nous rappellerons un conte syriaque, résumé dans les remarques de notre nº 1, *Jean de l'Ours* (I, p. 22), et où se trouve la triple apparition du héros dans un tournoi, sur trois chevaux de couleur différente.

Enfin, dans l'Inde, nous aurons à mentionner, pour ce même épisode du tournoi, un conte de la collection de miss Stokes (nº 10), dont nous avons donné l'analyse dans les remarques de notre nº 12, *le Prince et son Cheval* (I, p. 150).

XLIV

LA PRINCESSE D'ANGLETERRE

Il était une fois une princesse, fille du roi d'Angleterre. Le prince de France ayant envoyé des ambassadeurs pour demander sa main, elle répondit qu'il n'était pas digne de dénouer les cordons de ses souliers.

Le prince alors se rendit en Angleterre sans se faire connaître, et s'annonça au palais comme un habile perruquier venant de Paris. La princesse voulut le voir, et le prétendu perruquier sut si bien s'y prendre que bientôt elle l'épousa en secret. Quand le roi apprit ce qui s'était passé, il entra dans une grande colère et les mit tous les deux à la porte du palais.

Le perruquier emmena sa femme à Paris et descendit avec elle dans une méchante auberge. « Hélas ! » pensait la princesse, « faut-il avoir refusé le roi de France et se voir la femme d'un perruquier ! »

Un jour, son mari lui dit : « Ma femme, vous irez demain vendre de l'eau-de-vie sur la place. » Elle obéit et alla s'installer sur la place avec ses cruches. Bientôt arrivèrent des soldats, qui lui demandèrent à boire ; ils lui donnèrent cinq sous, burent toute l'eau-de-vie, puis cassèrent les cruches et les verres. La pauvre princesse n'osait rentrer à la maison ; elle ne se doutait guère que c'était le prince de France, son mari, qui avait envoyé tous ces soldats. Elle se tenait donc debout près de la porte ; son mari lui dit : « Ma femme, pourquoi n'entrez-vous pas ? — Je n'ose, » répondit la princesse. — « Combien avez-vous gagné aujourd'hui ? — J'ai gagné cinq sous. — C'est déjà beau pour vous, ma femme. Moi, j'ai gagné trois louis à faire des perruques chez le roi. — Allons, » dit la princesse, « nos affaires vont donc bien aller ! Nous paierons l'aubergiste et nous irons ailleurs. »

Le jour suivant, le perruquier dit à sa femme : « Vous irez vous mettre sur le grand pont pour y décrotter les souliers des passants. » La princesse s'y rendit. Elle y était à peine que le roi son beau-père, passant par là, se fit décrotter les souliers et lui donna un louis. La reine vint ensuite et lui donna trois louis ; puis tous les seigneurs de la cour vinrent l'un après l'autre, et, à la fin de la journée, elle avait gagné soixante louis. Le soir venu, elle s'en retourna à l'auberge ; mais, arrivée à la porte, elle s'arrêta. « Eh bien ! ma femme, » lui dit son mari, « vous n'entrez pas ? — Je n'ose. — Combien avez-vous gagné aujourd'hui, ma femme ? — J'ai gagné soixante louis. — Et moi, ma femme, j'en ai gagné trente à faire des barbes chez le roi. — Allons, » dit la princesse, « nos affaires vont donc bien aller ! Nous paierons l'aubergiste et nous irons ailleurs. »

Une autre fois, le perruquier l'envoya vendre de la faïence sur la place. Elle était à peine installée quand survinrent des soldats qui brisèrent toute sa marchandise : c'était le prince de France qui leur en avait donné l'ordre. La pauvre femme vint raconter son malheur à son mari et lui demanda si l'on ne pourrait pas faire punir ces gens-là. « J'en parlerai au roi, » dit-il, « mais que voulez-vous qu'on leur fasse ? — Hélas ! » pensait la princesse, « faut-il avoir refusé le roi de France et se voir la femme d'un perruquier ! — Moi, » reprit le mari, « j'ai gagné douze louis aujourd'hui. — Ah ! tant mieux, » dit la princesse, « nos affaires vont donc bien aller ! Nous paierons l'aubergiste et nous irons ailleurs. »

Le perruquier dit un jour à sa femme : « Le roi va donner un grand festin : comme je suis bien vu au palais, je demanderai qu'on vous emploie à servir à table. Je vous ferai faire des poches de cuir pour y mettre les restes qu'on vous donnera. » Il lui fit faire, en effet, des poches de cuir ; mais ces poches étaient attachées par des cordons si faibles que la moindre chose devait les rompre.

La princesse alla donc servir à table. Au commencement du repas, elle ne trouva rien à mettre dans ses poches : de chaque plat il ne revenait guère qu'un peu de sauce ; plus tard, elle put y mettre quelques bons morceaux. Mais, comme elle portait une pile d'assiettes, elle glissa et se laissa choir ; les cordons cassèrent, et le contenu des poches se répandit sur le plancher : la pauvre princesse ne savait que devenir.

Alors le roi son beau-père s'approcha d'elle et lui dit : « Ma fille, ne soyez pas si honteuse. Ce n'est pas un perruquier que vous avez épousé ; c'est mon fils, le prince de France. — Ah ! mon père, » dit le prince, « vous n'auriez pas dû le lui apprendre encore. Elle a dit que je n'étais pas digne de dénouer les cordons de ses souliers. Eh bien ! mademoiselle, vous les avez dénoués à bien d'autres. »

De ce moment il n'y avait plus qu'à se réjouir, et l'on fit des noces magnifiques.

REMARQUES

Des contes analogues ont été recueillis dans la Haute-Bretagne (Sébillot, I, n° 23) ; en Allemagne (Grimm, n° 52 ; Prœhle, I, n° 2 ; Kuhn, *Westfælische Sagen*, p. 251 et p. 242) ; dans diverses parties de l'Italie (Coronedi-Berti, n° 15 ; Knust, n° 9 ; Nerucci, n° 22) ; en Sicile (Gonzenbach, n° 18 ; Pitrè, n° 105) ; en Portugal (Coelho, n° 43) ; en Norwège (Asbjœrnsen, II, p. 129) ; en Irlande (Kennedy, II, p. 114).

Dans tous ces contes, le thème traité est le même que dans le conte lorrain ; mais le détail des humiliations infligées à l'orgueilleuse princesse est, dans la plupart, tout autre. Nous ne trouvons de ressemblance que dans le conte breton et les contes allemands. L'épisode des soldats qui boivent et ne paient pas figure seulement dans le conte de la collection Prœhle, et dans le second conte de la collection Kuhn ; celui de la faïence brisée, dans le conte breton et dans tous les contes allemands, excepté le conte westphalien que nous venons de citer. (Il existe aussi dans le conte irlandais ; mais, à en juger par certains détails de rédaction, joints à l'extrême ressemblance générale, ce conte paraît dériver directement du livre des frères Grimm ou plutôt d'une traduction anglaise.) — L'épisode de la fête donnée au palais et des restes qui se répandent par terre termine le conte allemand de la collection Grimm, comme le nôtre ; dans le conte breton, il figure à un autre endroit du récit. Dans le conte allemand de la collection Prœhle, cet épisode diffère de notre conte en ce que le mari de la princesse, c'est-à-dire le prince déguisé, lui ordonne, en l'envoyant au palais, de glisser subtilement trois cuillers d'argent dans sa poche.

Dans tout un groupe (contes siciliens, conte italien de la collection Nerucci, conte portugais, conte norwégien), le mari de la princesse l'envoie plusieurs fois travailler au château, et, chaque fois, il lui dit de voler telle chose ; chaque fois aussi, sous son costume de prince, il la prend sur le fait et la traite de voleuse.

Le conte breton a, dans son introduction, un trait qu'il faut rapprocher du conte lorrain. La princesse dit d'un prétendant qu'elle ne voudrait pas même de lui pour décrotter ses souliers. Aussi, plus tard, le prince déguisé fait-il faire à l'orgueilleuse le métier de décrotteuse, et, sans le reconnaître, elle lui décrotte un jour les souliers dans la rue. Finalement, après avoir révélé à la princesse ce qu'il est, il lui dit : « Tu trouvais que je n'étais pas même bon à décrotter tes souliers, et, sans le savoir, tu as décrotté les miens. » — Ce trait est plus net ici que dans notre conte.

*
* *

Au XVIIᵉ siècle, Basile insérait dans son *Pentamerone* (nᵒ 40) un conte de cette famille, se rattachant au groupe dont nous avons parlé plus haut. Au siècle précédent, d'après M. Kœhler, un autre Italien, Luigi Alamanni, avait déjà pris le même thème pour sujet de sa nouvelle *La comtesse de Toulouse et le comte de Barcelone*.

Enfin, au XIVᵉ siècle, Yón Halldórsson, qui fut évêque de Skálholt en Islande de 1322 à 1339, rédigeait une *Saga* contenant la même histoire, d'après un poëme latin qu'il avait lu pendant son séjour en France. Cette *Clarus Saga*, qui a été publiée en 1879, est jusqu'à présent la plus ancienne version connue de ce conte. (Voir la petite notice de la *Romania*, 1879, p. 479.)

XLV

LE CHAT & SES COMPAGNONS

Un jour, un homme était allé dans une ferme pour y chercher cinq chats. Comme il les rapportait chez lui, l'un d'eux s'échappa, et l'homme ne put le rattraper.

Après avoir couru quelque temps, le chat rencontra un coq. « Veux-tu venir avec moi ? » lui dit-il. — « Volontiers, » répondit le coq. Et ils s'en allèrent de compagnie.

Ils ne tardèrent pas à rencontrer un chien. « Veux-tu venir avec nous ? » lui dit le chat. — « Volontiers, » dit le chien. Plus loin, un mouton se trouva sur leur chemin ; le chat lui proposa de les suivre, et le mouton y consentit. Plus loin encore, un bouc se joignit à eux, puis enfin un âne.

A la nuit tombante, nos compagnons arrivèrent dans un bois. « Voyons, » dit le chat, « qui sera le plus tôt à ce grand arbre-là. » Ils se mirent tous à courir, mais le chat fut le premier à l'arbre ; il y grimpa, et, regardant de tous côtés, il dit aux autres : « Je vois là-bas une clarté : c'est bien loin d'ici, il nous faut jouer des jambes. » Ils se remirent donc en route et arrivèrent près d'une maison habitée par des voleurs.

« Or çà, » dit le chat, « voici ce que nous allons faire : l'âne se placera ici, au bas de cette fenêtre ; le bouc montera sur l'âne, le mouton sur le bouc, le chien sur le mouton et le coq sur le chien, et nous sauterons tous par la fenêtre. »

Aussitôt fait que dit : le chat sauta par la fenêtre, et, après lui, tous ses compagnons, avec un bruit épouvantable. Les voleurs, qui étaient couchés, se réveillèrent en sursaut, se disant les uns aux autres : « Qu'est-il arrivé ? — Je vais me lever, » dit l'un d'eux, « et aller voir ce que c'est. »

Cependant le chat s'était blotti dans les cendres du foyer, le coq s'était mis dans le seau, le chien dans la maie à pain, le mouton derrière la porte, le bouc dans le lit et l'âne devant la porte, sur le fumier. Le voleur, s'étant levé, s'approcha de la cheminée pour allumer une allumette : le chat lui égratigna la main. Il courut au seau pour y prendre de l'eau : le coq lui donna un coup de bec. Il alla chercher un balai derrière la porte : le mouton lui donna un coup de pied. Il voulut se jeter dans le lit, car il avait la fièvre de peur : le bouc lui donna de ses cornes dans le ventre. Il ouvrit la maie à pain : le chien lui mordit la main. Il sortit devant la porte : l'âne lui donna un grand coup de pied dans le dos. Après quoi, les animaux quittèrent la maison.

Le lendemain matin, le voleur qui avait été si maltraité raconta son aventure à ses compagnons en s'en allant avec eux par la forêt : « Je me suis approché du foyer, » dit-il ; « il y avait là un charbonnier qui m'a râclé la main avec sa harque [1]. J'ai voulu prendre de l'eau dans le seau : il y avait là un cordonnier qui m'a donné un coup de son alène. Je suis allé derrière la porte : il y avait là un charpentier qui m'a donné un coup de son maillet. Je me suis jeté dans le lit : il y avait là un diable qui m'a donné un grand coup de tête dans le ventre. J'ai ouvert la maie à pain : il y avait là un boulanger qui m'a pris la main avec sa manique [2]. Enfin, je suis allé devant la porte : il y avait là un grand ours qui m'a donné un grand coup dans le dos. »

Voilà ce que raconta le voleur à ses compagnons. Moi, je marchais derrière eux et je suis vite revenu à la maison.

REMARQUES

Nous rapprocherons du conte lorrain des contes recueillis dans la Haute-Bretagne (Sébillot, *Littérature orale*, p. 239; *Contes*, II, nº 63; comparer I, nº 57), en Westphalie (Grimm, nº 27; Kuhn, *Westfælische Sagen*, p. 229), en Suisse (Meier, nº 3), dans l'Autriche allemande (Vernaleken, nº 12), chez les Tchèques de Bohême (Waldau, p. 208), en Norwège (Asbjœrnsen,

---

1. Outil de charbonnier.
2. Espèce de gant de cuir dont se servent certains ouvriers.

Tales of the Fjeld, p. 267), en Ecosse (Campbell, nº 11), en Irlande (Kennedy, I, p. 5), en Toscane (Pitrè, *Novelle popolari toscane*, nº 52), en Sicile (Gonzenbach, nº 66), en Catalogne (*Rondallayre*, II, p. 80), en Portugal (Braga, nº 125).

Dans plusieurs de ces contes (conte irlandais, conte suisse, conte westphalien de la collection Kuhn, second conte breton), il se trouve un homme en compagnie des animaux : ainsi, dans le conte irlandais, le fils d'une pauvre veuve s'en va chercher fortune et emmène avec lui un âne, un chien, un chat, un coq, dont il fait la rencontre ; dans le conte suisse, un garçon meunier, qui a vieilli au service de son maître, quitte la maison sans être payé ; les animaux de la maison, cheval, bœuf, chien, chat, oie, l'accompagnent.

Certains contes remplacent les voleurs par des bêtes sauvages. Ainsi, dans le conte catalan, le chat, qui s'en va à Rome pour se faire dorer la queue, s'établit avec ses compagnons, le coq, le renard et le bœuf, dans la maison de sept loups pour y passer la nuit. L'un des loups étant venu et ayant voulu allumer sa lumière (*sic*), il lui arrive à peu près les mêmes aventures qu'au voleur de notre conte. — Le conte portugais et les deux premiers contes bretons remplacent aussi les voleurs par des loups. Il en est de même, d'après M. Kœhler (*Zeitschrift für romanische Philologie*, III, p. 617), dans un conte de la région des Carpathes. — Dans le conte norwégien, un mouton, qui apprend qu'on l'engraisse pour le tuer, s'enfuit en emmenant avec lui un cochon. Ils rencontrent et prennent avec eux une oie, un lièvre et un coq. Ils se bâtissent une maison dans la forêt. Deux loups des environs veulent savoir si ce sont de bons voisins ; l'un d'eux va dans la maison neuve demander du feu pour allumer sa pipe. Le mouton lui donne un coup qui le fait tomber la tête en avant dans le poêle ; le cochon le mord ; l'oie lui donne des coups de bec, etc. Le loup décampe au plus vite, et va raconter à son compagnon qu'un cordonnier a lancé contre lui sa forme à souliers, qui l'a fait tomber la tête la première dans un feu de forge ; que deux forgerons l'ont battu et pincé avec des tenailles rouges, etc.

La plupart des autres contes ont les voleurs, avec le récit de ses mésaventures fait par celui qui a été envoyé en éclaireur. Dans le conte irlandais, par exemple, le capitaine des voleurs raconte qu'il a trouvé sur l'âtre de la cuisine une vieille femme occupée à carder du lin, qui lui a égratigné la figure avec ses cardes (le chat) ; près de la porte, un cordonnier, qui lui a donné des coups d'alène (le chien) ; au sortir de la chambre, le diable lui-même, qui est tombé sur lui avec ses griffes et ses ailes (le coq) ; enfin, en traversant l'étable, il a reçu un grand coup de marteau qui l'a envoyé à vingt pas (le coup de pied de l'âne). — Ce récit manque dans le second conte breton, dans le conte de l'Autriche allemande, dans le conte catalan, dans le conte toscan, et dans le conte sicilien, dont toute la fin, du reste, est complètement altérée.

Un poème allemand de la fin du xvi⁰ siècle (1595), le *Froschmeuseler*, de Rollenhagen, a donné place dans un de ses épisodes à un conte analogue aux précédents. Les héros sont le bœuf, l'âne, le chien, le chat, le coq et l'oie. Ils s'emparent d'une maison bâtie au milieu d'une forêt et habitée, comme dans plusieurs contes indiqués plus haut, par des bêtes sauvages. C'est le loup qui est envoyé à la découverte, et il revient faire à ses compagnons le récit des désagréments qui lui sont arrivés.

*
* *

Il se trouve dans la collection Grimm (n° 41) un autre type de conte qui a la plus grande analogie avec celui que nous étudions : Le coq et la poule s'en vont en voyage. Sur leur chemin ils rencontrent et prennent successivement avec eux dans leur voiture un chat, une meule de moulin, un œuf, un canard, une épingle et une aiguille. Ils arrivent chez « M. Korbes » et s'établissent dans la maison. Le coq et la poule se juchent sur une perche ; le chat se met dans la cheminée ; le canard, dans la fontaine de la cuisine ; l'œuf s'enveloppe dans l'essuie-mains ; l'épingle se fourre dans le coussin de la chaise ; l'aiguille, dans l'oreiller du lit, et la meule s'installe au dessus de la porte. Rentre « M. Korbes ». Il veut allumer du feu : le chat lui jette des cendres à la figure. Il court à la cuisine pour se laver : le canard l'éclabousse. Il va pour s'essuyer à l'essuie-mains : l'œuf roule, se casse et lui saute aux yeux. Il s'assied sur la chaise : l'épingle le pique. Il se jette sur le lit : c'est au tour de l'aiguille de le piquer. Il s'enfuit furieux ; mais, quand il passe sous la porte, la meule tombe sur lui et le tue. (Comparer le conte espagnol de *Benibaire*, Caballero, II, p. 55.)

Dans l'extrême Orient, chez les tribus qui habitent la partie de l'île Célèbes appelée Minahasa, M. J.-G.-F. Riedel a recueilli un conte tout à fait de ce genre. (Voir la revue hollandaise *Tijdschrift voor indische Taal-, Land- en Volkenkunde, uitgegeven door het Bataviaasch Genootschap van Kunsten en Wetenschappen*, tome 17, Batavia, 1869, p. 311.) Voici le résumé de ce conte : Une pierre à aiguiser, une aiguille, une anguille, un mille-pieds (sorte d'insecte) et un héron sont grands amis. Un jour, ils veulent aller en pirogue, mais ils font naufrage. Arrivés tous enfin sur le rivage, ils se disent qu'il faudrait chercher un endroit où demeurer. Ils entrent dans un bois et arrivent à une maison, habitée seulement par une vieille femme. Ils lui demandent la permission de s'arrêter chez elle, et chacun s'installe à sa manière. La pierre à aiguiser se met par terre devant la porte au bas des degrés ; l'anguille s'étend sur le seuil ; le héron va se placer près de l'âtre ; l'aiguille se glisse dans le ciel de lit ; le mille-pieds, dans le vase en bambou où l'on conserve l'eau. Pendant que tout le monde dort, un rat ayant fait remuer le ciel de lit, l'aiguille tombe, et elle tombe juste dans l'œil de la vieille femme. Celle-ci se lève pour rallumer son feu, afin de voir ce qui est arrivé ; mais le héron se met à battre des ailes si fort qu'il envoie des cendres plein les yeux de la vieille. Elle va chercher de l'eau pour se laver le visage ; le mille-pieds la pique. Elle veut sortir de la maison, mais elle marche sur l'anguille et glisse en bas des degrés où elle tombe sur la pierre à aiguiser et se tue. Les cinq amis restent donc maîtres de la maison.

Au Japon, un conte analogue fait partie des petits livres à images que, de longue date, on met entre les mains des enfants. M. A. B. Mitford en a donné la traduction dans ses *Tales of Old Japan* (London, 1871, p. 264). Nous trouvons également ce conte, sous une forme plus nette, dans un livre récent sur le Japon (W.-E. Griffis, *The Mikado's Empire*. New-York, 1877, p. 491).

En voici les principaux traits : Un crabe a fort à se plaindre d'un certain singe,
qui, après lui avoir joué des mauvais tours, l'a finalement roué de coups. Vient
à passer un mortier à riz, qui voyage avec une guêpe, un œuf et une algue
marine, ses apprentis. Le crabe leur fait ses doléances, et ils lui promettent de
l'aider à se venger. Ils marchent vers la maison du singe, qui justement est
sorti, et, y étant entrés, ils disposent leurs forces pour le combat. L'œuf se
cache dans les cendres du foyer, la guêpe dans un cabinet, l'algue marine
près de la porte, et le mortier sur le linteau de cette même porte. Le singe,
étant rentré et voulant se faire du thé, allume son feu : l'œuf lui éclate à la
figure. Il s'enfuit en hurlant et veut courir à la fontaine pour apaiser sa douleur
avec de l'eau fraîche ; mais la guêpe fond sur lui et le pique. En essayant de
chasser ce nouvel ennemi, il glisse sur l'algue, et le mortier, tombant sur lui,
lui donne le coup de grâce. « C'est ainsi que le crabe, ayant puni son ennemi,
s'en revint au logis en triomphe, et depuis lors il vécut toujours sur le pied
d'une amitié fraternelle avec l'algue et le mortier. Y a-t-il eu jamais un aussi
plaisant conte ? »

XLVI

BÉNÉDICITÉ

Il était une fois des pauvres gens qui n'avaient qu'un fils, nommé Bénédicité. Le jeune garçon avait déjà dix-huit ans, et jamais il n'était sorti de son lit. Son père lui dit un jour : « Lève-toi, Bénédicité ; il est temps enfin que tu travailles. »

Bénédicité se leva donc et alla s'offrir comme domestique à un fermier des environs, auquel il demanda pour salaire sa charge de blé au bout de l'année ; du reste, il entendait ne pas se lever avant cinq heures et manger à son appétit. Le fermier accepta ces conditions.

Le lendemain, tous les gens de la ferme devaient se lever à deux heures du matin pour aller chercher des chênes dans la forêt. Le maître appela Bénédicité à la même heure que les autres ; mais il fit la sourde oreille et ne se leva qu'à l'heure convenue, pas une minute plus tôt. La fermière lui dit alors de venir manger la soupe, et lui en servit une bonne écuellée. « Oh! » dit Bénédicité, « voilà tout ce qu'on me donne de soupe? Il m'en faut une chaudronnée et quatre miches de pain. » La fermière se récria, mais son mari avait promis à Bénédicité qu'il mangerait à sa faim ; elle fut bien obligée de lui donner ce qu'il demandait.

Quand Bénédicité eut mangé, le fermier lui dit de prendre dans l'écurie les cinq meilleurs chevaux et de les atteler à un grand chariot pour aller au bois retrouver les autres domestiques. Bénédicité partit avec les chevaux les moins bons. Arrivé au bois, il ne se donna pas la peine d'aller jusqu'à l'endroit où étaient ses camarades ; il prit quatre chênes et les mit sur son chariot,

puis il voulut retourner à la ferme ; mais les chevaux ne
pouvaient seulement ébranler le chariot. « Ah! rosses, » dit
Bénédicité, « vous ne voulez pas marcher! » Et il mit encore un
chêne sur le chariot, puis encore un autre, et fouetta l'attelage ;
mais il eut beau faire et beau crier, les pauvres bêtes n'en avan-
cèrent pas davantage. Alors Bénédicité détela les cinq chevaux,
les mit sur le chariot par dessus le bois, et ramena le tout à la
ferme. Les autres domestiques, qui étaient partis bien avant lui,
s'étaient trouvés arrêtés par une grosse pierre, et Bénédicité fut
de retour avant eux.

Le fermier commença à s'effrayer d'avoir chez lui un gaillard
d'une telle force ; il l'envoya couper un bois qui avait bien dix
journaux[1], lui disant que, si tout n'était pas terminé pour le
soir, il le mettrait à la porte. Bénédicité se rendit au bois et
s'étendit au pied d'un arbre. A midi, quand la servante vint lui
apporter sa chaudronnée de soupe, il était toujours couché par
terre. « Comment, Bénédicité, » lui dit-elle, « vous n'avez pas
encore travaillé ? — Mêle-toi de ta cuisine, » répondit Bénédicité.
A l'heure du goûter, la servante vit qu'il n'avait encore rien fait.
Avant le soir, tout le bois était coupé et Bénédicité était de
retour à la maison. Le maître ne pouvait revenir de son étonnement.

Le lendemain, il dit au jeune homme d'aller passer la nuit dans
un moulin qui était hanté par des esprits et d'où jamais personne
n'était revenu. Bénédicité entra le soir dans ce moulin et s'installa
dans la cuisine. Au milieu de la nuit, il entendit un grand bruit
de chaînes : c'était un diable qui descendait par la cheminée.
« Que viens-tu faire ici ? » lui dit Bénédicité. Et, sans attendre la
réponse, il le tua. Le lendemain matin, il était de retour à la
ferme.

Le maître, ne sachant comment se débarrasser de lui, le
chargea d'aller porter une lettre à son fils, qui était capitaine en
garnison à Besançon. Il y avait trente lieues à faire. Bénédicité
prit un cheval et le porta sur ses épaules pendant quinze lieues,
puis il se fit porter par le cheval le reste du chemin. Arrivé à
Besançon, il remit au capitaine la lettre du fermier, laquelle
recommandait de faire bon accueil au messager, de lui donner

1. Mesure locale.

à manger tant qu'il en demanderait, et, à la première occasion, de le tuer.

Un jour que le jeune garçon se promenait, le capitaine fit tirer sur lui à balles ; Bénédicité se secoua et continua son chemin. « Eh bien ! Bénédicité, » lui dit le capitaine, « comment vous trouvez-vous ici ? — Oh ! » répondit-il, « il y a des mouches dans votre pays, mais elles ne sont pas bien méchantes. » Le capitaine fit tirer le canon sur lui, mais les boulets ne firent pas plus d'effet que les balles. Enfin, de guerre lasse, il le renvoya chez le fermier.

Celui-ci dit alors à Bénédicité de curer un puits profond de cinq cents pieds, qui était comblé depuis cinq cents ans. Bénédicité eut bientôt fait la besogne. Pendant qu'il était encore dans le puits, on jeta dedans, pour l'écraser, une meule de moulin qui pesait bien mille livres : la meule, ayant un trou au milieu, lui tomba sur les épaules et lui fit une sorte de collier ; du reste, il n'eut pas le moindre mal. On jeta ensuite dans le puits une cloche de vingt mille livres, qui tomba de telle façon que Bénédicité s'en trouva coiffé. Tout le monde le croyait mort, quand tout à coup on le vit sortir du puits. Il ôta la cloche de dessus sa tête avec une seule main. « Voilà mon bonnet de nuit, » dit-il, « prenez garde de me le salir. » Puis il ôta la meule en disant : « C'est mon écharpe ; il faut me la garder pour dimanche....... Maintenant, maître, mon année est-elle finie ? — Oui, » répondit le fermier. — « Eh bien ! donnez-moi ma charge de blé. »

On lui en apporta deux sacs. « Qu'est-ce que cela ? » dit-il ; « j'en porterai bien d'autres. » On apporta encore huit sacs. « Bah ! c'est seulement pour mon petit doigt. » On en apporta trente-deux. « Allons, » dit-il, « en voilà pour deux doigts. » Son maître alors lui déclara qu'il lui en donnerait cent, mais pas davantage. Bénédicité s'en contenta ; il chargea le blé sur ses épaules et s'en retourna chez ses parents.

REMARQUES

Dans une variante de ce conte, également recueillie à Montiers-sur-Saulx, nous relevons les passages suivants :

Louis a déjà deux ans, et il ne s'est pas encore levé. « Louis, levez-vous ! » lui disent ses parents. — « Quand vous m'aurez donné une blouse et une

culotte, je me lèverai. » A huit ans, il est toujours au lit. « Allons donc,
Louis, levez-vous! — Donnez-moi une blouse et une culotte, et je me
lèverai. » Quand il a douze ans, on le presse encore de sortir du lit; mais il
répète toujours : « Apportez-moi d'abord une blouse et une culotte. » Enfin,
lorsqu'il a quinze ans, on lui fait des habits avec trente-six pièces, et il se lève.

Il se met, comme Bénédicité, au service d'un fermier, aux mêmes conditions.
Il lui faut tous les jours un tombereau de pain et une feuillette de vin.

Quand il va au bois rejoindre les autres domestiques, il les trouve essayant
de tirer leur chariot des ornières ; il détèle les chevaux et dégage le chariot
sans être aidé de personne.

————

Comparer nos nos 14, *le Fils du Diable*, et 69, *le Laboureur et son Valet*.

L'ensemble de notre conte, ainsi que bon nombre de détails, doit être
rapproché de divers contes recueillis dans la Hesse (Grimm, no 90), en
Westphalie (Kuhn, *Westfælische Sagen*, II, p. 232), en Poméranie (Knoop,
p. 208), dans le nord de l'Allemagne (Kuhn et Schwartz, p. 360), en
Allemagne encore (Wolf, p. 269), dans le Tyrol allemand (Zingerle, II, p.
220), en Suisse (Sutermeister, no 21), dans le « pays saxon » de Transylvanie (Haltrich, no 16), en Flandre (Wolf, *Deutsche Mærchen und Sagen*, no 22),
en Danemark (Grundtvig, II, p. 67), en Norwège (Asbjœrnsen, *Tales of the
Fjeld*, p. 48), chez les Wendes de la Lusace (Veckenstedt, pp. 59 et 68),
chez les Roumains de Transylvanie (dans la revue l'*Ausland*, 1856, p. 692),
dans le Mantouan (Visentini, nos 2 et 11). — Comparer un conte tchèque de
Bohême (Waldau, p. 288) et un conte portugais du Brésil (Roméro, no 19).

*
* *

Ce qui, dans les contes étrangers de notre connaissance, ressemble le plus
au commencement du conte lorrain et surtout de la variante, c'est le début
d'un conte irlandais (Kennedy, I, p. 23) : Une veuve est si pauvre qu'elle
n'a pas de vêtements à donner à son fils. Elle le met dans le cendrier
auprès du foyer et entasse autour de lui les cendres chaudes ; à mesure que
l'enfant grandit, elle fait le trou plus profond. Quand le jeune homme a dix-
neuf ans, elle finit par se procurer une peau de bique qu'elle attache autour des
reins de son fils, et elle l'envoie gagner sa vie. Le jeune homme, qui est d'une
force extraordinaire, fait toute sorte d'exploits et épouse une princesse. — Dans
une chanson populaire russe (Grimm, III, p. 341), le héros reste trente ans
sans rien faire ; alors sa force se révèle. Comparer un conte breton (Sébillot,
II, no 26.)

Ailleurs, c'est pour avoir été allaité pendant plusieurs années, soit par un
géant (*sic*) (conte hessois : Grimm, no 90), soit tout simplement par sa mère
(contes allemands : Grimm, III, p. 160 ; Kuhn et Schwartz, *loc. cit.* ; conte
roumain de Transylvanie), que le jeune homme est devenu si fort [1]. — Dans

———

1. Dans un conte du « pays saxon » de Transylvanie (Haltrich, no 17), et dans d'autres contes qui
se rattachent tous au même thème que notre no 1, *Jean de l'Ours* (voir I, pp. 7-8), le héros a été allaité
pendant une longue suite d'années. — Notons à ce propos que le très intéressant conte avare d'*Oreille-
d'Ours*, déjà cité par nous dans les remarques de notre no 1 (I, p. 18), réunit, juxtaposées, deux
séries d'aventures se rapportant aux deux thèmes de *Jean de l'Ours* et de *Bénédicité*. Il en est de même
dans les contes suisse et brésilien ci-dessus indiqués.

le conte norwégien, le héros, sorte de monstre, est né d'un œuf que des bonnes femmes ont trouvé et couvé. — Enfin, dans un conte du « pays saxon » de Transylvanie (Haltrich, n° 16), un forgeron qui n'a pas d'enfants s'en forge un, à la demande de sa femme, et l'enfant devient d'une force extraordinaire. Même introduction dans le conte poméranien.

*
* *

Nous raconterons brièvement le conte allemand de Transylvanie, qui est curieux : Jean de Fer, — c'est le nom de l'enfant, — mange tant que ses parents ne peuvent le rassasier ; ils lui disent d'aller s'engager comme domestique. Il s'en va donc avec le fouet de fer que son père lui a forgé, et entre au service d'un pope. Il commence par manger tout le souper des douze valets ; le lendemain, il dort jusqu'à midi, mange d'abord à la maison le dîner des servantes, puis, aux champs, celui des valets, et s'étend par terre pour dormir. Pendant son sommeil, les valets, pour se venger, lui promènent des branches d'arbre sur le visage. Jean de Fer, impatienté, se lève, empoigne les douze valets par le pied et se sert d'eux comme d'un rateau pour ramasser le foin de toute la prairie. Le lendemain, les douze valets vont au bois. Jean de fer part plus tard ; un loup et un lièvre à trois pattes lui ayant mangé chacun un bœuf de son attelage, il les attelle à la place des bœufs [1] ; un diable ayant brisé l'essieu du chariot, il le met à la place de l'essieu, puis il ramène sur son chariot moitié de la forêt. Sur son chemin, il rencontre les valets embourbés ; il dégage leurs douze voitures (Cf. notre variante), et il est rentré avant eux à la maison. Pour se débarrasser de lui, le pope lui dit d'aller à la recherche d'une de ses filles que les diables lui ont enlevée, lui promettant en récompense un sac rempli d'autant d'argent qu'il en pourra porter. Jean de Fer se met en route. Arrivé à la porte de l'enfer, il fait claquer son fouet et demande qu'on ouvre. Celui des diables auquel il a déjà eu affaire l'ayant reconnu, la panique se met parmi les diables, qui s'enfuient tous. Jean de Fer enfonce la porte et ramène au logis la fille du pope, puis il réclame son salaire. On lui fait un sac avec cent aunes de toile ; le pope met dedans tout son grain et, par dessus, tout son argent. Jean de Fer porte le sac à ses parents et s'en va courir le monde.

Le conte roumain, également de Transylvanie, mentionné ci-dessus, va nous offrir des traits du conte lorrain qui n'existent pas dans le conte de *Jean de Fer* : l'épisode du moulin et celui du puits. Juon a été allaité pendant douze ans et il est devenu d'une force extraordinaire. Il entre au service d'un laboureur et ne demande pour gages que le droit de donner à son maître un soufflet au bout de l'année. « C'est bon », pense le maître, « je saurai bien me débarrasser de toi avant ce moment-là. » Il envoie Juon labourer avec les autres valets. Juon leur dit de se reposer et laboure le champ à lui seul. Le laboureur s'effraie. Il envoie Juon moudre dans le moulin du diable, d'où jamais personne n'est revenu vivant. Juon moud tranquillement son grain et revient sans le moindre mal. Alors son maître lui dit de curer un puits, et, quand il y est descendu, le

1. Dans le second conte italien du Mantouan, le héros attelle un loup à la place de la vache qu'il lui a mangée ; dans le conte poméranien, deux lions à la place des chevaux ; dans le conte portugais du Brésil, des lions également à la place des bœufs.

laboureur fait jeter dans le puits de grosses pierres et enfin une meule de moulin. Juon fait un petit effort et sort du puits avec la meule sur la tête en guise de chapeau. Alors, d'un revers de main il étend le laboureur raide mort, lui coupe la tête et s'en va ailleurs.

Le moulin du diable figure, — en dehors de ce conte roumain et de notre n° 14, — dans les contes poméranien, westphalien, tyrolien et flamand, ainsi que dans un conte du Jutland (Grimm, III, p. 162).

L'épisode du puits, — avec la meule seulement et non la cloche, — se retrouve, indépendamment du conte roumain, dans les contes allemands des collections Grimm et Wolf, dans les contes tyrolien et flamand, dans le conte du Jutland, le conte danois, le premier conte italien du Mantouan, et aussi, — avec la meule et la cloche, tout à fait comme dans notre conte, — dans un conte hessois (Grimm, III, p. 160), dans le conte westphalien, dans le conte poméranien et dans le conte suisse.

Dans ces divers contes, le héros fait, au sujet de la meule et de la cloche, des plaisanteries du genre de celles de Bénédicité. Ainsi, dans le conte poméranien, il remercie de la « cravate » et du « bonnet de nuit » neufs qu'on lui a donnés ; ailleurs il parle de sa belle « collerette ».

Du reste, on pourrait également rapprocher de quelque conte étranger tous les détails, pour ainsi dire, du conte lorrain. Ainsi, dans le conte hessois (Grimm, n° 90), le « jeune géant » refuse de se lever quand on l'appelle ; il mange, avant d'aller à la forêt, deux boisseaux de pois en purée ; il est revenu bien avant les autres valets. Dans un conte grec moderne (Hahn, n° 64), dont tout le reste se rapporte à un autre thème, Jean, étant aux champs avec son père et ses frères, se couche par terre et dort jusqu'au soir ; alors il prend sa faux, et il a encore terminé sa besogne le premier.

Dans le conte allemand de la collection Kuhn et Schwartz, le héros s'est mis au service d'un laboureur. Les autres valets, un jour qu'il y a du bois à aller chercher dans la forêt, se mettent en route de grand matin, avec les meilleurs chevaux de l'écurie, pendant que leur camarade dort. Celui-ci prend les deux rosses qui restent. Arrivé au bois, il déracine deux chênes et les met en travers du chemin, de sorte que les autres valets, lorsqu'il veulent revenir à la ferme, ne peuvent passer. Quant à lui, sa voiture chargée, il débarrasse le chemin et s'en va devant eux. Ses mauvais chevaux ne voulant pas marcher, il en met un sur la voiture, attelle l'autre par derrière et traîne la voiture lui-même ; il est encore le premier à la maison. — Comparer le conte hessois de la collection Grimm, et aussi les contes westphalien, suisse, tyrolien, flamand, danois, tchèque, et le second conte du Mantouan.

Pour le passage où l'on fait tirer à balles et à boulets sur Bénédicité, comparer un conte suisse (Sutermeister, n° 52), où le roi fait aussi tirer sur le héros ; celui-ci rejette les balles aux soldats, qu'il tue. Comparer aussi le conte norwégien et le second conte italien du Mantouan. Dans ce dernier, le héros dit des balles : « Quelles mouches ennuyeuses ! »

*
* *

Au sujet de la charge de blé demandée comme salaire, et du dénouement qui en résulte, comparer les deux contes wendes de la Lusace. Dans l'un

(Veckenstedt, p. 60), Jean, qui est d'une force extraordinaire, s'est engagé comme valet chez un gentilhomme, en demandant pour tout salaire le droit de donner à son maître un soufflet au bout de l'année. L'année finie, le gentilhomme, effrayé à la pensée de ce qui l'attend, le prie de demander un autre salaire. Jean demande alors autant de pois qu'il en pourra battre en un jour. Il prend les draps de tous les lits du château et s'en fait un sac, qu'il remplit et emporte. Tous les pois du gentilhomme y passent. — Dans l'autre conte (*ibid.*, p. 69), le maître de Jean, qui veut le congédier, offre de lui donner autant de pois qu'il en pourra porter.

Dans un conte slave de Moravie (Wenzig, p. 67), le diable s'offre à battre tout le grain d'un laboureur, qui lui promet pour salaire sa charge de blé. Le diable emporte tout le blé. — Il en est de même dans un conte du nord de l'Allemagne (Müllenhoff, p. 160), où un homme fort a fait une semblable convention.

En dehors de ces quelques contes, le conte du « pays saxon » de Transylvanie, analysé plus haut, est, à notre connaissance, le seul qui, pour le dénouement, se rapproche de *Bénédicité*. — La plupart des autres (contes allemands des collections Grimm, Kuhn, Knoop; conte suisse, conte flamand, second conte italien) ressemblent sur ce point au conte roumain et au premier conte wende, où, comme on l'a vu, le serviteur ne demande comme gages que le droit de donner à son maître un soufflet au bout de l'année. Plusieurs de ces contes empruntent ici des éléments au thème de notre no 36, *Jean et Pierre*. Ainsi, dans le conte allemand de la collection Kuhn, il est convenu entre le maître et le valet que celui des deux qui voudra rompre le marché devra recevoir de l'autre trois soufflets; dans le conte tyrolien, celui des deux qui se fâchera devra perdre les oreilles, absolument comme dans des contes de la famille de *Jean et Pierre*.

*
* *

Nous avons résumé dans les remarques de notre no 1, *Jean de l'Ours*, l'ensemble d'un conte avare du Caucase (I, p. 18) et d'un conte des Kariaines de la Birmanie (I, p. 26). Ces contes renferment l'un et l'autre un épisode qui se rapproche de *Bénédicité*.

Dans le conte avare, Oreille-d'Ours, doué d'une force prodigieuse, entre comme valet au service d'un roi. Celui-ci se disposait à envoyer cent hommes couper du bois. Oreille-d'Ours s'offre à rapporter du bois en suffisance, si on lui donne à manger ce qu'on avait préparé pour les cent hommes. Il rapporte d'un coup cent arbres et rentre ainsi dans la ville, éventrant le mur de l'un, renversant la maison de l'autre. Le roi, effrayé, songe à se débarrasser de lui. Il l'envoie successivement faire des réclamations de sa part à une *kart* (sorte d'ogresse) et à un dragon. Oreille-d'Ours lui ramène la kart et le dragon eux-mêmes. Enfin le roi le fait attaquer par toute une armée qui le crible de flèches; mais les flèches ne font pas sur Oreille-d'Ours plus d'effet que des puces. Oreille-d'Ours, se voyant ainsi attaqué, déchire en quatre une jument que le roi lui avait donnée à garder; il lance le premier quartier, et, du coup, il étend mille hommes par terre; il recommence jusqu'à ce qu'il ait anéanti l'armée du roi.

Dans le conte kariaine, les gens deviennent envieux de Ta-ywa et de sa force, et ils cherchent à le faire périr. Ils font rouler sur lui une grosse pierre sous prétexte de la lui donner pour bâtir une maison à sa mère, puis un gros arbre qu'ils disent être pour lui faire du feu; enfin ils l'envoient chercher un tigre dont il devra faire une offrande pieuse pour guérir sa mère de la fièvre. Peine inutile. Ta-ywa se tire de tout sain et sauf. Un jour il apprend la méchanceté des gens. « S'il en est ainsi, » dit-il, « si on ne m'aime pas, je m'en vais. »

XLVII

LA CHÈVRE

Il était une fois un homme et une femme et leurs sept enfants.
Ils avaient une chèvre qui comprenait tout ce qu'on disait et qui
savait parler. Un jour, le père dit à l'aîné des enfants d'aller à
l'herbe avec la chèvre et de lui donner bien à manger : si, en
revenant, la chèvre n'était pas contente, il le tuerait.

Le petit garçon conduisit la chèvre derrière une haie ; il se mit
vite, vite, à couper de l'herbe pour elle, et lui en donna tant
qu'elle en voulut. Avant de la ramener au logis, il lui dit : « Eh
bien ! ma petite biquette, as-tu assez mangé ? — Ah ! » dit la
chèvre,

> « Je suis soûle et moule,
> J'ai assez de lait dans ma toule [1]. »

Quand l'enfant fut de retour avec la chèvre, le père dit à celle-
ci : « Eh bien ! ma petite biquette, as-tu assez mangé ? — Ah ! »
dit la chèvre,

> « Je ne suis ni soûle ni moule,
> Je n'ai point de lait dans ma toule. »

En entendant ces mots, l'homme prit sa hache et coupa la tête
à l'enfant, malgré les pleurs de la mère. Le lendemain, il envoya
le second de ses fils mener la chèvre au pâturage. Le petit garçon
donna à la chèvre autant d'herbe qu'il en put couper, et lui dit

---

1. Nous ne nous chargeons pas de donner l'origine philologique des mots
moule et *toule*, qui nous ont l'air d'avoir été forgés pour rimer avec le mot *soûle*.
Au moins ne s'en sert-on jamais dans l'usage ordinaire du patois.

avant de se remettre en chemin : « Eh bien ! ma petite biquette, as-tu assez mangé ? — Ah ! » dit la chèvre,

> « Je suis soûle et moule,
> J'ai assez de lait dans ma toule. »

L'enfant la ramena donc au logis. « Eh bien ! » dit l'homme, « ma petite biquette, as-tu assez mangé ? — Ah ! » dit la chèvre,

> « Je ne suis ni soûle ni moule,
> Je n'ai point de lait dans ma toule. »

Le père prit sa hache et tua le petit garçon. Même aventure arriva aux autres enfants, et le père les tua tous, l'un après l'autre, et la mère après les enfants [1].

Il fallut bien alors que l'homme conduisît lui-même sa chèvre aux champs. Quant il la crut rassasiée, il lui dit : « Eh bien ! ma petite biquette, as-tu assez mangé ? — Ah ! » dit la chèvre,

> « Je suis soûle et moule,
> J'ai assez de lait dans ma toule. »

Rentré à la maison, il lui demanda encore si elle avait bien mangé. « Ah! » dit la chèvre,

> « Je ne suis ni soûle ni moule,
> Je n'ai point de lait dans ma toule. »

Et, en disant ces mots, elle sauta sur l'homme et le tua. Elle devint ainsi la maîtresse du logis.

REMARQUES

Dans un conte tchèque de Bohême, analysé par M. Th. Benfey (*Pantscha-tantra*, t. II, p. 550), un paysan a une chèvre qui est très gourmande. Un jour, sa femme la mène au pâturage ; à son retour, le paysan demande à la chèvre si elle a bien mangé. « Oui, joliment ! » répond la chèvre : « on ne m'a rien donné du tout. » Le lendemain, elle en dit autant quand la fille de la maison la ramène. Le troisième jour, le paysan conduit lui-même la chèvre aux champs, et, comme à son retour elle recommence à se plaindre, il lui écorche la moitié du corps et la chasse. La chèvre se réfugie dans le trou d'un renard, et, quand le renard revient et veut la faire partir, elle réussit à lui faire peur ; mais

---

[1]. Dans la forme originale de ce conte, le même récit revient huit fois de suite. Nous faisons grâce au lecteur de cette plaisanterie par trop prolongée.

un perce-oreille, venant au secours du renard, s'introduit dans l'oreille de la chèvre et la fait déloger.

Il est à remarquer que cette dernière partie se retrouve, avec de légères variantes (ainsi, abeille, fourmi ou hérisson à la place du perce-oreille), dans tous les contes dont il nous reste à parler, à l'exception de deux.

Un conte allemand du sud de la Bohême (Vernaleken, n° 22) a un trait qui le rapproche encore plus du conte lorrain que le conte tchèque. Les mensonges de la chèvre sont cause que le paysan *coupe la tête* à ses deux fils, à sa fille et à sa femme. Suivent les aventures de la chèvre écorchée.

Dans un conte hongrois (Gaal-Stier, n° 19), le père tue deux de ses fils; mais, comme il a épié la chèvre pendant que son troisième fils la gardait, il voit qu'il a été trompé, et, avec l'aide de son fils, il écorche toute vive la méchante chèvre, etc.

Citons encore un conte serbe (Jagitch, n° 28; Krauss, I, n° 24). Là, le bouc, qui remplace la chèvre, se plaint à son maître de ce que les deux belles-filles, les deux fils et la femme de celui-ci lui auraient mis une muselière pour l'empêcher de manger. Même fin ou à peu près que dans les contes précédents.

Dans un conte italien de Livourne, publié par M. Stan. Prato dans la revue *Preludio* (Ancône, n° du 16 avril 1881, p. 80 seq.), le père tue successivement ses trois filles, sur les plaintes de la chèvre. Voyant ensuite, après l'avoir conduite au pâturage, que la chèvre lui dit à lui-même qu'elle a mal bu et mal mangé, il la bâtonne et lui écorche la moitié du corps. La chèvre se réfugie dans une cave et fait peur aux gens. Enfin un petit bout d'homme, qu'on surnomme *Compère Topolino* (*topo* signifie « rat »), lui fait peur à son tour, et elle déguerpit. (Ce petit homme doit être une altération du perce-oreille ou de l'abeille des contes précédents.)

Dans un conte toscan (Pitrè, *Novelle popolari toscane*, n° 49), la dernière partie se reconnaît à peine, changée qu'elle est de place et défigurée.

Dans le conte hessois n° 36 de la collection Grimm, le tailleur ne tue pas ses trois fils; il les met à la porte de sa maison. Quand il voit que la chèvre l'a trompé, il lui rase la tête et la chasse à coups de fouet. La chèvre se réfugie dans le trou d'un renard, etc.

Enfin, un troisième conte italien (Gubernatis, *Zoological Mythology*, t. I, p. 425) présente quelques traits particuliers : Une sorcière envoie un petit garçon conduire sa chèvre au pâturage, et elle ordonne à l'enfant de veiller à ce qu'elle mange bien, mais à ce qu'elle ne touche pas au grain. A son retour, la sorcière demande à la chèvre si elle est bien rassasiée; elle répond qu'elle a jeûné toute la journée. Sur quoi, la sorcière tue le petit garçon. Même sort arrive à onze autres petits garçons. Mais le treizième, plus avisé, caresse la chèvre et lui donne le grain à manger, et la chèvre répond à la question de la sorcière : « *Son ben satolla e governata, — Tutto il giorno m'ha pastorata* » (Je suis bien rassasiée et j'ai été bien gardée; il m'a fait paître toute la journée), de sorte que le petit garçon est, en récompense, bien traité par la sorcière.

XLVIII

LA SALADE BLANCHE & LA SALADE NOIRE

Il était une fois une femme qui avait deux enfants, un petit garçon et une petite fille. Un jour qu'elle venait de cuire, elle leur donna à chacun de la michotte[1] et dit à la petite fille d'aller dans les champs cueillir de la salade. L'enfant mit sa michotte dans son panier et partit.

Chemin faisant, elle rencontra la Sainte-Vierge, qui lui dit : « Où allez-vous, ma chère enfant ? — Je vais chercher de la salade, madame. — Qu'avez-vous dans votre panier ? — De la michotte, madame. En voulez-vous ? — Non, mon enfant, » dit la Sainte-Vierge, « gardez-la pour vous. Tenez, voici une boîte ; vous ne l'ouvrirez pas avant d'être rentrée à la maison. Allez cueillir votre salade, mais passez par la porte blanche et non par la porte noire. »

La petite fille passa par la porte blanche : c'était la porte du ciel. Elle trouva de belle salade blanche qu'elle cueillit. De retour à la maison, elle fut grondée par sa mère, qui lui demanda pourquoi elle était restée si longtemps dehors. Au premier mot que répondit la petite, il lui sortit de la bouche des perles, des diamants, des émeraudes. La boîte que lui avait donnée la Sainte-Vierge en était également remplie.

La mère, tout émerveillée, dit alors au petit garçon d'aller à son tour cueillir de la salade, dans l'espoir qu'il aurait la même chance. Elle lui mit aussi de la michotte dans son panier, et le petit garçon partit. Il ne tarda pas à rencontrer la Sainte-Vierge, qui lui dit : « Où vas-tu, mon ami ? — Cela ne te regarde pas. — Que portes-tu dans ton panier ? — De la michotte, mais ce

1. Sorte de galette.

n'est pas pour toi. — Tiens, » dit la Sainte-Vierge, « voici une boîte ; tu ne l'ouvriras pas avant d'être rentré à la maison. Va maintenant cueillir ta salade et passe par la porte noire. »

Le petit garçon passa par la porte noire, qui était celle de l'enfer : il trouva de vilaine salade noire, qu'il cueillit et rapporta à la maison. Quand il rentra, sa mère, voyant la salade noire, lui demanda où il l'avait été chercher. « Je n'en sais rien, » dit le petit garçon ; « je suis passé par une porte noire. »

Pendant qu'il parlait, il lui sortait des vipères de la bouche ; la boîte aussi en était pleine. La mère, au désespoir, fit des reproches à la petite fille, qu'elle croyait cause de l'aventure arrivée à son frère.

Une nuit, on entendit les deux enfants chanter. La petite fille disait :

« Fleurs et roses ! »

Et le petit garçon répondait :

« Couleuvres et serpents !
— Fleurs et roses !
— Couleuvres et serpents ! »

En disant ces mots, ils moururent tous les deux.

REMARQUES

Ce conte présente la même idée que le conte de Perrault *les Fées*, et qu'un conte recueilli, au XVII⁰ siècle également, par le Napolitain Basile (*Pentamerone*, n⁰ 37). Comparer la première partie du conte hessois n⁰ 13 de la collection Grimm, un autre conte allemand (Prœhle, II, n⁰ 5), un conte lithuanien (Chodzko, p. 315), un conte portugais (Coelho, n⁰ 36). — Mais il existe des variantes de ce même thème qui se rapprochent davantage de notre conte sur certains points.

Ainsi, dans un conte tyrolien (Zingerle, I, n⁰ 1), une petite fille est allée cueillir des fraises avec son frère. Elle répond poliment aux questions d'une belle dame, qui est la Sainte-Vierge, tandis que le petit garçon répond malhonnêtement. La Sainte-Vierge donne à la petite fille une boîte d'or, au petit garçon une boîte noire. Quand ce dernier ouvre sa boîte, il en sort deux serpents qui l'emportent. De la boîte de la petite fille sortent deux anges, qui emmènent l'enfant au ciel. — Comparer un conte allemand de la collection Kuhn et Schwartz (p. 335). Là le petit garçon refuse de donner de son déjeuner à un nain, et le diable sort de la boîte pour lui tordre le cou.

Dans un conte souabe (Meier, n⁰ 77), une petite fille s'en va aux fraises. Elle rencontre un ange, à qui elle donne d'abord tout son déjeuner, puis plus tard une partie des fraises qu'elle a cueillies. L'ange lui dit qu'auprès de la porte de la ville elle trouvera une boîte : elle devra prendre cette boîte, mais ne l'ouvrir qu'une fois rentrée au logis. Or, la boîte est remplie de pierres précieuses et de pièces d'or. Une autre petite fille, ayant appris la chose, s'en va à son tour au bois ; mais elle répond grossièrement à l'ange et refuse de lui rien donner. Aussi, dans la boîte qu'elle a rapportée de la forêt, il ne se trouve que « des diablotins tout noirs ». — Ajoutons encore, à cause d'un détail particulier, un conte flamand (Wolf, *Deutsche Mærchen und Sagen*, n° 38), où nous retrouvons un petit frère et une petite sœur. Ici, c'est le petit frère qui se montre bon envers la Sainte-Vierge et Jésus, qui ont pris la forme de vieilles gens. Jésus donne au petit garçon une boule blanche, à la petite fille une boule noire, et les boules, en roulant, conduisent les enfants à deux portes : le petit garçon à une *porte blanche*, d'où sortent des anges qui l'emmènent au ciel ; la petite fille à une *porte noire*, d'où sortent des diables qui l'emportent en enfer.

Dans un conte écossais traduit par M. Loys Brueyre (p. 55), une princesse, qui a quitté la maison paternelle où sa marâtre la rendait trop malheureuse, partage avec un vieillard ses provisions de route. Sur le conseil du vieillard, elle va s'asseoir sur le bord d'un certain puits, d'où il sort successivement trois têtes d'or qui demandent à la princesse de les laver et de les peigner. La jeune fille leur rend gracieusement ce service, et, de ce moment, entre autres dons que lui ont faits les trois têtes, il tombe de ses lèvres, toutes les fois qu'elle parle, un diamant, un rubis, une perle. La fille de la marâtre veut aussi tenter l'aventure. Elle se montre brutale à l'égard du vieillard et des trois têtes, et, au lieu de pierres précieuses, c'est un crapaud et une grenouille qui s'échappent de sa bouche à chaque parole qu'elle prononce.

Le service rendu aux « têtes d'or » se retrouve sous une forme moins adoucie dans d'autres contes. Dans un conte tyrolien (Zingerle, II, p. 39), qui offre beaucoup de ressemblance avec le conte du même pays analysé plus haut, ce qu'un vieux nain demande à un petit frère et une petite sœur, c'est de lui chercher ses poux. Il en est à peu près de même dans deux contes serbes : dans le premier (Vouk, n° 35), une jeune fille reçoit deux dons d'une femme envers laquelle elle a été complaisante : quand elle pleure, ses larmes sont des perles ; chaque fois qu'elle rit, une rose d'or tombe de ses lèvres. Dans le second (n° 36), c'est à l'égard d'un dragon que la jeune fille ne manifeste point de dégoût ; comme, de plus, elle a fait pendant plusieurs jours le ménage du dragon, celui-ci lui dit, quand elle s'en va, de choisir entre plusieurs coffres. Elle prend modestement le plus léger, et, revenue chez sa marâtre, elle le trouve plein de ducats. La marâtre s'empresse d'envoyer chez le dragon sa fille à elle, qui fait tout le contraire de sa belle-sœur. Elle rapporte à la maison le coffre le plus lourd ; mais, quand elle l'ouvre, il en sort deux serpents qui lui arrachent les yeux, ainsi qu'à sa mère.

*
* *

Le thème que nous examinons se rattache à un autre thème bien connu, celui du n° 24 de la collection Grimm (*Frau Holle*). Dans une forme irlandaise de ce dernier thème (Kennedy, II, p. 33), que nous donnerons comme spécimen, une jeune fille est jetée dans un puits par sa marâtre. Quand elle reprend connaissance, elle se trouve dans une belle prairie. Elle se montre charitable et obligeante à l'égard de divers êtres qu'elle rencontre sur son chemin, et arrive enfin à une maison isolée où demeure une sorcière qui lui offre d'entrer à son service : comme salaire, elle aura, quand elle partira, le choix entre trois coffrets, dont l'un contient plus de trésors que n'en possède un roi. Grâce à ses obligés, la jeune fille peut exécuter plusieurs tâches qui lui sont imposées par la sorcière et savoir quel coffret choisir (des trois coffrets, d'or, d'argent et de plomb, il faut prendre le dernier). Avec leur secours également, elle échappe, quand elle s'en retourne, à la poursuite de la sorcière. Elle revient à la maison paternelle, où sa marâtre est bien surprise de voir les trésors qui sortent du coffret. La marâtre dit à sa fille à elle de se jeter dans le puits, comme sa belle-sœur, espérant qu'elle aura le même bonheur. Mais la méchante fille est hautaine et désagréable avec tout le monde, et il lui arrive les plus fâcheuses aventures. De retour chez elle, plus morte que vive, avec le coffret d'or, elle l'ouvre, et il en sort des crapauds et des serpents qui remplissent toute la maison.

Chez une peuplade qui habite entre la mer Caspienne et la mer Noire, on a recueilli un conte de ce genre (*Mémoires de l'Académie de Saint-Pétersbourg*, 7e série, t. 17, 1872, no 8, p. 59). Il s'agit de deux jeunes filles, l'une laborieuse, l'autre fainéante. Un jour, pendant que la première tire de l'eau d'un puits, la corde casse, et le seau tombe au fond du puits. De peur d'être grondée, la jeune fille descend dans le puits pour reprendre le seau. Elle arrive chez Ivan Moroz (Jean la Gelée), qui la prend à son service. Comme récompense, elle reçoit de lui une bague ornée de brillants et plein son seau de pièces de cinq kopeks. La paresseuse veut avoir, elle aussi, un beau cadeau. Elle descend dans le puits ; mais elle ne rapporte de chez Ivan Moroz que des glaçons dans son seau. Ainsi que dans le conte de la collection Grimm, le coq de la maison salue le retour de chacune des jeunes filles : « Kikeriki ! dans le seau de la travailleuse, il y a des pièces de cinq kopeks ! — Kikeriki ! dans le seau de la paresseuse, il y a des morceaux de glace ! »

Il faut encore citer un conte de l'extrême Orient, assez altéré, qui a été recueilli chez les Kariaines de la Birmanie. En voici l'analyse, telle qu'elle a été donnée par M. F. Mason dans le *Journal of the Asiatic Society of Bengal*, t. 34 (1865), 2e partie, p. 228 : Un jour, une petite fille s'en était allée au ruisseau pour puiser de l'eau. Elle laissa échapper son seau, qui fut emporté par le courant. Elle se mit à courir sur la rive pour le rattraper, et arriva près d'un barrage qui appartenait à un géant. Peu après, le géant vint pour pêcher et il allait la manger ; mais l'enfant lui raconta naïvement son histoire, et le géant l'épargna et l'emmena chez lui. La géante aurait bien aimé de se régaler d'un aussi friand morceau, mais le géant protégea l'enfant, qui devint leur fille adoptive. — Un jour les géants, étant allés chercher des provisions, laissèrent la petite fille à la maison en lui recommandant de ne point regarder dans deux paniers qui étaient dans un coin de la chambre. A peine se vit-elle seule, qu'elle jeta un coup d'œil dans les paniers : l'un était plein d'or et d'argent ; l'autre, de crânes humains. Après avoir fait cette découverte, elle ne cessa d'importuner les géants pour qu'ils lui permissent de retourner chez elle, et finalement ils y consentirent ; mais la vieille géante demanda à la petite fille, avant que celle-ci se mît en route, de lui chercher ses poux. En lui examinant la tête, la petite fille fut bien étonnée de la voir remplie de serpents verts et de mille-pieds. Elle demanda une hache et se mit à frapper et à tailler dans la tête de la géante, jusqu'à ce que celle-ci ne pût plus y tenir, et alors la permission de partir lui fut donnée. (Comparer la forme bien conservée dans les contes serbes cités plus haut.) Avant son départ, les géants lui dirent qu'elle pouvait emporter un des deux paniers, celui qu'elle voudrait. La jeune fille leur dit : « Comme vous commencez à devenir âgés et que vous ne pourrez plus facilement tresser des paniers, je prendrai le vieux. » Elle savait que le vieux panier contenait l'or et l'argent. Voilà donc la jeune fille partie ; mais auparavant la géante lui avait donné un conseil : « Quand tu arriveras auprès d'une eau noire, peigne tes cheveux et nettoie tes dents. Quand tu arriveras auprès d'une eau rouge, essuie tes lèvres ; enfin, quand tu arriveras auprès d'une eau blanche, baigne-toi dedans. » La jeune fille se conforma à ces instructions, et elle parvint saine et sauve à la maison, où bientôt le bruit de ses richesses amena auprès d'elle tous ses parents et ses amis : elle donna à chacun d'eux une tasse pleine d'or et d'argent. — Parmi ceux à qui elle avait fait ce présent, il y avait un jeune homme qui ne se trouva point satisfait. Il résolut de tenter la fortune et de chercher à obtenir des géants un plein panier d'or et d'argent. Il réussit à se faire adopter comme fils par les géants ; ceux-ci, dans la suite, lui permirent de s'en retourner et lui dirent d'emporter un panier. Le jeune homme n'avait pas regardé dans les paniers ; il choisit le vieux, comme avait fait la petite fille. Mêmes avis lui furent donnés, au sujet des rivières qu'il avait à traverser ; mais il n'y prêta aucune attention et fit diligence pour arriver chez lui le plus tôt possible. Rentré au logis, il ouvrit le panier : à sa grande horreur et à son grand désappointement, il le trouva rempli de crânes humains. Mais il n'eut pas beaucoup de temps pour songer à sa déconvenue, car le géant, qui était à ses trousses, tomba sur lui et le mangea sur l'heure.

Au Japon, les petits livres à l'usage des enfants, dont nous avons déjà parlé (II, p. 105), contiennent un conte qui se rattache encore au même type. Dans ce conte, traduit par M. A.-B. Mitford (*Tales of Old Japan*, p. 249), un vieux bonhomme a un moineau qu'il aime beaucoup. Un jour, en rentrant chez lui, il ne le retrouve plus, et il apprend de sa femme que celle-ci a coupé la langue à l'oiseau, parce qu'il lui avait mangé son empois, et qu'elle l'a chassé de la maison. Très désolé, le bonhomme s'en va à la recherche de son moineau, qu'il finit par retrouver, et le moineau l'introduit dans sa famille, où il est fort bien régalé. Quand le bonhomme est sur le point de s'en retourner, le moineau lui dit d'emporter comme souvenir celui de deux paniers d'osier qu'il voudra. Le bonhomme, alléguant qu'il est vieux et faible, choisit le plus léger. (Comparer les deux coffres du second conte serbe.) Arrivé chez lui, il trouve le panier plein d'or, d'argent et d'objets précieux. A cette vue, la vieille femme, qui est très cupide, déclare qu'elle veut aussi aller rendre visite au moineau. Elle se fait admettre dans la maison de celui-ci, qui se donne fort peu de peine pour la bien recevoir. La vieille lui ayant demandé un souvenir de lui, le moineau lui présente, comme à son mari, deux paniers : la vieille choisit naturellement le plus lourd et l'emporte. Mais, quand elle l'ouvre, il en sort toute sorte de lutins qui se mettent à la tourmenter. (Comparer les « diablo-tins » du conte souabe.)

Enfin, dans l'Inde, il a été recueilli, au Bengale, un conte qui, malgré certaines altérations, se rapporte bien évidemment à ce même thème (Lal Behari Day, no 22) : Un homme a deux femmes, une jeune et une vieille. Cette dernière est traitée par l'autre comme une esclave. Un jour, sa rivale, en fureur contre elle, lui arrache l'unique touffe de cheveux qu'elle a sur la tête et la met à la porte. La vieille s'en va dans la forêt. Passant auprès d'un cotonnier, elle a l'idée de balayer la terre autour de l'arbre : celui-ci, très satisfait, la comble de bénédictions. Elle fait de même à l'égard d'autres arbres, bananier, *tulasi*, ainsi qu'à l'égard d'un taureau, dont elle nettoie l'abri. Tous la bénissent aussi [1]. Elle arrive ensuite auprès d'un vénérable *mouni* (sorte d'ascète), et lui expose sa misère. Le mouni lui dit d'aller se plonger une fois, mais une fois seulement, dans un certain étang. Elle obéit et sort de l'eau avec les plus beaux cheveux du monde, et toute rajeunie. Le mouni lui dit alors d'entrer dans sa hutte et d'y prendre, parmi plusieurs paniers d'osier, celui qu'elle voudra. La femme en prend un d'apparence très simple. Le mouni le lui fait ouvrir : il est plein d'or et de pierres précieuses et ne se vide jamais. En s'en retournant à la maison, elle passe devant le *tulasi*. L'arbre lui dit : « Va en paix : ton mari t'aimera à la folie. » Puis le taureau lui donne deux ornements de coquillages, qui étaient autour de ses cornes, et lui dit de se les mettre aux poignets : quand elle les secouera, elle aura tous les ornements qu'elle voudra. Le bananier lui donne une de ses larges feuilles, qui se remplira, à volonté, de mets excellents. Enfin le cotonnier lui fait présent d'une de ses branches qui lui fournira, si elle la secoue, toute sorte de beaux habits. Quand elle rentre à la maison, l'autre femme n'en peut croire ses yeux. Ayant appris les aventures de la vieille, elle s'en va aussi dans la forêt ; mais elle passe sans s'arrêter auprès des trois arbres et du taureau, et, au lieu de ne se plonger qu'une fois dans l'étang, comme le mouni le lui avait dit, elle s'y plonge deux fois, pour devenir plus belle encore. Aussi sort-elle de l'eau laide comme auparavant. Le mouni ne lui fait aucun présent, et, dédaignée désormais de son mari, elle finit sa vie comme servante de la maison.

*
* *

Dans des contes orientaux nous retrouvons encore un détail de nos contes européens. Le héros d'une histoire du *Touti-Nameh* persan (t. II, p. 72 de la traduction de G. Rosen) a ce don particulier que, toutes les fois qu'il rit, des roses tombent de ses lèvres. (Comparer un conte indien du Bengale, cité dans les remarques de notre no 21, *la Biche blanche*, I, p. 235.) Dans un conte populaire actuel de l'Inde, recueilli dans le Deccan par miss M. Frere (no 21), ce sont des perles et des pierres précieuses qui s'échappent de la bouche d'une princesse, dès qu'elle l'ouvre. — Comparer l'introduction au *Pantchatantra* de M. Th. Benfey, pp. 379-380.

---

1. Les services rendus à ces divers êtres rattachent ce conte indien, plus étroitement que les autres contes orientaux dont nous venons de donner l'analyse, au thème du conte irlandais et des autres contes européens du même type.

XLIX

BLANCPIED

Il était une fois un homme, appelé Blancpied, qui avait emprunté une certaine somme au seigneur de son village. Le seigneur, qui n'avait jamais reçu un sou de son argent, finit par lui dire qu'il était las d'attendre, et que, tel jour, il viendrait lui réclamer son paiement. En effet, au jour dit, il sortit pour l'aller trouver.

Ce jour-là, Blancpied avait mis sur le feu une marmite remplie de pommes de terre, et, tandis qu'elles achevaient de cuire, il ruminait un moyen de se tirer d'embarras. Dès qu'il aperçut de loin le seigneur, il se hâta de couvrir le feu et de mettre la marmite au milieu de la chambre.

« Eh! » dit le seigneur en entrant, « voilà une marmite singulièrement placée ! Qu'y a-t-il dedans ? — Monseigneur, » répondit Blancpied, « ce sont des pommes de terre, et je n'ai pas besoin de feu pour les faire cuire ; je n'ai qu'à souffler avec le soufflet que voici. Tenez, voyez comme elles sont bien cuites. Avec un pareil soufflet, on épargne bien du bois ! — Donne-moi ton soufflet, » dit le seigneur, « et je te tiens quitte de deux cents écus. — Je le veux bien, » répondit Blancpied.

Le seigneur prit le soufflet, et, de retour au château, il le remit à un de ses domestiques pour en faire l'essai sur sa marmite. Le domestique souffla vingt-quatre heures durant, mais la marmite ne voulut pas bouillir.

Le seigneur, très mécontent, courut chez Blancpied et lui dit : « Tu m'as vendu un soufflet qui devait faire merveille. Eh bien ! mon domestique a eu beau souffler pendant vingt-quatre heures, le pot est resté froid comme devant. — Monseigneur, » répondit Blancpied, « votre domestique est un peu vif ; il aura soufflé trop fort, et le ressort se sera brisé. »

Le seigneur s'en retourna au château et dit à son domestique : « Blancpied a dit que tu étais un peu vif ; tu auras soufflé trop fort, et le ressort se sera brisé. »

Quelque temps après, Blancpied acheta à la foire une vieille rosse de cinquante sous et lui mit un louis d'or sous la queue. Le seigneur, qui était venu reparler de sa créance, alla voir le cheval et ne fut pas médiocrement étonné en voyant un louis d'or tomber sur la litière. « Eh quoi ! Blancpied, » dit-il, « tu trouves de l'or dans le fumier de ton cheval ? Vends-moi la bête, et je te quitte encore cent écus. — Monseigneur, le cheval est à vous si vous le désirez, » dit Blancpied ; « du reste, il sera mieux chez vous qu'ici. Surtout, faites-lui donner bien régulièrement un picotin d'avoine le matin et du foin après midi. »

Le seigneur emmena le cheval et chargea un de ses domestiques d'en avoir bien soin. Au bout de trois jours, la pauvre bête mourait de vieillesse.

Le seigneur retourna chez Blancpied pour lui conter l'affaire. Quand il eut fini ses doléances, Blancpied, qui l'avait écouté fort tranquillement, lui dit : « Monseigneur, comment avez-vous nourri le cheval ? — Chaque jour, » répondit le seigneur, « je lui faisais donner un picotin d'avoine à neuf heures du matin, et à deux heures après midi une botte de foin. — Belle merveille si le cheval est mort, » dit Blancpied, « c'était à dix heures qu'il fallait lui donner l'avoine, et à une heure le foin. — Allons, » dit le seigneur, « n'en parlons plus. Mais où est ton père ? Il y a longtemps que je ne l'ai vu. — Monseigneur, il est à la chasse : tout ce qu'il tue, il le laisse, et tout ce qu'il ne tue pas, il le rapporte. — Est-ce possible ? » dit le seigneur. « Si tu m'expliques la chose, je te tiens quitte de tout ce que tu me dois encore. — Eh bien ! monseigneur, mon père est à la chasse.... de ses poux. Tout ce qu'il tue, il le laisse, et tout ce qu'il ne tue pas, il le rapporte. A présent, monseigneur, je ne vous dois plus rien. »

REMARQUES

Ce conte est une variante d'un thème qui s'est déjà présenté à nous dans nos nos 10, *René et son Seigneur*, et 20, *Richedeau*.

Un détail particulier à cette variante, c'est le moyen employé par Blancpied pour écarter les reproches du seigneur : il lui dit qu'on ne s'est pas servi comme il fallait des objets qu'il a vendus. Dans trois contes analogues, un conte normand (J. Fleury, p. 180), un conte sicilien (Pitrè, no 157) et un conte islandais (Arnason, p. 581), le héros fait de même.

*
* *

Le dénouement ordinaire des contes de ce type, — le héros dans le sac, et la ruse par laquelle il s'en tire et amène ensuite ses ennemis à se noyer, — est remplacé ici par une facétie sous forme d'énigme, que nous rencontrons dans plusieurs contes différents du nôtre, et toujours en compagnie d'autres énigmes.

Citons d'abord un conte picard (*Mélusine*, 1877, col. 279) : Un seigneur envoie son intendant chez des pauvres gens pour leur réclamer de l'argent qu'ils lui doivent. Un petit garçon, qui garde la maison, répond à toutes les questions de l'intendant d'une manière énigmatique. L'intendant rapporte cette conversation au seigneur, lequel, fort intrigué, lui ordonne d'aller trouver de nouveau l'enfant et de dire à celui-ci que ses parents seront libérés de leur dette s'il peut expliquer ses énigmes. La seconde énigme est conçue absolument dans les mêmes termes que celle de notre conte. (Comparer un autre conte picard, *Romania*, 1879, p. 253). — La remise de la dette est également le prix de l'explication d'une série d'énigmes dans un conte du Tyrol italien (Schneller, no 46).

Dans un conte de la Basse-Bretagne publié par M. Luzel (*Mélusine*, 1877, col. 465), dans un conte de la Haute-Bretagne (Sébillot, *Littérature orale*, p. 140) et dans un conte gascon (Bladé, *Contes et proverbes populaires recueillis en Armagnac*, p. 14), l'énigme de notre conte se retrouve, à peu près identiquement, ainsi que dans une devinette suisse du canton d'Argovie, citée par M. Eugène Rolland dans son petit livre *Devinettes ou énigmes populaires de la France* (Paris, 1877, pp. 41-42). — Comparer un conte italien des Abruzzes, altéré sur ce point (Finamore, II, no 109).

Nous emprunterons à la préface que M. Gaston Paris a mise à l'ouvrage de M. Rolland quelques curieux rapprochements. M. Paris trouve notre énigme au XVIe siècle, sous diverses formes latines. Au moyen âge, Pierre Grognet, dans son livre *Les mots dorez du grand et saige Cathon, en françoys et en latin*, la donne d'abord en latin :

> Ad silvam vado venatum cum cane quino :
>   Quod capio, perdo ; quod fugit, hoc habeo ;

puis en français :

> A la forest m'en voys chasser
> Avec cinq chiens à trasser ;
> Ce que je prens je perds et tiens,
> Ce qui s'enfuys ay et retiens.

« C'est, dit le bon Grognet, quand on va chasser en sa teste avec cinq doigts de la main pour prendre et tuer ces petites bestes. »

Au moyen âge encore, dans un passage de la vieille histoire latine de *Salomon et Marcolphus*, qui donne presque toute la série d'énigmes des contes picard, breton, etc., notre énigme reparaît, mais sous une forme altérée. Marcolphe répond à Salomon, qui lui demande où est son frère : « Frater meus extra domum sedens, quicquid invenit, occidit. » Même altération dans *Bertoldo*, poème italien de la fin du xvie siècle. (Voir M. R. Kœhler, *Mélusine*, 1877, col. 475, et *Jahrbuch für romanische und englische Literatur*, 1863, p. 8.)

Comparer encore, dans le recueil d'énigmes versifiées par Symposius, qui vivait à la fin du ive siècle de notre ère, l'énigme no XXX :

> Est nova notarum cunctis captura ferarum,
> Ut, si quid capias, id tecum ferre recuses,
> At, si nil capias, id tu tamen ipse reportes.

Enfin, il faut rappeler l'énigme posée à Homère, d'après la légende, par des enfants, des petits pêcheurs, et que ni Homère, ni ses compagnons ne purent deviner : « Tout ce que nous avons pris, nous le laissons; ce que nous n'avons pas pris, nous l'emportons. » Ὅσσ' ἕλομεν, λιπόμεσθα· ἃ δ' οὐχ ἕλομεν, φερόμεσθα. (Suidas, *verbo* Ὅμηρος.)

L

FORTUNÉ

Il était une fois une princesse qui était gardée dans un souterrain par un léopard. Un jour qu'elle était allée se promener avec lui au bois, elle disait : « Ah ! ma grosse bête ! qu'il fait bon aujourd'hui ! le beau soleil ! comme les oiseaux chantent bien ! — Oui, ma princesse, » dit le léopard; « mais vous ne savez pas ce qui est encore plus beau : demain votre sœur aînée se marie. — Oh ! ma grosse bête, je voudrais bien aller à la noce. — Non, vous n'irez pas : je ne vous laisserai point partir. — Oh ! ma grosse bête, je serais si contente ! — Eh bien ! vous irez, mais à une condition : le premier morceau qu'on vous servira, vous me le jetterez sous la table ; sinon, je vous emporte sur le champ. »

Quand on revit la princesse, tout le monde fut dans une grande joie ; on la croyait revenue pour toujours. Mais, au festin, elle ne pensa plus à ce que le léopard lui avait dit : elle mangea le premier morceau qu'on lui servit, et, au même instant, le léopard l'emporta. On la chercha partout, mais on ne put la retrouver.

Un autre jour, la princesse était encore au bois avec le léopard. « Ah ! ma grosse bête, » disait-elle, « qu'il fait bon ! Je serais bien contente si vous me conduisiez ici tous les jours ; le soleil est si beau ! les oiseaux chantent si bien ! — Vous ne savez pas ce qui est encore plus beau, ma princesse : votre sœur cadette se marie demain. — Oh ! ma grosse bête, je voudrais bien aller à la noce. — Non, je ne vous y laisserai pas aller : vous m'avez oublié l'autre jour. — Cette fois je penserai à vous. — Eh bien !

le premier morceau qu'on vous servira, vous me le jetterez sous la table · sinon, je vous emporte sur le champ. »

Tout le monde fut bien joyeux de revoir la princesse ; on la croyait revenue pour toujours. Cette fois, elle jeta sous la table le premier morceau qu'on lui servit, et le léopard la laissa se divertir à la noce tant qu'elle voulut ; mais, quand tout fut fini, ses parents furent obligés de la ramener au souterrain.

Or, il y avait un jeune homme, appelé Fortuné, qui s'en allait chercher fortune. Un jour, sur son chemin, il rencontra un loup, un aigle et une fourmi qui se disputaient auprès d'une brebis égorgée et qui ne pouvaient s'accorder sur le partage. Fortuné partagea entre eux la brebis : à l'aigle il donna la viande, au loup les os, et à la fourmi la tête pour se loger dedans. Chacun des animaux fut content de son lot, et le loup dit à Fortuné : « Quand tu voudras te changer en loup, tu te changeras en loup. » L'aigle lui dit : « Quand tu voudras te changer en aigle, tu te changeras en aigle. » La fourmi lui dit : « Quand tu voudras te changer en fourmi, tu te changeras en fourmi. »

Le jeune homme continua sa route et arriva dans un village. Il trouva tout le monde triste et vêtu de noir, car c'était ce jour-là même qu'on ramenait la princesse au souterrain. « Voyons, » se dit Fortuné, « si les trois animaux ont dit vrai. Je voudrais être changé en aigle. » Il se changea en aigle. « Je voudrais redevenir homme. » Il redevint homme. « Je voudrais être changé en loup. » Il se changea en loup. « Je voudrais redevenir homme. » Il redevint homme. « Je voudrais être changé en fourmi. » Il se changea en fourmi. « Je voudrais redevenir homme. » Il redevint homme.

Arrivé auprès du souterrain, il se changea en fourmi et entra par le trou de la serrure ; quand il fut dans la chambre, il reprit sa première forme. En le voyant, la princesse poussa un grand cri. « Ah ! mon ami, comment êtes-vous entré ici ? Jamais homme vivant n'a pu y pénétrer. » Fortuné lui raconta comment il s'y était pris. Au même instant, le léopard, qui avait entendu le cri de la princesse, accourut dans la chambre. Fortuné n'eut que le temps de se changer en fourmi et de se cacher sous la robe de la princesse. « Qu'avez-vous donc, ma princesse ? » demanda le léopard. — « Ah ! ma grosse bête, j'ai rêvé qu'on vous tuait, et j'en étais tout affligée. — Rassurez-vous, ma princesse : ni poignards, ni épées, ni sabres, ni fusils ne peuvent rien sur moi. Pour me tuer, il faudrait des œufs de perdrix : si l'on m'en cassait un sur la tête, je tomberais roide mort. »

Fortuné, qui était sous la robe de la princesse, entendait tout ce que disait le léopard. Celui-ci parti, il alla chercher des œufs de perdrix et les apporta à la princesse. Quand le léopard revint, elle lui dit : « Venez donc auprès de moi, ma grosse bête, que je vous cherche vos poux. » Le léopard s'approcha ; aussitôt elle lui cassa les œufs sur la tête, et il tomba roide mort. Puis la princesse et Fortuné forcèrent les portes du souterrain et se rendirent ensemble au palais du roi, auquel ils racontèrent tout ce qui s'était passé. Peu de temps après, Fortuné épousa la princesse.

REMARQUES

Ce conte se compose de deux éléments que nous n'avons jamais ailleurs vus réunis ou plutôt juxtaposés.

*
* *

La partie du récit qui précède l'entrée en scène de Fortuné, paraît se rattacher au thème de *la Belle et la Bête*. Dans certains contes de ce dernier type, le monstre permet, en lui imposant certaines conditions, à la jeune fille qu'il retient chez lui, de rendre visite à sa famille, parfois même (conte islandais de la collection Arnason, p. 278 ; conte lithuanien n° 23 de la collection Leskien, etc.) d'aller successivement à la noce de ses trois sœurs. Seulement, dans ce thème, le monstre est un prince enchanté qui finit par être délivré et par épouser la jeune fille. Ainsi, dans un conte allemand (Müllenhoff, p. 384), l'ours, à qui un roi a été forcé de donner sa plus jeune fille, ramène un jour celle-ci chez ses parents. Il recommande à la princesse, quand elle sera au festin, de lui présenter son assiette sous la table, puis de danser avec lui et de lui marcher fortement sur la patte. La princesse obéit, et l'ours se change en un beau prince.

*
* *

Quant à la seconde partie de notre conte, nous avons déjà étudié, dans les remarques de notre n° 15, *les Dons des trois Animaux*, le thème auquel elle appartient.

Dans les remarques de ce n° 15 (I, pp. 172-173), nous avons résumé un conte italien, recueilli au XVIe siècle par Straparola. Il est assez curieux de faire remarquer que le héros de ce vieux conte porte le même nom que celui du conte lorrain : il s'appelle *Fortunio*. Les trois animaux entre lesquels il partage un cerf sont, comme dans notre conte, un loup, un aigle et une fourmi. Fortunio attribue au loup les os et ce qu'il y a de dur dans la chair ; à l'aigle, les entrailles et la graisse ; à la fourmi, la cervelle. Suivent les dons faits à Fortunio par les trois animaux. C'est là, d'ailleurs, tout ce que ce conte a de commun avec notre *Fortuné*. Le reste peut être rapproché en partie, — pour l'épisode de la sirène qui retient Fortunio captif au fond de la mer, — de notre n⁰ 15, *les Dons des trois Animaux*.

Au sujet du partage de la proie, on peut, parmi les contes indiqués dans les remarques de notre n⁰ 15, citer particulièrement le conte basque (Webster, p. 80). Là, les animaux sont un loup, un chien, un faucon et une fourmi. Le héros donne à la fourmi, comme dans *Fortuné*, la tête de la brebis, les entrailles au faucon, et il coupe en deux le reste pour le loup et le chien. — Même partage à peu près dans le conte danois (Grundtvig, II, p. 194) : la tête à la fourmi, « parce qu'il y a dedans tant de petits trous et de petites chambres où elle peut se fourrer, » les entrailles au faucon, les os au chien, le reste à l'ours.

Notre conte est écourté, les dons faits à Fortuné par le loup et par l'aigle ne lui servant à rien dans le cours de ses aventures.

*
* *

Le passage relatif aux « œufs de perdrix », qu'il faut casser sur la tête du léopard pour le faire mourir, est tout à fait altéré, plus encore que le passage correspondant de notre n⁰ 15, où l'idée première est pourtant bien obscurcie. Nous avons montré, dans les remarques de ce dernier conte, quelle est la véritable forme de ce thème. Les « œufs de perdrix » sont un souvenir confus de l'œuf dans lequel le monstre a caché son âme, sa vie. C'est ce que montre, mieux que tout autre rapprochement, le passage suivant d'un conte de la Haute-Bretagne (Sébillot, II, p. 128) : Le Corps sans âme, terrible géant, a un lion ; dans ce lion est un loup, dans le loup un lièvre, dans le lièvre une *perdrix*, dans la perdrix treize œufs, et c'est dans le treizième que se trouve l'âme du géant.

Sur un point, l'épisode en question est mieux conservé dans *Fortuné* que dans notre n⁰ 15 : dans *Fortuné*, en effet, comme dans la plupart des contes de ce type, la jeune fille retenue prisonnière par le monstre apprend de lui-même le moyen de le tuer. (Comparer, par exemple, les contes orientaux cités dans les remarques de notre n⁰ 15, I, pp. 173-177.)

LI

LA PRINCESSE & LES TROIS FRÈRES

Il était une fois trois frères ; le plus jeune était un peu bête, comme moi. Or, il y avait en ce temps-là une princesse qui était à marier, mais dont la main n'était pas facile à gagner. Les deux aînés, se flattant de réussir, voulurent tenter l'aventure ; ils partirent en disant au plus jeune de garder la maison, et comme celui-ci s'obstinait à vouloir aller avec eux, ils le chassèrent. Mais le jeune garçon les suivit à distance.

Après avoir fait un bout de chemin, il vit par terre un cul de bouteille. Il le ramassa en criant à ses frères : « Hé ! vous autres ! retournez donc ; j'ai trouvé quelque chose. » Ses frères accoururent et lui demandèrent ce qu'il avait trouvé. « J'ai trouvé ce cul de bouteille. — Voilà tout ! » dirent ses frères. « Ne t'avise plus de nous faire retourner pour rien, ou tu auras des coups. »

Un peu plus loin, le sot ramassa un oiseau mort qu'il vit par terre. « Hé ! vous autres ! » cria-t-il, « retournez donc ; j'ai encore trouvé quelque chose. » Ses frères rebroussèrent chemin. « Quoi ! » dirent-ils ; « tu nous fais retourner pour un méchant oiseau ! » Ils le battirent et se remirent en route.

Cependant le sot les suivait toujours. Ayant trouvé une corne de bœuf, il la ramassa et se mit à souffler dedans. Il fit encore retourner ses frères ; ceux-ci le rouèrent de coups et le laissèrent à demi mort.

Ils arrivèrent bientôt au château de la princesse. L'aîné se présenta le premier devant elle. « Bonjour, ma princesse. — Bonjour, monsieur. — Qu'il fait chaud aujourd'hui, ma princesse ! — Oh ! pas encore si chaud qu'en haut de mon château. » Le jeune homme ne comprit pas ce que la princesse voulait dire, et, ne sachant que répondre, il s'en alla.

Le second frère entra ensuite. « Bonjour, ma princesse. — Bonjour, monsieur. — Il fait bien chaud aujourd'hui, ma princesse! — Oh! pas encore si chaud qu'en haut de mon château. » Le jeune homme ne comprit pas mieux que son frère et se retira.

Le sot se présenta à son tour. « Bonjour, ma princesse. — Bonjour, monsieur. — Il fait bien chaud aujourd'hui, ma princesse! — Oh! pas encore si chaud qu'en haut de mon château. — Bon! » dit le sot, « j'y ferai donc cuire mon oiseau. — Et dans quoi le mettras-tu? — Je le mettrai dans ce cul de bouteille. — Mais dans quoi mettras-tu la sauce? — Je la mettrai dans cette corne. — Bien répondu, » dit la princesse. « C'est toi qui auras ma main. »

On prépara un grand festin, et le jeune homme épousa la princesse.

REMARQUES

Des contes analogues ont été recueillis en Allemagne : dans le Harz (Ey, pp. 50-52) et dans le Mecklembourg-Strélitz (revue *Germania*, année 1869); dans la Basse-Autriche (Vernaleken, nº 55), en Norwège (Asbjœrnsen, I, p. 27), chez les Lithuaniens (Leskien, nº 33), en Angleterre (Halliwell, p. 32). Dans la *Zeitschrift für romanische Philologie* (III, p. 617), M. Kœhler indique encore un conte hongrois qui, paraît-il, est presque identique au conte autrichien, et un conte suédois, qui s'écarte peu du conte norwégien.

Dans le conte de la Basse-Autriche, une princesse ne veut épouser que celui qui saura répondre aux questions posées par elle. Les deux fils aînés d'un paysan tentent l'aventure, et ils échouent. Le troisième, pauvre niais, veut essayer à son tour. Il ramasse sur son chemin un clou, puis un œuf; il met aussi une ordure dans sa poche. Quand il est arrivé auprès de la princesse, celle-ci lui dit : « J'ai du feu dans le corps. — Et moi, » dit le garçon, « j'ai un œuf dans mon sac; nous pourrons le faire cuire. — Notre poêle a un trou. — Et moi, j'ai un clou; nous pourrons avec cela boucher le trou, » etc. Le garçon a réponse à tout et il épouse la princesse.

Dans le conte anglais, Jack le sot se présente devant la princesse avec un œuf, une branche crochue de noisetier et une noisette, tous objets qu'il a ramassés sur la route. En entrant dans la chambre, il s'écrie : « Que de belles dames ici! — Oui, » dit la princesse, « nous sommes de belles dames, car nous avons du feu dans la poitrine. — Eh bien, faites-moi cuire mon œuf. —

Et comment le retirerez-vous ? — Avec ce bâton crochu. — D'où vient-il, ce bâton ? — D'une noisette comme celle-ci. »

Dans le conte du Mecklembourg, Jean se rend avec ses deux frères aînés auprès de la princesse. Les objets ramassés sont un oiseau mort, le cercle d'un seau et une ordure. La conversation avec la princesse commence ainsi : « Mon (*sic*) est très chaud (*Mein ist heiss*) », dit la princesse. — « Nous y ferons cuire un oiseau. — Oui, mais la poêle éclatera. — J'y mettrai un cercle, » etc.

Les objets ramassés sont, dans le conte norwégien, un brin d'osier, un débris d'assiette, un oiseau mort, deux cornes de bouc, une vieille semelle de soulier. Voici le début du dialogue : « Ne puis-je pas faire cuire mon oiseau ? » dit le niais. — « J'ai bien peur qu'il ne crève, » répond la princesse. — « Oh ! il n'y a pas de danger : j'attacherai ce brin d'osier autour. — Mais la graisse coulera. — Je mettrai ceci dessous » (le débris d'assiette), etc.

Dans le conte lithuanien, le niais ramasse successivement le robinet, puis le cercle d'un tonneau, et enfin un marteau.

Le conte du Harz présente une combinaison de notre thème avec d'autres. Là, c'est une sorte de vieille fée qui donne au jeune homme les divers objets (gluau, oiseau, assiette) qu'il emporte en allant chez la princesse ; c'est cette même fée qui lui indique d'avance ce qu'il aura à dire.

*
* *

M. Kœhler signale un petit poème du moyen âge qui traite exactement le même sujet (von der Hagen, *Gesammtabenteuer*, nº LXIII. Stuttgard, 1850). Les trois objets avec lesquels Konni se présente devant la princesse sont un œuf, une dent de herse et une ordure. Il commence ainsi l'entretien : « O dame, comme votre bouche est rouge ! — Il y a du feu dedans, » répond la princesse. — « Eh bien ! dame, faites-y cuire mon œuf. » Le reste du dialogue est assez grossier.

LII

LA CANNE DE CINQ CENTS LIVRES

Il était une fois un petit garçon qu'on avait trouvé dans le bois et qui était bien méchant. Quand il fut grand, il entra un jour chez un forgeron et lui commanda une canne de cinq cents livres. « Tu veux dire une canne de cinq livres ? » lui dit le forgeron. « — Non, » répondit le jeune garçon, « une canne de cinq cents livres. » Et en même temps il donna un grand soufflet au forgeron. Celui-ci lui fit une canne comme il la voulait, et le jeune garçon se mit en route.

Sur son chemin, il rencontra un jeune homme qui jouait au palet avec une meule de moulin. « Camarade, » lui dit-il, « veux-tu venir avec moi ? — Je ne demande pas mieux. »

Un peu plus loin, il vit un autre jeune homme qui tordait un chêne pour s'en faire une hart. « Camarade, veux-tu venir avec moi ? — Volontiers. »

Les voilà donc en route tous les trois. Après qu'ils eurent marché quelque temps, ils arrivèrent près d'un grand trou ; le jeune garçon s'y fit descendre et y trouva une vieille femme. « Indiquez-nous, » lui dit-il, « où il y a des demoiselles à marier. — Je n'en connais pas. — Vieille sorcière, tu dois en connaître. — J'en connais bien une, mais il y a un léopard qui la garde. — Oh bien ! ce n'est toujours pas le diable, puisque le diable est là sur ton lit. »

« Léopard, léopard, ouvre-moi ta porte. — Méchant petit ver de terre, je ne ferai de toi qu'une bouchée, et encore quelle bouchée ! — N'importe, ouvre-moi toujours ta porte. »

Pendant que le jeune homme cherchait à forcer l'entrée, le léopard passa la tête par la chatière de la porte : aussitôt, le jeune homme la lui abattit d'un coup de sa canne de cinq cents livres. Puis il enfonça la porte et ne trouva rien. Arrivé à une seconde porte, il la brisa également et trouva une belle princesse qui lui dit : « Avant qu'on ne nous ait enfermées ici, mes sœurs et moi, notre père nous a donné à chacune un mouchoir de soie et une pomme d'or, pour en faire présent à celui qui nous délivrerait. » Et elle lui offrit le mouchoir et la pomme d'or.

Le jeune homme les prit, puis il fit remonter la princesse hors du trou par ses compagnons, elle et toutes ses richesses. Il voulut ensuite remonter lui-même ; mais, quand il fut presque en haut, ses compagnons le laissèrent retomber et s'emparèrent de la princesse et du trésor.

Le jeune homme alla retrouver la vieille. « Dis-moi où il y a d'autres princesses ; mes compagnons ont pris la mienne. — Je n'en connais plus. — Vieille sorcière, tu dois encore en connaître. — J'en connais bien une, mais il y a un serpent qui la garde. — Oh bien ! ce n'est toujours pas le diable, puisque le diable est là sur ton lit. »

« Serpent, serpent, ouvre-moi ta porte. — Méchant petit ver de terre, je ne ferai de toi qu'une bouchée, et encore quelle bouchée ! — N'importe, ouvre-moi toujours ta porte. »

Ils combattirent deux ou trois heures ; enfin le serpent fut tué. Le jeune homme enfonça une porte et ne trouva rien, puis une autre et encore une autre. A la quatrième, il trouva une princesse encore plus belle que la première. Elle lui dit : « Avant qu'on ne nous ait enfermées ici, mes sœurs et moi, notre père nous a donné à chacune un mouchoir de soie et une pomme d'or, pour en faire présent à celui qui nous délivrerait. » En même temps, elle lui remit le mouchoir et la pomme d'or.

Alors le jeune homme la fit remonter avec toutes ses richesses, comme il avait fait pour sa sœur ; mais, quand il voulut remonter lui-même, ses compagnons le laissèrent encore retomber et s'emparèrent de la princesse et du trésor.

Le jeune homme retourna près de la sorcière. « Dis-moi où il y a encore des princesses ; mes compagnons ont chacun la leur. — Je n'en connais plus. — Vieille sorcière, tu dois encore en connaître. — J'en connais bien une, mais il y a un serpent volant qui la garde. — Oh bien ! ce n'est toujours pas le diable, puisque le diable est là sur ton lit. »

« Serpent, serpent volant, ouvre-moi ta porte. — Méchant petit ver de terre, je ne ferai de toi qu'une bouchée, et encore quelle bouchée ! — N'importe, ouvre-moi toujours ta porte. »

Le jeune homme lui abattit d'abord une aile ; puis, comme le serpent volant combattait toujours, il lui abattit l'autre, et le combat finit. Il ouvrit une porte et ne trouva rien ; il en ouvrit une deuxième, une troisième, une quatrième, toujours rien ; enfin, à la cinquième, il trouva une belle princesse, encore plus belle que les deux premières. Elle lui dit : « Avant qu'on ne nous ait enfermées ici, mes sœurs et moi, notre père nous a donné à chacune un mouchoir de soie et une pomme d'or, pour en faire présent à celui qui nous délivrerait. »

Il prit le mouchoir et la pomme d'or et fit remonter la princesse avec ses richesses ; il voulut remonter ensuite, mais ses compagnons le laissèrent retomber et emmenèrent la princesse avec son trésor.

Le jeune homme courut retrouver la sorcière et lui dit : « Mes compagnons avaient chacun leur princesse, et voilà qu'ils ont encore pris la mienne ! — Je n'ai plus de princesse à t'indiquer, » dit la vieille ; « mais pour t'aider à sortir d'ici, voici un aigle qui t'emportera jusqu'en haut [1], et un pot de graisse. Si l'aigle vient à crier, tu te couperas le mollet et tu le lui donneras à manger ; autrement, il te jetterait en bas. Puis tu te frotteras la jambe avec la graisse, et il n'y paraîtra plus. »

Le jeune homme se laissa enlever par l'aigle. Arrivé presque en haut, l'aigle se mit à crier: le jeune homme se coupa le mollet et le lui donna ; puis il se frotta avec la graisse, et il n'y parut plus. Quand ils furent en haut, l'aigle le déposa par terre.

Après avoir marché quelque temps, le jeune homme rencontra des petites oies. Il leur demanda : « Les princesses de Pampelune sont-elles de retour ? — Adressez-vous à nos mères qui vont jusque dans la cour du roi ; elles pourront vous le dire. » Lorsque le jeune homme vit les mères oies, il leur dit : « Mères aux petites

1. Le texte littéral est : « Voici un aigle pour t'aider à monter la côte. » Plus loin il est dit encore : « Quand ils furent en haut de la côte. » Evidemment le narrateur ne se rend pas bien compte du lieu où se passe l'action, qui est le monde inférieur.

oies, les princesses de Pampelune sont-elles de retour ? — Oui, »
dirent les oies, « et elles doivent se marier demain matin à neuf
heures. — Combien y a-t-il d'ici à Pampelune ? — Il y a trente
lieues. »

Le jeune homme fit grande diligence, arriva à Pampelune
et entra dans le jardin du roi. Tout en se promenant, il tira de
sa poche un de ses mouchoirs de soie et laissa tomber une pomme
d'or comme par mégarde. Justement les princesses regardaient par
la fenêtre. « Mes sœurs, » dit l'une d'elles, « ce doit être le jeune
homme qui nous a délivrées. — En effet, c'est lui, ma sœur. »

Un instant après, il laissa tomber la seconde pomme, puis la
troisième. On lui criait : « Monsieur, vous perdez quelque
chose. » Mais il faisait semblant de ne pas entendre.

Les princesses coururent avertir leur père et lui racontèrent
toute l'histoire. Le roi fit alors venir les deux jeunes gens qui
devaient épouser ses filles, et dit en leur présence aux princesses :
« Mes enfants, quand j'ai dû me séparer de vous, je vous ai remis
à chacune un mouchoir de soie et une pomme d'or. A qui les
avez-vous donnés ? — Mon père, nous les avons donnés à celui
qui nous a délivrées. — Eh bien! » dit le roi aux deux jeunes
gens, « où sont vos pommes d'or ? » Mais ils n'en avaient pas à
montrer.

Le roi dit alors au jeune homme de choisir pour femme celle
de ses filles qu'il aimerait le mieux. Il choisit la plus jeune, qui
était aussi la plus belle. Quant aux deux compagnons, ils reçurent
chacun un coup de pied dans le derrière, et ils partirent comme
ils étaient venus.

REMARQUES

Ce conte est une variante de notre nᵒ 1, *Jean de l'Ours*. Voici une autre
variante, qui se rapproche davantage de ce nᵒ 1 :

Il était une fois un soldat, nommé La Ramée, qui revenait de la guerre.
Sur son chemin, il rencontra Jean de la Meule, qui jouait au palet avec une
meule de moulin. « Camarade, » lui dit La Ramée, « veux-tu venir avec moi ?
— Je le veux bien. » Les deux compagnons rencontrèrent plus loin Tord-
Chêne, qui tordait un chêne pour lier ses fagots. La Ramée lui proposa de le
suivre, ce que Tord-Chêne accepta. Ils firent route tous les trois ensemble. Etant
arrivés près d'un château, ils y entrèrent et s'y établirent. Ils convinrent que,
chaque jour, deux d'entre eux pourraient aller se promener; le troisième

resterait pour faire la cuisine. Ce fut d'abord le tour de Tord-Chêne de garder la maison. Pendant qu'il était occupé à préparer le dîner, il vit entrer un petit galopin qui lui dit : « Bonjour, monsieur. — Bonjour, mon ami. — Voudriez-vous, » dit le petit galopin, « me permettre d'allumer ma pipe ? — Volontiers, mon ami, prends du feu. — Oh! non, je n'ose pas : si vous vouliez m'en donner ? — Bien volontiers, » dit Tord-Chêne. Comme il se baissait, le petit galopin le poussa dans le feu et s'enfuit. La Ramée et Jean de la Meule, à leur retour, trouvant Tord-Chêne tout dolent, lui demandèrent ce qu'il avait. Il leur raconta son aventure. Le lendemain, Jean de la Meule resta au château, et même chose lui arriva. Ce fut alors le tour de La Ramée. Mais, quand le petit galopin vint lui demander du feu, il lui dit d'en prendre, si bon lui semblait, mais que pour lui il ne lui en donnerait pas. Le petit galopin voyant qu'il ne pouvait rien obtenir, s'enfuit par une ouverture qui communiquait avec une sorte de remise. La Ramée le poursuivit, un fusil à la main, mais il ne put l'atteindre. Ayant enlevé une planche du plancher, il vit un grand trou, et, quand ses compagnons furent rentrés, il s'y fit descendre au moyen d'une corde. Arrivé en bas, il se trouva en face d'une bête à sept têtes qui lui dit : « Que viens-tu faire ici ? — Je ne viens pas pour toi, » répondit La Ramée, « mais pour les princesses que tu gardes. — Tu ne les auras pas, » dit la bête. La Ramée prit un grand sabre et combattit contre la bête. Il lui abattit deux têtes : la bête ne fit que devenir plus terrible; il lui en abattit deux autres, puis, à force de combattre, deux autres encore, et enfin la dernière. Il entra ensuite dans une chambre où il trouva trois belles princesses qui travaillaient à de beaux ouvrages. Ces trois princesses étaient sœurs. La première lui donna un mouchoir de soie et un beau bracelet orné de perles, de rubis, de diamants et d'émeraudes. Il la fit remonter par ses compagnons avec ses richesses, et retourna auprès de la seconde princesse qui lui donna aussi un mouchoir de soie et un bracelet orné de pierres précieuses; il la fit remonter, comme sa sœur, et, après avoir reçu de la troisième le même présent, il la fit remonter à son tour. Quand lui-même les suivit et qu'il fut presque en haut, ses compagnons le laissèrent retomber. Par bonheur il rencontra une fée qui lui donna un pot de graisse pour l'aider à monter la côte (sic), et lui dit : « Voici le roi des oiseaux : il vous portera hors d'ici. Si, avant d'être arrivé là-haut, il vient à chanter, coupez-vous un morceau du mollet et donnez-le-lui; sinon il vous jetterait en bas. » La Ramée monta donc sur le roi des oiseaux. A moitié chemin, celui-ci se mit à chanter. La Ramée se coupa un morceau du mollet et le lui donna. Quand il fut arrivé en haut, ses camarades étaient partis, emmenant les princesses. En voyageant, La Ramée arriva justement dans le pays des princesses, et il entra comme ouvrier chez un marchand vitrier. Ce dernier avait entendu dire que le roi promettait une grande récompense à celui qui lui ferait des bracelets semblables à ceux qu'il avait donnés à ses filles avant qu'elles fussent prisonnières de la bête à sept têtes. La Ramée dit au vitrier qu'il se chargeait de l'affaire. Le vitrier l'alla dire au roi, qui ordonna qu'un des bracelets fût prêt dans huit jours. La Ramée dit alors au vitrier qu'il lui fallait, pour faire le bracelet, un boisseau de noisettes à casser; il mangea les noisettes, puis il alla trouver le vitrier, qui lui demanda où était le bracelet. La Ramée lui présenta l'un de ceux que lui avaient donnés les princesses. Le

vitrier courut porter le bracelet au roi, qui fut bien surpris. Il fallait le
second bracelet dans huit jours, sous peine de mort. Cette fois, La Ramée
demanda un boisseau de noix à casser, et, quand il eut fini de manger les noix,
il porta le bracelet à son maître. Quand il s'agit de faire le troisième bracelet,
il se fit donner un boisseau d'amandes. Les amandes mangées, La Ramée dit
au vitrier : « Cette fois, c'est moi qui irai porter le bracelet au roi. » Les
princesses le reconnurent et dirent au roi que c'était ce jeune homme qui les
avait délivrées, et le roi lui donna la plus jeune en mariage.

Citons encore un trait d'une quatrième version, toujours de Montiers-sur-
Saulx, dont nous avons déjà cité un passage dans les remarques de notre n° 36,
Jean et Pierre (II, p. 52). Ici les trois compagnons sont Jean-sans-Peur, Jean
de l'Ours et Tord-Chêne. Au moment où ce dernier, qui est resté au château
pour faire la cuisine, va tremper la soupe, survient un petit garçon qui jette
des cendres dans la marmite, si bien que Tord-Chêne est obligé de refaire la
soupe. Le lendemain, le petit garçon étant revenu et ayant encore jeté des
cendres dans la marmite, Jean-de-l'Ours, qui ce jour-là est de service, court
après lui et lui coupe la tête ; mais le petit garçon continue de fuir en tenant sa
tête dans ses mains. C'est alors le tour de Jean-sans-Peur de rester. Le petit
garçon revient une troisième fois, portant sa tête dans ses mains, pour jeter
des cendres dant la marmite. Jean-sans-Peur court après lui, mais il ne peut
l'atteindre, et il le voit disparaître par une ouverture qui se trouve au plancher, etc.

———

Voir les remarques de notre n° 1, *Jean de l'Ours*.

Le commencement de la *Canne de cinq cents livres*, — ce petit garçon qu'on
a trouvé dans le bois et qui est si « méchant », — est évidemment un souvenir
affaibli d'une introduction analogue à celle de notre n° 1. Jean de l'Ours, on
s'en souvient, est fils d'une femme enlevée par un ours pendant qu'elle allait
au bois ; Jean de l'Ours, lui aussi, est très « méchant », et il se fait renvoyer
de l'école.

La suite du récit présente une lacune : l'épisode de la maison isolée manque
complètement. Il y a aussi une altération à l'endroit où le jeune garçon
descend dans le « grand trou », et demande de but en blanc à la vieille où il
y a « des demoiselles à marier ». Dans le conte hanovrien n° 5 de la collection
Colshorn, le passage correspondant est beaucoup mieux motivé : Pierre l'Ours
et ses compagnons, parmi lesquels est un Tord-Arbres, s'établissent, comme
Jean de l'Ours et aussi comme le La Ramée de notre variante, dans une maison
isolée. Les compagnons de Pierre l'Ours sont successivement battus par un
nain à grande barbe. Quant à Pierre l'Ours, il empoigne le nain et l'attache
par la barbe à un bois de lit. Pendant que les quatre camarades sont à manger,
le nain se dégage. Pierre l'Ours le poursuit et le voit disparaître dans un
puits. Il s'y fait descendre par ses compagnons avec sa canne de fer de trois
quintaux et entre à la suite du nain dans une vieille masure. Il y trouve *une
vieille sorcière*, qu'il force à lui dire où est le nain. Jetant les yeux par la
fenêtre, il aperçoit un beau château. « Vieille sorcière, dis-moi ce que c'est que
cette maison. — Ah ! il y a là une princesse enchantée, gardée par quatre
géants, » etc.

*
**

Nous avons maintenaint à nous occuper d'un trait qui manquait dans *Jean de l'Ours*, l'épisode de l'aigle qui transporte le héros hors du monde inférieur. Ce trait se rencontre dans un grand nombre de contes, dont plusieurs ne se rapportent pas à notre thème : nous n'essaierons pas d'en dresser ici la liste ; nous nous bornerons à en citer quelques-uns, en insistant sur les formes orientales à nous connues.

Dans notre conte *la Canne de cinq cents livres*, c'est la sorcière qui donne l'aigle au jeune homme. Il en est ainsi dans le conte hanovrien de la collection Colshorn et dans le conte flamand de la collection Deulin (l'aigle est remplacé, dans le premier, par un dragon ; dans le second, par un gros oiseau de la forme d'un corbeau). Dans le conte du Tyrol italien nº 39 de la collection Schneller et dans le conte écossais nº 16 de la collection Campbell, l'aigle est procuré ou donné au héros par le nain ou par l'un des trois géants. Mais, très certainement, aucun de ces contes ne nous présente ici la forme primitive ; un élément important fait défaut : un service rendu à l'aigle par le héros. Ce trait se trouve dans la majeure partie des contes européens de ce type. Ordinairement, le héros a sauvé d'un serpent les petits de l'aigle ; voir, par exemple, deux contes russes (Gubernatis, *Zoological Mythology*, I, pp. 193 et 194), un conte bosniaque (Mijatowics, p. 123), un conte tsigane de la Bukovine (Miklosisch, nº 2), un conte du « pays saxon » de Transylvanie (Haltrich, nº 17), etc. Dans un conte de l'Agenais, *l'Homme de toutes couleurs*, publié par M. Bladé dans la *Revue de l'Agenais* (1875, p. 448), le service a été rendu personnellement à l'aigle, que le héros a fait sortir d'une cage où il était enfermé.

En Orient, prenons d'abord le conte avare d'*Oreille-d'Ours*, résumé pour l'ensemble dans les remarques de notre nº 1 (I, p. 18). Abandonné par ses compagnons dans le monde inférieur, Oreille-d'Ours délivre une princesse d'un dragon à neuf têtes, auquel on était forcé de livrer chaque année une jeune fille (voir cet épisode dans les remarques de notre nº 5, *les Fils du Pêcheur*, I, pp. 72-78). Le roi lui ayant offert sa fille en mariage, Oreille-d'Ours demande pour toute récompense qu'on lui donne le moyen de revenir dans le monde supérieur ; mais pour le roi c'est chose impossible : il n'y a qu'un certain aigle, habitant la forêt des platanes, qui soit en état de le faire. Le roi envoie un messager à l'aigle, qui refuse. Alors Oreille-d'Ours se rend lui-même à la forêt des platanes. Au moment où il arrive auprès du nid, l'aigle est absent, et un serpent noir à trois têtes s'approche pour dévorer les aiglons. Oreille-d'Ours le taille en pièces. A son retour, l'aigle demande au sauveur de ses petits quel service il peut lui rendre pour lui témoigner sa reconnaissance, et, à la prière d'Oreille-d'Ours, il le porte dans le monde supérieur. Auparavant, Oreille-d'Ours a dû charger l'aigle de la chair de cinquante buffles et de cinquante outres faites avec les peaux et remplies d'eau. Chaque fois que l'aigle crie : « De la viande ! » il lui donne de la viande ; quand il crie : « De l'eau ! » il lui donne de l'eau. Un instant avant le terme du voyage, la viande manque, et Oreille-d'Ours est obligé de se couper un morceau de la cuisse, qu'il donne à l'aigle. (Dans notre conte, il est dit d'avance au héros qu'il lui faudra se couper un morceau du mollet, et l'on ne voit pas qu'il ait emporté la moindre provision. Il y a là une altération.) L'aigle, ayant déposé Oreille-d'Ours sur la terre, s'aperçoit qu'il boite, et, apprenant pourquoi, il rejette le morceau de chair et le remet à sa place.

Avant de passer à une autre forme orientale, il sera peut-être intéressant de faire remarquer que tout ce passage du conte avare se retrouve presque exactement dans un conte grec moderne de l'île de Syra (Hahn, n° 70), déjà cité dans les remarques de notre n° 1, *Jean de l'Ours* (I, p. 12) : Abandonné par ses frères dans le monde inférieur, le prince tue un serpent à douze têtes auquel il fallait livrer la fille d'un roi. Ce dernier lui offre la main de la princesse ; mais le jeune homme lui demande seulement de le faire ramener dans le monde supérieur. Alors le roi lui conseille d'aller sur une certaine montagne, au pied d'un certain arbre sur lequel des aigles ont leur nid, et de tuer un serpent à dix-huit têtes, ennemi de ces aigles, qui, par reconnaissance, le porteront dans le monde supérieur. Le prince combat pendant vingt-quatre heures contre le serpent, et, après l'avoir tué, s'endort de fatigue sous l'arbre. Pendant son sommeil, les aiglons viennent l'éventer avec leurs ailes. Le père et la mère, étant revenus et l'apercevant, veulent d'abord l'écraser sous des quartiers de roc ; mais leurs petits leur crient que ce jeune homme a tué le serpent et les a délivrés, et, quand il se réveille, les aigles lui demandent de leur dire ce qu'ils peuvent faire pour lui. Le prince les prie de le transporter dans le monde supérieur. Ils y consentent. Il faut alors que le jeune homme se procure la chair de quarante buffles et quarante outres d'eau, et, de plus, un joug d'argent. Il attellera les aigles à ce joug et s'y attachera lui-même. Quand les aigles crieront *kra !* il leur donnera de la viande ; quand ils crieront *glou !* de l'eau. Le jeune homme se conforme à ces instructions ; mais, avant qu'on atteigne le monde supérieur, toute la viande est mangée ; l'un des aigles ayant crié *kra !* le prince se coupe la jambe et la lui donne. Arrivés en haut, les aigles remarquent qu'il boite ; le roi des aigles ordonne à celui des siens qui avait avalé la jambe de la rendre au prince, et on la lui rattache au moyen de l'eau de la vie. (Comparer, pour tout cet épisode des aigles, le conte bosniaque mentionné plus haut. Dans ce conte, le roi donne au héros une lettre pour l'oiseau-géant ; ce trait rappelle le messager du conte avare.)

Chez les Tartares de la Sibérie méridionale, nous retrouvons un épisode du même genre dans une sorte de légende héroïque recueillie chez les tribus kirghizes. Comme ce passage rappelle, dans son ensemble, le thème principal auquel se rapportent *Jean de l'Ours* et *la Canne de cinq cents livres*, nous le résumerons en entier (Radloff, III, p. 315 seq.) : Le « héros » Kan Schentæi, après avoir épousé la fille d'Aïna Kan, s'en retourne vers son peuple avec sa femme, emmenant avec lui soixante chameaux, quarante jeunes gens et quarante jeunes filles. Un jour qu'il a pris les devants, le « héros » Kara Tun, un « djalmaous » à sept têtes, qui habite sous la terre, apparaît à la surface du sol, avale la femme de Kan Schentæi, les soixante chameaux, les quarante jeunes gens, les quarante jeunes filles et toutes les richesses, puis il rentre sous terre. Trois « héros », qui s'étaient joints à Kan Schentæi, dont ils avaient appris les exploits, veulent descendre à la suite de Kara Tun dans le trou par lequel celui-ci a disparu ; mais, quand ils y mettent le pied, puis la main, le pied et la main se trouvent coupés. Ils restent donc assis, mutilés, auprès du trou. Kan Schentæi, ayant fait un mauvais rêve, revient sur ses pas, et il apprend des trois héros qu'un djalmaous a avalé tous ses gens. Il s'attache à une corde et se fait descendre dans l'abîme. Parvenu au fond, il trouve un autre monde et se met à marcher vers l'orient. Un jour il arrive auprès d'immenses troupeaux, et, au milieu de ces troupeaux, s'élève une maison haute comme une montagne. Kan Schentæi entre dans cette maison : c'était celle du djalmaous à sept têtes, qui dormait en ce moment ; car de temps en temps, il dormait sept jours et sept nuits de suite. Auprès de lui la femme de Kan Schentæi était assise et pleurait. En voyant son mari, elle lui dit qu'il périra, car il n'est pas assez fort pour combattre le djalmaous. Kan Schentæi tire son épée et en porte un coup à la tête du djalmaous ; celui-ci bondit, et ils combattent pendant sept jours et sept nuits. Alors ils conviennent de se reposer. Comme Kan Schentæi est à se dire que sa force ne suffira pas pour vaincre le djalmaous, paraît un homme à barbe blanche qui frappe le djalmaous avec une massue de fer, et le djalmaous meurt [1]. Kan Schentæi se lève, fend le ventre du monstre, et tous les hommes qu'il avait avalés se retrouvent vivants. Il les amène tous avec les troupeaux à l'ouverture par laquelle il était descendu ; mais ses trois compagnons, mutilés comme ils sont, ne peuvent les faire remonter. Il s'éloigne désespéré. Un jour qu'il s'est endormi sous un grand tremble, il est réveillé par un bruit très fort. Il lève les yeux et voit en haut de l'arbre un nid, et dans ce nid trois jeunes oiseaux qui poussent des cris d'effroi ; un dragon, en effet, est en train de grimper à l'arbre et va les dévorer. Kan Schentæi tire son épée et coupe en deux le dragon. Les oiseaux le remercient et lui font raconter son histoire. Ensuite ils lui disent : « Notre mère est un oiseau nommé le héros (sic) Kara Kous ; il n'y a personne de plus grand qu'elle. Elle te portera où tu voudras. » Ici, comme dans les contes précédents, le gros oiseau dit au sauveur de ses petits de lui apporter beaucoup de viande, soixante élans. Il en mange trente avant de prendre son vol, et on charge sur son dos les trente autres, ainsi que tout le bétail et le peuple de Kan Schentæi. Ici encore, la viande faisant défaut, Kan Schentæi se voit obligé de se couper la chair des cuisses et de la jeter dans le bec de l'oiseau, qui, arrivé en haut, la lui rend et le rétablit dans son premier état.

Un conte kabyle (Rivière, p. 235), dans lequel se trouvent la descente du héros dans le monde inférieur, — où il tue un ogre et s'empare de ses sept femmes, — et aussi la trahison des frères, présente à peu près de la même façon l'épisode de l'oiseau, qui ici est un aigle ; mais le héros n'a pas besoin de donner à l'aigle un morceau de sa chair.

L'épisode de l'oiseau se rencontre encore dans d'autres récits orientaux, mais ceux-ci tout différents, pour l'ensemble, de *la Canne de cinq cents livres*. Ainsi, dans un conte du *Bahar-Danush* persan (trad. de Jonathan Scott, t. III, p. 101, seq.), le prince Ferokh-Faul, qui voyage avec un fidèle ami à la recherche

---

1. Ce vieillard à la *massue de fer,* qui intervient, on ne sait pourquoi, dans l'action, semble un dédoublement du personnage principal ; la massue de fer rappelle tout à fait la « canne » de fer de tant de contes analogues.

d'une princesse dont il a vu le portrait, se repose un jour au pied d'un arbre. Sur la cime de cet arbre un *simurgh* (oiseau fabuleux) avait construit son nid, et justement un monstrueux serpent noir venait de s'enrouler autour du tronc pour aller dévorer les petits; le prince tire son sabre et le tue; puis il s'endort, ainsi que son compagnon. Vers le soir, le simurgh revient, et apercevant les deux jeunes gens, il les prend pour des ennemis de sa couvée, et il va les mettre à mort quand ses petits lui font connaître le service que leur a rendu le prince. Le simurgh réveille Ferokh-Faul et lui demande de quelle façon il peut lui témoigner sa reconnaissance. Le prince lui expose l'objet de son voyage, et, le lendemain, le simurgh prend les deux jeunes gens sur son dos et les dépose le soir dans la ville où ils voulaient se rendre et qui était pour ainsi dire inaccessible.

Dans un conte indien recueilli dans le Deccan (miss Frere, p. 13) et que nous avons eu déjà l'occasion de citer dans les remarques de notre n° 15, *les Dons des trois Animaux* (I, p. 175), un jeune prince, dont la mère est retenue captive par un magicien, s'est mis en campagne pour chercher à découvrir l'endroit où il sait que le magicien a caché son âme, sa vie. Comme le héros du conte persan, il s'endort au pied d'un arbre; il est réveillé par un grand bruit et tue un serpent qui est au moment de dévorer des aiglons. Les aigles, reconnaissants, disent à leurs petits de se mettre au service du prince, et ceux-ci le portent dans le lieu où il veut pénétrer, puis ils l'en ramènent, après qu'il s'est saisi du petit perroquet dans lequel est cachée la vie du magicien.

Citons encore un passage d'un roman hindoustani, dont M. Garcin de Tassy a donné la traduction dans la *Revue orientale et américaine* (4e année, 1861, p. 1, seq.) : Le prince Almâs s'est mis en route vers la ville de Wâkâf, où il doit trouver le mot d'une énigme dont la solution lui obtiendrait la main d'une princesse. Un jour, il s'endort au pied d'un arbre sur lequel l'oiseau simorg avait son nid; il est réveillé par le hennissement de son cheval qui lui signale l'approche d'un dragon. Après un long combat, il parvient à tuer le monstre qui déjà grimpait à l'arbre. Puis, entendant les petits du simorg crier de faim, il les rassasie de la chair du dragon et se rendort de fatigue. Le simorg, à son retour, n'entendant plus crier ses petits et voyant un homme endormi au pied de l'arbre, s'imagine qu'Almâs a détruit sa couvée, et il est au moment de laisser tomber sur lui une pierre énorme, quand sa femelle l'arrête. Par reconnaissance, le simorg porte le prince, par delà sept mers, dans la ville de Wâkâf, après lui avoir fait prendre une provision de chair d'âne sauvage, qu'Almâs doit lui donner peu à peu pendant le trajet.

Enfin nous renverrons à un conte des Tartares de la Sibérie méridionale (Radloff, IV, pp. 116-117), qui, après toutes les citations que nous venons de faire, n'a rien de bien particulier.

*
* *

Nous nous arrêterons un instant, à l'occasion des deux variantes de Montiers données plus haut, sur l'épisode de la maison isolée, que nous avons déjà étudié à propos de notre n° 1 (I, pp. 9-11, 18-21, 25-26). On a pu remarquer que, dans ces deux variantes, c'est un petit garçon qui joue des mauvais tours aux compagnons du héros. Ce petit garçon rappelle le nain qui figure à cet endroit dans presque tous les contes de ce genre. Ainsi, dans le conte des Avares du Caucase, pendant que celui des compagnons d'Oreille-d'Ours qui correspond à Tord-Chêne est occupé à préparer le repas, arrive, chevauchant sur un lièvre boiteux, un petit homme, haut d'une palme, avec une barbe longue de trois palmes. Il demande un peu de viande, puis encore un peu, et, comme alors le compagnon d'Oreille-d'Ours lui dit de décamper, il saute à bas de sa monture, s'arrache un poil de la barbe, et en un instant il a garrotté notre homme et mangé toute la viande. — Dans un conte lithuanien (Schleicher, p. 128), un petit homme à longue barbe prie le tailleur, un des compagnons du héros, de l'asseoir sur le banc auprès du feu, puis il lui demande un petit morceau de viande. Quand il a le morceau, il le laisse échapper de ses mains, et, tandis que le tailleur se baisse pour le ramasser, il tombe sur lui à coups de poing. (Comparer le passage de l'histoire de *La Ramée* où Tord-Chêne se baisse pour donner du feu au « petit galopin ».) — Dans un conte du « pays saxon » de Transylvanie (Haltrich, n° 17), pendant qu'un des compagnons de Jean le Fort prépare le dîner, survient un petit homme avec une barbe longue de sept aunes, tout geignant et disant qu'il a bien froid. Quand l'autre lui dit de venir se chauffer, il s'approche du foyer, renverse la marmite et s'enfuit à toutes jambes. (Comparer le fragment cité de notre dernière variante.) — Dans un conte du Tyrol italien (Schneller, p. 189), où figure également un nain, un nain à barbe grise, se retrouve encore un trait de cette dernière variante : Giuan dall'Urs ayant coupé la tête du nain, celui-ci se relève et disparaît dans un puits.

Enfin, pour nous borner à ces rapprochements, dans un conte portugais du Brésil (Roméro, n° 19), un négrillon, qui tient la place du nain, demande aux compagnons de *Manoel da Bengala* (Manoel à la Canne) de lui donner du feu pour allumer sa pipe (exactement comme dans l'histoire de *La Ramée*), et ensuite il les terrasse ; — dans des contes de la Haute-Bretagne (Sébillot, II, n° 26 ; *Littérature orale*, p. 82), un « petit, petit bonhomme » ou un diablotin jette des cendres dans le pot-au-feu, tout à fait comme le petit garçon de notre dernière variante. (Comparer le conte portugais *la Canne de seize quintaux*, n° 47 de la collection Braga.)

*
* *

Il convient de signaler, avant de finir, un tout petit trait qui est particulier à notre première variante.

Quand il s'agit de faire les trois bracelets, La Ramée demande à son maître un boisseau de noisettes, puis un boisseau de noix, et enfin un boisseau d'amandes. Nous pouvons d'abord rapprocher de ce trait un passage du conte hanovrien de la collection Colshorn cité plus haut : Pierre l'Ours, qui s'est engagé chez un orfèvre après avoir délivré les trois princesses, se charge de fabriquer l'anneau commandé par le roi. Il prie son maître de lui donner pour la nuit une tonne de bière, un *muid de noix* et deux pains. — On se demandera peut-être si ce n'est pas du hasard que provient cette ressemblance dans un si petit détail ; mais le doute à ce sujet diminuera certainement quand on verra que, dans le conte flamand de la collection Deulin, cité dans les remarques de notre n° 1 (I, pp. 7 et 17), Jean l'Ourson, en pareille circonstance, se fait donner un *sac de noix* par son patron. De même, dans le conte allemand de la collection Prœhle, mentionné au même endroit (I, pp. 7 et 16), Jean l'Ours, qui a promis de faire trois boules pareilles à celles qu'avaient les princesses, se remplit la poche de *noisettes* avant de se mettre ou plutôt de faire semblant de se mettre au travail.

Un conte grec moderne (Hahn, n° 70), que nous avons aussi résumé en partie (I, pp. 12 et 17), nous paraît donner la forme primitive de ce trait. Ici le héros est entré comme compagnon chez un tailleur. Or son maître a reçu du roi l'ordre de faire en trois jours pour la princesse un vêtement sur lequel sera brodée la terre avec ses fleurs ; ce vêtement doit être renfermé *dans une noix*. Le jeune homme se fait donner par le tailleur un setier d'eau-de-vie et une livre de noix ; il s'enferme dans l'atelier, mange et boit à son aise, puis il ouvre une noix que la princesse lui a donnée dans le monde inférieur et en tire le vêtement merveilleux. Quelques jours après, la princesse commande un vêtement sur lequel sera brodé le ciel avec ses étoiles et qui sera renfermé *dans une amande ;* le jeune homme fait de même que la première fois ; seulement il demande des amandes au lieu de noix : le vêtement est dans une amande que lui a donnée la princesse. Et enfin, quand la princesse commande un vêtement renfermé *dans une noisette* et représentant la mer et ses poissons, il se fait donner des noisettes et tire le vêtement d'une noisette qu'il a également rapportée du monde inférieur.

*
* *

Un dernier rapprochement de détail. Dans le conte hanovrien de la collection Colshorn, Pierre l'Ours, apprenant que la plus jeune des trois princesses est malade de ne point le voir venir, s'habille en mendiant et se présente au palais. Les gardes le repoussent et le blessent. Pierre l'Ours tire de sa poche le mouchoir que la princesse lui a donné et s'en sert pour étancher le sang qui coule de sa blessure. Justement la princesse est à sa fenêtre, et elle reconnaît son mouchoir. — Ce trait rappelle la fin de *la Canne de cinq cents livres.*

Dans un conte russe (Ralston, p. 73), mentionné dans les remarques de notre n° 1, le héros se mêle à des mendiants, et l'une des princesses le reconnaît à son anneau.

LIII

LE PETIT POUCET

Il était une fois des gens qui avaient beaucoup d'enfants ; l'un d'eux était un petit garçon qui n'était pas plus grand que le pouce : on l'appelait le petit Poucet.

Un jour sa mère lui dit : « Je m'en vais à l'herbe ; toi, tu resteras pour garder la maison. — Maman, » dit-il, « je veux aller avec vous. — Non, notre Poucet, tu resteras ici. »

Le petit Poucet fit mine d'obéir ; mais, quand sa mère partit, il la suivit sans qu'elle y prît garde. Arrivé aux champs, il se cacha dans la première brassée d'herbe que sa mère cueillit, de sorte que celle-ci le mit sans le savoir dans sa hotte. On donna l'herbe à la vache ; voilà le petit Poucet avalé.

Le soir venu, la mère voulut traitre la vache. « Tourne-teu, Noirotte. — Nenni, je n'me tournerâme. » La femme, tout étonnée, courut chercher son mari. « Tourne-teu, Noirotte. — Nenni, je n'me tournerâme. »

De guerre lasse, on appela le boucher, qui fut d'avis qu'il fallait tuer la bête. La vache fut donc tuée et dépecée, et on jeta le ventre dans la rue, où une vieille femme le ramassa et le mit dans sa hotte. Mais, comme elle était trop chargée, force lui fut de s'arrêter à moitié d'une côte, au sortir du village, et d'abandonner sur la route le ventre de la vache.

Vint à passer un loup qui avait grand'faim ; il avala le ventre et le petit Poucet avec, puis il se remit à rôder dans les environs. Il n'était pas loin d'un troupeau de moutons, quand le petit Poucet se mit à crier : « Berger, garde ton troupeau ! berger, garde ton troupeau ! »

En entendant cette voix, le loup prit peur..., si bien que le
petit Poucet se trouva tout d'un coup par terre. Il se nettoya du
mieux qu'il put et s'en retourna chez ses parents. Sa mère lui dit :

« Te vlà not' Poucet ! j'te croyeuille pordeu.

— J'ateuille da' l'herbe, et veu n'm'avêm'veu.

— Ma fi no, not' Poucet, j'te croyeuille tout d'bo pordeu.

— Eh bé ! mama, me vlà r'veneu [1]. »

VARIANTE

LE PETIT CHAPERON BLEU

Un jour, un fermier et sa femme, s'en allant faire la moisson,
laissèrent à la maison leur petit garçon, qu'on appelait le petit
Chaperon bleu, parce qu'il portait un chaperon de cette couleur,
et lui dirent de venir aux champs à midi leur porter la soupe.

A l'approche de midi, le petit garçon versa la soupe dans un
pot-de-camp et se mit en devoir de la porter à ses parents.
Comme il passait par l'étable, voyant que la vache n'avait rien à
manger, il posa son pot à côté d'elle et alla chercher du fourrage.
Mais, par malheur, la vache donna un coup de pied dans le pot,
et toute la soupe se répandit par terre. Voilà le petit garçon bien
en peine. Il ne trouva rien de mieux à faire que de se cacher dans
une botte de foin.

Les parents, ne le voyant pas arriver, revinrent au logis ; on
l'appelle, on le cherche partout : point de petit Chaperon bleu.
Cependant la vache, qui avait faim, se mit à beugler ; on lui
donna la botte de foin où le petit garçon s'était blotti. La vache
avala l'enfant avec le foin.

Un instant après, quand on voulut renouveler la litière, on
s'aperçut que la vache ne pouvait plus bouger : on avait beau la

---

1. Te voilà, notre Poucet ! je te croyais perdu. — J'étais dans l'herbe, et
vous ne m'avez pas vu. — Ma foi non, notre Poucet ; je te croyais tout de bon
perdu. — Eh bien ! maman, me voilà revenu.

pousser, la frapper; rien n'y faisait. « Vache, tourne-teu, vache, tourne-teu! — Je n'me tournerâme. » En entendant la vache parler, les gens furent bien étonnés et la crurent ensorcelée; ils ne se doutaient guère que c'était le petit Chaperon bleu qui répondait pour elle. On courut chercher le maire. « Vache, tourne-teu! — Je n'me tournerâme. » Enfin on appela le curé, qui dit à la vache en français : « Vache, tourne-toi! — Je n'comprenme le français; je n'me tournerâme. »

Le fermier, ne sachant plus que faire, fit venir le boucher. La bête fut tuée et dépecée; le ventre fut jeté dehors et ramassé par une vieille femme, qui l'emporta dans sa hotte.

A peine était-elle hors du village, que le petit garçon se mit à chanter :

> « Trotte, trotte, vieille sotte !
> Je suis au fond de ta hotte. »

La vieille, bien effrayée, pressa le pas sans oser regarder derrière elle. Comme elle passait près d'un troupeau de moutons, le petit garçon cria : « Berger, berger, prends garde à tes moutons ! Voici le loup qui vient. » La vieille, à demi folle de frayeur, disait en se tâtant : « Je ne suis pourtant pas le loup ! Qu'est-ce que cela veut dire ? » Arrivée chez elle, elle ferma la porte, déposa sa hotte par terre et fendit le ventre de la vache. Dans un moment où elle tournait la tête, le petit garçon sortit tout doucement de sa prison et se blottit derrière l'armoire.

La vieille prépara les tripes et les accommoda pour son souper. Elle commençait à se remettre de sa frayeur et ne songeait plus qu'à se régaler, quand tout à coup le petit garçon se mit à crier : « Bon appétit, la vieille ! » Cette fois, la pauvre femme crut que le diable était au logis et commença à trembler de tous ses membres. « Ecoute, » lui dit alors le petit garçon sans quitter sa place, « promets-moi de ne dire à personne où tu m'as trouvé et de me reconduire où je te dirai. Je serai bien aise de n'être plus ici, et toi tu ne seras pas fâchée d'être débarrassée de moi. » La vieille promit tout, et le petit Chaperon bleu se montra. Elle le reconduisit chez ses parents, qui furent bien joyeux de le revoir.

REMARQUES

Dans une seconde variante, également de Montiers-sur-Saulx, des gens ont un petit garçon pas plus haut que le pouce : on l'appelle *P'tiot Pouçot*. Un jour, le petit Poucet part pour chercher un maître. Il arrive à un village et entre dans la première maison qu'il voit. Il demande si on veut le prendre comme domestique. La femme, qui en ce moment se trouve seule à la maison, lui répond qu'il est trop petit. « Prenez-moi, » dit le petit Poucet ; « je travaille bien. » Le mari, étant revenu, le prend à son service.

La femme l'envoie chercher une bouteille de vin chez le marchand. Le petit Poucet dit à celui-ci de lui donner un tonneau. Le marchand se récrie ; mais le petit Poucet n'en démord pas. On lui donne le tonneau, et il s'en va en le poussant devant lui. Sur son chemin les gens sont ébahis : « Un tonneau qui marche tout seul ! »

Ensuite la femme l'envoie chercher une miche de pain chez le boulanger. Le petit Poucet se fait donner toutes les miches, qu'il pousse aussi devant lui.

Un jour que la femme fait la galette, il tombe dedans sans qu'on s'en aperçoive. On met la galette au four. Quand elle est cuite et qu'on la coupe en deux, on coupe l'oreille au petit Poucet. « Oh ! prenez garde ! vous me coupez l'oreille. » Mais on ne fait pas attention à lui, et on le mange avec la galette.

Plusieurs contes de cette famille sont formés en entier, ou presque en entier, du premier épisode de notre conte (le petit Poucet avalé par la vache), épisode présenté d'une manière très simple.

Voici d'abord un conte basque de la Haute-Navarre (*Revue de linguistique*, 1876, p. 242) : Il était une fois un petit, petit garçon ; il avait nom Ukaïltcho (Petite poignée). Un jour, sa mère l'avait envoyé garder la vache. La pluie ayant commencé, Ukaïltcho se cacha sous un pied de chou. Comme on ne le voyait plus revenir, sa mère s'en fut le chercher. « Ukaïltcho ! où êtes-vous ? — Ici ! ici ! — Où ? — Dans les boyaux de la vache. — Quand sortirez-vous ? — Quand la vache fera... » La vache avait avalé Ukaïltcho, pensant que c'était une feuille de chou.

Même histoire dans un conte languedocien cité par M. Gaston Paris (*Le petit Poucet et la Grande-Ourse*, p. VII), où Peperelet (Grain de poivre), s'en allant porter à manger à son père et à ses frères qui coupent du bois dans la forêt, voit venir le loup et se cache sous un chou, qu'une vache mange, et Pepeleret avec ; — et aussi dans un conte du Forez (*ibid.*, p. 37), où Plen Pougnet (Plein le poing) s'étant assis derrière un mur, un bœuf le prend pour un chardon et l'avale.

Dans un conte catalan (*Rondallayre*, III, p. 88), le héros est un petit garçon pas plus gros qu'un grain de mil. Un jour ses parents l'envoient chercher pour un sou de safran. Il arrive chez le marchand. « Donnez-moi pour un sou de safran. » On regarde, mais l'on ne voit qu'un sou qui remue. A la fin on entrevoit le petit garçon, on prend le sou et on met le safran à la place. Tandis que le petit retourne vers la maison, de grosses gouttes commencent à tomber ; il se met à l'abri sous un chou. Arrive un bœuf, qui mange chou et enfant. On

cherche le petit partout. « Où es-tu ? — Dans le ventre du bœuf ; il n'y tonne
ni n'y pleut. » Personne ne sait ce que cela veut dire. Tout à coup le bœuf fait
un p.., et voilà le petit retrouvé.

D'autres contes, comme le conte lorrain, développent cet épisode et le font
suivre d'un second (le petit Poucet ramassé par une femme avec le ventre de la
vache) et même, le plus souvent, d'un troisième (le petit Poucet avalé ensuite
par un loup avec les tripes).

Dans un conte picard (Carnoy, p. 329), Jean Pouçot, autrement dit Jean
l'Espiègle, après avoir été avalé par la vache, lui pique les boyaux avec des
alènes qu'il avait dans sa poche. La vache se roule par terre de douleur ; on la
tue et on met cuire les tripes dans un chaudron. Jean l'Espiègle interpelle sa
grand'mère, et on le retire du chaudron.

Dans un conte allemand (Prœhle, I, nº 39), Poucet (*Daumgross*) est allé
cueillir des fleurs dans un pré ; il est ramassé avec l'herbe fauchée et donné à la
vache, qui l'avale. Toutes les fois que la servante vient traire la vache, Poucet
lui adresse la parole. La servante finit par ne plus oser aller à l'étable, et on
tue la vache. Les tripes sont données à une mendiante, qui les met dans son
panier. A partir de ce moment, à toutes les portes auxquelles elle se présente,
elle entend répondre non : c'est Poucet qui lui joue ce tour ; mais il meurt
d'avoir été cuit avec les tripes.

Dans un conte écossais (Campbell, nº 69), Thomas du Pouce est allé se
promener ; la grêle étant venue à tomber, il s'abrite sous une feuille de patience.
Un taureau mange la plante et, en même temps, Thomas du Pouce. Son père
et sa mère le cherchent. Il leur crie qu'il est dans le taureau. On tue la bête ;
mais on jette justement le gros boyau dans lequel était Thomas. Passe une
mendiante, qui ramasse le boyau. Pendant qu'elle marche, Thomas lui parle ;
elle jette de frayeur ce qu'elle porte. Un renard prend le boyau et Thomas se
met à crier : « Tayaut ! au renard ! » Les chiens courent sus au renard et le
mangent, et ils mangent aussi le boyau, mais sans toucher à Thomas, qui
revient sain et sauf à la maison.

Venons maintenant à un conte grec moderne (Hahn, nº 55). Là, Demi-
pois est avalé par un des bœufs de son père, pendant qu'il leur donne du foin.
Le soir, pendant que ses parents sont à table, ils entendent une voix qui sort
d'un des bœufs : « Je veux ma part, je veux ma part. » Le père tue le bœuf et
donne les boyaux à une vieille femme pour qu'elle les lave. Comme celle-ci se
met en devoir de les fendre, Demi-pois lui crie : « Vieille, ne me crève pas les
yeux, ou je te crève les tiens ! » La vieille, effrayée, laisse là les boyaux et
s'enfuit. Le renard passe et avale les boyaux avec Demi-pois ; mais celui-ci lui
rend la vie dure. Dès que le renard s'approche d'une maison, Demi-pois crie à
tue-tête : « Gare à vous, les gens ! le renard veut manger vos poules. » Le
renard, qui meurt de faim, demande conseil au loup ; celui-ci l'engage à se
jeter par terre du haut d'un arbre ; le renard suit ce conseil, et il est tué roide.
Le loup dévore son ami et avale en même Demi-pois ; mais voilà que toutes les
fois qu'il approche d'un troupeau, il entend crier dans son ventre : « Holà !
bergers, le loup va manger un mouton. » Désespéré, le loup se précipite du
haut d'un rocher. Alors Demi-pois sort de sa prison et retrouve ses parents. —

M. Gaston Paris rapproche de ce conte grec, particulièrement pour la fin, un conte du Forez. Le voici : Le *Gros d'in pion* (Gros d'un poing) faisait paître un bœuf ; il s'était mis derrière un chou. En mangeant le chou, le bœuf mangea le *Gros d'in pion*. Le maître tua le bœuf, et le chat qui passait mangea à son tour le *Gros d'in pion*. Le chat fut tué, et le *Gros d'in pion* fut cette fois mangé par le chien. Enfin le loup dévora le chien. Mais, à partir de ce jour-là, plus moyen pour le loup de manger des moutons. Quand il allait vers les bergeries, le *Gros d'in pion*, qui était dans son ventre, criait : « Gare, gare, le loup vient manger vos moutons. » Survint compère le renard qui conseilla au loup « de passer entre deux pieux très rapprochés l'un de l'autre, afin que la pression pût le délivrer d'un hôte aussi incommode ; ce qui fut fait. » — M. Gaston Paris fait remarquer que le collectionneur, M. Gras, « ne dit pas, ce qui doit être dans l'histoire, que le loup resta pris au corps par les pieux et mourut là misérablement. » « C'est, on le voit, ajoute M. Paris, le pendant exact du conte grec ; seulement ici, conformément à la tradition, le loup est bafoué par le renard. » Il l'est également, ajouterons-nous à notre tour, dans une variante grecque de *Demi-pois* (Hahn, II, p. 254).

Dans un conte portugais (Coelho, n° 33), Grain de Mil, qui s'est mis sur une feuille de millet, est avalé par un bœuf ; son père l'appelle partout, et, l'entendant enfin répondre de dedans la bête, il la fait tuer ; mais il a beau chercher, il ne trouve pas le petit. On jette les tripes dehors ; un loup, les ayant avalées, est pris de tranchées. Grain de Mil lui crie de se soulager, et, sorti du ventre du loup, il retourne chez son père, après d'autres aventures qui ne se rapportent en rien au conte lorrain. (Comparer un autre conte portugais, n° 94 de la collection Braga, dont le héros s'appelle *Manoel Feijão*, « Manoel Haricot ».) — Dans un conte basque, dont M. W. Webster ne dit qu'un mot (p. 191 de sa collection), le petit héros est d'abord avalé par un bœuf, puis par un chien, pendant qu'on lave les tripes du bœuf.

*
* *

D'autres contes vont nous offrir de nouvelles aventures se surajoutant aux premières. Ainsi, un conte rhénan (Grimm, n° 37) commence par raconter comment Poucet (*Daumesdick*) conduit la voiture de son père, en se mettant dans l'oreille du cheval ; comment il est acheté par des étrangers, émerveillés de son adresse ; comment ensuite il s'échappe et s'associe à des voleurs. Vient, après cette première partie, l'histoire que nous connaissons : Poucet avalé par une vache dans une brassée de foin ; la terreur de la servante à qui il crie de ne plus donner de foin à la bête ; la vache tuée ; le ventre jeté sur le fumier et avalé par un loup. Finalement Poucet indique au loup le garde-manger d'une certaine maison, qui est celle de ses parents ; le loup s'y introduit, mais n'en peut plus sortir. Il est tué et Poucet délivré.

Dans un conte russe, dont M. Paris donne la traduction (*op. cit.*, p. 81 ; voir aussi L. Léger, n° 3), même première partie, à peu près : Petit Poucet se glisse dans l'oreille du cheval et laboure à la place de son père ; il est vendu par celui-ci à un seigneur et s'échappe ; il s'associe à des voleurs, vole un bœuf et demande les boyaux pour sa part. Il se couche dedans pour passer la nuit et il est avalé par un loup. Comme dans les contes cités précédemment, il crie aux bergers de prendre garde au loup. Celui-ci, en danger de mourir de faim, dit à Petit Poucet de sortir. « Porte-moi chez mon père, et je sortirai. » Le loup l'y porte; Petit Poucet sort du grand ventre par derrière, s'assied sur la queue du loup et se met à crier : « Battez le loup ! » Le vieux et la vieille tombent sur le loup à coups de bâton, et, quand il est mort, ils prennent la peau pour en faire une « touloupe » à leur fils.

Ce conte russe n'a pas le passage où Poucet est avalé par un bœuf. Ce trait va se retrouver dans un conte du pays messin, qui a beaucoup de rapport avec le conte russe (*Mélusine*, 1877, col. 41) : Jean Bout-d'homme est vendu par son père le terrassier à un seigneur qui l'a trouvé très gentil. Après s'être d'abord échappé, il est rattrapé par le seigneur qui le met dans un panier suspendu au plafond de la cuisine : de là il doit observer ce qui se passe et en rendre compte à son maître. Un jour, il est aperçu par un domestique qui, pour le punir de son espionnage, le jette dans l'auge aux bestiaux ; il est avalé par un bœuf. Le seigneur ayant fait tuer ce bœuf pour un festin qu'il doit donner, les tripes sont jetées sur le grand chemin. Une vieille femme, passant par là, les ramasse et les met dans sa hotte. Elle n'a pas fait dix pas, qu'elle entend une voix qui sort de sa hotte et lui dit :

« Toc ! toc !
Le diable est dans ta hotte !
Toc ! toc !
Le diable est dans ta hotte ! »

La vieille jette là sa hotte et s'enfuit. Suivent les aventures de Jean Bout-d'homme avec le loup, aventures à peu près identiques à celle du Petit Poucet russe. « Tais-toi, maudit ventre ! » dit le loup, désespéré d'entendre toujours une voix qui prévient les bergers de son approche. — « Je ne me tairai pas, tant que tu n'auras pas été me déposer sous la porte de mon père. — Eh ! bien, je vais y aller. » Quand ils arrivent, Jean Bout-d'homme sort du ventre du loup, se glisse dans la maison en passant par la chatière, et, au même instant, saisissant le loup par la queue, il crie : « Venez, venez, père, je tiens le loup par la queue. » Le père accourt et tue d'un coup de hache le loup dont il vend la peau.

Dans un conte allemand (Grimm, n° 45), conte résultant de la fusion faite par les frères Grimm de divers contes de la région du Mein, de la Hesse et du pays de Paderborn, — ce qui, soit dit en passant, est un procédé assez peu scientifique, — une servante, pour se débarrasser du petit espion (comme dans le conte messin), le donne aux vaches avec l'herbe. On tue la vache qui l'a avalé ; on fait des saucissons avec une partie de la viande, et Poucet (*Daumerling*) se trouve enfermé dans un de ces saucissons. Au bout d'un long temps, il est délivré ; puis, plus tard, avalé par un renard. Il finit également par recouvrer sa liberté.

Nous mentionnerons encore un conte wende de la Lusace (Veckenstedt, p. 97, n° 6), où le petit fripon d'*Eulenspiegel* s'associe à un voleur, puis est ramassé avec le foin et avalé par la vache. Quand on tue la vache, il parvient à s'échapper [1].

---

1. Dans le conte picard cité plus haut, le petit Poucet s'appelle Jean l'*Espiègle*. C'est exactement l'*Eulenspiegel* du conte wende. On sait qu'*Espiègle* est la forme française du nom d'*Eulenspiegel*, le héros

Deux contes italiens ont également l'association du petit héros avec des voleurs. Le premier, recueilli dans les Marches par M. A. Gianandrea (*Giornale di filologia romanza*, n° 5), n'a de commun avec notre conte que le passage où *Deto grosso* (Gros doigt, Pouce) qui s'est caché dans la laine d'un mouton, est avalé par un loup, en même temps que le mouton. — Dans le second, recueilli en Toscane par M. Pitrè (*Novelle popolari toscane*, n° 42), Cecino (Petit pois) est avalé par un cheval appartenant à ses amis les voleurs ; puis par un loup, quand le cheval a été tué et jeté dehors. Le loup voulant aller manger une chèvre, Cecino crie au chevrier de prendre garde.

*
* *

Certains contes étrangers ont, des aventures de Poucet, uniquement celles que nous avons vues en dernier lieu s'ajouter au fonds commun à tous les contes cités. Ainsi, le Poucet d'un conte lithuanien (Schleicher, p. 7) laboure en se tenant dans l'oreille d'un bœuf ; il est acheté par un seigneur ; il aide des voleurs à voler les bœufs du seigneur et ensuite attrape les voleurs eux-mêmes. Le conte finit là-dessus. — Dans un conte croate (Krauss, I, n° 92), Poucet conduit de la même manière un attelage de bœufs. Son père le vend aussi à un seigneur, qui le met dans sa poche ; Poucet en profite pour jeter à son père tout l'argent qui s'y trouve. Il tombe ensuite entre les mains d'une bande de voleurs, dans laquelle il s'engage. — Dans un conte albanais (Hahn, n° 99), le petit héros, qu'on appelle « La Noix », laboure, assis sur la pointe de la charrue ; il s'associe à des voleurs et devient fameux sous le nom du « voleur La Noix ».

*
* *

Un poème anglais, l'histoire de *Tom Pouce*, qui a été sans doute imprimé dès le XVIᵉ siècle, mais dont la plus ancienne édition connue est de 1630, a conservé, au milieu de toute sorte de fantaisies plus ou moins poétiques, un trait de notre thème (Brueyre, p. 5) : Tom Pouce est attaché par sa mère à un chardon pour que le vent ne l'enlève pas. Une vache mange le chardon et Tom Pouce avec. « Où est-tu, Tom ? » crie partout la mère. — « Dans le ventre de la vache. » Tom finit par en sortir.

*
* *

Un conte kabyle (J. Rivière, p. 8) présente une curieuse ressemblance avec tous ces contes européens : Un homme avait deux femmes. Un jour, en remuant du grain, l'une trouve un pois chiche : « Plût à Dieu, se dit-elle, que j'eusse Pois chiche pour fils ! » L'autre trouve un ongle : « Plût à Dieu, dit-elle, que j'eusse Ali g'icher (*sic*) pour fils ! » Dieu les exauce [1]. Le conte laisse de côté Pois chiche et ne s'occupe que d'Ali. Le petit garde un troupeau de brebis sans

---

d'un livre très populaire en Allemagne à la fin du moyen âge, et qui a fait aussi l'amusement de nos aïeux. — Reste à savoir si les Wendes de la Lusace emploient le mot allemand lui-même ou un équivalent dans leur langue ; ce que ne dit pas M. Veckenstedt.

1. Dans le conte rhénan, la mère de Poucet a souhaité d'avoir un enfant, quand même il ne serait pas plus grand que le pouce. Comparer le conte italien des Marches et le conte croate. — Dans les deux contes portugais et dans la variante grecque, le souhait qu'a formé la mère, c'est d'avoir un fils, ne fût-il pas plus gros qu'un grain de mil, un haricot ou un pois.

qu'on puisse voir où il est. Des voleurs étant venus à passer, il se joint à eux.
Quand ils sont auprès d'une maison, ils font un trou dans le mur, et Ali entre
dans l'étable. Il passe dans l'oreille d'une vache et se met à crier : « Est-ce une
vache d'Orient ou une vache d'Occident que j'amène ? — Amène toujours, »
disent les voleurs. Une vieille femme se lève à leurs cris, allume une lampe et
regarde partout; elle s'arrête près de l'oreille de la vache. « Recule donc, » crie
Ali, « tu vas me brûler. »[1] La vieille étant partie, Ali prend une vache, et les
voleurs la conduisent sur une colline, où ils la tuent. Ali se fait donner la
vessie et s'en va près d'un ruisseau voisin. Tout à coup il se met à crier : « O
mon père, pardon; je l'ai achetée, je ne l'ai pas volée. » Les voleurs, se
croyant surpris, s'enfuient, et Ali rapporte la viande à sa mère[2]. Il prend un
des boyaux, le porte dans le jardin du roi et se cache dans le boyau. La fille
du roi ramasse le boyau et le met dans son panier. Quand elle passe sur la
place publique, Ali crie de toutes ses forces : « La fille du roi a volé un
boyau ! » La fille du roi jette le boyau; un lion survient et l'avale. Ali se met
à parler dans le ventre du lion, qui lui demande comment il pourra se débarrasser de lui. Ali lui conseille d'avaler un rasoir : « Je te percerai un peu et je
sortirai. » Toujours sur le conseil d'Ali, le lion met en fuite des enfants
occupés à se raser la tête. Il avale un de leurs rasoirs. Ali lui fend tout le
ventre, et le lion tombe mort.

1. Tout ce passage se retrouve dans le conte italien des Marches : Pouce s'introduit dans une bergerie
et crie à ses camarades les voleurs, qui sont restés dehors : « Lesquels voulez-vous, les blancs ou les
noirs ? — Tais-toi, » disent les voleurs; « le maître va t'entendre. » Mais Pouce continue à crier. Le
maître arrive. Les voleurs décampent et Pouce se cache dans un trou de la muraille. Le maître met sa
lumière justement dans ce trou. « Oh ! tu m'aveugles, » crie Pouce.

2. Dans le conte lithuanien, les voleurs ayant tué les bœufs qu'ils ont pris à un seigneur, de concert
avec Poucet, celui-ci s'offre à aller laver les boyaux. Il les porte donc à la rivière et se met tout à coup
à pousser des cris terribles : « Ah ! mon bon monsieur, je ne les ai pas volés tout seul; il y a encore là
trois hommes qui font rôtir la viande. » Quand les voleurs entendent ces paroles, ils s'enfuient.

LIV

LE LOUP & LE RENARD

Un loup et un renard, deux grands voleurs, s'étaient associés et faisaient ménage ensemble. Ils s'embusquaient à la lisière des bois, ils rôdaient autour des troupeaux, ils s'aventuraient même jusque dans les fermes ou dans les maisons, quand il ne s'y trouvait que des enfants.

Un jour, ils volèrent un pot de beurre; ils le cachèrent au fond du bois pour le trouver quand viendrait l'hiver. Quelque temps après, le loup dit au renard : « J'ai faim : si nous entamions le pot de beurre ? — Non, » dit le renard, « n'y touchons pas tant que nous pouvons attraper des moutons ou quelque autre chose ; gardons nos provisions pour la mauvaise saison..» Le renard, qui était bien plus fin que son camarade, voulait manger le beurre à lui tout seul.

A midi, au coup de l'Angelus, il dit au loup : « Ecoute! voilà qu'on m'appelle pour être parrain. — Pour être parrain ? » dit le loup tout étonné. — « Oui, » dit le renard, et il courut au bois, à l'endroit où était le pot de beurre. Il en mangea une bonne partie, puis il revint trouver son compagnon.

« Te voilà revenu ? » lui dit le loup; « eh bien! quel nom as-tu donné à l'enfant ? — Je l'ai appelé le *Commencement*. — Le *Commencement*! quel vilain nom ! — Bah! c'est un nom comme un autre. »

Quelques jours après, quand sonna l'Angelus, le renard dit au loup : « Ecoute! voilà qu'on m'appelle encore pour être parrain. — Ah! » dit le loup, « tu as bien de la chance! et moi, qui ai si faim, jamais on ne m'appellera! »

Le renard retourna au pot de beurre, et se régala comme il faut. Quand il fut revenu, le loup lui demanda : « Quel nom as-tu donné à l'enfant ? — Je l'ai nommé la *Moitié*. — La *Moitié !* oh ! le vilain nom que tu as donné là ! » Le renard crevait de rire.

Le lendemain, avant la nuit, il dit au loup : « J'oubliais : je dois encore être parrain demain. — Cela ne finira donc pas ? » dit le loup. « Moi, je n'aurai jamais pareille chance. — Oh ! pour cela non : tu es trop bête. Au revoir donc ; je ne serai pas long-temps, et je te rapporterai quelque chose du repas. »

Il acheva le pot de beurre, et rapporta au loup des os qui étaient bien depuis trente ans sur un tas de pierres. Le loup essaya de les manger et s'y cassa les dents. « Voilà, » dit-il, « un beau régal ! — Que veux-tu ? » dit le renard ; « les temps sont durs ! Encore est-ce là ce qu'il y avait de meilleur et de plus friand au repas du baptême. Mange donc. » Mais le loup ne pouvait en venir à bout. « A propos, » demanda-t-il, « quel nom as-tu donné à l'enfant ? — Il s'appelle *J'â-veu-s'cû* [1]. — *J'â veu s' cû !* fi ! le vilain nom. »

A quelque temps de là, le loup dit au renard : « Maintenant, il faut aller à nos provisions. » Le renard avait eu soin de casser le pot et de mettre parmi les débris des souris mortes et des limaces. A cette vue, le loup s'écria : « Nous sommes volés ! — Ce sont pourtant ces vilaines bêtes qui nous ont joué ce tour, » dit le renard. — « Hélas ! » reprit le loup, « moi qui ai si faim !

— J'ai cru bien faire, » dit le renard en se retenant de rire ; « je voulais mettre le beurre en réserve pour l'hiver. — Et moi, » dit le loup, « je t'avais dit qu'il ne fallait pas attendre ; je savais bien que nous ne pourrions pas le garder si longtemps. — C'est qu'aussi on ne trouve pas toujours à prendre ; il faut bien ména-ger un peu. Si nous allions pêcher ? — Comment ferons-nous ? » demanda le loup. — « Nous nous approcherons des charbonniers pour leur faire peur ; ils s'enfuiront et nous pren-drons leurs paniers pour attraper le poisson. »

Ce jour-là, il gelait bien fort. « Tiens ! » dit le renard en montrant au loup les glaçons qui flottaient sur la rivière, « tout le poisson est crevé : le voilà sur l'eau ; il sera bien facile à prendre. » Il attacha un panier à la queue du loup, et le loup

1. « J'ai vu son c.. », le fond du pot.

descendit dans la rivière. « Oh ! » criait-il, « qu'il fait froid ! »
Cependant les glaçons s'amassaient dans son panier. « Ah ! que
c'est lourd ! — Tire, tire, » disait l'autre, « tu as des poissons
plein ton panier. — Je n'en peux venir à bout. »

A la fin pourtant, le loup parvint à sortir de l'eau, mais sa
queue se rompit et resta attachée au panier. « Comment ! » dit
le renard, « tu laisses là ta queue ? Mais quelles bêtes as-tu dans
ton panier ? — Ce sont les bêtes que tu m'as montrées. — Eh
bien ! essaie d'en manger. » Le loup se cassa encore deux ou
trois dents et dit enfin : « Mais ce n'est que de la glace ! Ah !
que j'ai froid et que j'ai faim ! — Regarde là-bas, » dit le renard,
« voilà de petits bergers qui teillent du chanvre auprès du feu.
Allons-y : ils auront peur et laisseront là leur chanvre. Je t'en
referai une queue. »

A leur arrivée, les enfants s'enfuirent en criant : « Ah ! le
vilain loup ! le vilain loup ! — Tourne le dos au feu, » dit le
renard à son camarade, « et chauffe-toi bien. Je vais te remettre
une queue. » Il prit du chanvre et en refit une queue au loup,
puis il y mit le feu. Le loup bondit de douleur, et se mit à courir
et à s'agiter, en criant d'une voix lamentable :

> « J'â chaou la patte et chaou le cû.
> Ma grand'mère, j' n'y r'vanra pû [1]. »

Le renard lui dit : « Viens avec moi : on va faire la noce à la
Grange-Allard [2] ; il y a des galettes plein le four. »

A quelque distance de la ferme, le renard grimpa sur un
chêne. « Oh ! » dit-il, « que cela sent bon la galette ! Mais j'entends les cloches ! les gens vont revenir de la messe... Oui, oui,
voici la noce ; il est temps d'approcher de la chambre à four. —
Comment faire pour entrer ? » demanda le loup. — « Voici une
petite lucarne, » dit le renard ; « tu pourrais bien passer par là.
— C'est trop étroit ; il n'y a pas moyen. — Passe ta tête : là où
la tête passe, le derrière passe. Quand tu seras dans la chambre
à four, tu mangeras le dessus des tartes, et tu me jetteras le reste
par la lucarne. J'en ferai une petite provision pour nous deux. »

Après bien des efforts, le loup parvint à entrer dans la

---

1. J'ai chaud la patte et chaud le c.. ; ma grand'mère, je n'y reviendrai plus.
2. Ferme voisine de Montiers-sur-Saulx.

chambre à four; le renard resta dehors, et tout ce que le loup lui jetait par la lucarne, il le mangeait; c'était la meilleure part. Les gens de la noce arrivèrent bientôt; le renard s'enfuit, laissant là son camarade.

Un instant après, les femmes entrèrent dans la chambre à four pour prendre les galettes. Les voilà bien effrayées : « Au loup! au loup! » Tout le monde accourt avec des bâtons, des fléaux, des pelles à feu. Pendant ce temps, le renard riait de toutes ses forces dans sa cachette. Le pauvre loup avait essayé de repasser par la lucarne; mais, comme il avait beaucoup mangé, il ne put y réussir. On tomba sur lui, et on lui donna tant de coups, qu'il rendit tout ce qu'il avait mangé. Les bas blancs, les beaux jupons en furent tout gâtés; il fallut changer d'habits. Quant au loup, il fut si maltraité qu'il en mourut.

REMARQUES

Dans une variante, également de Montiers-sur-Saulx, et qui met en scène plusieurs personnes du pays, mortes aujourd'hui, le loup et le renard s'en vont sur le chemin de Ligny. Passent trois charretiers, le père Charoy, le père Maquignon et le père Merveille, avec leur vanne à charbon (banne, voiture à charbon). Le renard court en avant, s'étend sur la route et fait le mort. « Ah! le beau renard! » disent les charretiers, quand ils arrivent auprès de lui; « il faut le mettre sur notre vanne. » Sur leur vanne ils avaient mis, avant de partir, diverses provisions, du pain, du vin, du lard, du beurre. Le renard jette tout sur la route, puis il saute en bas de la vanne et va porter les provisions dans le creux d'un arbre. — Vient ensuite l'histoire du parrainage. Le renard mange d'abord la moitié d'un pot de beurre, et l'enfant s'appelle « la Moitié »; puis il achève le pot, et l'enfant s'appelle « Bé r'liché » (Bien reléché). La troisième fois, il mange le lard et n'en laisse que la couenne; « La Couenne » est le nom de l'enfant. — Cette variante a aussi l'épisode de la pêche; le renard mange tous les poissons, et le loup en est pour sa queue arrachée.

Dans notre conte et sa variante, nous trouvons quatre suites d'aventures, dont certaines forment parfois des contes séparés.

*
**

L'épisode des charretiers, particulier à la variante, se retrouve dans un conte allemand de la Marche de Brandebourg (Kuhn, *Mærkische Sagen*, p. 297). Dans ce conte, le renard s'y prend absolument de la même manière que dans notre variante, pour voler un charretier qui conduit une voiture chargée de barils de poissons salés. Le loup ayant vu ensuite le renard en train de

manger ces poissons, lui demande où il se les est procurés. Le renard lui dit
qu'il les a pêchés dans tel étang. Suit l'histoire de la pêche. Quand la queue du
loup est bien gelée, le renard attire du côté de l'étang les gens du village voisin,
qui tombent sur le loup à coups de bâton et de fourche. Le loup y perd sa
queue. — Mêmes aventures et même enchaînement des deux épisodes, dans un
conte esthonien, où l'ours tient la place du loup (Grimm, *Reinhart Fuchs*,
p. cclxxxvj), dans un conte russe (L. Léger, n° 28), dans un conte wende de
la Lusace, un peu altéré (Haupt et Schmaler, II, p. 166), dans un conte
français de la Bresse (*Contes des provinces de France*, n° 65), altéré aussi,
et dans un conte allemand du grand duché d'Oldenbourg (Strackerjan,
II, p. 94), où le renard joue le rôle du loup et est attrapé par le lièvre. —
Comparer encore un conte allemand assez altéré, *le Lièvre et le Renard*
(Bechstein, p. 120).

Dans un second conte wende de la Lusace (Veckenstedt, p. 98), où les deux
épisodes s'enchaînent aussi, le renard est la dupe, comme dans le conte oldenbourgeois, et celui qui l'attrape est une sorte de Petit Poucet, le petit fripon
d'Eulenspiegel [1].

L'épisode des charretiers se retrouve encore dans un conte serbe (Vouk,
p. 267) et dans un conte écossais (Campbell, I, p. 278).

Dans un conte hottentot, publié par W.-H. Bleek (voir l'article de M. F.
Liebrecht dans la *Zeitschrift für Vælkerpsychologie und Sprachwissenschaft*, t. V,
1868), le chacal fait le mort et se met sur le chemin d'une voiture chargée de
poissons ; le charretier le ramasse, comptant en tirer une belle fourrure pour
sa femme. Le chacal jette sur la route une bonne partie des poissons, puis il
saute en bas de la voiture et les emporte. L'hyène, qui veut l'imiter, n'est pas
ramassée parce qu'elle est trop laide ; en revanche elle reçoit force coups de
bâton.

On peut, croyons-nous, rapprocher de ces divers contes un conte du Cambodge (Aymonier, p. 34) : Le lièvre rencontre un jour une vieille femme qui
porte des bananes au marché. Il s'étend roide et immobile sur la route.
« Bonne aubaine ! » dit la femme, « cela me fera un bon civet. » Elle ramasse
le lièvre, le met sur sa hotte et continue sa route. Pendant ce temps, le lièvre
mange les bananes. A la première occasion il saute à terre et disparaît [2].

*
* *

L'épisode de la queue gelée se rencontre, en dehors des contes que nous
avons mentionnés, dans un conte bavarois (Grimm, III, p. 124); dans un
conte norwégien, *le Renard et l'Ours* (Asbjœrnsen, t. I, n° 17) ; dans un conte
lapon (n° 1 des Contes lapons traduits par M. F. Liebrecht, *Germania*, 1870) ;
dans un conte russe (Gubernatis, *Zoological Mythology*, II, p. 129) et dans un
conte écossais, altéré (Campbell, p. 272).

---

1. Voir, sur ce personnage, une note de notre n° 53, *le Petit Poucet* (II, p. 133).

2. Il est assez curieux que le conte oldenbourgeois, mentionné plus haut, et dont le lièvre est aussi
le héros, n'a pas non plus les charretiers et leur voiture : c'est à un garçon boulanger, portant des pains
dans une corbeille, que le lièvre, aidé ici du renard, joue un tour.

Un conte français, recueilli à Vals (Ardèche) par M. Eugène Rolland (*Faune populaire de la France. Les Mammifères sauvages.* Paris, 1877, p. 150), présente une petite différence : Le loup et le renard vont pêcher des truites. Le renard attache à la queue du loup un panier destiné à recevoir le produit de la pêche, puis il se met en besogne ; chaque fois qu'il plonge, il prend une truite qu'il croque immédiatement, et, en guise de poisson, il va mettre dans le panier une grosse pierre. Finalement, il s'enfuit en se moquant du loup. Celui-ci, furieux, s'élance à sa poursuite ; mais toute la peau de sa queue reste attachée au panier chargé de pierres. Il en est à peu près de même dans un conte du Forez, analysé par M. Kœhler (*Jahrbuch für romanische und englische Literatur*, t. IX, p. 399).

Dans un conte du « pays saxon » de Transylvanie, cité également par M. Kœhler (*Zeitschrift für romanische Philologie*, III, p. 618), le renard, comme dans notre conte, fait au loup une queue de chanvre et de poix, et ensuite il y met le feu. — Le conte de la Bresse présente cet épisode à peu près de la même manière que le conte de Montiers : nous y retrouvons, par exemple, les bergers qui teillent du chanvre.

En Orient, nous avons à citer un conte des Ossètes du Caucase, traduit par M. Schiefner (*Mélanges asiatiques*, publiés par l'Académie de Saint-Pétersbourg, t. V, 1865, p. 104) : Le renard a trouvé des poissons. Les autres renards se rassemblent autour de lui et lui demandent d'où ces poissons lui viennent. Il leur répond : « J'ai tout simplement laissé pendre ma queue dans l'eau ; voilà comment j'ai eu les poissons. » Les renards plongent leur queue dans l'eau et l'y laissent toute la nuit. Le matin, quand ils tirent, leur queue reste dans la glace. (Il y a ici une altération : le conte commence par des tours joués par le renard non à ses frères les renards, mais au loup ; c'est le loup qui, ici comme ailleurs, aurait dû être, d'un bout à l'autre, le personnage bafoué.)

*
* *

Venons à l'histoire du baptême. Elle se retrouve, avec le pot de beurre, dans le conte du Forez mentionné plus haut. Les noms des prétendus enfants sont *Quart-Mindzot* (« Quart-Mangé ») *Méto-Mindzot* (« Moitié-Mangé ») et *Tut-Mindzot* (« Tout-Mangé »). Là aussi, les deux personnages sont le loup et le renard. Il en est de même dans le conte de la Bresse, dans trois autres contes français : l'un, de l'Ariège (*Revue des langues romanes*, t. IV, p. 315) ; l'autre, de l'Isère (*ibid.*, t. XIV, p. 184) ; le troisième, du Périgord, recueilli par M. Jules Claretie (*Revue des provinces*, 1864, p. 492), et aussi dans un conte écossais (Campbell, nᵒ 65), dans un conte du Holstein (Müllenhoff, p. 468), dans un conte grec moderne (Hahn, nᵒ 89), dans un conte espagnol (Caballero, II, p. 6), dans un conte portugais (Braga, nᵒ 246). — Un conte norwégien (Asbjœrnsen, t. I, nᵒ 17) met en scène le renard et l'ours ; un conte hessois (Grimm, nᵒ 2), le chat et la souris ; un conte poméranien (Grimm, III, p. 7), le coq et la poule ; un autre conte allemand (*ibid.*), le renard et le coq ; un conte des nègres de la Guyane française (Brueyre, p. 365), le chat et le chien ; enfin un conte islandais (Arnason, p. 606), une vieille femme et son vieux mari.

Dans le plus grand nombre de ces contes, il s'agit d'un pot de beurre, comme dans notre conte et sa variante ; d'un pot de miel, dans le conte grec, le conte espagnol, le conte portugais, les contes français de l'Ariège et de l'Isère, ainsi que dans un des contes allemands précédemment cités (Grimm, III, p. 7). Les noms donnés aux enfants ont partout beaucoup de ressemblance avec ceux qui figurent dans les deux contes de Montiers. Ainsi, dans le conte de l'Ariège, *Commensadet* (« Commencé »), *Miechet* (« A moitié »), et *Acabadet* (« Achevé ») ; dans le conte espagnol, *Empezili* (de *empezar*, « commencer »), *Mitadili* (de *mitad*, « moitié ») et *Acabili* (de *acabar*, « achever ») ; dans le conte créole, *Koumansman* (« Commencement »), *Mitan* (« Milieu ») et *Finichon* (« Fin ») ; dans le conte de l'Isère, *Jesquacoûa* (« Jusqu'au cou »), *Jesquamiâ* (« Jusqu'au milieu ») et *Jesquaki* (« Jusqu'au fond ») ; dans le conte norwégien, « Commencé », « Mi-mangé », « Fond-léché » (comparer le *Bê r'liché* de notre variante).

Une histoire du même genre se retrouve dans un conte russe (voir Gubernatis, *Zoological Mythology*, II, p. 129).

Un conte du pays napolitain, publié dans la revue *Giambattista Basile*, 1884, p. 52, a modifié, en l'altérant, cet épisode.

En Orient, tout cet épisode se raconte chez les Kirghiz de la Sibérie méridionale (Radloff, III, p. 369). Le voici en substance : Un loup, un tigre et un renard sont camarades. Ils trouvent un jour un pot de beurre et le mettent en réserve en un certain endroit. Le renard dit aux autres : « La femme de mon frère aîné vient d'avoir un enfant ; je vais aller voir cet enfant et lui donner son nom. — Va, » lui disent le loup et le tigre. Le renard court au pot de beurre, en mange la largeur du doigt et revient trouver ses compagnons. « Eh bien ! » lui demandent ceux-ci, « quel nom as-tu donné à l'enfant ? — Je l'ai appelé « Large-d'un-doigt ». Le lendemain, le renard retourne donner un nom à l'enfant de son second frère, et il l'appelle « Le Milieu ». Le nom du troisième enfant, « Lèche-lèche », correspond au *Bê r'liché* de notre variante lorraine.

Il a été recueilli chez les Kabyles un récit du même genre, mais moins complet (Rivière, p. 89) : Le lion, le chacal et le sanglier vivent ensemble et possèdent en commun une jarre de beurre. Un jour qu'ils sont à piocher un champ, le chacal dit que son oncle l'appelle [1]. « La maison de mon frère est en noce ; je vais y manger un peu de couscous. » Il part et mange la moitié du beurre. Le lendemain, il mange le reste. Mais, plus tard, quand le lion et le sanglier voient la jarre vide, ils disent au chacal : « C'est toi qui as mangé le beurre. » Le chacal prend la fuite ; les autres le rattrapent et le tuent.

Dans ses *Notes de lexicographie berbère* (Paris, 1885, p. 98), M. René Basset dit qu'il a entendu raconter, toujours en Algérie, à Cherchell, « une histoire qui, pour le fond, est analogue à celle du Renard parrain. »

*
* *

Le dernier épisode, — celui du ventre gonflé et de l'ouverture étroite, qui

---

1. Dans le conte de l'Ariège, la renarde et le loup sont à travailler au jardin quand la renarde dit qu'on l'appelle pour un baptême.

rappelle la fable de *la Belette entrée dans un grenier*, — fait partie du conte français de Vals que nous avons cité et d'un conte de l'Agenais (Bladé, n° 6). Il existe également dans le conte allemand n° 73 de la collection Grimm, dans deux autres contes allemands (Curtze, p. 173 ; Kuhn, *op. cit.*, p. 296), dans l'un des contes wendes de la Lusace cités plus haut (Veckenstedt, p. 97), et aussi, d'après M. Kœhler (remarques sur le conte agenais), dans un conte du « pays saxon » de Transylvanie, dans un conte danois et dans un conte hongrois.

La revue la *Germania* (t. II, 1857, p. 306) a publié un curieux passage d'un manuscrit de la Bibliothèque de Munich, datant du XIIIᵉ ou du XIVᵉ siècle et contenant des sermons en latin. Ce passage sera intéressant à citer ici en entier : « Diabolus quidam Rainhardus duxit feneratorem Isengrimum ad locum multarum carnium, qui, cum tenuis per foramen artum intraverat, inflatus exire non potuit. Vigiles vero per clamorem Rainhardi Isengrimum usque ad evacuationem fustigaverunt et pellem retinuerunt. Sic dæmones usurarium, cum per congregationem rerum fuerit inflatus, a pelle carnali exutum, animam in infernum fustigabunt, ut ossa cum pelle et carne usque ad futurum judicium terræ commendent. »

C'est, comme on voit, tout à fait notre épisode final, et, bien que le sermonnaire remplace le renard et le loup par un diable et un usurier, il a conservé les noms pour ainsi dire classiques de Rainhart et d'Isengrim, donnés au renard et au loup dans la littérature du moyen âge.

LV

LÉOPOLD

Il était une fois un homme et une femme, mariés depuis dix ans et qui n'avaient jamais eu d'enfants ; ils auraient bien désiré en avoir.

Un jour que l'homme se rendait dans un village voisin, il vit venir à lui une vieille femme. « Ce doit être une fée, » pensat-il. « Si elle me parle, je lui répondrai poliment. »

« Où vas-tu ? » lui dit la fée. — « Je vais au village voisin, ma bonne dame. — Tu voudrais bien avoir des enfants, n'est-ce pas ? — Oh ! oui, ma bonne dame. — Eh bien ! tu vois des chiens là-bas ; tâche de te faire mordre, et tu auras un fils. »

L'homme s'approcha des chiens, et l'un d'eux le mordit à la main. De retour à la maison, il raconta son aventure à sa femme. Au bout de neuf mois, ils eurent un fils, qu'on appela Léopold.

Plus l'enfant grandissait, plus il devenait méchant : ses parents pensaient que c'était parce que le père avait été mordu par le chien. A l'école, il ne voulait rien apprendre ; ayant pris un jour le sabre de son père, il le montra au maître d'école et lui dit qu'à la moindre observation, il le lui passerait au travers du corps. Le maître se plaignit au père : « Votre fils est un garnement, » lui dit-il, « je n'en peux venir à bout. » Finalement le père déclara à Léopold qu'il ne le garderait pas plus longtemps à la maison ; il le conduisit un bout de chemin, puis ils se séparèrent.

Etant arrivé dans un village, Léopold vit tout le monde en pleurs. « Qu'ont-ils donc à pleurer, ces imbéciles ? » dit-il. On lui répondit qu'une princesse allait être dévorée par une bête à sept têtes. « Ce n'est que cela ? » dit Léopold ; « voilà une belle affaire ! » Les gens se disaient : « N'est-ce pas là ce mauvais sujet de Léopold ? » Il continua son chemin et rencontra une vieille femme : « Où vas-tu, mon ami ? » lui dit-elle. — « Ces imbéciles qui pleurent là-bas viennent de me parler d'une bête à sept têtes. Je n'ai pas encore vu de bête à sept têtes ; j'ai presque envie de l'aller combattre. — Va, mon garçon, » reprit la vieille. Les gens qui avaient entendu la conversation se disaient l'un à l'autre : « Comme il a parlé honnêtement à cette femme ! Il est pourtant bien méchant ! »

Léopold se rendit au bois et y trouva la princesse qui chantait. « Vous ne faites pas comme les gens du village, » lui dit-il, « vous chantez, et les autres pleurent. — Autant vaut chanter que pleurer, » répondit-elle. « Mais éloignez-vous bien vite, si vous ne voulez pas que la bête vous mange. — Oh ! je n'ai pas peur ; je serais même curieux de voir une bête à sept têtes. » Un instant après, on entendit au loin dans le bois la bête qui brisait tous les arbres sur son passage. Dès qu'elle aperçut la princesse, elle se mit à crier : « Ho ! ho ! te voilà avec un amoureux ! » Léopold ne lui laissa pas le temps d'approcher ; il courut à sa rencontre le sabre à la main, et lui coupa trois têtes. « Remettons la partie à demain, » dit la bête ; « je ne mourrai pas encore de ce coup-ci. » La princesse dit alors à Léopold : « J'ai sept anneaux pour les sept têtes de la bête : en voici trois, avec la moitié de mon mouchoir. »

Le lendemain, Léopold revint avec un autre habit. « Que faites-vous ici ? » dit-il à la princesse. « Est-ce que vous êtes la fille d'un bûcheron ? Vos parents sont sans doute dans le bois ? » Elle lui répondit sans le reconnaître : « Je suis une princesse et je dois être dévorée par une bête à sept têtes. — Jamais je n'ai vu de ces bêtes-là, » dit Léopold ; « comment donc est-ce fait ? Je voudrais bien en voir une. — Mon Dieu, » dit la princesse, « c'est une grosse bête..., qui a sept têtes. On lui en a déjà coupé trois. Mais éloignez-vous ; j'ai peur que vous ne soyez dévoré. — Non, j'attendrai. » La bête ne tarda pas à arriver. Léopold lui abattit encore trois têtes. « A demain, » dit la bête ; « je ne mourrai pas encore de ce coup-ci. » La princesse donna trois anneaux à Léopold, comme la veille, et lui fit mille remerciements.

Le jour suivant, le jeune garçon se mit au menton une grande barbe blanche pour se donner l'air d'un vieillard, prit un bâton et vint trouver la princesse. « Que faites-vous ici ? » lui demanda-t-il. — « J'attends la bête à sept têtes qui doit me dévorer. Ne restez pas ici ; vous avez peut-être une femme et des enfants à nourrir. — J'ai un enfant ; mais à cela près ! » En arrivant, la bête se mit à crier : « Ho ! qu'est-ce que cela ? un vieillard ! je l'aurai bientôt mangé. » Léopold tira son sabre et lui abattit la dernière tête. La princesse lui donna son septième anneau et l'autre moitié de son mouchoir ; après quoi Léopold s'en retourna chez son père.

Le roi fit publier à son de caisse que ceux qui avaient délivré la princesse n'avaient qu'à se présenter, et qu'elle épouserait l'un d'eux. Beaucoup de gens se présentèrent au château, les uns avec des têtes de bœuf, les autres avec des têtes de veau ; mais on ne s'y laissait pas prendre. Léopold, lui, ne se pressait pas. Son père lui disait : « N'as-tu pas entendu parler de la princesse qui a été délivrée de la bête à sept têtes ? » Il répondait : « Cela ne nous regarde pas. » A la fin pourtant, il se rendit au château ; la princesse reconnut ses anneaux et son mouchoir, et le roi la donna en mariage à Léopold. On fit les noces, et moi, je suis revenu.

REMARQUES

Ce conte se rattache à un thème que nous avons déjà rencontré dans nos nᵒˢ 5 et 37, *les Fils du Pêcheur* et *la Reine des Poissons*. Voir nos remarques sur ces deux contes.

*
* *

Léopold livre trois combats à la bête à sept têtes et se présente chaque fois comme un nouveau personnage. Il y a, ce nous semble, dans ce dernier trait, un emprunt à un thème que nous avons étudié dans les remarques de notre nᵒ 43, *le Petit Berger*. Dans ce conte et dans les contes du même type, le héros fait son apparition dans trois tournois successifs, chaque fois avec un nouvel équipement et un nouveau cheval que son courage lui a procurés, et personne ne le reconnaît sous ce triple déguisement.

Un conte breton (Luzel, 5ᵉ rapport, p. 34), cité dans les remarques de notre nᵒ 43 (II, p. 95), relie tout à fait ce thème à celui de *Léopold*, des *Fils du Pêcheur*, etc. : Un berger, qui combat trois jours de suite un serpent à sept têtes, arrive chaque fois sous une armure différente, — couleur de la lune, couleur des étoiles, couleur du soleil, — qu'il a trouvée dans le château d'un sanglier, précédemment tué par lui¹, comme notre « Petit Berger » a trouvé ses trois chevaux merveilleux et ses trois équipements splendides dans les châteaux des trois géants qu'il a égorgés. — Comparer un conte allemand (Wolf, p. 369), où le héros combat un dragon à trois têtes, le premier jour avec une armure et un cheval noirs qu'il a pris dans un château merveilleux ; le second jour, avec une armure et un cheval rouges ; le troisième, avec une armure et un cheval blancs. Comparer aussi un conte basque (Webster, p. 22).

LVI

LE POIS DE ROME

Il était une fois un homme et sa femme. La femme prenait soin du jardin ; elle le bêchait au printemps et y semait des légumes. Pendant plusieurs années, le mari trouva tout bien ; mais voilà qu'un beau jour il se mit en tête que sa femme n'entendait rien au jardinage. « C'est moi, » lui dit-il, « qui m'occuperai cette année du jardin. »

Semant un jour des pois de Rome[1], il en remarqua un qui était plus gros que les autres ; il le mit à la plus belle place, au milieu du carré. Tous les matins il allait voir son pois de Rome, et le pois de Rome grandissait, grandissait, comme jamais on n'avait vu pois de Rome grandir. L'homme dit à sa femme : « Je vais aller chercher une rame pour ramer mon pois de Rome. — Une rame ! » dit-elle, « quand tu prendrais le plus haut chêne de la forêt, il ne serait jamais assez grand. »

Cependant le pois de Rome, à force de grandir, finit par monter jusqu'au Paradis. L'homme dit alors : « J'ai envie de ne plus travailler ; je m'en vais grimper à mon pois de Rome et aller trouver le bon Dieu. — Y penses-tu ? » lui dit sa femme. Mais il n'en voulut pas démordre ; il grimpa pendant trois jours et arriva au Paradis : une feuille du pois de Rome servait de porte. Après avoir traversé une grande cour, puis une longue suite de chambres, dont les feuilles du pois de Rome formaient les cloisons, il se trouva devant le bon Dieu et lui dit : « Je voudrais bien ne plus être obligé de travailler. Ayez pitié de moi et donnez-

1. On appelle ainsi, à Montiers, les haricots.

moi quelque chose. — Tiens, » dit le bon Dieu, « voici une serviette dans laquelle tu trouveras de quoi boire et manger. Prends-la et redescends par où tu es monté. »

L'homme fit mille remerciements, redescendit et rentra au logis. « Ma femme, » dit-il, « le bon Dieu m'a donné de quoi boire et manger. » D'abord elle ne voulut pas le croire ; mais quand elle vit la serviette et tout ce qui était dedans, c'est alors qu'elle ouvrit de grands yeux.

Au bout de quelque temps, quand il n'y eut plus rien dans la serviette, l'homme se dit : « Il faut que je remonte à mon pois de Rome. » Il fut encore trois jours pour arriver au Paradis. La feuille qui fermait l'entrée s'écarta pour le laisser passer. « Que veux-tu, mon ami ? » lui demanda le bon Dieu. — « Nous n'avons plus rien à manger, » répondit l'homme. Le bon Dieu lui donna une autre serviette encore mieux fournie que la première, et l'homme redescendit par le même chemin.

Les provisions durèrent plus longtemps cette fois ; mais pourtant on en vit la fin. L'homme dit alors : « C'est bien fatigant de toujours monter à mon pois de Rome ! — Oui, » répondit la femme, « plus fatigant que de travailler. — Je vais, » dit l'homme, « demander au bon Dieu de me donner de quoi vivre le reste de mes jours. » Il se mit donc encore à grimper, et arriva au bout de trois jours à l'entrée du Paradis. Les larges feuilles du pois de Rome s'écartèrent pour le laisser passer. « Que veux-tu, mon ami ? » lui demanda le bon Dieu. — « Je voudrais bien, » dit l'homme, « ne plus être obligé de travailler. Donnez-moi, je vous prie, de quoi vivre le reste de mes jours. J'ai trop de mal à grimper à mon pois de Rome ; je suis bien malheureux. — Tu vas être content, » lui dit le bon Dieu. « Tiens, voici un âne qui fait de l'or. Mais ni toi, ni ta femme, n'en dites rien à personne, et vivez comme on doit vivre, sans trop dépenser ; car vous feriez parler de vous. »

L'homme redescendit bien joyeux avec son âne et dit à sa femme en rentrant chez lui : « Voici un âne qui fait de l'or. — Es-tu fou ? » lui dit-elle. — « Non, je ne le suis pas ; tu vas voir. Mais surtout n'en parle à personne. » Il prit le drap du lit, l'étendit sous l'âne, et en quelques instants, le drap se trouva couvert de pièces d'or. La femme acheta du linge, des habits propres et de beaux meubles.

A quelque temps de là, elle reçut la visite de sa belle-sœur.
« Oh ! » dit celle-ci en entrant, « que tout est beau chez vous
depuis que je ne suis venue ! Vous faites donc bien vos affaires ?
— Tu ne vois pas encore tout, » dit l'autre, et elle lui montra
son armoire remplie de linge, sa bourse bien garnie de pièces
d'or. « D'où peut vous venir cette fortune ? » demanda la belle-
sœur. — « Je vais te le dire, mais garde-toi d'en parler à personne. Mon mari est monté au pois de Rome qui va jusqu'au
Paradis, et le bon Dieu lui a donné un âne qui fait de l'or. » Elle
la conduisit à l'écurie et lui fit voir l'âne ; c'était un âne gris
tacheté de noir. De retour chez elle, la belle-sœur s'empressa de
rapporter à son mari ce qu'elle venait d'apprendre. Le mari,
s'étant procuré un âne du même poil que celui de son beau-
frère, vint pendant la nuit prendre l'âne aux écus d'or, et laissa
l'autre à sa place. On ne s'aperçut de rien.

Quelque temps après, l'homme au pois de Rome, n'ayant
plus d'argent, eut recours à son âne ; mais ce fut peine inutile.
Il dut encore grimper au Paradis. « Que demandes-tu ? » lui dit
le bon Dieu. « Ne t'ai-je pas donné tout ce qu'il te fallait ? —
Ah ! » répondit l'homme, « l'âne ne veut plus faire d'or maintenant. — Mon ami, » dit le bon Dieu, « ta femme n'a pas gardé
le secret, et l'âne est chez ton beau-frère, qui te l'a volé. Mais
je veux bien venir encore à ton aide. Tiens, voici un bâton. Va
chez ton beau-frère ; s'il fait difficulté de te rendre l'âne, tu
n'auras qu'à dire : Roule, bâton ! »

L'homme prit le bâton, et, à peine descendu, courut chez le
beau-frère, qui était avec sa femme. « Je viens voir, » leur
dit-il, « si vous voulez me rendre mon âne. — Ton âne ? A quoi
nous servirait un âne ? Nous avons nos chevaux. (C'étaient des
laboureurs.) D'ailleurs, tu n'as pas le droit d'aller dans nos
écuries. — Eh bien ! roule, bâton ! » Aussitôt le bâton se mit à
les rosser de la bonne manière. « Ah ! » criaient-ils, « rappelle
ton bâton. » L'homme rappela son bâton et leur dit : « Vous
allez me rendre mon âne. — Nous ne savons ce que tu veux dire.
— Eh bien ! roule, bâton ! » Et le bâton frappa de plus belle.
« Rappelle ton bâton, » dit la femme, « et nous te rendrons ton
âne. »

Le bâton rappelé, l'homme reprit son âne et le ramena à la

maison. Depuis lors, il ne manqua plus de rien et vécut heureux avec sa femme.

_____

REMARQUES

Ce conte est formé de deux éléments qui ne se trouvent pas toujours combinés ensemble, le thème des objets merveilleux, qui s'est déjà présenté à nous dans cette collection (nos 4, *Tapalapautau*, et 39, *Jean de la Noix*), et celui de la plante qui monte jusqu'au ciel.

Nous avons étudié le premier de ces thèmes à l'occasion de nos nos 4 et 39 ; nous ajouterons seulement qu'on a dû remarquer dans le *Pois de Rome* que la serviette qui se couvre de mets au commandement est remplacée prosaïquement par une serviette où se trouve à boire et à manger. Nous avons déjà vu la même altération de l'idée première dans notre no 19, *le Petit Bossu*.

Quant au second thème, nous l'étudierons ici, dans les diverses combinaisons où il se rencontre.

*
* *

Parmi les contes où ce second thème n'est pas combiné avec le premier, nous citerons d'abord un conte russe (Ralston, pp. 294-295) : Un vieux bonhomme plante un haricot sous sa table. Le haricot pousse si bien qu'il faut lui ouvrir un passage à travers plafond et toit ; il finit par toucher au ciel. Le bonhomme grimpe à la tige du haricot. Arrivé au ciel, il voit une cabane dont les murs sont de gâteau ; les bancs, de pain blanc, etc. Cette cabane est la demeure de douze chèvres, qui ont, l'une un œil, l'autre deux, et ainsi de suite jusqu'à douze. Par la vertu de certaines paroles, le vieux parvient à endormir la chèvre à un œil, qui est chargée de faire bonne garde, puis, les jours suivants, les autres chèvres. Malheureusement il oublie d'endormir le douzième œil de la dernière, et il est pris. — L'histoire ne s'arrête pas là, dans une variante également russe (*ibid.*, p. 295) ; elle se lance dans une série de hâbleries à la Münchhausen. Chassé de la maison gardée par la chèvre aux six yeux, le moujik retourne à sa tige de pois : plus de tige de pois. Il se fait une corde avec des fils de la vierge, etc., etc.

Dans un conte westphalien (Grimm, no 112), un paysan a laissé tomber dans un champ une graine de navet ; il en sort un arbre, qui s'élève jusqu'au ciel. L'homme y grimpe, et, tandis qu'il est à regarder dans le Paradis, il s'aperçoit que l'on coupe l'arbre. Il tresse une corde avec de la menue paille, etc. — Comparer un autre conte westphalien (Grimm, III, p. 193), où une histoire du même genre est mise dans la bouche d'un jeune paysan qui s'est fait fort de dire les plus grandes hâbleries du monde. Ce conte appartient au groupe de contes où celui qui « mentira le mieux » gagnera telle ou telle chose, parfois (ici, par exemple) la main d'une princesse. — Nous mentionnerons, parmi les contes de ce groupe, comme présentant ce même thème, un conte lithuanien (Schleicher, p. 38), un conte serbe (Vouk, no 44), un conte grec moderne (Hahn, no 59), un conte norvégien (Asbjœrnsen, t. II, p. 97).

Dans un conte français, que M. Alphonse Karr dit avoir entendu raconter dans son enfance (*Moniteur universel*, 18 mars 1879), un saint ermite, désolé de la mauvaise conduite des habitants de son village et ne voyant aucun résultat de ses prières, demande à être admis devant le bon Dieu pour lui exposer ses vœux. Saint Jean, son patron, lui apparaît en songe et lui donne une fève qui, plantée par l'ermite, croît merveilleusement et finit par arriver au ciel, où le saint homme, après y avoir grimpé, demande et obtient ce qu'il désirait.

Dans un troisième conte russe (Ralston, p. 291), un vieux bonhomme plante dans sa cave un chou qui grandit aussi merveilleusement que les haricots, pois, etc., des contes précédents. Ici, le vieux fait un trou dans le ciel avec sa hache et s'y introduit. Il y voit un moulin à bras qui, à chaque tour, donne un pâté et un gâteau avec un pot d'eau-de-vie de grain. Après avoir bien mangé et bien bu, le bonhomme redescend et dit à sa femme de venir avec lui là-haut. Il la met dans un sac qu'il tient avec les dents et commence à grimper ; mais, à moitié chemin, le sac lui échappe, et la vieille femme est tuée, etc.

Ce moulin merveilleux fait penser à la serviette de nos contes lorrains et des contes analogues. Un autre conte russe (Ralston, p. 296) va se rapprocher davantage de ces contes. Le héros du conte russe, toujours un vieux bonhomme, après avoir grimpé à un chêne né d'un gland planté par lui dans sa maison, trouve dans le ciel, outre le moulin à bras, un coq à crête d'or. Il rapporte l'un et l'autre chez lui, mais bientôt un seigneur *vole le moulin*, lequel est finalement repris par le coq.

*
**

Dans les contes qui vont suivre, la ressemblance avec le *Pois de Rome* est complète. Voici, pour commencer, un conte flamand (A. Lootens, nº 1) : Un homme plante une fève de marais ; le lendemain il voit qu'elle a grandi et qu'elle a monté jusqu'à la porte du Paradis. Il y grimpe et obtient de saint Pierre une brebis à laquelle il suffit de dire : « Petite brebis, secoue-toi ! » pour voir pleuvoir les écus. Comme dans notre nº 4, *Tapalapautau*, l'homme est attrapé par un hôtelier qui substitue une brebis ordinaire à la brebis aux écus. Saint Pierre lui donne ensuite une table qui se couvre de mets au commandement, et enfin un sac d'où sortent, quand on prononce certaines paroles, des gourdins qui battent les gens. Par le moyen de ces gourdins, l'homme se fait rendre sa table et sa brebis. — Dans un conte de la Bretagne non bretonnante (Sébillot, I, nº 12), un homme est si pauvre qu'il ne lui reste plus qu'une fève. Il la plante dans son jardin et lui dit tous les matins de pousser bien vite pour qu'il aille chercher son pain au Paradis. Au bout de quelques jours, la fève lui dit qu'il peut monter. Il arrive à la porte de Paradis, où il trouve saint Pierre. Les objets donnés successivement par saint Pierre sont un âne qui fait des écus, une serviette qui se couvre de mets quand on lui dit : « Pain et vin », et enfin, l'un et l'autre ayant été volés par un aubergiste, un bâton qui rosse les gens. — Même enchaînement dans un des contes picards (nº 4) publiés dans le tome VIII (1879) de la *Romania*. Ici, c'est en grimpant à la tige du haricot pour en cueillir les gousses que Jean arrive au Paradis. Les objets donnés par le bon Dieu sont l'âne merveilleux, une table qui apprête à dîner, et une poêle (*sic*) qui frappe tout ceux qu'on désigne. — Voir encore un conte toscan (Pitrè, *Novelle popolari toscane*, nº 29), où saint Pierre donne au petit garçon qui a planté la fève une table, un âne et une massue.

Dans un conte grec moderne (nº 1 de l'appendice des *Deutsche Mærchen*, de Simrock), même combinaison, avec quelques traits particuliers : Un vieux bonhomme n'a pour nourrir sa famille qu'un caroubier. Or, cet arbre grandit si fort, qu'il finit par atteindre presque le ciel, et tous les jours le bonhomme grimpe au caroubier pour en cueillir les gousses. Voilà qu'une fois il entend dans l'air l'Hiver et l'Eté qui se disputent, chacun prétendant valoir mieux que l'autre. Ils aperçoivent l'homme sur son arbre et le prennent pour arbitre. Celui-ci leur dit qu'ils sont l'un et l'autre si bons, qu'il est très difficile de choisir entre eux. Les contestants, très satisfaits de sa réponse, lui font cadeau d'un petit pot de terre : « Il te procurera tout ce dont tu auras besoin ; mais garde-toi de le dire à personne. » L'homme commande au pot de lui procurer un bon repas ; de même le lendemain. Sa femme le presse tant qu'il finit par lui révéler le secret. Quelque temps après, leur fils, ayant vu une jeune princesse, en devient éperdument amoureux. Il dit à sa mère d'aller la demander pour lui en mariage au roi. Ce dernier répond qu'il y consentira, si le lendemain le jeune homme et ses parents ont en face de son palais à lui un palais bien plus beau. Que fait la femme ? Elle ordonne au petit pot de leur procurer un palais, et alors le mariage a lieu. Le roi et ses serviteurs enivrent le vieux bonhomme et lui extorquent son secret ; ils lui volent son petit pot et lui en substituent un autre en apparence semblable. Le bonhomme est donc obligé de remonter sur son arbre ; il revoit l'Hiver et l'Eté, qui prennent pitié de lui et lui donnent un gourdin et une corde : « Tu n'auras qu'à commander, et ils garrotteront et bâtonneront ceux que tu voudras. » Par ce moyen le bonhomme rentre en possession de son petit pot.

Dans un conte corse (Ortoli, p. 171), un pauvre diable, qui court après la fortune, arrive un jour dans un pays où il trouve un châtaignier si grand qu'il va jusqu'au ciel. Il y monte, et arrive au Paradis. Les objets qu'il reçoit successivement de saint Pierre sont une serviette merveilleuse, un âne qui fait de l'or et un bâton qui bat les gens, et notamment le fripon d'hôtelier.

Dans un conte de la Normandie, recueilli par M. Edélestand du Méril (*Etudes sur quelques points d'archéologie et d'histoire littéraire*, 1862, p. 474), il y a association d'un autre thème : Le bonhomme Misère rencontre Notre-Seigneur et saint Pierre ; il leur demande l'aumône. Notre-Seigneur lui donne une fève et lui dit de s'en contenter. Misère s'en retourne chez lui, et, comme il n'a pas de jardin, il plante la fève dans l'âtre de sa cheminée. La fève ne tarde pas à pousser ; le soir, elle sort déjà par le haut de la cheminée, et, le lendemain matin, on n'en voit plus le sommet. Misère grimpe à la tige de la fève ; ne trouvant pas de gousses, il monte toujours et arrive au Paradis. Saint Pierre lui promet, à sa prière, qu'il aura toujours dans sa maison de quoi boire et manger. Malheureusement pour Misère, sa femme l'oblige à grimper plusieurs fois encore à la fève pour adresser à saint Pierre des demandes de plus en plus déraisonnables, et il finit par redevenir aussi pauvre qu'auparavant. — Ce dernier élément qui vient se combiner avec notre thème est celui que développe le nº 19 de la collection Grimm, *le Pêcheur et sa Femme*.

Mentionnons encore un conte flamand (J. W. Wolf, *Deutsche Mærchen und Sagen*, nº 16), qui offre la combinaison de l'histoire du haricot avec le thème du nº 35 de la collection Grimm, *le Tailleur dans le Ciel*, et ensuite avec les hâbleries dont nous avons parlé tout à l'heure.

Dans un conte anglais (Grimm, III, p. 321. — Brueyre, p. 35), Jack grimpe à un haricot qui monte jusqu'aux nuages. Il arrive dans une contrée inconnue, où il rencontre une fée, et où il a ensuite des aventures avec un géant.

LVII

LE PAPILLON BLANC

Il était une fois un homme qui était toujours ivre. Comme il revenait un jour du cabaret, il passa par le cimetière et trébucha contre une tête de mort. « Tu n'es pas ici pour tes mérites, » lui cria-t-il en colère. — « Demain, » répondit la tête, « à cette même heure, tu y seras pour les tiens. »

A l'instant même, l'ivrogne fut dégrisé et retourna chez lui tout épouvanté. Sa femme lui dit en le voyant rentrer : « Il est bien étonnant que tu n'aies pas bu aujourd'hui. — Ah ! » répondit l'homme, « je suis bien dégrisé ; il m'est arrivé une terrible aventure. »

Quand la femme sut ce qui s'était passé, elle courut chez le curé pour lui demander secours. Le curé dit à l'ivrogne : « Allez sur la tombe de votre filleul ; frappez, et il en sortira un petit papillon blanc, qui combattra pour vous. »

Le lendemain, l'homme, suivant le conseil du curé, se rendit au cimetière et frappa sur la tombe de son filleul ; aussitôt il en sortit un papillon blanc qui combattit contre la tête de mort et fut vainqueur. Puis le papillon dit à l'homme : « Mon cher parrain, je vous devais une place en Paradis, et je vous la gardais ; maintenant je suis quitte avec vous. »

———

REMARQUES

Nous n'avons à rapprocher de ce petit conte qu'une légende de la Basse-Bretagne (Luzel, *Légendes*, II, p. 126) : Un jeune homme, qui va se marier, passe, en revenant de chez sa fiancée, devant un gibet où un de ses anciens rivaux est pendu. Excité par le cidre, il invite le pendu à ses noces. Le pendu s'y rend, en effet, mais visible seulement pour le marié, et, à son tour, il invite celui-ci à venir souper chez lui, le soir. Comme dans le conte lorrain, c'est l'âme d'un petit enfant, filleul du marié, qui sauve celui-ci. Elle le rend invisible aux yeux des diables rassemblés auprès du gibet. — M. Luzel donne (*op. cit.*, II, p. 201) une seconde version presque identique de cette légende, recueillie dans l'île de Bréhat.

Il est assez remarquable que, dans notre conte, l'âme du filleul apparaisse sous la forme d'un papillon, ψυχή, comme chez les Grecs.

LVIII

JEAN BÊTE

Il était une fois un jeune garçon qu'on appelait Jean Bête. Sa mère lui dit un jour : « Jean, tu iras porter ma toile au marché, mais tu ne la vendras pas à des gens trop bavards. — Non, maman ; soyez tranquille. »

Il se rendit donc au marché. Bientôt un homme s'approcha de lui : « Combien voulez-vous de votre toile ! — Hon. — A combien votre toile ? — Hon. — Répondez donc. — Vous n'aurez pas ma toile ; vous êtes trop bavard. »

Jean s'en alla un peu plus loin. Arriva un autre homme : « Vous avez de bien belle toile. — Hon. — Combien la vendez-vous ? — Hon. — Parlerez-vous ? — Vous n'aurez pas ma toile, vous êtes trop bavard. »

· « Je vais m'en retourner, » se dit Jean ; « je vois bien qu'il n'y a ici que des bavards. »

En quittant le marché, il eut l'idée d'entrer à l'église. Voyant à la porte un saint de pierre, il s'en approcha et lui présenta sa marchandise, en disant : « Voulez-vous de ma toile ? » Il se trouva qu'au même instant le vent fit remuer la tête du saint, qui n'était plus trop solide : Jean crut qu'il faisait signe que oui. « Vous aurez ma toile, » lui dit-il, « vous n'êtes pas bavard, vous. » Il lui mit la toile sur le bras et s'en retourna au logis.

« Eh bien ! Jean, » lui dit sa mère, « as-tu vendu ta toile ? — Oui, maman. — A qui l'as-tu vendue ? — Il n'y avait sur le marché que des bavards. J'ai vu à la porte de l'église un brave homme qui ne disait rien du tout, et je la lui ai donnée. Il ne

me l'a pas payée, mais il n'y a rien à craindre. — Malheureux ! »
dit la mère, « cours vite reprendre ma toile. »

Jean retourna à l'église ; la toile était toujours sur le bras du
saint. « Rends-moi ma toile, » lui dit Jean. A ce moment, le
vent fit branler la tête du saint à droite et à gauche. « Ah ! » cria
Jean, « tu ne veux pas me la rendre ; attends un peu. » Il donna
au saint une volée de coups de bâton, reprit la toile et revint tout
joyeux à la maison.

REMARQUES

Voici la première partie d'une variante, également recueillie à Montiers-sur-
Saulx :

Il était une fois une femme qui avait un fils qu'on appelait Jean Bête. Elle
lui dit un jour : « Nous allons entasser la lessive ; tu apporteras l'eau, moi je
mettrai le linge dans le cuvier. De cette façon nous aurons vite fait. »

A ce moment, on vint dire à la femme que quelqu'un la demandait.
« Jean, » dit-elle, « tu mettras dans le cuvier tout ce que nous avons de noir
(de sale) ; ensuite tu jetteras la lessive de haut. — Oui, maman. » La mère
étant partie, Jean ramassa dans la maison les chapeaux, les habits des
dimanches, tout ce qu'il put trouver de noir, et les entassa dans le cuvier. Puis
il monta au grenier, fit un trou au plancher et de là il jeta la lessive dans le
cuvier.

La mère revint pendant qu'il était à sa besogne. « Vous voyez, maman, »
cria-t-il, « je la jette de haut. — Malheureux ! » dit la mère, « que fais-tu ? et
qu'as-tu mis dans le cuvier ? — J'y ai mis tout ce que nous avons de noir. —
Ah ! » dit la mère, « voilà un bel ouvrage ! maintenant ma toile est toute
gâtée. Tu iras me la porter à la foire ; mais tu ne la vendras pas à des babil-
lards : ils attireraient le monde, et l'on remarquerait les taches. »

Suit une histoire analogue à celle que nous avons donnée dans notre texte.

Dans une autre variante de Montiers, Jean va à la foire pour acheter un pot.
En revenant, arrivé à un endroit où le chemin se partage en deux, il met le
pot par terre à l'entrée d'un des deux chemins et lui dit : « Tu as trois pattes ;
moi, je n'ai que deux pieds ; tu peux bien marcher. Nous verrons qui sera le
plus tôt arrivé. » Et il s'en va par l'autre chemin.

Dans une troisième variante, la grand'mère de Jean voudrait le marier ; mais
personne ne veut de lui. Elle lui recommande de se poster un dimanche à la
porte de l'église, à la sortie de la messe, et de « lancer des œillades » aux
jeunes filles qui passeront devant lui, dans l'espoir que quelqu'une le trouvera
de son goût. Jean va dans l'étable, arrache les yeux de tous les moutons et les
lance aux jeunes filles [1].

1. Cette dernière variante a une seconde partie, que nous résumerons ici : La grand'mère de Jean,
qui veut le marier, le conduit dans un village voisin, chez un homme qui a trois filles. On les invite à

Dans un conte bourguignon (Beauvois, p. 203), Cadet Cruchon est aussi envoyé par sa mère vendre de la toile au marché, avec recommandation de ne pas entrer en pourparlers avec des gens bavards. Ainsi que notre Jean Bête, il renvoie tous ceux qui lui demandent le prix de sa toile et la vend finalement à une statue de saint. Comme, malgré ses réclamations, la statue ne veut pas le payer et qu'il ne peut pas reprendre sa toile, qui a disparu, il donne des coups de bâton à la statue ; elle est brisée, et Cadet Cruchon trouve dans le socle un trésor.

Cette forme est plus complète ; car le dernier trait (la découverte du trésor) fait partie de presque tous les contes que nous avons à citer [1].

Dans un conte du Tyrol italien (Schneller, nᵒ 57), dans un conte toscan (Pitrè, *Novelle popolari toscane*, nᵒ 32), dans un conte italien de Rome (miss Busk, p. 371), dans un conte napolitain (p. 14 de la revue *Giambattista Basile*, année 1884), dans un conte sicilien (Pitrè, t. III, nᵒ 190, 1), dans un conte de la Basse-Autriche (*Zeitschrift für deutsche Philologie*, VIII, p. 94), c'est, comme dans notre conte et dans le conte bourguignon, une pièce de toile qu'une mère envoie son fils vendre. Dans un conte allemand (Simrock, nᵒ 18), — le seul, avec notre conte et les contes autrichien, breton et basque dont nous allons parler, où il ne soit pas question de trésor, — au lieu du fils, c'est un valet, et il est envoyé vendre du beurre.

Dans un conte de la Haute-Bretagne (Sébillot, I, p. 224), Jean le Diot vend la vache de sa mère à une statue de saint, qu'il brise ensuite à coups de bâton après lui avoir vainement réclamé ses vingt écus. Puis, voyant une poignée de liards et de sous dans une petite tasse auprès de la statue, il les met dans sa poche et s'en retourne à la maison (ce dernier trait est évidemment un souvenir affaibli du trésor). — Dans un conte basque (Vinson, p. 95), où le niais vend également une vache à la statue, ce souvenir lui-même a disparu complètement.

Un autre conte breton, celui-ci de la Bretagne bretonnante (Luzel, 3ᵉ rapport), est fort altéré : Jean de Ploubezre est envoyé par sa mère à la ville pour vendre une pièce de toile et acheter un trépied. Sur le bord de la route, il s'agenouille dans une chapelle de saint Jean, et il lui semble que son patron

souper. La grand'mère dit à Jean : « Tu es grand mangeur. Cela pourrait faire mauvais effet. Quand je verrai que tu auras assez mangé, je te marcherai sur le pied. — Bien ! » dit Jean. A peine commence-t-on à souper, qu'un chien qui est sous la table marche sur le pied de Jean. Aussitôt celui-ci dépose sa cuiller, et, malgré toutes les instances qu'on lui fait, il ne mange plus de tout le repas. Le souper terminé, la grand'mère lui demande pourquoi il s'est conduit ainsi. « Mais, » dit-il, « vous m'avez marché sur le pied. »

Cette histoire se retrouve, pour le fond, non seulement en France, dans la Haute-Bretagne (Sébillot, I, nᵒ 35), en Picardie (Carnoy, p. 198), dans le pays basque (Vinson, p. 96), mais en Allemagne, dans un conte souabe (Meier, nᵒ 52) et dans un conte de la région du Harz supérieur (Prœhle, I, nᵒ 69).

Dans ces contes, à l'exception du conte picard et du conte basque, le personnage qui correspond à Jean a encore, pendant la nuit, après le souper, des aventures ridicules, que nous souvenons d'avoir aussi entendu raconter à Montiers dans un autre conte commençant par l'épisode du souper et du chien qui marche sur le pied du garçon. N'ayant pas de notes pour rédiger ce conte, nous nous bornerons à dire qu'il ressemble extrêmement au conte breton.

1. Y aurait-il quelque relation de parenté entre ces contes et la fable ésopique où un homme, fatigué de demander en vain la richesse à Mercure, brise de colère la statue du dieu et trouve dans la tête un trésor (Babrius, nᵒ 119, édition de la collection Teubner ; Esope, nᵒ 66, même édition ; La Fontaine, *Fables*, III, 8) ?

grelotte de froid. Il enroule toute sa pièce de toile autour de la statue. Près de la statue de saint Jean était la statue d'un autre saint, qui avait l'air de tendre la main; une vieille femme y ayant mis un sou, Jean se dit que ce saint paiera le trépied. Il prend le sou, va chez un quincaillier, où il choisit un trépied, puis il jette le sou sur le comptoir et s'enfuit à toutes jambes avec le trépied. En montant une côte, il se dit : « Il faut que je sois bien bête de porter ainsi celui qui a trois pieds, tandis que moi je n'en ai que deux. » Et il pose son trépied à terre au milieu de la route. — Il y a ici, comme on voit, une combinaison de l'épisode de la statue avec celui du pot de notre seconde variante lorraine.

Ce second épisode se trouve aussi dans le conte bourguignon : Cadet Cruchon, ennuyé de voir un pot qu'il a acheté remuer constamment dans sa voiture, le met par terre, pensant qu'avec ses trois pieds le pot pourra toujours le rattraper. — En Picardie, on raconte aussi une histoire analogue de Gribouille et de sa marmite (Carnoy, pp. 179-180) ; dans la Haute-Bretagne (Sébillot, *Littérature orale*, p. 98), de Jean le Fou et de son trépied.

L'épisode de la statue reparaît, sous une forme un peu différente, dans un conte russe (Ralston, p. 49) : Le plus jeune de trois frères, garçon plus que simple, n'a eu qu'un bœuf pour sa part d'héritage. S'en allant pour le vendre, il passe devant un vieil arbre, que le vent agite. Il s'imagine entendre l'arbre lui demander à acheter le bœuf; il laisse là sa bête et dit qu'il reviendra le lendemain chercher l'argent. Quand il revient, le bœuf a disparu. Le jeune homme réclame son paiement, et, ne recevant pas de réponse, il prend sa hache et commence à couper l'arbre, quand soudain d'un creux s'échappe un trésor que des voleurs y avaient caché. — Même histoire dans un conte wende de la Lusace (Veckenstedt, p. 64), dans un conte du « pays saxon » de Transylvanie (Haltrich, nᵒ 61), dans un conte valaque (Schott, nᵒ 22, 3), et aussi, en Sibérie, dans un conte des Ostiaks (A. Ahlqvist, *Ueber die Sprache der Nord-Ostjaken*, Helsingfors, 1880, p. 15).

*
* *

Au XVIIᵉ siècle, le Napolitain Basile insérait dans son *Pentamerone* (nᵒ 4) un conte qu'il faut rapprocher des précédents : Vardiello vend sa toile à une statue, puis, en la brisant, il découvre un trésor. Sa mère, craignant son indiscrétion, s'avise d'une ruse ; elle lui dit d'aller s'asseoir devant la porte de la maison. Pendant ce temps, elle fait pleuvoir d'une fenêtre des figues et des raisins secs, que Vardiello s'empresse de ramasser. Plus tard, ayant parlé imprudemment du trésor, il est conduit devant les juges. On lui demande quand il a trouvé les ducats ; il répond que c'est le jour où il a plu des figues et des raisins secs. Les juges le croient encore plus fou qu'il ne l'est, et l'affaire en reste là. (Comparer le conte napolitain moderne, déjà cité.)

Dans un conte sicilien, se rattachant à cette famille de contes (Gonzenbach, nᵒ 37), la mère de Giufà s'y prend d'une façon analogue pour infirmer le témoignage de son fils au sujet d'un trésor qu'il a trouvé. Là, Giufà a été envoyé par sa mère chez le teinturier pour lui porter une pièce de toile à teindre en vert. Il la laisse à un petit lézard vert, qu'il se figure être le teinturier. Quand il revient pour reprendre sa toile, il ne la retrouve plus, et il démolit la maison du prétendu teinturier, c'est-à-dire un tas de pierres, dans lequel il trouve un pot plein d'or [1].

Nous allons rencontrer la même fin dans un conte oriental, dont la première partie a beaucoup d'analogie avec les contes que nous étudions ici, et notamment avec le conte sicilien. Dans ce conte arabe (*Mille et une Nuits*, trad. allemande dite de Breslau, t. XI, p. 144), un mangeur d'opium croit vendre sa vache à une pie qui caquète sur un arbre. Quand il revient pour toucher son argent, il s'imagine que la pie déclare ne pas vouloir payer. Furieux, il lui lance une bêche qu'il porte. L'oiseau effrayé s'envole et va se poser à quelque distance sur un tas de fumier. Le mangeur d'opium croit que la pie lui fait signe de prendre là son argent ; il fouille et trouve un pot rempli d'or. Il en prend la valeur de sa vache et remet le pot dans le fumier. Sa femme, ayant eu connaissance de l'histoire, va déterrer le pot et rapporte le reste du trésor. Le mangeur d'opium la menace de la dénoncer à la police. Alors la femme va acheter de la viande cuite et des poissons cuits, et éparpille le tout devant la porte de la maison, pendant la nuit. Puis elle réveille son mari et lui dit qu'il vient de faire un grand orage et qu'il a plu de la viande cuite et des poissons cuits. Le mangeur d'opium se lève, et voyant la viande et les poissons jonchant le sol, il ne doute pas du prodige. Le lendemain matin, il va dénoncer sa femme, comme il en avait manifesté l'intention. La femme est citée devant l'officier de police ; elle nie le vol et dit que son mari est fou. « Pour vous en assurer, » ajoute-t-elle, « demandez-lui seulement quand le prétendu vol a été commis. » L'officier de police pose cette question au mangeur d'opium qui répond : « Dans la nuit où il a plu de la viande cuite et des poissons cuits. » En entendant ce langage, l'officier de police ne croit plus un mot de ce que l'homme a dit, et il fait mettre la femme en liberté.

Un conte kabyle (Rivière, p. 179) présente la même combinaison. Dans ce conte, le niais vend son bouc à un coucou qui chante sur un frêne, et laisse le bouc attaché à l'arbre, en disant qu'il reviendra tel jour pour avoir son argent. Au jour dit, il revient. Furieux contre le coucou qui ne veut ni le payer, ni lui rendre son bouc (les bêtes sauvages l'ont mangé), il crie en montrant une vieille masure qui se trouve près de là : « Eh bien ! je m'en vais démolir ta maison. » Il se met, en effet, à démolir la masure et y découvre un trésor [2]. Il prend seulement le prix du bouc. Quand il rentre chez lui et que sa mère entend parler du trésor, elle lui dit qu'ils iront le prendre le lendemain. Elle prépare, sans que son fils s'en aperçoive, des crêpes et des beignets, et ils partent ensemble pendant la nuit. La mère marche derrière le jeune homme et jette des crêpes en l'air. « O ma mère, » crie le niais, « il tombe une pluie de crêpes. » Plus loin, c'est une pluie de beignets qu'il croit voir tomber. Enfin ils arrivent à la masure et prennent le trésor. Le lendemain, le niais va dire

---

1. Comparer, pour la ruse qu'on emploie dans ces trois contes, divers contes qui ne sont pas de cette famille : un conte danois (Grundtvig, I, p. 77), un conte suédois (traduit par M. Axel Ramm dans l'*Archivio per le tradizioni popolari*, II, p. 477), un conte wende de la Lusace (Veckenstedt, p. 231), un conte de la Petite Russie (L. Léger, n° 20), etc.

2. Comparer le passage du conte sicilien de la collection Gonzenbach où Giufà démolit la « maison » du lézard.

aux hommes du village réunis dans la *thadjemath* : « Hier, pendant la nuit, nous avons rapporté un trésor de tel endroit. » Les propriétaires du terrain, l'ayant entendu, vont réclamer le trésor à la mère. « Ne le croyez pas, » dit celle-ci, « cet enfant est niais. — Comment? » dit le jeune garçon, « c'est si vrai, qu'il est tombé, pendant que nous étions en route, une pluie de crêpes, puis une pluie de beignets. » En l'entendant parler ainsi, les hommes sont convaincus qu'il ne sait ce qu'il dit et ne s'occupent plus du trésor [1].

*
* *

Venons au passage des « œillades » de notre variante. Ce passage se retrouve à peu près identiquement, dans un conte picard (Carnoy, p. 185), dans des contes basques (Webster, p. 69; Vinson, p. 97), dans le conte bourguignon, dans un des contes de la Haute-Bretagne (Sébillot, *Littérature orale*, p. 104), et aussi dans un conte du Tyrol allemand (Zingerle, I, n° 40) et dans trois contes toscans (Imbriani, *La Novellaja fiorentina*, p. 595; Nerucci, n° 35; Pitrè, *Novelle popolari toscane*, n° 33).

Cette même histoire est racontée dans un livre allemand de 1557, cité par Guillaume Grimm (III, p. 62) et, d'après M. Imbriani (*loc. cit.*, p. 596), dans les *Facetiarum Libri tres* (1506), de Henri Bebel.

Dans un conte écossais (Campbell, n° 45) et dans un conte irlandais (Kennedy, II, p. 79), qui se rapportent l'un et l'autre au thème de notre n° 36, *Jean et Pierre*, le valet feint, par malice et pour amener son maître à se fâcher, de ne pas comprendre l'ordre que celui-ci lui a donné de lancer de son côté à un certain moment une « œillade de bœuf » ou une « œillade de brebis », pour lui faire signe, et il lui lance de vrais yeux de bœufs ou de brebis.

Il est très probable que cet épisode des œillades, comme les autres, doit exister en Orient. M. Thorburn, dans son livre *Bannu or Our Afghan Frontier*, déjà cité par nous, fait allusion à diverses histoires afghanes du genre de *Jean Bête*, mais il n'en raconte qu'une seule, qui a son pendant en Europe et où il s'agit aussi de l'étrange galanterie du niais (pp. 207-208). On nous permettra de la résumer en quelques mots : Une vieille femme a un fils à moitié fou. Elle voudrait le voir se marier et elle l'engage à chercher à se faire bien venir de quelque jeune fille du village. « Pour cela, » lui dit-elle, « il ne sera pas mal, au contraire, de la bousculer un peu. » Le jeune homme se rend au puits du village, et, quand les jeunes filles viennent tirer de l'eau, il bouscule si bien celle qui arrive la première, qu'il la fait tomber dans le puits. Ensuite il s'en va tout fier conter son exploit à sa mère. Celle-ci, qui est fort avisée, tue

---

1. L'épisode de la pluie de friandises se rencontre dans un conte indien du Kamaon (Minaef, n° 5) : Le fils niais d'une mère très avisée se trouve mis en possession d'un sac d'or qui appartient à un homme riche. Il apporte le sac à sa mère. Cette dernière achète des sucreries et les éparpille sur le toit et sur la vérandah de sa maison. « Vois, mon fils, » dit-elle, « quelle sorte de pluie vient de tomber. » Le jeune garçon mange les sucreries. Cependant le sac est réclamé par le crieur public, et une récompense est promise à qui le rapportera. Le jeune garçon va dire que le sac est chez sa mère. On arrive. « Ma mère, où est le sac que je t'ai donné? — Quand m'as-tu donné un sac? — Le jour où il a plu des sucreries. » La mère dit aux gens : « Quand a-t-il jamais plu des sucreries? » Les gens se mettent à rire en disant : « Pauvre niais! » et ils s'en vont. — Même récit à peu près dans un conte indien du Bengale, probablement de Bénarès (miss Stokes, n° 7).

une chèvre et la jette dans le puits. Naturellement, grâce au bavardage de son fils, tout le village sait bientôt l'histoire, et l'on vient au puits pour constater le crime. Mais, quand au lieu d'une jeune fille on retire une chèvre, tout le monde n'a plus que de la pitié pour le pauvre fou. — La collection de contes indiens du Kamaon, publiée par M. Minaef, contient un conte à peu près semblable (n° 15). Ici le niais demande à sa mère comment il faut s'y prendre pour gagner l'affection des jeunes filles. « Va t'asseoir sur le bord de l'étang, » lui dit la mère. « Quand il viendra une jeune fille, tu lui jetteras une petite pierre. Si elle sourit, tu sauras qu'elle t'aime. Sinon, jette-lui une pierre un peu plus grosse, et ainsi de suite, jusqu'à ce qu'elle rie. »Le jeune garçon suit ce conseil, et il finit par jeter à une jeune fille une pierre tellement grosse qu'il 'i tue. La jeune fille étant tombée la bouche ouverte, le niais s'imagine qu'elle rit, et il court tout joyeux annoncer à sa mère que la jeune fille l'aime. Sa mère fait disparaître le cadavre. Suit la substitution d'une chèvre morte au corps de la jeune fille. — Le conte indien du Bengale cité plus haut (miss Stokes, n° 7) renferme à peu près le même épisode.

L'idée principale de cet épisode, — un cadavre jeté dans un puits et remplacé par une chèvre, grâce à la prudence de la mère du fou qui a été l'auteur du meurtre, — se retrouve, nous l'avons dit, en Europe, et notamment dans plusieurs des contes cités plus haut : le conte sicilien de la collection Gonzenbach, le conte napolitain moderne, le conte breton de la collection Luzel et le conte russe. Comparer un conte kabyle (Rivière, p. 43).

*
* *

L'histoire de la lessive, de notre première variante, se retrouve, à peu près, dans le conte bourguignon. La mère du niais lui a dit : « Ce que tu verras de noir et de crasseux, tu le mettras dans la *bue*. » Il y met les chaudières et les marmites.

LIX

LES TROIS CHARPENTIERS

Il était une fois une veuve qui avait trois fils, tous les trois charpentiers. Ceux-ci, voyant qu'ils ne gagnaient pas assez dans leur pays pour nourrir leur mère, lui dirent adieu et se rendirent dans un village à sept ou huit lieues de là. Ils entrèrent comme domestiques dans une grosse auberge, où l'on avait justement besoin de trois garçons et où ils restèrent un an ; leur année finie, ne se trouvant pas assez payés, ils allèrent chercher fortune ailleurs, après avoir envoyé cent écus à leur mère.

Un jour qu'ils traversaient un bois, ils rencontrèrent un homme d'une taille extraordinaire : c'était un génie, qui leur dit : « Où allez-vous, mes amis ? — Nous sommes en route pour gagner notre vie et celle de notre mère. »

Le génie dit à l'aîné : « Tiens, voici une ceinture sur laquelle il y a une étoile d'or ; quand tu toucheras cette étoile, il en sortira des perles, des rubis, des diamants, des émeraudes, des plats d'or et d'argent. »

Il dit ensuite au cadet : « Tiens, voici une sonnette ; en la faisant sonner tu ressusciteras les morts. — Et toi, » dit-il au plus jeune, « prends ce sabre dont le nom est : *Quiconque me portera sera vainqueur.* »

Il leur donna de plus à chacun du baume vert qui guérissait toutes les blessures, et, après les avoir bien régalés, il les congédia. Les trois frères le remercièrent et le prièrent de porter mille écus à leur mère.

Après avoir marché pendant deux jours encore dans la forêt, ils arrivèrent chez un roi qui était en guerre avec son voisin, et lui offrirent leurs services. L'aîné lui dit qu'il n'avait qu'à toucher l'étoile d'or de sa ceinture pour en faire sortir des perles, des diamants, des émeraudes, des rubis, des plats d'or et d'argent. Le second dit qu'en faisant sonner sa sonnette, il ressuscitait les morts. Le troisième parla de son sabre *Quiconque me portera sera vainqueur*. Ils n'oublièrent pas le baume vert qui guérissait toutes les blessures. Enfin, le roi promit sa fille à celui qui se distinguerait le plus à la guerre.

Les trois frères combattirent comme des lions; la sonnette ressuscitait les morts, le baume vert guérissait les blessures, le sabre faisait merveille. Bref, le roi qu'ils servaient remporta la victoire, la paix fut signée au bout de deux mois, et le roi vaincu fut obligé de financer.

La princesse épousa celui des trois frères qui avait la sonnette; les deux autres se marièrent avec les nièces du roi.

REMARQUES

Ce conte présente, d'une façon tout à fait embryonnaire, le thème auquel se rattache notre n° 42, *les Trois Frères*, et aussi notre n° 11, *la Bourse, le Sifflet et le Chapeau*. Voir, au sujet des objets merveilleux, nos remarques sur ces deux contes. — Comparer aussi notre n° 71, *le Roi et ses Fils*.

La ceinture d'où sortent des diamants, des perles, etc., est au fond la même chose que la bourse où l'on trouve toujours de l'argent.

Quant au sabre *Quiconque me portera sera vainqueur*, nous le retrouvons identiquement dans un conte de la Bretagne non bretonnante (Sébillot, I, p. 64), où un soldat découvre un vieux sabre portant ces mots écrits sur la lame : « Celui qui se sert de moi a toujours la victoire. » Dans un conte allemand (Wolf, p. 393), le héros possède une épée qui rend invincible. — En Orient, dans un conte arabe (*Contes inédits des Mille et une Nuits*, traduits par G.-S. Trébutien, 1828, t. I, p. 296), figure, entre autres objets merveilleux, un sabre qui détruit en un instant toute une armée. — Enfin, dans un conte indien du Bengale, analysé dans les remarques de notre n° 19, *le Petit Bossu* (I, p. 219), le dieu Siva fait présent à son protégé Siva Dâs d'un sabre qui donne la victoire à son possesseur, le protège contre les dangers et le transporte où il le désire.

La sonnette qui ressuscite les morts rappelle le violon merveilleux de notre n° 42, *l'Homme de Fer*, et d'un conte flamand (Wolf, *Deutsche Sagen und Mærchen*, n° 26), ainsi que la guitare du conte sicilien n° 45 de la collection Gonzenbach.

Enfin, dans un conte irlandais (Kennedy, I, p. 24), le héros reçoit de trois géants qu'il a successivement vaincus une massue « avec laquelle, tant qu'il se préservera du péché, il gagnera toutes les batailles », un fifre qui force à danser ceux qui l'entendent, et un flacon d'*onguent vert*, qui empêche d'être « brûlé, échaudé ou blessé ».

LX

LE SORCIER

Il y avait dans un village un jeune homme qui se disait sorcier et qui ne l'était pas. Un jour, l'anneau de la dame du château ayant disparu, on fit appeler le prétendu sorcier pour découvrir le voleur. « Combien demandes-tu ? » lui dit le seigneur. — « Trois bons repas, » répondit le sorcier. — « Tu les auras. »

Un cuisinier lui apporta le premier repas. « En voilà déjà un ! » dit le sorcier. Le cuisinier, qui était un des voleurs, courut tout effrayé à la cuisine et dit à ses compagnons : « Il a dit : En voilà déjà un ! » Un autre cuisinier apporta le second repas. « Ah ! » pensait-il, « il va dire aussi que c'est moi. — En voilà déjà deux ! » dit le sorcier. Aussitôt l'autre d'aller rapporter la chose à ses compagnons : « Il a dit : En voilà déjà deux ! » Un troisième ayant apporté le dernier repas, le sorcier dit : « En voilà trois ! »

Pour le coup, les domestiques crurent bien qu'ils étaient découverts : ils s'imaginaient que le sorcier avait voulu parler des voleurs. Ils l'appelèrent : « Ne dites à personne que c'est nous qui avons pris l'anneau, et vous aurez la moitié de ce qu'il peut valoir. » Le sorcier leur demanda : « Y a-t-il un gros coq dans la basse-cour ? — Oui. — Faites-lui avaler l'anneau. »

Les domestiques firent ce que le sorcier leur conseillait. Celui-ci se rendit alors auprès de la dame du château et lui dit : « C'est votre gros coq qui a avalé l'anneau. » On tua le coq et on trouva l'anneau dans son estomac.

« Voilà qui est bien, » dit le seigneur. Pourtant il n'était pas encore bien convaincu de la science du sorcier. Pour s'en assurer, il mit un grillon sur une assiette et une sonnette par dessus ; puis, nt placé le tout sous la plaque du foyer, il dit au sorcier : « Il faut que tu devines ce qu'il y a dans l'assiette ; sinon, voici une paire de pistolets, je te brûle la cervelle. »

Le pauvre sorcier ne savait que faire. « Ah ! » dit-il, « *te v'là pris, grillot*[1]. — Tu as deviné, » dit le seigneur, « c'est heureux pour toi. »

REMARQUES

Ce conte présente une ressemblance presque complète avec un conte déjà imprimé en 1680 dans l'*Elite des contes du sieur d'Ouville*, et que M. Reinhold Kœhler a signalé dans la revue *Orient und Occident* (t. III, 1864, p. 184). Dans ce conte, un pauvre villageois, nommé Grillet, veut à toute force se procurer trois repas où il n'ait rien à désirer, après quoi peu lui importe de mourir. Il s'en va par le monde, en se donnant pour « devin ». Il arrive dans un pays où une dame de haute condition a perdu un diamant que trois laquais lui ont volé. Elle fait appeler Grillet, qui demande, avant toutes choses, d'avoir, trois jours de suite, un repas qui durerait du matin jusqu'au soir. Le soir du premier jour, avant de se coucher, il dit : « Ah ! Dieu merci, en voilà déjà un ! » le second soir : « En voilà déjà deux ! » etc. Même conseil que dans notre conte, donné aux laquais par le prétendu devin (faire avaler l'anneau à un coq d'Inde). — Sur ces entrefaites, le mari de la dame revient, et, soupçonnant une supercherie, il met entre deux assiettes un *grillet*, « petit animal noir, dit le sieur d'Ouville, fait environ comme une petite cigale, qui crie la nuit dans les cheminées », et il ordonne au paysan de deviner ce qu'il y a là ; sinon il le bâtonnera et lui coupera les oreilles. Le prétendu devin s'écrie : « Hélas ! pauvre Grillet, te voilà pris ! » Le seigneur, qui ne sait pas que Grillet est le nom du paysan, croit qu'il a deviné et lui donne une bonne récompense.

Nous nous sommes demandé si le conte recueilli à Montiers-sur-Saulx ne dérivait pas, plus ou moins directement, du livre du sieur d'Ouville. C'est assurément possible ; mais, quand on verra dans ces remarques avec quelle ténacité un détail comme celui du grillon s'est maintenu sans changement de l'Inde à la France, on se dira que les ressemblances entre les deux contes français peuvent parfaitement provenir de ce qu'ils auraient été puisés l'un et l'autre à une même source orale[2].

M. Théodore Benfey a étudié ce type de contes dans la revue *Orient und Occident* (t. I, 1861, p. 374 seq.). La découverte récente de plusieurs formes orientales de ce même thème nous permettra d'introduire dans notre travail plusieurs éléments importants.

---

1. Proverbe du pays. On est pris comme un grillon quand on est dans l'embarras.
2. Dans un conte de la Flandre française (Deulin, I, p. 166), nous retrouvons encore, presque exactement, le conte du sieur d'Ouville. Mêmes exclamations du devin : « En voilà déjà un ! Voilà le deuxième ! » — gros dindon à qui on fait avaler la bague ; — plat couvert et exclamation du devin : « Pauvre sautériau, où est-ce que je te vois ? » (On appelait le héros de l'histoire le « criquet » ou le « sautériau d'août », parce qu'il était maigre, chétif et pâlot.)

*
* *

Un conte qui se rapproche beaucoup du conte français du XVIIᵉ siècle, et qui en est certainement indépendant, c'est un conte sicilien (Pitrè, n° 167), publié après l'article de M. Benfey, en 1875 : Un pauvre paysan, nommé Griddu Pintu [1], a un beau jour l'idée de se faire devin. Le voilà parti de chez lui, portant, selon la coutume des charlatans en Sicile, une petite boîte pendue au cou et renfermant un serpent. Un capitaine, qui se promène avec des officiers, le voyant de loin venir, prend un grillon et le cache dans sa main ; puis, quand le devin passe près de lui, il lui dit de deviner ce qu'il tient ; sinon, gare à lui ! Le paysan, fort embarrassé, s'écrie : « Ah ! pauvre Griddu Pintu, en quelles mains es-tu tombé ? » Le capitaine, entendant parler de grillon (*griddu*), est émerveillé, et il fait au paysan un beau cadeau. — Une chance heureuse fait ensuite que Griddu paraît avoir prédit que la femme du capitaine aurait à la fois un fils et une fille, ce qui est arrivé. Aussi le renom du devin se répand-il dans tout le pays. — Quelque temps après, un anneau de brillants est volé à la reine. Le capitaine parle du devin au roi, et on le fait venir. Pendant qu'il est seul dans une chambre à faire sécher devant le feu ses habits mouillés par la pluie, il dit et redit certaines paroles que les serviteurs du palais, qui ont volé l'anneau, entendent en passant près de la porte et croient dites à leur sujet. Ils viennent trouver le devin, tombent à ses pieds et lui remettent l'anneau en le suppliant de ne pas les dénoncer. Le devin leur dit de faire avaler l'anneau à l'oie noire qui se trouve dans la basse-cour, et il annonce au roi que c'est l'oie qui a commis le larcin.

Dans un conte norvégien de la collection Asbjœrnsen (*Tales of the Fjeld*, p. 139), le héros est un charbonnier qui achète la défroque d'un vieux prêtre (d'un pasteur luthérien), l'endosse et se donne ensuite pour « le Sage Prêtre et le Prophète véritable ». Le roi ayant perdu son anneau le plus précieux, le charbonnier se présente devant lui et se fait fort de le retrouver. Comme il cherche à gagner du temps, le roi lui dit que, si dans trois jours l'anneau n'est pas retrouvé, il le fera mettre à mort. Le soir du premier jour, un valet, l'un des voleurs, vient apporter au charbonnier son dîner. Tandis qu'il se retire, le charbonnier dit : « En voilà déjà un qui s'en va ! » voulant parler du premier jour qui va être passé. Le valet court dire à ses deux complices qu'ils sont découverts. Le lendemain, le charbonnier dit : « Voilà le second qui s'en va ! » Puis : « Voilà le troisième ! » Ici le charbonnier fait avaler l'anneau au plus gros des cochons du roi. — Après des incidents qui ne se rapportent pas à notre thème, vient un épisode qui correspond à celui du grillon. Le roi prend un pot d'argent à couvercle, s'en va sur le bord de la mer, et, un peu après, appelle le charbonnier. Il dit à celui-ci de deviner ce qu'il y a dans le pot. « Ah ! malheureux crabe ! » s'écrie le charbonnier, s'adressant à lui-même, « voilà où tu es arrivé après tous tes tours et détours. » Justement c'était un crabe que le roi avait mis dans le pot. — Le conte norvégien se termine par un épisode où, comme dans le conte sicilien, le prétendu prophète paraît, après coup, avoir prédit que la reine accoucherait de deux jumeaux, un garçon et une fille.

---

1. *Griddu*, en sicilien, correspond à l'italien classique *grillo*, « grillon ».

Le conte hessois bien connu de la collection Grimm, *Le Docteur qui sait tout*
(n° 98), se rapproche particulièrement de notre conte sur un point, les paroles
qui font croire aux voleurs qu'ils sont reconnus. Le prétendu docteur, dînant
chez le seigneur dont il doit retrouver l'argent volé, dit, en voyant arriver
chaque plat, à sa femme qui l'a accompagné : « Marguerite, voilà le premier,...
voilà le second,... voilà le troisième. » Et les valets se croient perdus. Le
quatrième plat qu'on apporte est un plat couvert dans lequel le seigneur a fait
mettre des écrevisses. Il demande au docteur ce qu'il y a dedans. « Ah ! pauvre
Ecrevisse ! » dit le docteur, qui se nomme Ecrevisse (*Krebs*), et le seigneur
est convaincu que l'argent sera retrouvé. Il l'est, en effet, les valets ayant
montré au docteur où ils l'ont caché [1]. — On peut rapprocher plus particulièrement de ce conte hessois un conte italien du Mantouan (Visentini, n° 41),
altéré dans ses deux parties : Un roi a perdu un anneau de grand prix. Il fait
publier partout que, si un astrologue lui dit où est l'anneau, il aura bonne
récompense. Un pauvre paysan, nommé Gambara, se présente au palais comme
astrologue. A de certains indices, il se doute que les valets du roi sont les
voleurs. Il dit alors à sa femme, qui est venue le trouver, de se cacher sous le
lit et, quand quelqu'un des valets entrera dans la chambre, de dire : « En
voilà un ! » puis : « En voilà deux ! » et ainsi de suite. En entendant cette voix,
les valets sont effrayés et viennent tout avouer à Gambara, qui leur dit de
faire avaler l'anneau à un dindon, et il annonce au roi que c'est le dindon qui
est le voleur. — Le roi invite Gambara à un festin auquel assistent tous les
grands du royaume. Un plat d'écrevisses (*gamberi*) ayant été servi, le roi dit
à l'astrologue de deviner le nom de ces petites bêtes. (Il paraît que, dans ce
temps-là, le roi seul et fort peu d'autres connaissaient ce nom.) L'astrologue
bien embarrassé s'écrie : « Ah ! Gambara, Gambara, où es-tu venu ? » Et tout
le monde le félicite d'avoir deviné.

Un conte portugais (Braga, n° 72) a le même commencement, à peu près,
que le conte hessois et que notre conte. La seconde partie est très différente ;
mais, comme, dans une variante, le nom du « devin » est *Grillo*, on peut en
conclure que l'histoire du grillon a dû exister et existe sans doute encore en
Portugal, comme en France et en Sicile.

Dans un conte irlandais (*Royal Hibernian Tales*, p. 57 seq.), le prétendu
devin, appelé chez un gentleman à qui des objets précieux ont été volés,
demande d'abord à dîner et trois *quarts* d'ale forte. Quand un des valets lui
apporte le premier *quart*, le devin dit : « En voilà un ! » etc. Plus tard, un ami
du gentleman parie que le devin ne pourra jamais savoir, sans y goûter, ce
qu'est un certain mets. On présente le plat au devin. Celui-ci, bien embarrassé,
se met à dire, parlant par proverbes : « Messieurs, c'est une folie de jaser : le
renard a beau courir ; il finit par être pris. » Justement c'était un renard qui
était accommodé dans le plat. — Un autre conte irlandais (Kennedy, II,
p. 116) a la même dernière partie ; la première est assez confuse.

---

1. Dans un conte oldenbourgeois (Strackerjan, II, p. 348), même conversation entre le « docteur
qui sait tout » et sa femme ; mais l'épisode du plat couvert manque. En revanche, dans la première
partie du conte, le « docteur » a la chance de faire retrouver à un seigneur un cheval volé. Cette
première partie est presque identique à une des *Facetiæ* du Pogge (mort en 1459), que cite M. Benfey,
op. cit.

Nous avons encore à citer un conte espagnol (Caballero, II, p. 68) : Jean Cigare, le devin, doit avoir deviné, au bout de trois jours, qui a volé des pièces d'argenterie du roi ; sinon, il sera pendu. Le soir du premier jour, au moment où un page entre, pour desservir, dans la chambre où l'on a mis le devin, celui-ci dit, parlant du jour qui se termine, comme dans le conte norvégien : « Ah ! seigneur saint Bruno, de trois en voilà un ! » Et ainsi de suite. Les trois pages, qui ont fait le coup, croient qu'il parle des voleurs. Nommé devin en chef de S. M., Jean Cigare est un jour à se promener avec le roi, quand à brûle-pourpoint celui-ci lui présente sa main fermée et lui dit de deviner ce qu'il y a dedans. « Pour le coup, » s'écrie le devin, « Jean Cigare est pris au piège. » Or justement le roi tenait un cigare dans sa main.

Un conte lithuanien (Schleicher, p. 115) n'a qu'une des deux parties de notre conte. Le paysan s'intitule, comme dans le conte allemand, « le Docteur qui sait et connaît tout ». Le hasard lui fait d'abord retrouver un cheval volé, puis guérir une princesse. Appelé par un roi à qui on a volé de l'argent, il déclare qu'on aura l'argent dans trois jours. Pendant la nuit, comme il est à veiller et à réfléchir, trois serviteurs du palais, qui sont les coupables, et qui depuis son arrivée sont très inquiets, viennent successivement sous ses fenêtres, écouter ce qu'il peut dire. Une heure sonne. « Déjà un ! » [sous-entendu *heure*, qui est masculin en lithuanien], dit le docteur. A deux heures : « Déjà deux ! » A trois heures : « Déjà trois ! » Les voleurs, épouvantés, viennent implorer le docteur et rapporter l'argent, que celui-ci rend au roi.

M. Benfey (*loc. cit.*) a trouvé dans les *Facetiarum Libri tres* de Henri Bebel, livre datant de 1506, un récit qui ressemble tout à fait aux contes que nous avons étudiés : Le trésor d'un prince a été volé. Un pauvre charbonnier, l'ayant appris et se disant qu'un bon repas ne saurait trop se payer, même de la potence, se rend au château et s'engage à faire connaître dans les trois jours où est le trésor. Pendant trois jours il est tenu enfermé dans une chambre et bien régalé. A la fin du premier jour, ayant bien bu et bien mangé, il dit : « En voilà déjà un ! » Or, un des voleurs était à la porte à écouter, et il court dire à ses complices que tout est connu, etc. — Le récit latin se borne à cet épisode.

*
**

On peut encore rapprocher de tous ces contes, pour l'idée, un conte de Morlini (1520), que M. Benfey résume, et que Straparola (1550) a reproduit dans ses *Tredici piacevoli Notti* (n° 16 de la traduction allemande des contes proprement dits par Valentin Schmidt) : Une mère a un fils fainéant. Elle lui dit : « Quand on veut avoir un « bon jour », il faut se lever matin. » Le jeune garçon se lève et s'en va hors de la ville, près de la porte. Viennent à passer trois bourgeois, qui ont déterré un trésor pendant la nuit et qui le rapportent chez eux. Le premier souhaite le bonjour au jeune garçon. « En voilà déjà un ! » (un « bon jour »), dit celui-ci. Le bourgeois se croit découvert. Même scène avec le second et le troisième. Craignant d'être livrés, les trois bourgeois donnent au jeune garçon le quart du trésor.

Un conte allemand (Prœhle, I, n° 38) est bâti sur une donnée analogue :

Une femme a l'habitude de ne se coucher qu'après avoir bâillé trois fois. Une certaine nuit, trois voleurs veulent s'introduire dans la maison. Au moment où l'un d'eux monte à une échelle et regarde par la fenêtre, la femme bâille. « Voilà le premier », dit-elle tout haut. Le voleur croit qu'il s'agit de lui et court dire à ses camarades qu'ils sont trahis. Le second voleur va voir à son tour. « Voilà le second ! » dit la femme après avoir bâillé, et, quelque temps après, quand le troisième voleur arrive : « Voilà le troisième ! » Les trois voleurs décampent au plus vite. — Comparer un autre conte allemand (Müllenhoff, n° 25).

*
* *

En Orient, nous rencontrons d'abord un conte annamite (*Chrestomathie cochinchinoise*, recueil de textes annamites, avec traduction par Abel des Michels, 1ᵉʳ fascicule. Paris, 1872, p. 30). Le voici : Il était une fois un homme qui, n'étant propre à rien et ne sachant comment gagner sa vie, prit un beau jour le parti de se faire devin. Comme le hasard l'avait maintes fois assez bien servi, le public crut à ses oracles. C'était à qui viendrait le consulter et lui apporter des « ligatures ». Il amassa ainsi une somme ronde, et le succès le rendit de jour en jour plus audacieux et plus vantard. Un jour, dans le palais du roi, une tortue d'or disparut. Toutes les recherches ayant été inutiles, quelqu'un parla du devin au prince, et lui demanda la permission de le faire venir. Le roi donna l'ordre de préparer litière, escorte et parasols d'honneur, et d'aller chercher le devin. Quand celui-ci apprit ce dont il s'agissait, il fut bien embarrassé, mais il n'y avait pas moyen de résister aux ordres du roi. Il s'habille donc, monte dans la litière, et le voilà parti. Tout le long du chemin, le pauvre devin ne cessait de se lamenter. Enfin, il s'écria : « A quoi cela me servira-t-il de gémir ? Ventre [*bung*] l'a fait ; panse [*da*] en pâtira. » (Proverbe annamite.) Justement les deux porteurs de la litière s'appelaient Bung et Da, et c'étaient eux qui avaient volé la tortue d'or du roi. Quand ils entendirent l'exclamation du devin, ils se crurent démasqués. Ils supplièrent le devin d'avoir pitié d'eux ; ils lui avouèrent qu'ils avaient volé la tortue et l'avaient cachée dans la gouttière. « C'est bien, » dit le devin, « je vous fais grâce, je ne dirai rien, rassurez-vous. » Arrivé au palais, il fait ses opérations magiques, retrouve la tortue, et il est comblé par le roi de récompenses et d'honneurs.

Dans ce conte annamite, nous n'avons que la découverte des voleurs ; il manque la seconde épreuve à laquelle le devin est soumis. Nous allons retrouver cette épreuve dans un conte arabe du Caire (H. Dulac, n° 3) : Un marchand ruiné quitte son pays, accompagné de sa femme. Il dit à celle-ci : « Quel métier ferons-nous ? — Mon ami, faisons le métier d'imposteurs et de filous. Nous changerons nos noms : moi, je m'appellerai *Garâda* (« sauterelle »), et toi, *Asfoûr* (« moineau »). Ils arrivent dans une grande ville. L'homme s'assied devant la maison du gouverneur et se met à tracer des lignes sur du sable, comme font les diseurs de bonne aventure. Le roi, passant par là, remarque ses vêtements étrangers et se dit : « Ce doit être un habile homme ! » Il le fait appeler, et la femme suit son mari. Or, le roi s'était fait apporter une sauterelle et un moineau et les avait cachés quelque part. Il dit au devin de deviner ce qu'il a caché. Voilà notre homme bien embarrassé. Il se tourne vers sa femme et dit : « Sans toi, Garâda (sauterelle), Asfoûr (moineau) ne serait pas tombé dans cet embarras. » Le roi crie bravo, et il assigne des appointements au devin. — Quelque temps après, un vol important ayant été commis chez le roi, celui-ci fait venir le devin et lui dit : « Il faut que tu me fasses retrouver ce qui m'a été volé, ou je te coupe le cou. » Le devin demande un délai de trente jours, avec l'arrière-pensée de décamper avant que ce délai ne soit expiré. Il convient avec sa femme qu'elle ira chercher trente cailloux ; à la fin de chaque journée, ils en jetteront un ; lorsqu'ils en seront aux derniers cailloux, ils se sauveront. Le premier soir, la femme prend un des cailloux et le jette par la fenêtre en disant : « En voilà un des trente ! » Le caillou tombe justement sur la tête d'un homme qui faisait le guet au pied de la maison du devin. Cet homme appartenait à une bande de trente voleurs qui avait fait le coup, et il avait mission de chercher à entendre ce que dirait le devin. En entendant les paroles de Garâda, l'homme court trouver ses camarades : « C'en est fait : il nous connaît ! » La nuit suivante, deux voleurs font le guet. « En voilà deux des trente ! » dit encore Garâda en jetant sa pierre. La troisième nuit, trois voleurs sont là, et, à leur grand effroi, ils entendent : « En voilà trois des trente ! » Ne doutant plus qu'ils ne soient découverts, les voleurs vont trouver le devin, lui remettent ce qui a été volé et lui donnent mille pièces d'or pour qu'il ne les dénonce pas. — Ce conte arabe a un troisième épisode que nous n'avons jamais vu ailleurs : Un jour que le roi vante son devin devant d'autres rois, ceux-ci lui disent : « Nous aussi, nous avons des devins. Comparons leur savoir-faire avec celui du vôtre. » Les rois enfouissent sous terre trois marmites remplies l'une de lait, l'autre de miel, l'autre de poix. Les devins des rois ne peuvent dire ce qu'il y a dans ces marmites. On appelle Asfoûr. Ce dernier se tourne vers sa femme : « Tout cela vient de toi ! » dit-il ; « nous pouvions quitter ce pays. La première [sous-entendu : « fois »], c'était du lait ; la seconde, du miel, et la troisième, voilà que c'est de la poix ! » Les rois restent ébahis : « Il a nommé le lait, le miel et la poix sans hésiter, » disent-ils. Et ils font des rentes au devin.

Dans l'Inde, chez les Kamaoniens, M. Minaef a recueilli un conte (n° 29) dont la seconde partie est tout à fait notre conte. Ce conte indien commence par le récit des mésaventures qu'un jeune homme, qui s'en va voir son beau-père, s'attire en chemin par sa sottise [1]. Puis il continue ainsi : Arrivé non sans peine chez son beau-père, le jeune homme se cacha dans un coin de la maison. Les enfants se mirent à manger, et lui, il regardait sans être vu. La nuit étant venue, il alla trouver sa belle-mère et lui dit : « J'ai appris la science qui me fait savoir ce que les autres ont mangé. » Et, pour preuve, il raconta ce que les enfants avaient mangé ce jour-là. La nouvelle se répandit dans le village qu'il était arrivé le gendre d'un tel qui savait tout deviner, et elle parvint jusqu'aux oreilles du roi. Celui-ci le fit appeler, et, prenant dans sa main un grillon des champs (pîlaganta), il demanda au jeune homme : « Qu'ai-je dans ma main ? » L'autre, effrayé, se dit à lui-même : « Oh ! Pîlaganti (c'était

---

1. Cette première partie est tout à fait analogue au conte allemand n° 143 de la collection Grimm et aux nombreux contes européens de ce type. Nous en avons reproduit, dans *Mélusine* (1877, p. 252), une autre variante orientale, recueillie dans le Daghestan (Caucase).

ainsi qu'il s'appelait), l'heure de ma mort est arrivée. » Le roi crut qu'il avait deviné et le laissa aller. — Quelque temps après, il se perdit chez le roi un collier de diamants. Le roi fit appeler le jeune homme et lui dit : « Si, dans quinze jours d'ici, tu ne m'apportes pas le collier, je te fais pendre. » Les quinze jours s'écoulent. Le jeune homme ne mange ni ne boit ; il ne fait que pleurer et appeler sa mère et sa grand'mère : « Oh ! Cûniya, oh ! Mûniya ! où aller ? que faire ? » Or, il y avait chez le roi deux servantes, appelés Cûniya et Mûniya ; c'étaient elles qui avaient volé le collier. Ayant entendu ce que disait le jeune homme, elles eurent peur ; elles allèrent le trouver et lui dirent : « Mahârâdjâ, nous avons volé le collier et nous l'avons caché à tel endroit. » Le lendemain, le jeune homme se rendit auprès du roi. « Où est mon collier ? » lui dit celui-ci. — « Mahârâdjâ, ton collier est à tel endroit. » Le roi y alla voir et fut très content. Il donna au jeune homme une bonne récompense, et celui-ci s'en retourna à la maison.

Dès le XIIe siècle de notre ère, une autre version indienne (Benfey, *loc. cit.*) était insérée par Somadeva de Cachemire dans sa grande collection la *Kathâ-Sarit-Sâgara* (l' « Océan des Histoires ») : Un pauvre brahmane, fort ignorant, nommé Hariçarman, ne pouvant nourrir sa nombreuse famille, se met au service d'un homme riche. Un jour, celui-ci célèbre les noces de sa fille. Hariçarman, très mécontent de ne pas y avoir été invité, dit à sa femme : « Parce que je suis pauvre et ignorant, on me méprise. Eh bien ! à l'occasion, dis que je suis un habile devin. » Il fait sortir à petit bruit de l'écurie le cheval du marié et le cache dans la forêt. On cherche partout ; point de cheval. Alors la femme de Hariçarman dit que son mari est un devin : pourquoi ne l'interroge-t-on pas ? On appelle Hariçarman, qui trace des lignes et des cercles, et indique où se trouve le cheval. Désormais il est tenu par tout le monde en haute estime [1]. — Quelque temps après, un vol est commis dans le palais du roi : une quantité d'or, de pierreries et d'objets précieux ont disparu. Le roi demande à Hariçarman de découvrir le voleur. Hariçarman remet sa réponse au lendemain. Le roi le fait conduire dans une chambre où il doit passer la nuit. Or, le trésor a été volé par une servante du palais, nommée Djihva (« la Langue »), avec l'aide de son frère. Très inquiète en voyant arriver le prétendu devin, elle va écouter à la porte de Hariçarman. Celui-ci, non moins inquiet, est en train de maudire sa langue qui l'a jeté dans ce terrible embarras. « O langue (*djihva*), » s'écrie-t-il, « qu'as-tu fait par amour pour les bons morceaux ? » La servante Djihva, ayant entendu ces paroles, va se jeter aux pieds du devin, lui indique où le trésor est caché et lui promet, s'il la sauve, de lui remettre tout l'argent qui reste encore entre ses mains. Le lendemain, Hariçarman conduit le roi à l'endroit où sont les objets précieux ; quant à l'argent, il dit que les voleurs l'ont emporté en s'enfuyant. — Le roi veut récompenser Hariçarman ; mais un des conseillers lui dit : « Comment peut-on savoir un tel art sans avoir étudié les écrits sacrés ? Certainement cette histoire a été concertée avec les voleurs. Il faut encore mettre Hariçarman à l'épreuve. » On apporte donc un pot couvert dans lequel est renfermé un

---

1. Dans le conte lithuanien et dans le conte oldenbourgeois cités plus haut, le premier exploit du prétendu docteur est aussi de retrouver un cheval qui a disparu ; mais, dans ces deux contes, le cheval a été véritablement volé, et c'est par un pur hasard que le « docteur » le retrouve.

crapaud, et le roi dit à Hariçarman : « Si tu devines ce qu'il y a dans ce pot,
je t'accorderai les plus grands honneurs. » Hariçarman se croit décidément
perdu ; il se rappelle son heureuse jeunesse, le temps où son père l'appelait
« crapaud » d'enfant, et il s'écrie : « Ah ! crapaud, voilà un pot qui va être ta
perte, tandis qu'auparavant, au moins, tu étais libre ! » Le roi comble Hariçarman d'honneurs et de présents, et ce dernier vit désormais comme un petit
prince.

Est-ce à ce conte de Somadeva, vieux de sept à huit cents ans, que se
rattachent les contes européens que nous avons résumés ? Ce que l'on peut dire
hardiment, c'est que, tout au moins, notre conte et le conte sicilien n'en
dérivent pas. L'identité complète que ces derniers présentent sur un point, —
l'épisode du grillon, — non pas avec le conte de Somadeva, mais avec le
conte indien du Kamaon, montre bien qu'à une époque éloignée il existait déjà
dans l'Inde une forme de ce thème, différente de celle de Somadeva.

*
* *

Un savant orientaliste, M. Albert Weber, assimile au conte allemand de la
collection Grimm un conte birman, certainement originaire de l'Inde (Compte
rendu de *Buddhaghosha's Parables*, *translated from Burmese by Captain T. Rogers*,
London, 1870, dans *Indische Streifen*, t. III, p. 18). Vérification faite, la
ressemblance porte principalement sur l'idée générale. Voici ce conte (pp. 68-71
du livre) : Un jeune homme de Bénarès va pour étudier dans le pays de
Jakka-silâ ; mais comme il est très borné, il ne peut rien apprendre. Quand il
prend congé de son maître, celui-ci lui enseigne un charme ainsi conçu :
« Que faites-vous là ? que faites-vous là ? Je connais vos desseins. » Et il lui dit
de le répéter sans cesse. Le jeune homme revient chez ses parents à Bénarès.
— Un soir, le roi de Bénarès, qui parcourt la ville sous un déguisement pour
surveiller les actions de ses sujets, passe devant la maison du jeune homme et
s'arrête tout auprès. Justement, plusieurs voleurs sont au moment de piller
cette maison, quand tout à coup le jeune homme se réveille et se met à
réciter son charme : « Que faites-vous là ? que faites-vous là ? Je connais vos
desseins. » En entendant ces paroles, les voleurs se disent qu'ils sont découverts
et s'enfuient. Le roi, qui a assisté à cette scène, note l'emplacement de la
maison et retourne au palais. Le lendemain, il fait venir le jeune homme, à
qui il demande de lui enseigner le charme ; puis il lui donne mille pièces d'or.
— Peu de temps après, le premier ministre, ayant conçu le dessein d'attenter
à la vie du roi, gagne à prix d'argent le barbier du palais, afin qu'il coupe la
gorge du roi la première fois qu'il le rasera. Le barbier est au moment de le
faire, quand le roi, pensant au charme, se met à le réciter : « Que faites-vous
là ? Que faites-vous là ? Je connais vos desseins. » Le barbier laisse échapper de
sa main le rasoir et tombe aux pieds du roi, à qui il révèle le complot. Le roi
donne une grande récompense au jeune homme et fait de lui son premier
ministre.

La collection Minaef contient un conte indien du Kamaon (nᵒ 19), tout
à fait du même genre. Nous le donnerons, dans sa forme passablement niaise,
pour compléter l'indication des récits offrant quelque analogie avec notre conte :
Un pauvre brahmane vivait d'aumônes. Un jour, sa femme apprit qu'un

certain roi donnait à tous ceux qui se présentaient devant lui une pièce d'or et une vache. Elle engagea son mari à l'aller trouver. « Mais que dirai-je au roi ? » dit le brahmane. « Je ne sais rien. — Tu lui diras ce que tu auras vu le long du chemin. » Le brahmane se mit en route et il vit d'abord un lézard dans un petit trou, montrant sa tête et faisant *koutkout*. Le brahmane le remarqua et il répéta sans cesse *kou¹kout*. Plus loin, il aperçut un serpent qui happait de petits insectes. Le brahmane s'arrêta pour le regarder et se mit à répéter tout le long de la route : « Cou tendu, beau à voir. » Plus loin encore, il rencontra un cochon qui sortait d'un trou bourbeux, se frottait contre les parois du trou et rentrait dans la boue. Le brahmane retint le bruit *ghisghis*, que faisait le frottement. Et, tout le long du chemin, il allait répétant : « *Koutkout ;* cou tendu, beau à voir ; *ghisghis*. Ce que tu fais, je le sais. » Il pria quelqu'un de lui écrire cette phrase sur une feuille, qu'il présenta au roi, et le roi le récompensa. Le roi fit attacher cette feuille au mur, dans sa chambre à coucher, au chevet de son lit. — Une nuit qu'il dormait, des voleurs pénétrèrent dans le palais. *Koutkout*, les voleurs frappent et enfoncent le mur. Etant montés sur la terrasse d'en haut, ils *tendent le cou* et regardent si le roi dort. *Ghis*, ils descendent ; *ghis*, ils remontent. Ils tendent encore le cou pour regarder. Pendant ce temps, le roi, ayant les yeux sur la feuille attachée au mur, lisait à haute voix ce qui y était écrit. Les voleurs, déconcertés, prirent la fuite. Les gardes du palais se mirent à leur poursuite et les arrêtèrent tous. « Qui êtes-vous ? d'où êtes-vous ? » leur demanda le roi. — « Fais-nous tuer, » répondirent-ils, « tu en es le maître. Nous sommes venus pour te voler. Tu l'as su, et nous avons pris la fuite, et alors on nous a arrêtés. — Comment l'ai-je su ? » dit le roi. — « Quand nous avons commencé à percer le mur, tu l'as découvert .en disant : *Koutkout*. Quand nous avons tendu le cou pour voir si tu dormais, tu nous a découverts en disant : Cou tendu, beau à voir. Ayant vu que tu ne dormais pas, nous nous sommes mis à aller de côté et d'autre, et tu as dit : *Ghisghis*, il vient, il s'en va. Ainsi tu as tout su. » Voilà comment la feuille du brahmane rendit grand service au roi.

LXI

LA POMME D'OR

Il était une fois une reine et sa belle-sœur, qui avaient chacune une fille. Celle de la reine était belle ; l'autre ne l'était pas.

Quand la fille de la reine fut déjà grandelette, elle dit un jour à sa tante : « Me mènerez-vous bientôt voir le roi mon frère ? — Quand vous voudrez, » répondit la tante.

Au moment du départ, la reine, qui était fée, mit dans la manche de sa fille une petite pomme d'or, afin que, si l'enfant venait à courir quelque danger, elle pût en être aussitôt avertie. La tante prit un âne avec des paniers, mit sa nièce dans l'un des paniers et sa fille dans l'autre, et les voilà parties.

Quand elles furent un peu loin, la fille de la reine demanda à descendre pour boire à une fontaine. Tandis qu'elle se baissait, la pomme d'or glissa de sa manche et tomba dans l'eau. La petite fille voulut la retirer avec un bâton, mais elle ne put y parvenir. « Allons, » dit la tante, « dépêche-toi ! Crois-tu que je vais t'attendre ? »

Au même instant, la pomme d'or se mit à dire : « Ah ! j'entends, j'entends ! — Comment, ma mie, ma belle enfant, » dit la tante, « votre mère vous entend de si loin ? Venez que je vous fasse remonter sur l'âne. »

Au bout de deux lieues, la petite fille demanda encore à descendre pour boire. Sa tante la fit descendre de fort mauvaise grâce. « Dépêche-toi ! » lui dit-elle. « Me crois-tu faite pour t'attendre toujours ? — Ah ! j'entends, j'entends ! » dit la pomme d'or. — « Comment, » dit la tante, « votre mère vous entend de si loin ? Venez, ma belle enfant, que je vous fasse remonter sur l'âne. »

Un peu plus loin, la petite fille demanda encore à descendre, car elle avait grand'soif. « Tu ne feras donc que t'arrêter tout le long du chemin ? » lui dit la tante, d'un ton de mauvaise humeur. Au même instant, la pomme dit tout doucement : « Ah ! j'entends, j'entends ! — Elle n'entendra plus longtemps, » pensa la tante.

Lorsqu'on fut près d'arriver chez le roi, elle dit à la petite fille : « Si tu dis que tu es la sœur du roi, je te tue. »

Le roi vint à leur rencontre : « Bonjour, ma tante. — Bonjour, mon neveu. » Il ne cessait de regarder la plus belle des deux enfants. « Voici deux belles petites filles, » dit-il. « Laquelle est ma sœur ? — C'est celle-ci, » dit la tante en montrant sa fille. — « Et cette enfant-là ? — C'est ma fille, » répondit-elle. « Il faudra la faire travailler. — Oh ! » dit le roi, « quelle besogne donner à une enfant ? — Si vous n'avez point d'ouvrage à lui donner, je m'en retourne demain. — Eh bien ! elle pourra garder les dindons. »

Le soir, la tante ne donna rien à manger à la pauvre enfant et la fit coucher à l'écurie sur un peu de paille. Le lendemain, elle lui donna un morceau de pain, sec comme allumette, fait d'orge et d'avoine, où elle avait mis du poison. Voilà la petite fille partie avec les dindons ; elle arrive dans un champ.

« Venez, mes petits dindons, venez manger le pain que l'on m'a donné pour mon déjeuner. Voilà déjà un jour que je suis arrivée chez le roi mon frère, et je n'ai ni bu ni mangé. »

Les dindons ne mangeaient pas le pain : ils sentaient bien qu'il y avait du poison. A la fin de la journée, l'enfant revint bien crottée, bien mouillée, et alla se coucher à l'écurie auprès de l'âne.

La tante, l'ayant vue, dit au roi qu'il fallait tuer cet âne. « Vous voulez que l'on tue cette pauvre bête qui vient de nos parents ! — Si vous ne le faites pas, je ne resterai pas ici plus longtemps. » Le roi fit donc tuer l'âne, et l'on cloua la tête à la porte de la grange.

Cependant, la petite fille était partie aux champs avec les dindons ; sa tante lui avait donné un morceau de pain comme la veille ; elle était bien triste et mourait de faim.

« Venez, mes petits dindons, venez manger le pain que l'on

m'a donné pour mon déjeuner. Voilà déjà deux jours que je suis arrivée chez le roi mon frère, et je n'ai ni bu ni mangé. »

Le lendemain, sa tante lui donna encore un morceau de pain d'orge et d'avoine, où il y avait de la paille et du poison, et elle retourna aux champs avec les dindons. Le roi s'était caché derrière un arbre pour écouter ce qu'elle dirait.

« Venez, mes petits dindons, venez manger le pain que l'on m'a donné pour mon déjeuner. Voilà déjà trois jours que je suis arrivée chez le roi mon frère, et je n'ai ni bu ni mangé. Ah! si le roi mon frère savait comme je suis traitée! »

« Venez, ma mie, » s'écria le roi, « je suis votre frère. » Il la prit dans ses bras et la ramena au château. Puis il commanda à six hommes de dresser un grand tas de fagots et y fit brûler sa tante. La fille de celle-ci devint femme de chambre de la jeune princesse, et ils vécurent tous heureux.

REMARQUES

Nous rapprocherons d'abord de notre conte un conte hessois (Grimm, nº 89), dont voici les principaux traits : Une princesse part avec sa femme de chambre pour le pays d'un roi qu'elle doit épouser ; sa mère lui a donné dans un linge trois gouttes de son sang, qui parlent, comme la pomme d'or. Tandis que la princesse boit à une rivière, le linge glisse dans l'eau, et la princesse tombe au pouvoir de sa suivante. A la cour de son fiancé, elle garde les oies. La suivante, qui se fait passer pour la princesse, fait tuer le cheval de celle-ci, parce qu'il sait parler et qu'il pourrait révéler ce qui s'est passé, et l'on suspend la tête sous la porte de la ville ; la princesse lui parle tous les jours en passant avec son troupeau d'oies, et la tête répond. C'est ainsi qu'on découvre la trahison de la suivante. (Dans notre conte, l'épisode de l'âne présente un souvenir affaibli de cette forme plus complète.)

Il faut encore citer un conte albanais (Hahn, nº 96) : Une jeune fille part avec sa servante pour aller trouver ses sept frères qu'elle n'a jamais vus. En chemin, pressée par la soif, elle descend de son cheval pour boire. Pendant ce temps, la servante monte sur le cheval, et la jeune fille doit la suivre à pied. Arrivée chez ses frères, elle passe pour la servante ; on l'envoie garder les poules et les oies, tandis que la servante est assise sur un trône d'or et joue avec une pomme d'or. « Et la jeune fille pleurait pendant qu'elle gardait les poules et les oies, et elle envoyait ses saluts à sa mère avec le soleil de midi. Au bout de quelques jours, les frères apprirent qu'elle était leur sœur, et ils l'assirent sur le trône d'or, et elle jouait avec la pomme d'or. » Quant à la servante, elle est châtiée, et on l'envoie garder les poules et les oies.

On a sans doute remarqué que la dernière partie de ce conte albanais est écourtée ; il n'est pas dit comment les sept frères reconnaissent que la gardeuse d'oies est leur sœur. Un conte lithuanien (Schleicher, p. 35) est plus complet sous ce rapport. Dans ce conte, une jeune fille s'en va toute seule vers le pays où sont ses neuf frères les soldats, qu'elle n'a jamais vus. Arrivée sur le bord de la mer, elle rencontre des *laumes* (êtres malfaisants sous forme de femmes) qui l'invitent à venir se baigner avec elles. Malgré les conseils d'un lièvre, elle finit par les écouter. Alors une *laume* s'empare de ses habits et se donne aux neuf frères pour leur sœur. Quant à la jeune fille, on l'envoie garder les chevaux. Mais le cheval du frère aîné ne veut pas manger. La jeune fille lui demande pourquoi; il répond : « Pourquoi mangerais-je l'herbe de la prairie? pourquoi boirais-je l'eau du fleuve? Cette *laume*, cette sorcière, boit du vin avec tes frères, et toi, la sœur de tes frères, il faut que tu gardes les chevaux ! » Le frère aîné entend ce que dit son cheval. Il s'approche et voit au doigt de la jeune fille un anneau que jadis il avait acheté à sa petite sœur. Il lui demande où elle a eu cet anneau. La jeune fille lui raconte son histoire, et les neuf frères châtient cruellement la *laume*.

*
* *

En dehors des trois contes que nous venons de résumer, nous ne connaissons, parmi les contes recueillis en Europe, rien qui se rapporte positivement au thème du conte lorrain. Sans doute, dans divers contes, on trouve la substitution d'une jeune fille à une autre et la découverte finale de l'imposture ; mais les traits caractéristiques de notre conte font défaut. En revanche, nous pouvons citer de ce thème une forme très curieuse, recueillie chez les Kabyles ; ce qui, par l'intermédiaire des Arabes, rattache notre conte à l'Inde.

Dans ce conte kabyle (Rivière, p. 45), une fillette veut aller trouver ses sept frères, — on se rappelle les sept frères du conte albanais, — qui habitent un pays lointain et qu'elle n'a jamais vus. Nous reproduirons ici le récit kabyle : « L'enfant dit à sa mère : « Prépare-moi des vivres. — Ton père va arriver, » répondit la mère. Le père entra ; sa fille lui demanda de lui acheter une perle enchantée. Il lui acheta une perle enchantée, et lui donna aussi une chamelle et une esclave. « Va où bon te semblera, » dit-il à sa fille. L'enfant se mit en route et arriva à un endroit où elle trouva deux fontaines. Elle se lava dans celle des esclaves ; l'esclave se lava dans celle des hommes libres.

« Après avoir marché longtemps, l'esclave dit à la jeune fille : « Descends (de la chamelle), je monterai. — Ecoute, écoute, ô mon père, l'esclave qui dit : Descends, ô Dania, je monterai. — Marche, » répondit la perle enchantée. Trois jours après, l'esclave dit de nouveau : « Descends, ô Dania, je monterai. — Ecoute, écoute, ô mon père, l'esclave qui dit : Descends, ô Dania, je monterai. — Marche, » répondit la perle enchantée, « et ne crains rien. » Elles marchèrent longtemps encore. L'esclave répéta : « Descends, ô Dania, je monterai. — Ecoute, écoute, ô mon père, l'esclave qui dit : Descends, ô Dania, je monterai. » La perle ne répondit pas. L'esclave saisit l'enfant par le pied, la tira à terre, et elle monta. L'enfant suivit à pied [1].

---

1. La perle enchantée correspond tout à fait, on le voit, à la pomme d'or de notre conte et aux gouttes de sang du conte hessois ; mais on ne voit pas comment elle perd subitement sa vertu protectrice : sans doute, la jeune fille, comme les héroïnes des contes lorrain et hessois, l'a laissée tomber en route.

« Dans l'après-midi, elles arrivèrent chez les sept frères. « C'est moi qui suis votre sœur, » leur dit l'esclave, « je viens auprès de vous. » Ils lui souhaitèrent la bienvenue. Le lendemain, ils la gardèrent à la maison : quant à la jeune fille, ils l'envoyèrent mener paître les chameaux et ils lui donnèrent un pain. Arrivée aux pâturages, l'enfant déposa son pain sur un rocher et dit : « Monte, monte, ô rocher, je verrai le pays de mon père et de ma mère. On garde l'esclave à la maison, et moi, on m'envoie aux champs avec les chameaux. » Et les chameaux broutaient, et elle pleurait; et les chameaux pleuraient, excepté un seul qui, étant sourd, ne l'entendait pas et ne faisait que brouter. Ainsi se passaient ses jours [1].

« Quelque temps après, ses frères lui dirent : « Esclave, fille de Juif, gardes-tu bien les chameaux dans le champ que nous t'avons montré ? — Ah ! Sidi (seigneur), » répondit-elle, « c'est bien là que je les mène; mais ils pleurent tous, excepté un seul qui, étant sourd, ne fait que brouter. » Le lendemain, le plus jeune des frères suivit la jeune fille et reconnut qu'elle disait vrai. Il courut trouver ses frères et leur dit : « Celle-ci n'est pas notre sœur. — Tu nous dis un mensonge, » répondirent-ils. Ils allèrent consulter un vénérable vieillard et lui racontèrent leur embarras. Le vieillard leur dit : « Découvrez-leur la tête, vous les reconnaîtrez à leur chevelure; celle de votre sœur est brillante. » De retour à la maison, ils dirent aux enfants : « Nous allons vous découvrir la tête. — Ah ! Sidi, » s'écria l'esclave, « j'ai honte de me découvrir. » Ils lui ôtèrent sa coiffure, la reconnurent pour l'esclave et la tuèrent. »

---

1. Comparer le passage du conte lithuanien, où le cheval du frère aîné ne veut ni manger ni boire.

LXII

L'HOMME AU POIS

Il était une fois un homme et une femme, qui étaient les plus grands paresseux du monde. Quand vint le temps de la moisson, l'homme se loua à un laboureur; mais il ne travailla guère. La moisson terminée, il alla trouver son maître et lui dit : « Maintenant, comptons ensemble; dites-moi combien j'ai gagné. — Mon ami, » répondit le maître, « je te donnerai un pois : c'est encore plus que tu ne mérites. — Eh bien! » dit l'homme, « donnez-moi mon pois. — Ne devrais-tu pas être honteux ? » lui dit la femme du laboureur. « Si tu n'étais pas un fainéant, tu gagnerais de bonnes journées. — Ne vous mettez pas en peine de mes affaires, » répondit l'homme. « Donnez-moi mon pois, c'est tout ce que je demande. »

Quand il eut son pois, il s'en alla chez le voisin et lui dit : « Voulez-vous me loger, moi et mon pois ? — Nous logerons bien votre pois; mais vous, nous ne vous logerons pas. —- Eh bien! logez mon pois; moi, j'irai ailleurs. »

On mit le pois sur le dressoir; mais il arriva qu'une poule sauta sur le dressoir et avala le pois. « Bon! » dit la femme, « voilà le pois mangé! que va dire cet homme? — Il dira ce qu'il voudra, » répondit le mari.

Bientôt après, l'homme revint. « Bonjour, madame. — Bonjour, monsieur. — Voulez-vous me rendre mon pois ? — Votre pois? je ne peux vous le rendre : une poule l'a mangé. — Madame, rendez-moi mon pois, madame, rendez-moi mon pois, ou bien j'irai à Paris. — Allez où vous voudrez; je ne

puis vous le rendre. — Eh bien! donnez-moi votre poule. —
Une poule pour un pois! — Madame, donnez-moi votre poule,
madame, donnez-moi votre poule, ou bien j'irai à Paris. » Il
le répéta tant de fois qu'à la fin la femme, impatientée, lui
dit : « Tenez, prenez ma poule, et qu'on ne vous revoie
plus. »

L'homme partit et entra dans une autre maison : « Pouvez-
vous me loger, moi et ma poule? — Nous logerons bien votre
poule; mais vous, nous ne vous logerons pas. — Eh bien! logez
ma poule; moi, j'irai ailleurs. »

On mit la poule dans l'écurie; mais, pendant la nuit, une
truie, qui était renfermée à part dans un coin de l'écurie,
s'échappa et mangea la poule.

Le lendemain matin, l'homme revint. « Bonjour, madame.
— Bonjour, monsieur. — Je viens chercher ma poule. — Votre
poule? J'en suis désolée; nous l'avions mise dans l'écurie; la
truie s'est échappée la nuit et l'a mangée. — Madame, rendez-
moi ma poule, madame, rendez-moi ma poule, ou bien j'irai à
Paris. — Allez où il vous plaira; je ne puis vous la rendre. —
Eh bien! donnez-moi votre truie. — Comment! une truie pour
une poule! — Madame, donnez-moi votre truie, madame,
donnez-moi votre truie, ou bien j'irai à Paris. — Tenez, prenez-
la donc, et débarrassez-nous de votre présence. »

En sortant de là, l'homme entra dans une auberge. « Pouvez-
vous me loger, moi et ma truie? — Nous logerons bien votre
truie; mais vous, nous ne vous logerons pas. — Eh bien! logez
ma truie; moi, j'irai ailleurs. »

On mit la truie dans l'écurie : un jeune poulain qui se trouvait
là se détacha pendant la nuit et vint près de la truie; la truie
voulut lui mordiller les jambes, le poulain rua et tua la truie.
« Hélas! » dit la femme, « qu'allons-nous faire? fallait-il nous
embarrasser de cette truie? »

Le lendemain, l'homme revint. « Bonjour, madame. —
Bonjour, monsieur. — Où est ma truie? — Votre truie? notre
poulain l'a tuée; la voilà. Emportez-la si vous voulez; je ne puis
vous la rendre en vie. — Madame, rendez-moi ma truie,
madame, rendez-moi ma truie, ou bien j'irai à Paris. — Allez
où vous voudrez; ce n'est pas ma faute si votre truie a mordu
notre poulain. — Eh bien! donnez-moi votre poulain. — Un

poulain pour une truie ! — Madame, donnez-moi votre poulain, madame, donnez-moi votre poulain, ou bien j'irai à Paris. — Prenez-le donc, et partez vite, car vous me rompez la tête. »

L'homme continua son chemin et entra dans une autre auberge. « Pouvez-vous me loger, moi et mon poulain ? — Nous logerons bien votre poulain ; mais vous, nous ne vous logerons pas. — Eh bien ! logez mon poulain ; moi, j'irai ailleurs. »

Le soir venu, la petite fille de l'aubergiste dit à sa mère : « Maintenant que le poulain a bien mangé, je vais le mener boire. — N'y va pas, » dit la mère, « il pourrait t'arriver un accident. — Oh ! » dit l'enfant, « je sais bien mener boire un cheval. » Elle emmena le poulain et le fit descendre dans la rivière ; mais par malheur le poulain tomba dans un trou et s'y noya. Voilà les gens de l'auberge bien désolés.

Dès le grand matin, l'homme revint. « Bonjour, madame. — Bonjour, monsieur. — Je viens prendre mon poulain. — Votre poulain ? eh ! mon pauvre garçon, votre poulain s'est noyé. — Madame, rendez-moi mon poulain, madame, rendez-moi mon poulain, ou bien j'irai à Paris. — Allez où vous voudrez. Votre maudit poulain a manqué de faire noyer notre petite fille. — Eh bien ! donnez-moi votre petite fille. — Vous donner ma fille ! mais vous ne savez ce que vous dites. Combien voulez-vous d'argent pour votre poulain ? — Je ne veux pas d'argent ; c'est la petite fille que je veux. Madame, donnez-moi votre petite fille, madame, donnez-moi votre petite fille, ou bien j'irai à Paris. » Les gens se dirent : « Il faut en passer par là ; s'il allait à Paris, que nous arriverait-il ? »

L'homme prit donc la petite fille, la mit dans un sac et alla frapper à la porte d'une autre maison. « Pouvez-vous me loger, moi et mon sac ? — Nous logerons bien votre sac ; mais vous, nous ne vous logerons pas. — Eh bien ! logez mon sac ; moi, j'irai ailleurs. »

Or, c'était justement la maison de la marraine de l'enfant. L'homme ne fut pas plus tôt parti, que la petite fille se mit à crier : « Ma marraine ! ma marraine ! » La marraine regarda de tous côtés, ne sachant d'où venaient ces cris. « Venez par ici, » dit l'enfant, « c'est moi qui suis dans le sac. »

Quand la marraine eut appris ce qui s'était passé, elle fut bien embarrassée ; mais la petite fille, qui était très avisée, lui dit :

« Vous avez un chien ; mettez-le dans le sac à ma place. » On prit le chien et on l'enferma dans le sac.

Le lendemain, l'homme chargea le sac sur ses épaules et se remit en route ; mais, pendant qu'il marchait, le chien ne cessait de gronder. Et l'homme disait :

« Paix, paix, ma gaçotte,
Nous allons passer là-bas sous un poirier, et tu auras des poirottes. »

Arrivé auprès du poirier, il dénoua le sac. Le chien lui sauta à la gorge et l'étrangla. Ce fut un bon débarras pour le pays.

REMARQUES

Comparer un conte de la Bretagne non bretonnante (Sébillot, I, n° 64). Ici, c'est un grain de blé que l'homme donne à garder à une bonne femme. Une poule mange le grain de blé. « Je vais vous faire un procès, bonne femme, je vais vous faire un procès. — Prenez plutôt la poule. » La poule est tuée d'un coup de pied par une vache dans l'étable de laquelle on l'avait mise. L'homme se fait donner la vache et la mène dans une troisième maison. Pendant que la servante trait la vache, celle-ci lui donne un coup de pied, et la servante, en colère, la frappe d'un tel coup d'escabeau qu'elle la tue. L'homme se fait donner la fille, la met dans un sac et va déposer le sac chez une vieille femme qui justement est la marraine de la fille. La vieille dit à sa servante, qu'elle croit près d'elle, de venir manger une écuellée de soupe. « J'en mangerais bien une, » dit la fille de dedans le sac. La vieille ouvre le sac et reconnaît sa filleule ; elle met à sa place une grosse chienne. L'homme reprend son sac. Quand il est un peu loin, il en desserre les cordons. « Jeannette, embrasse-moi par dessus mon épaule. — Houoh ! houoh ! » répond la chienne. L'homme est si épouvanté qu'il laisse tomber le sac et s'enfuit au plus vite. — Comparer un second conte français, recueilli dans la Basse-Normandie (Fleury, p. 186) : Le « bonhomme Merlicoquet », qui a glané trois épis de blé, se fait donner successivement une poule, qui a mangé les épis, une jument, qui a écrasé la poule, et finalement la petite fille qui a noyé la jument en la menant boire. C'est aussi chez la marraine de la petite fille qu'il dépose son bissac, et on y met un chien et un chat.

Dans un conte de la Lozère (*Revue des Langues romanes*, tome III, p. 206), Turlendu, pour toute fortune, n'a qu'un pou. Il entre dans une maison et demande si on ne lui gardera pas ce pou. On lui répond : « Laisse-le sur la table. » Il revient au bout de quelques jours pour le prendre. « Mon cher, » lui dit-on, « la poule l'a mangé. — Tant je me plaindrai, tant je crierai que cette poule j'aurai. — Ne vous plaignez pas, ne criez pas ; prenez la poule et allez-vous-en. » Turlendu obtient successivement de la même manière, dans d'autres maisons, le cochon qui a mangé la poule, la mule qui a tué le cochon d'un coup de pied, et finalement la chambrière qui, en menant la mule à l'abreuvoir, l'a laissée tomber dans le puits. Il met la chambrière dans un sac et va demander dans une maison si on ne veut pas lui garder son sac. « Certainement. Laissez-le là, derrière la porte. » Et il s'en va. A peine est-il dehors qu'on sort la jeune fille du sac (il n'est pas dit comment on s'est aperçu qu'elle était dedans), et on met à sa place un gros chien. Turlendu revient prendre son sac. Après l'avoir porté un instant : « Marche un peu, » dit-il, « je me lasse de te porter. » Mais, comme il ouvre le sac, le chien lui saute au visage et lui emporte le nez.

Dans un conte hanovrien (Colshorn, n° 30), un paysan va porter au marché un sac de pois. Il entre d'abord chez un homme de sa connaissance et lui confie ses pois; le coq et les poules les mangent. L'homme se fait donner le coq et les poules et les porte chez un autre ami, qui les met dans sa porcherie, où ils sont tués par les cochons. L'homme se fait donner les cochons et les mène dans l'écurie d'un voiturier; les cochons vont entre les jambes des chevaux, qui les tuent. L'homme prend les chevaux et les mène chez un ancien officier. Le petit garçon de la maison veut monter un cheval : tous les chevaux s'échappent. Le paysan met l'enfant dans sa hotte, qu'il dépose chez le boulanger, pendant qu'il s'en va boire le *schnaps*. C'est justement le jour de naissance de l'enfant du boulanger, et l'on a fait des gâteaux. Le petit garçon dans la hotte sent la bonne odeur et dit tout haut : « Je mangerais bien aussi du gâteau ! » On le tire de la hotte et l'on met à sa place un gros chien. L'homme reprend sa hotte, et, en chemin, il coupe des branches à tous les arbres pour battre le petit garçon; mais le chien lui saute à la tête et la lui arrache.

Un conte italien recueilli à Rome (miss Busk, p. 388) présente le même thème, avec un pois pour point de départ de la progression, comme notre conte : Un mendiant demande l'aumône à une femme; celle-ci n'a qu'un pois chiche à lui donner. Le mendiant la prie de garder le pois jusqu'à ce qu'il revienne et de veiller à ce que la poule ne le mange pas. La poule le mange. Le mendiant demande son pois ou la poule. Quand il a cette poule, il la porte chez une autre femme, en lui disant de prendre garde que le cochon ne la mange. Le cochon mange la poule. Le mendiant se fait donner le cochon. Il le conduit chez une troisième femme en lui recommandant bien de ne pas le laisser tuer par le veau. Le veau tue le cochon, et la femme est obligée de donner le veau au mendiant, qui le mène dans une quatrième maison. Il dit à la femme de prendre garde que sa petite fille, qui est malade, n'ait envie du cœur du veau (!). Cela ne manque pas. La petite fille quitte son lit et égorge le veau pour avoir le cœur. Le mendiant réclame son veau ou la petite fille. La mère de celle-ci dit au mendiant qu'on la mettra dans son sac pendant qu'elle sera endormie. Il laisse son sac pour le reprendre le lendemain; on y met un chien enragé qui l'étrangle quand il ouvre le sac en rentrant chez lui. — Dans un conte toscan (Pitrè, *Novelle popolari toscane*, n° 46), il s'agit aussi d'un pois chiche; la série est la même; finalement le chien coupe le nez à l'homme, comme dans le conte de la Lozère.

Un troisième conte italien, recueilli dans le Mantouan (Visentini, n° 10), ressemble à tous ces contes pour l'enchaînement du récit : fève, poulet, cochon, cheval (qui mange le cochon !), petite fille (qui, par maladresse, tue le cheval d'un coup de fourche), chien (substitué à la petite fille par la tante de celle-ci, qui l'a appelée de dedans le sac). Mais ici, — comme, du reste, dans d'autres contes dont nous parlerons tout à l'heure, — l'homme à la fève est représenté comme ayant voulu s'enrichir au moyen de sa fève : s'il l'a remise en dépôt à une paysanne, c'est qu'il espérait qu'elle serait perdue et qu'il se ferait donner autre chose à la place. C'est par la force qu'il s'empare du poulet, du cochon, etc.

Dans un conte sicilien (Pitrè, nº 135), où maître Jseppi le sacristain prie une boulangère de lui garder un pois chiche, la série est celle-ci : coq, cochon, jeune fille et chienne, substituée dans le sac à la jeune fille. La chienne, ici encore, coupe le nez à maître Jseppi ; alors celui-ci lui demande de son poil pour mettre sur la plaie. « Si tu veux du poil, donne-moi du pain. » Maître Jseppi court chez le boulanger. « Si tu veux du pain, » dit celui-ci, « donne-moi du bois, » etc. Cette seconde partie se rattache au thème de notre nº 29, *la Pouillotte et le Coucherillot* (voir les remarques de ce nº 29, I, p. 282).

Un conte de la Flandre française, intitulé *les Trente-six rencontres de Jean du Gogué* (Deulin, I, p. 304), nous montre notre thème en combinaison avec deux autres[1] : Jean du Gogué s'en va à Hergnies pour manger de l'oie. Il lui arrive d'abord des aventures ridicules du genre de celles du nº 143 de la collection Grimm. Finalement on lui a donné une gerbe de blé. Pendant qu'il dort le long d'un clos, survient un coq qui dîne, avec ses poules, des grains de la gerbe. Le maître du clos, ému des pleurs du pauvre garçon, lui donne le coq. Jean était à manger tranquillement, ayant mis auprès de lui son coq, les pattes liées, quand une vache marche sur le coq et l'écrase. Le seigneur du village donne à Jean la vache. Jean demande l'hospitalité dans une ferme, où on le loge à l'étable avec sa bête. Le fermier envoie une servante pour traire la vache ; celle-ci, souffrant beaucoup de ses pis, cingle de sa queue le visage de la servante, qui, dans un accès de colère, saisit une fourche et éventre la vache. Jean pousse les hauts cris. Le fermier lui dit : « Eh bien ! prends la méquenne (la fille, la servante), et cesse de braire. » Jean lie bras et jambes à la fille, la met dans un sac et l'emporte sur son dos. « Quand je serai à Hergnies, » pensait-il, « j'épouserai ma méquenne et nous mangerons de l'oie. » En route, il s'arrête à un estaminet (on est en Flandre), laissant son sac devant la porte. Un homme avise le sac, et, remarquant que quelque chose y remue, il l'ouvre, délivre la fille, qui s'enfuit, et il met un chien à la place. Jean reprend son sac et arrive enfin à Hergnies. Il dépose son sac et l'entr'ouvre en disant : « Dites donc, méquenne, voulez-vous qu'on nous marie, nous deux ? » Un grondement lui répond. Jean, effrayé, lâche la corde : le chien sort du sac et fait mine de lui sauter à la gorge. Jean grimpe sur un vieux saule ; mais l'arbre craque et tombe sur le chien, qui s'enfuit. Jean aperçoit dans le creux du saule quelque chose de luisant ; il regarde : c'est une oie d'or. Suit le thème du nº 64 (*l'Oie d'or*) de la collection Grimm.

---

1. Ne serait-ce pas M. Deulin qui, ici et dans d'autres cas, aurait combiné plusieurs contes ensemble ? Nous nous le sommes plus d'une fois demandé, pour des raisons qu'il serait trop long d'exposer.

Certains contes présentent ce thème privé de son dénouement caractéristique (la substitution d'un chien à une jeune fille ou à un enfant). De là une modification dans le sens général du récit.

Ainsi, dans un conte provençal (*Armana prouvençau*, 1861, p. 94), un jeune garçon nommé Janoti demande un jour à sa mère de lui donner un pois chiche. « Pourquoi ? — Pour faire fortune. » Il arrive à une ferme, où il demande l'hospitalité pour lui et son pois. Il met le pois dans le poulailler ; une poule le mange ; il se fait donner la poule. Il s'y prend de la même manière pour avoir un porc à la place de la poule, et un bœuf à la place du porc. Puis, — ici le thème primitif est altéré, — il rencontre un fossoyeur qui allait enterrer une femme ; il obtient de lui l'échange du cadavre contre son bœuf. Alors il s'en va près d'un château et met la morte sur le bord du fossé en attitude de laveuse ; après quoi, il s'engage au service des maîtres du château. Sa femme, ajoute-t-il, est restée à laver quelque chose dans le fossé. La demoiselle de la maison va pour dire à la femme d'entrer ; pas de réponse. « Elle est sourde », dit Janoti. La demoiselle la touche à l'épaule, et la prétendue laveuse tombe dans l'eau. Janoti se plaint qu'on lui ait noyé sa femme, et, pour la remplacer, il demande la demoiselle du château. Comme on craint une fâcheuse affaire, on la lui donne, et, en l'épousant, il devient grand seigneur. — Comparer un conte portugais du Brésil (Roméro, nº 5), parfois assez confus, et où un cadavre de femme joue également un rôle.

Dans un conte du « pays saxon » de Transylvanie (Haltrich, nº 8), ce thème a pris une allure quasi épique : Un jeune garçon n'a eu de sa mère, pour tout héritage, qu'un grain de millet. Il se met en route pour courir le monde. Un vieillard qu'il rencontre lui dit qu'il perdra le grain de millet, mais qu'il gagnera à cette perte. Un coq ayant mangé le grain de millet, le jeune garçon reçoit, comme dédommagement, le coq ; puis un cochon pour le coq, une vache pour le cochon et un cheval pour la vache. Il monte sur son cheval, fait toute sorte d'exploits, délivre une princesse et finalement devient roi.

Outre les trois contes dont nous venons de parler, nous citerons, comme rentrant dans la même catégorie, un conte esthonien et un conte russe. Dans le conte esthonien (H. Jannsen, nº 1), un voyageur, hébergé par un paysan, lui dit qu'en se couchant il a coutume de mettre ses chaussons d'écorce sur une perche dans le poulailler. Le paysan lui dit de faire à sa guise. Pendant la nuit, le voyageur se lève sans bruit, entre dans le poulailler et met en pièces les chaussons. Le jour venu, il réclame un dédommagement pour les chaussons que, dit-il, les poules ont déchirés. Il prend un coq et s'en va dans un autre village. Il met son coq dans une bergerie et va le tuer pendant la nuit ; puis il se fait donner un bélier comme indemnité. Il se procure ensuite de la même manière un bœuf et finalement un cheval. Le reste de ses aventures avec un renard, un loup et un ours ne se rattache en rien au conte lorrain et à ses similaires. — Le conte russe, résumé par M. J. Fleury à la suite du conte normand cité plus haut, a beaucoup de rapport avec ce conte esthonien. Le héros est un renard. Il a trouvé une paire de *lapty*, chaussures de tille dont se servent les paysans russes. Il demande à un paysan l'hospitalité pour la nuit : il tiendra peu de place ; il se couchera sur un banc et mettra sa queue dessous ; quant à ses *lapty*, il les déposera dans le poulailler. On le laisse entrer.

Pendant la nuit, il va prendre les *lapty*, puis, le matin, il les réclame. On ne les trouve pas. « Alors donnez-moi une poule. » On la lui donne. Il va demander l'hospitalité dans une autre maison et met sa poule avec les oies. La poule disparaît ; il se fait donner une oie à la place. Dans une troisième maison, il met l'oie avec les brebis, et obtient une brebis, puis un veau dans une quatrième. (M. Fleury s'arrête à cet endroit, en ajoutant que le conte finit par un tour joué par le renard à ses bons amis l'ours et le loup.)

En regard de ce groupe de contes où le dénouement ordinaire fait défaut, nous trouvons trois contes qui, de ce dénouement, font un récit à part. Dans un conte catalan (*Rondallayre*, III, p. 100), une jeune fille mange des cerises sur un cerisier. Un homme, à qui elle a refusé d'en donner, la prend et la met dans un sac. Il va au village voisin, et, voulant assister à la messe, il entre dans une maison et demande qu'on lui garde son sac. C'est justement la maison de la tante de la jeune fille. Celle-ci est retirée du sac, dans lequel on met des chiens et des chats. Quand l'homme ouvre le sac, il n'a qu'à s'enfuir bien vite. — Comparer un conte espagnol, tout à fait du même genre (Caballero, II, p. 72), et aussi un conte portugais (Braga, n° 3).

*
* *

Il y a donc, en réalité, dans le conte lorrain et les autres contes semblables, combinaison de deux thèmes ; et la preuve, c'est que, dans plusieurs contes orientaux, ce même dénouement forme l'élément principal d'un récit différent du nôtre pour le reste.

Voici d'abord un conte annamite (*Chrestomathie cochinchinoise, recueil de textes annamites*, par Abel des Michels. 1er fascicule. Paris, 1872, p. 3) : Il était une fois une jolie fille qui voulait absolument épouser un homme de noble race, un roi ou un général d'armée. C'est pourquoi elle allait chaque jour au marché acheter des baguettes parfumées ; elle les portait à la pagode et invoquait Phât-ba, le priant de lui donner le mari de ses rêves. Or le marchand de baguettes était un jeune homme qui à la fin s'étonna de voir cette jeune fille venir tous les jours acheter des parfums. Il eut l'idée de la suivre et il la vit entrer dans la pagode. Ayant compris ce dont il s'agissait, il se rendit le lendemain à la pagode avant l'heure où la jeune fille y allait d'ordinaire, et se cacha derrière la statue du Bouddha. La jeune fille arriva bientôt ; elle alluma ses baguettes, se prosterna et supplia le Bouddha de lui envoyer un mari qui fût roi, et pas un autre. Le marchand de baguettes, du fond de sa cachette, lui répondit : « Jeune fille, ce que tu désires ne peut se faire ; le mari que tu dois épouser est le marchand de baguettes du marché ; car ton destin le veut. » La jeune fille s'en retourna, et, docile à l'ordre de Phât-ba, se mit à la recherche du marchand de baguettes. Ils firent leurs accords et convinrent que tel jour, à telle heure et à tel endroit, le jeune homme viendrait la prendre et l'emmènerait chez lui. En effet, à l'heure dite, ce dernier arriva avec un sac, y mit la jeune fille d'un côté, ses baguettes de l'autre, et, chargeant le tout sur ses épaules, prit le chemin de sa maison. Pour y arriver il fallait traverser un bois, dans lequel chassait justement, ce jour-là, le fils du roi. Voyant venir vers lui des soldats de l'escorte, notre homme déposa son sac sur le bord du chemin et alla se cacher dans les broussailles. Les soldats trouvèrent le sac, et, l'ayant ouvert, en tirèrent la jeune fille, qu'ils conduisirent au prince. Celui-ci lui fit raconter son histoire. Comme il avait pris un tigre à la chasse, il le fit mettre dans le sac, qu'on laissa à l'endroit où on l'avait trouvé. Quant à la jeune fille, il l'emmena pour en faire sa femme. — Pendant ce temps, le marchand de baguettes était toujours caché dans les broussailles. Entendant les voix s'éloigner, il sort du fourré et reprend son sac, sans se douter de rien. Il arrive à la maison et porte le sac dans sa chambre pour en tirer sa femme; mais à peine l'a-t-il délié, qu'il en sort un tigre qui saute sur lui et l'étrangle.

Le livre kalmouk du *Siddhi-Kûr*, déjà plusieurs fois cité par nous, contient un conte tout à fait du même genre (nº 11) : Deux vieilles gens, qui n'ont qu'une fille, habitent auprès d'un temple où se trouve une statue d'argile du Bouddha. Un soir, ils se disent qu'ils voudraient bien marier leur enfant, à qui ils donneront pour dot une mesure remplie de pierres précieuses; ils conviennent que, le lendemain, ils iront offrir un sacrifice au Bouddha et lui demander s'il faut que leur fille se marie et, dans ce cas, à qui ils devront la donner. Un pauvre marchand de fruits vient à passer par là et entend leur conversation. Il s'introduit pendant la nuit dans le temple, fait un trou dans la statue du Bouddha et s'y glisse. Le matin arrivent les deux vieilles gens et leur fille. Le vieux bonhomme expose au Bouddha sa demande, le priant de ' répondre par un songe. « Il faut que ta fille se marie, » dit une voix qui sort de la statue; « donne-la au premier qui, demain, se présentera à la porte de ta maison. » — Le lendemain, de grand matin, le marchand de fruits frappe à la porte des deux vieilles gens, qui lui donnent leur fille et une mesure de pierres précieuses. L'homme s'en va donc avec la jeune fille. Arrivé non loin de son pays, il se dit qu'il faut user de ruse pour donner le change sur l'origine de sa fortune. Il met la jeune fille dans un coffre qu'il enterre ensuite dans le sable et s'en retourne chez lui. Il annonce alors qu'il va se livrer à des exercices ascétiques et que le lendemain il prononcera une prière qui procure instantanément la richesse. — Pendant ce temps, le fils d'un khan vient à passer avec ses serviteurs auprès du monticule de sable, traînant à sa suite un tigre vivant. Il découvre par hasard le coffre et délivre la jeune fille, à qui il propose de l'épouser. Celle-ci déclare qu'elle ne quittera pas ce lieu qu'on n'ait mis un autre dans le coffre à sa place. On y enferme le tigre. Un peu après, l'homme, ayant fini ses dévotions hypocrites, revient chercher le coffre, qu'il emporte chez lui : son dessein est de tuer la jeune fille et de vendre les pierres précieuses; de cette façon il deviendra riche. En rentrant à la maison, il dépose le coffre dans une chambre et s'enferme, après avoir dit à sa femme et à ses enfants qu'il va réciter la prière qui procure la richesse : personne ne devra entrer dans la chambre, quelque bruit, quelques cris que l'on puisse entendre. Il lève le couvercle du coffre, se préparant à tuer la jeune fille, quand le tigre s'élance sur lui. Il appelle au secours, mais, conformément aux ordres qu'il a donnés, personne ne vient, et le tigre le met en pièces.

L'existence de ces deux variantes d'un même conte chez deux peuples qui ont reçu de l'Inde leur littérature avec le bouddhisme indique bien qu'elles doivent dériver d'une même source indienne, qu'on découvrira peut-être quelque jour. Nous trouvons dans les récits indiens une forme très voisine, dont M. Th. Aufrecht a publié deux variantes dans la *Zeitschrift der Deutschen Morgenlændischen Gesellchaft* (tome XIV, 1860, p. 576 seq.). Ces deux contes sont extraits de deux collections sanscrites, la *Bharataka-dvâtriñçatikâ* et le *Kathârnava*. Comme ils diffèrent assez peu l'un de l'autre, il suffira d'en résumer un, celui du *Kathârnava* : Un changeur très riche avait une fille merveilleusement belle. Dans le voisinage de la ville qu'il habitait se trouvait un ermitage ; l'ermite, qui avait fait vœu de perpétuel silence, se rendait chaque semaine à la ville pour recueillir des aumônes. Un jour qu'il était entré chez le changeur pour quêter, il vit la fille de celui-ci, et, frappé de sa beauté, il conçut aussitôt le dessein de s'emparer d'elle. Il poussa donc un grand cri. Le changeur accourut et lui demanda ce qui était arrivé. « J'ai longtemps observé le vœu de perpétuel silence, » lui dit l'ermite ; « si j'y manque aujourd'hui, c'est par amitié pour toi. Cette jeune fille est d'une merveilleuse beauté, mais un terrible destin la menace. La maison habitée par elle sera détruite avec tous ses habitants, dans trois jours. » Le changeur lui demanda ce qu'il y avait à faire. L'autre répondit : « Fais enfermer la jeune fille dans un coffre, sur le couvercle duquel on fixera une lampe allumée, et fais mettre le tout dans la rivière. » Le changeur dit qu'il suivrait ce conseil. Alors l'ermite alla dire à ses disciples : « Aujourd'hui vous verrez un coffre flotter sur la Godâvarî. Si nous réussissons à nous en emparer, nous parviendrons enfin à la possession des huit grandes vertus magiques. Tâchez donc de ne pas le laisser échapper. » — Ce jour-là il arriva qu'un prince, fatigué d'une longue chasse, se reposait sur les bords de la Godâvarî. Tout à coup il aperçut un coffre qui flottait sur l'eau. Il le fit repêcher par sa suite et l'ouvrit. Il demanda à la jeune fille qui elle était. Celle-ci lui ayant raconté son aventure, le prince soupçonna là-dessous un mauvais tour de l'ermite, et il dit à son vizir : « Je vais mettre dans le coffre le vieux singe que j'ai pris à la chasse et faire rejeter le tout dans le fleuve. Ce sera le moyen de voir quelles étaient les intentions de l'ermite. » L'ermite, voyant flotter le coffre, le fait retirer de l'eau par ses disciples, et, après leur avoir dit de le porter dans sa cabane, il ajoute : « Gardez-vous bien, même si vous entendez un grand bruit, de pénétrer dans mon ermitage. Si je réussis dans mon opération magique, vous serez tous heureux, cette nuit même. » L'ermite ayant ouvert le coffre, le singe se jette sur lui et le met tout en sang. L'ermite a beau appeler ses disciples ; ceux-ci se gardent bien d'aller troubler ses incantations. Le singe enfin s'étant échappé par la fenêtre, les disciples se décident à entrer et trouvent leur maître dans le plus piteux état. Les gens du prince vont raconter à celui-ci ce qui s'est passé, et le prince épouse la jeune fille.

Un conte recueilli en Afrique, chez les Cafres, présente aussi du rapport avec le dénouement des contes européens. Le voici (G. Mac Call Theal, *Kaffir-Folklore*, Londres, 1882, p. 125) : Une jeune fille, dont le père est un chef, est prise par un « cannibale », qui la met dans son sac. Il s'en va, l'emportant de village en village, demandant de la viande, et, quand on lui en donne, faisant chanter la jeune fille, qu'il appelle son oiseau ; mais il a grand soin de ne jamais ouvrir le sac. Un jour qu'il passe dans le pays de la jeune fille, un petit garçon, frère de celle-ci, croit reconnaître le chant de sa sœur : il dit au cannibale d'aller là où sont les hommes : on lui donnera beaucoup de viande. Le cannibale entre dans le village et fait chanter son oiseau. Le chef, père de la jeune fille, désirant beaucoup voir l'oiseau, trouve moyen d'éloigner pendant quelque temps le cannibale, en lui promettant de ne pas ouvrir son sac. Dès que le cannibale est un peu loin, le chef ouvre le sac et en retire sa fille ; il met des serpents et des crapauds à la place. Quand le cannibale est de retour chez lui , sans s'être aperçu de rien, il invite ses amis à venir se régaler : il apporte, dit-il, un friand morceau. Les autres étant arrivés, il ouvre le sac : quand on voit ce qu'il y a dedans, toute la troupe est furieuse ; on tue le prétendu mauvais plaisant et on le mange [1].

*
* *

Jusqu'ici nous n'avons encore cité aucun récit oriental qui rappelle la première partie de notre conte. La collection de miss Stokes nous fournit un conte indien de Lucknow (nº 17), où se trouve la même progression, d'un objet insignifiant à des objets de plus en plus importants, dont s'empare successivement le héros de l'histoire : Un rat a eu la queue piquée par des épines. Il va trouver un barbier et lui dit de retirer les épines. « Je ne le puis sans te couper la queue avec mon rasoir, » dit le barbier. — « Peu importe ; coupe-moi la queue. » Le barbier coupe donc la queue du rat ; mais voilà celui-ci furieux : il se saisit du rasoir et s'enfuit en l'emportant. Il arrive dans un pays où l'on n'avait ni couteaux ni faucilles pour couper l'herbe ; on l'arrachait avec les mains. Le rat demande à un homme pourquoi il s'y prend ainsi ; l'autre lui répond que dans le pays on n'a pas de couteaux. « Eh bien ! » dit le rat, « prends mon rasoir. — Et si je le casse ? » dit l'homme. — « Peu importe, » répond le rat. Le rasoir est cassé, et le rat, en colère, prend la couverture de l'homme. Il donne ensuite cette couverture à un autre homme, pour que celui-ci la mette sous les cannes à sucre qu'il coupe. La couverture ayant été trouée pendant l'opération, le rat s'empare des cannes à sucre. Il les donne à un marchand de pâtisseries qui n'a pas de sucre ; puis, quand le marchand les a employées, il les réclame et s'adjuge les pâtisseries. Ensuite il arrive dans le pays d'un roi qui a beaucoup de vaches ; il voit que les pâtres mangent du pain tout durci ; il leur offre ses pâtisseries. Les pâtisseries mangées, le rat fait des reproches aux pâtres et prend les vaches. Il donne ces vaches à un autre roi, qui n'a pas de viande pour les noces de sa fille. Le repas terminé, le rat réclame les vaches, et, comme on ne peut les lui rendre, il emporte la mariée. Passant auprès de jongleurs et de danseurs de corde, il leur dit de prendre sa femme et de la faire danser sur la corde ; car elle est jeune et les femmes des jongleurs sont vieilles. « Mais si elle tombe et se casse le cou ? — Prenez-la toujours. » La jeune femme tombe et se tue. Alors le rat

---

1. Ce conte cafre a une grande analogie avec les contes espagnol, catalan et portugais, cités précédemment. Ainsi, dans le conte espagnol, l'homme qui a mis la jeune fille dans son sac, lui ordonne de chanter toutes les fois qu'il dira : « Chante, sac ! » Tout le monde veut entendre le sac qui chante, et l'homme gagne beaucoup d'argent. Allant de maison en maison , il arrive un jour chez la mère de la jeune fille, qui reconnaît la voix de son enfant. Elle invite l'homme à loger chez elle , lui donne bien à boire et à manger, et , pendant qu'il dort, elle retire la jeune fille du sac et met à sa place un chien et un chat.— Dans le conte catalan et le conte portugais, l'homme dit aussi : « Chante, sac ! »

fait grand tapage et se saisit de toutes les femmes des jongleurs et danseurs de corde. Il s'établit avec elles dans une maison, et finit par mourir de male mort [1].

Un conte kabyle (Rivière, p. 79) nous offre, non point une forme voisine de celle de notre conte et des autres contes européens, mais la forme même de tous ces contes. C'est là, — nous avons déjà donné les raisons de cette induction, — un indice de l'origine indienne de cette forme, venue évidemment chez les Kabyles par le canal des Arabes. Voici le conte kabyle : Un chacal a une épine dans la patte ; il rencontre une vieille femme. « O mère, » lui crie-t-il, « tire-moi mon épine. » Elle tire l'épine et la jette. « Donne-moi mon épine. » Et il se met à pleurer parce que son épine est perdue. La vieille lui donne un œuf pour le consoler. Le chacal va aussitôt dans un village et frappe à une porte. « Gens de la maison, hébergez-moi. » Il entre. « Où mettrai-je mon œuf? — Mets-le dans la crèche du bouc. » Pendant la nuit, le chacal mange l'œuf et en pend la coquille aux cornes du bouc. Au point du jour, il se lève. « Donnez-moi mon œuf. — Nous te dédommagerons de ton œuf. — Non, c'est le bouc qui a mangé mon œuf ; j'emmènerai le bouc. » Il emmène le bouc. Dans d'autres villages, il se fait donner successivement, de la même manière, un cheval et une vache. Il emmène la vache, et marche jusqu'à un autre village. « Gens de la maison, hébergez-moi. Où mettrai-je ma vache? — Attache-la au lit de la jeune fille. » Pendant la nuit, il se lève, mange la vache et en met les entrailles sur le dos de la jeune fille. Le lendemain matin, il demande sa vache. « Nous t'en donnerons une autre. — Non, c'est la jeune fille que j'emmènerai. » Ils lui remettent un sac dans lequel il croit emporter la jeune fille. Arrivé à une colline, il délie le sac pour manger sa proie ; aussitôt il en sort des lévriers. En les voyant, il prend la fuite ; mais les lévriers le poursuivent, l'attrapent et le mangent [2].

Dans un autre conte kabyle (Rivière, p. 95), le chacal est remplacé par un enfant. Celui-ci se fait donner successivement un œuf pour son épine, une poule pour son œuf, un bouc pour sa poule, un mouton pour son bouc, un veau pour son mouton, une vache pour son veau. Alors il va dans une maison où on lui dit d'attacher sa vache au pied du lit de la vieille. Pendant la nuit, il emmène la vache. Le lendemain matin, il la réclame. « Prends la vieille. »

1. Un conte portugais (Coelho, nº 10) présente une grande ressemblance avec ce conte indien : Un chat étant allé se faire faire la barbe chez un barbier, celui-ci lui dit : « Si tu avais la queue plus courte, tu serais beaucoup plus joli. — Eh bien! coupes-en un peu. » La chose faite, le chat s'en va ; mais bientôt il revient et réclame son bout de queue. Le barbier ne pouvant le lui donner, le chat s'empare d'un rasoir. Il voit ensuite une marchande de poissons qui n'a pas de couteau ; il lui donne son rasoir ; puis, revenant sur ses pas, il le réclame, et, à défaut du rasoir, il prend une sardine. Il donne la sardine à un meunier qui n'a que du pain sec à manger, et ensuite il prend un sac de farine. Il donne la farine à une maîtresse d'école pour qu'elle fasse de la bouillie à ses écolières ; puis il prend une des petites filles. Il donne la petite fille à une laveuse qui n'a personne pour l'aider ; puis il lui prend une chemise. Il donne la chemise à un musicien qui n'en a pas, et lui prend ensuite une guitare. Alors il grimpe sur un arbre et se met à jouer de la guitare et à chanter : « De ma queue j'ai fait un rasoir ; du rasoir j'ai fait une sardine, » et ainsi de suite.

2. Dans le conte russe cité plus haut, c'est aussi un animal, un renard, qui est le héros de l'histoire ; et, autant qu'on en peut juger par le résumé de M. Fleury, il joue, comme le chacal, un rôle plus actif que le héros de la plupart des contes européens : ainsi, c'est lui-même qui fait disparaître les chaussures qu'il réclame ensuite. (Comparer le conte esthonien.)

Il va dans une autre maison où il laisse la vieille, qu'il tue pendant la nuit. Le lendemain, il demande sa vieille. « La voilà près de la jeune fille. » Il la trouve morte. « Donnez-moi ma vieille. — Prends la jeune fille. » Et l'enfant dit à celle-ci : « De l'épine à l'œuf, de l'œuf à la poule ; de la poule au bouc ; du bouc au mouton ; du mouton au veau ; du veau à la vache ; de la vache à la vieille ; de la vieille à la jeune fille. Viens t'amuser avec moi. »

On voit que le dénouement des contes européens manque complètement dans ce second conte kabyle [1].

1. Il est curieux de rapprocher des paroles qui terminent ce conte kabyle, celles que dit Turlendu, à la fin du conte de la Lozère, résumé ci-dessus : « D'un petit pou à une poulette ; d'une poulette à un porcelet ; d'un porcelet à une petite mule ; d'une petite mule à une fillette ; d'une fillette à un gros chien, qui m'a emporté le nez ! »

LXIII

LE LOUP BLANC

Il était une fois un homme qui avait trois filles. Un jour, il leur dit qu'il allait faire un voyage. « Que me rapporteras-tu ? » demanda l'aînée. — « Ce que tu voudras. — Eh bien ! rapporte-moi une belle robe. — Et toi, que veux-tu ? » dit le père à la cadette. — « Je voudrais aussi une robe. — Et toi, mon enfant ? » dit-il à la plus jeune, celle des trois qu'il aimait le mieux. — « Je ne désire rien, » répondit-elle. — « Comment, rien ? — Non, mon père. — Je dois rapporter quelque chose à tes sœurs, je ne veux pas que tu sois la seule qui n'ait rien. — Eh bien ! je voudrais avoir la rose qui parle. — La rose qui parle ? » s'écria le père, « où pourrai-je la trouver ? — Oui, mon père, c'est cette rose que je veux ; ne reviens pas sans l'avoir. »

Le père se mit en route. Il n'eut pas de peine à se procurer de belles robes pour ses filles aînées ; mais, partout où il s'informa de la rose qui parle, on lui dit qu'il voulait rire, et qu'il n'y avait au monde rien de semblable. « Pourtant, » disait le père, « si cette rose n'existait pas, comment ma fille me l'aurait-elle demandée ? » Enfin il arriva un jour devant un beau château, d'où sortait un murmure de voix ; il prêta l'oreille et entendit qu'on parlait et qu'on chantait. Après avoir fait plusieurs fois le tour du château sans en trouver l'entrée, il finit par découvrir une porte et entra dans une cour au milieu de laquelle était un rosier couvert de roses : c'étaient ces roses qu'il avait entendues parler et chanter. « Enfin, » dit-il, « j'ai donc trouvé la rose qui parle ! » Et il s'empressa de cueillir une des roses.

Aussitôt un loup blanc s'élança sur lui en criant : « Qui t'a

permis d'entrer dans mon château et de cueillir mes roses? Tu
seras puni de mort : tous ceux qui pénètrent ici doivent mourir.
— Laissez-moi partir, » dit le pauvre homme; « je vais vous
rendre la rose qui parle. — Non, non, » répondit le loup
blanc, « tu mourras. — Hélas! » dit l'homme, « que je suis
malheureux! Ma fille me demande de lui rapporter la rose qui
parle, et, quand enfin je l'ai trouvée, il faut mourir! — Ecoute, »
reprit le loup blanc, « je te fais grâce, et, de plus, je te permets
de garder la rose, mais à une condition : c'est que tu m'amèneras
la première personne que tu rencontreras en rentrant chez toi. »
Le pauvre homme le promit et reprit le chemin de son pays. La
première personne qu'il vit en rentrant chez lui, ce fut sa plus
jeune fille.

« Ah! ma fille, » dit-il, « quel triste voyage! — Est-ce que
vous n'avez pas trouvé la rose qui parle? » lui demanda-t-elle.
— « Je l'ai trouvée, mais pour mon malheur. C'est dans le
château d'un loup blanc que je l'ai cueillie. Il faut que je meure.
— Non, » dit-elle, « je ne veux pas que vous mouriez. Je
mourrai plutôt pour vous. » Elle le lui répéta tant de fois qu'enfin
il lui dit : « Eh bien! ma fille, apprends ce que je voulais te
cacher. J'ai promis au loup blanc de lui amener la première
personne que je rencontrerais en rentrant dans ma maison. C'est
à cette condition qu'il m'a laissé la vie. — Mon père, » dit-elle,
« je suis prête à partir. »

Le père prit donc avec elle le chemin du château. Après
plusieurs jours de marche, ils y arrivèrent sur le soir, et le loup
blanc ne tarda pas à paraître. L'homme lui dit : « Voici la
personne que j'ai rencontrée la première en rentrant chez moi.
C'est ma fille, celle qui avait demandé la rose qui parle. — Je
ne vous ferai point de mal, » dit le loup blanc; « mais il faut
que vous ne disiez à personne rien de ce que vous aurez vu ou
entendu. Ce château appartient à des fées; nous tous qui l'habi-
tons, nous sommes féés [1]; moi je suis condamné à être loup
blanc pendant tout le jour. Si vous gardez le secret, vous vous
en trouverez bien. »

La jeune fille et son père entrèrent dans une chambre où un
bon repas était servi; ils se mirent à table, et bientôt, la nuit

_____
1. Féés, c'est-à-dire enchantés.

étant venue, ils virent entrer un beau seigneur : c'était le même qui s'était montré d'abord sous la forme du loup blanc. « Vous voyez, » leur dit-il, « ce qui est écrit sur la table : *Ici on ne parle pas.* » Ils promirent tous les deux encore une fois de ne rien dire. La jeune fille s'était retirée depuis quelque temps dans sa chambre, lorsqu'elle vit entrer le beau seigneur. Elle fut bien effrayée et poussa de grands cris. Il la rassura et lui dit que, si elle suivait ses recommandations, il l'épouserait, qu'elle serait reine et que le château lui appartiendrait. Le lendemain, il reprit la forme de loup blanc, et la pauvre enfant pleurait en entendant ses hurlements.

Après avoir encore passé la nuit suivante au château, le père s'en retourna chez lui. La jeune fille resta au château et ne tarda pas à s'y plaire : elle y trouvait tout ce qu'elle pouvait désirer ; elle entendait tous les jours des concerts de musique ; rien n'était oublié pour la divertir.

Cependant sa mère et ses sœurs étaient dans une grande inquiétude. Elles se disaient : « Où est notre pauvre enfant ? où est notre sœur ? » Le père, à son retour, ne voulut d'abord rien dire de ce qui s'était passé ; à la fin pourtant il céda à leurs instances et leur apprit où il avait laissé sa fille. L'une des deux aînées se rendit auprès de sa sœur et lui demanda ce qui lui était arrivé. La jeune fille résista longtemps ; mais sa sœur la pressa tant qu'elle lui révéla son secret.

Aussitôt on entendit des hurlements affreux. La jeune fille se leva épouvantée. A peine était-elle sortie, que le loup blanc vint tomber mort à ses pieds. Elle comprit alors sa faute ; mais il était trop tard, et elle fut malheureuse tout le reste de sa vie.

REMARQUES

Il est facile de reconnaître, dans une partie de notre conte, — séjour de la jeune fille dans le palais d'un être mystérieux auquel elle a été livrée, défense qui lui est faite de rien révéler de sa vie nouvelle, désobéissance de la jeune fille, — le thème principal d'un récit célèbre dans l'histoire de la littérature antique, la fable de *Psyché*. Nous aurons donc à examiner cette fable et ce qui s'y rattache. Auparavant il nous faut étudier l'introduction du conte lorrain, qui n'existe pas dans *Psyché*, mais que nous allons rencontrer dans un certain nombre de contes plus ou moins étroitement apparentés avec cette fable.

*
* *

Ces contes où nous trouvons notre introduction peuvent se répartir en trois groupes.

Dans le premier groupe, — celui qui a le plus directement rapport avec *Psyché* et dont fait partie notre *Loup blanc*, — nous mentionnerons d'abord un conte piémontais (Gubernatis, *Zoological Mythology*, II, p. 381) : Un homme, s'en allant en voyage, dit à ses trois filles qu'il leur rapportera ce qu'elles désireront ; la troisième, Marguerite, ne veut qu'une fleur. Comme il cueille une marguerite dans le jardin d'un château, un crapaud apparaît et lui dit qu'il mourra dans trois jours, s'il ne lui donne une de ses filles pour femme. La plus jeune consent à épouser le crapaud, qui, la nuit, devient un beau jeune homme. Il défend à Marguerite de révéler ce secret à personne ; autrement il restera toujours crapaud. Les sœurs de la jeune femme, se doutant de quelque mystère, la pressent tant, qu'enfin elle parle. Le crapaud disparaît ; elle l'appelle au moyen d'un anneau qu'il lui a donné et par la vertu duquel on obtient tout ce qu'on désire ; mais en vain. Alors elle jette l'anneau dans un étang, et son mari reparaît à l'instant. (Cette fin est écourtée).

Citons ensuite le conte hessois nº 88 de la collection Grimm et un conte norvégien (Asbjœrnsen. *Tales of the Fjeld*, p. 353), l'un et l'autre altérés sur certains points, mais qui se complètent réciproquement. Dans le conte hessois, l'aînée de trois filles demande à son père, qui va en voyage, des perles ; la seconde, des diamants ; la troisième, une alouette. Le père en aperçoit une à côté d'un château ; à peine l'a-t-il saisie, qu'un lion apparaît et le menace de le dévorer s'il ne lui promet de lui amener ce qu'il rencontrera d'abord en rentrant chez lui. L'homme le promet, bien à contre-cœur, et, comme il en avait le pressentiment, c'est sa plus jeune fille qu'il rencontre la première. La jeune fille se rend au château du lion, qui la nuit est un beau prince et dont elle devient la femme. (La suite est une altération d'un des passages principaux de *Psyché*, et la fin est, dans ses traits généraux, celle de l'*Oiseau bleu* de Mme d'Aulnoy.) — Dans le conte norvégien, l'altération porte sur l'introduction : Un roi a trois filles, mais il aime surtout la plus jeune. Une nuit, celle-ci rêve d'une guirlande d'or si jolie, qu'elle ne cesse d'y penser, et devient triste et chagrine. Son père commande à des orfèvres de tous les pays une guirlande comme celle que sa fille a vue en songe ; peine inutile. Un jour que la princesse se trouve dans la forêt, elle aperçoit un ours blanc et, entre les griffes de la bête, la guirlande dont elle a rêvé. Elle demande à l'acheter, mais l'ours lui répond que, pour prix, il veut avoir la princesse elle-même. Le marché est conclu, et l'ours doit venir dans trois jours chercher la princesse. Au jour dit, le roi range toute son armée en bataille autour de son château pour barrer le passage à l'ours ; celui-ci renverse tout. Le roi essaie successivement de lui donner ses deux filles aînées, mais la supercherie est bientôt découverte, et il faut donner la jeune princesse à l'ours, qui l'emporte et l'introduit dans un magnifique château. La nuit, l'ours a une forme humaine, et il prend la princesse pour femme ; mais elle n'a jamais vu ses traits. L'ours lui permet, à trois reprises, sur sa demande, d'aller voir ses

parents, en lui recommandant bien de ne pas écouter les conseils de sa mère.
La princesse reste chaque fois quelques jours chez ses parents ; la troisième
fois, quand elle les quitte, sa mère lui donne un petit bout de chandelle, afin
qu'elle puisse, pendant la nuit, voir comment est fait son mari. Elle allume, en
effet, la chandelle ; mais, pendant qu'elle est tout absorbée dans la contem-
plation des traits ravissants de son mari, une goutte de suif tombe sur le front
de celui-ci, qui s'éveille et lui dit qu'il est obligé de la quitter pour toujours.
(La fin de ce conte correspond à la dernière partie du n° 88 de la collection
Grimm, déjà cité, et de l'*Oiseau bleu*.) — La collection Arnason (p. 278)
renferme un conte islandais tout à fait du même genre que ce conte norvégien,
et dont l'introduction est altérée aussi, mais d'une autre manière. Voici cette
introduction : Un roi, étant à la chasse, est attiré par une biche jusqu'au
cœur d'une forêt. Après avoir erré de côté et d'autre, il arrive devant une
maison dont la porte est ouverte ; il y entre, et, trouvant une table servie et
un lit tout préparé, il se décide, après avoir vainement attendu le propriétaire,
à faire honneur au repas et à se coucher dans le lit. Le lendemain matin, quand
il se remet en route, un grand chien brun, qu'il avait vu la veille dans la
maison, court après lui en lui disant qu'il est bien ingrat de ne pas l'avoir
remercié de son hospitalité, et le menace de le déchirer en mille pièces s'il ne
promet de lui donner ce qu'il rencontrera d'abord en rentrant chez lui, etc.

Le second groupe de contes où figure l'introduction du conte lorrain est
celui auquel appartient le conte si connu de *la Belle et la Bête*, publié en 1740
par Mme de Villeneuve dans son roman intitulé : *les Contes marins ou la Jeune
Américaine*, et abrégé plus tard par Mme Leprince de Beaumont [1]. Ici nous
avons affaire à une branche collatérale du thème de *Psyché*. Il y a bien une
désobéissance de la part de la jeune fille qui habite le palais du monstre, mais
cette désobéissance n'a nullement trait à la même défense. On le verra par
l'analyse suivante d'un conte basque de ce type (Webster, p. 167) : Un roi,
qui a trois filles, n'a d'yeux que pour les deux premières et les comble de
présents. Un jour pourtant, allant à une fête, il demande à la plus jeune ce
qu'elle désire qu'il lui rapporte. Elle demande simplement une fleur. Le roi
achète des parures pour ses filles aînées et oublie la fleur. En revenant, il passe
auprès d'un château entouré d'un jardin plein de fleurs ; il en cueille quelques-
unes. Aussitôt une voix lui crie : « Qui t'a permis de cueillir ces fleurs ? » et
lui dit que si, dans un an, il ne lui amène pas une de ses filles, il sera brûlé,
lui et son royaume. La plus jeune princesse déclare au roi qu'elle ira au château.
Elle s'y rend en effet ; à son arrivée, elle entend partout de la musique, elle
trouve ses repas servis à l'heure, sans jamais voir personne. Le lendemain
matin, arrive un énorme serpent, qui est le maître du château. La princesse vit
très heureuse, bien qu'elle soit toujours seule. Un jour le serpent lui propose
d'aller passer trois jours, mais trois jours seulement, chez ses parents, et lui
donne une bague qui deviendra couleur de sang s'il est en grand danger. La
princesse oublie de revenir au bout des trois jours. Le quatrième jour, elle jette

1. M. Ralston a étudié ce groupe de contes dans la revue le *Nineteenth Century* (livraison de décembre 1878).

les yeux sur l'anneau et le voit couleur de sang. Elle retourne au plus vite
au château et trouve le serpent étendu raide dans le jardin; elle le réchauffe
auprès d'un grand feu et le ranime. Plus tard, le serpent lui demande si elle
veut l'épouser; après quelques hésitations, elle répond oui. Quand ils vont à
l'église, le serpent devient un beau prince. Il dit à sa femme de prendre sa
peau de serpent et de la brûler à une certaine heure, et le charme qui le tenait
enchanté est rompu pour toujours. — Dans un conte grec moderne (B.
Schmidt, n° 10), il s'agit aussi d'un roi et de ses trois filles : la plus jeune
demande à son père, qui s'embarque pour faire la guerre, de lui rapporter une
rose. Le roi, quand il revient victorieux, oublie la rose; alors la mer devient
pierre, et son vaisseau s'arrête; la demande de sa fille lui revient aussitôt à la
mémoire. Ici encore, le monstre est un serpent, comme aussi dans un autre
conte grec moderne, de l'île de Chypre (*Jahrbuch für romanische und englische
Literatur*, 1870, n° 7 des contes chypriotes traduit par F. Liebrecht), et dans
un conte italien du Mantouan (Visentini, n° 24).

Dans ces trois derniers contes, l'objet demandé au père par sa plus jeune fille
est une rose. Il en est de même dans un conte tyrolien (Zingerle, II, p. 391),
où le monstre est un ours, dans un conte polonais de la Prusse orientale
(Tœppen, p. 142), où il n'est pas dit quelle forme il a, et dans trois
autres contes : un conte italien (Comparetti, n° 64), un conte sicilien
(Pitrè, n° 39) et un conte portugais (Coelho, n° 29), qui présentent
tous, ainsi du reste que le conte chypriote ci-dessus indiqué, une ressemblance assez suspecte avec le livre de Mme Leprince de Beaumont.

Nous retrouvons, dans ces divers contes, le voyage de la jeune fille chez ses
parents, et sa désobéissance aux ordres du monstre qui lui a dit de ne rester
qu'un certain temps dans sa famille [1]. Ce dernier élément et parfois le premier
aussi ont disparu des autres contes, se rapportant plus ou moins au type de *la
Belle et la Bête*, que nous avons encore à mentionner : un conte de l'Allemagne
du Nord (Müllenhoff, n° 2), un conte de la Basse-Saxe (Schambach et
Müller, n° 5), deux contes hanovriens (Colshorn, n°s 20 et 42), un conte
de la région du Harz (Ey, p. 91), un conte du Tyrol italien (Schneller,
n° 25), un conte toscan (Imbriani, *La Novellaja fiorentina*, n° 26).

N'ayant pas à traiter ici du thème de *la Belle et la Bête* dans ce qu'il a de
particulier, nous nous contenterons de ces brèves indications. Mais nous ferons
remarquer (ceci se rapporte directement à l'introduction de notre conte avec sa
« rose qui parle ») que, dans le conte saxon, la jeune fille demande à son
père une « feuille qui chante; » dans le conte du Tyrol italien, une « feuille
qui chante et qui danse ». Dans un conte du Tyrol allemand, forme très
altérée du même thème (Zingerle, I, n° 30), il y a une « rose qui chante ».
— Ajoutons, puisque nous en sommes à relever ces ressemblances de détail,
que ce n'est pas seulement dans le conte lithuanien, cité en note, que nous

1. Dans un conte lithuanien (Leskien, n° 23), le loup blanc, — ici comme dans le conte lorrain,
le monstre est un loup blanc, qui, la nuit, dépouille sa peau de bête et devient un beau prince, —
amène la princesse sa femme aux noces de la sœur aînée de celle-ci, et vient ensuite la reprendre.
Il l'amène également au mariage de la cadette; mais, cette fois, pendant qu'il dort, la reine, mère de la
princesse, brûle la peau de loup, et aussitôt il disparaît. Sa femme se met à sa recherche, et le récit se
rapproche du n° 88 de la collection Grimm, où se trouve aussi, mais avec des traits tout particuliers,
le voyage de l'héroïne aux noces de ses sœurs.

retrouvons le *loup blanc* de notre conte; il figure également dans un conte allemand (Müllenhoff, n° 3), du type du n° 88 de la collection Grimm. — Enfin, dans l'un des deux contes hanovriens, le roi, pour avoir l'objet désiré par sa plus jeune fille, promet à un barbet la première chose qu'il rencontrera en rentrant chez lui. Ce trait, qui est à peu près celui du conte lorrain, s'est déjà montré à nous dans le conte hessois et dans le conte islandais. Il existe aussi dans le conte lithuanien et dans le conte saxon.

Dans le conte du Tyrol italien, il ne s'agit pas simplement de la « première chose », mais bien, comme dans notre conte, de la « première personne » qu'on rencontrera [1].

Nous arrivons maintenant au troisième groupe de contes où existe notre introduction. Voici, rapidement résumé, un des contes de ce groupe, un conte italien, recueilli à Rome (miss Busk, p. 57) : Un riche marchand, qui a trois filles, leur demande, au moment de partir en voyage, ce qu'elles désirent qu'il leur rapporte. Les deux aînées veulent des parures; la plus jeune, un *vaso di ruta* (un pot de « rue », sorte de plante), et elle ajoute que, s'il ne le lui rapporte pas, il ne pourra pas revenir. En effet, le marchand s'étant rembarqué sans avoir pensé à la plante demandée par sa plus jeune fille, le vaisseau s'arrête et ne veut plus avancer. Le capitaine dit alors que, parmi les passagers, il doit y avoir quelqu'un qui a manqué à une promesse. Le marchand est reconduit à terre; il cherche partout à acheter le *vaso di ruta;* mais on lui dit que le roi seul possède un pot de cette plante : il y tient tant que, si on lui en demande une seule feuille, on sera mis à mort. Le marchand rassemble son courage et se présente devant le roi, à qui il demande pour sa fille la plante tout entière. Le roi, ému de sa fidélité à sa promesse, lui donne le *vaso di ruta*, et le charge de dire à sa fille d'en brûler une feuille tous les soirs. De retour à la maison, le marchand remet la plante à sa fille, et lui répète les paroles du roi. Quand vient le soir, la jeune fille brûle une des feuilles de la plante, et aussitôt elle voit paraître le fils du roi, qui vient s'entretenir avec elle. Un soir qu'elle est absente, ses sœurs, qui la détestent, mettent le feu à sa chambre, et la plante est brûlée avec le reste. Le prince arrive en toute hâte : il est grièvement brûlé et blessé par les éclats des vitres de la chambre. La jeune fille, étant rentrée à la maison et voyant la plante brûlée, s'habille en homme et se met à la recherche du prince. Une nuit qu'elle s'est arrêtée sous un arbre dans une forêt, elle entend la conversation d'un ogre et d'une ogresse. « Le seul moyen de guérir le prince, » dit l'ogresse, « c'est de prendre la graisse qui se trouve autour de nos cœurs, d'en faire un onguent, et d'en oindre les blessures du prince. » La jeune fille tue l'ogre et l'ogresse pendant leur sommeil, fait un onguent avec leur graisse; puis elle se présente comme médecin au palais du roi; elle guérit le prince, se fait reconnaître de lui et

1. Il y a peut-être dans cette promesse un souvenir d'une vieille superstition païenne. Ainsi, nous voyons dans la Bible Jephté, qui, on le sait, avait passé sa jeunesse parmi les voleurs et des gens sans aveu, plus païens sans doute que fidèles Israélites, faire au vrai Dieu un vœu de ce genre, tel qu'un Moabite en eût fait à son dieu Chamos. Un écrivain du moyen âge, Hugues de Saint-Victor, a très bien exprimé cette idée : « Ritum gentilium secutus, dit-il, humanum sanguinem vovit, sicut postea legimus regem Moab filium suum immolasse super murum. » (*Adnot. in Jud.*, dans la Patrologie de Migne, t. CLXXV, col. 92.)

l'épouse. — Comparer un conte grec moderne d'Epire (Hahn, n° 7), un conte
du Tyrol italien (Schneller, n° 21), un conte norvégien (Asbjœrnsen, *Tales
of the Fjeld*, p. 311), et aussi un conte danois (Grundtvig, I, p. 125), où
l'introduction n'existe à peu près plus, ainsi qu'un conte italien du Mantouan
(Visentini, n° 17), un conte des Abruzzes (Finamore, n° 21), un conte
portugais du Brésil (Roméro, n° 17), etc., où elle a complètement disparu.

Tout l'ensemble du conte romain se retrouve en Orient, dans un conte
populaire indien du Bengale (miss Stokes, n° 25, p. 195) : Un roi, qui va
s'embarquer pour un lointain voyage, dit à six de ses filles qu'il leur rapportera
ce qu'elles lui demanderont. Elles demandent des bijoux, des étoffes précieuses,
etc. Il envoie ensuite un de ses serviteurs faire de sa part la même demande à
sa plus jeune fille, qui habite dans un palais à elle. Celle-ci, qui est en train de
réciter ses prières, dit au serviteur : « *Sabr*, » c'est-à-dire « attends. » Le
serviteur se méprend sur sa réponse et vient dire au roi que la princesse désire
que le roi lui rapporte du *sabr*. Le roi ne comprend pas ce que demande sa fille ;
il se met néanmoins en route, se disant qu'il s'informera, à tout hasard, de cet
objet mystérieux. Arrivé au terme de son voyage, il achète pour ses filles aînées
des bijoux et autres objets précieux qu'elles désirent ; puis il se rembarque.
Mais son vaisseau ne veut pas avancer (tout à fait, comme on voit, le trait si
caractéristique de deux contes européens cités plus haut). Alors il s'aperçoit
qu'il n'a pas rapporté ce que sa plus jeune fille lui a demandé. Il envoie un
de ses serviteurs à terre et lui dit d'aller au bazar pour voir s'il pourra trouver
à acheter de ce *sabr*. Le serviteur s'informe, et on lui dit : « Nous ne
connaissons pas cela, mais le fils de notre roi s'appelle Sabr ; allez lui parler. » [1]
Le serviteur se rend au palais, se présente devant le prince et lui raconte toute
l'histoire. Le prince lui donne une petite boîte qui ne devra être remise qu'à la
jeune princesse. Dès que le serviteur arrive à bord, le vaisseau se remet en
marche de lui-même. De retour dans son palais, le roi envoie la boîte à sa
plus jeune fille. Elle l'ouvre et y trouve un petit éventail ; elle déploie
l'éventail, et le prince Sabr paraît devant elle. Il vient ainsi toutes les fois
qu'elle tourne l'éventail d'une certaine façon, et il disparaît quand elle le tourne
dans le sens contraire [2]. Bientôt les deux jeunes gens conviennent de se marier,
et la princesse invite aux noces son père et ses six sœurs. Le jour du mariage,
les sœurs de la princesse, jalouses de son bonheur, disent à celle-ci qu'elles
feront elles-mêmes son lit, et elles y répandent du verre pilé. Le prince Sabr
s'y blesse grièvement et demande à la princesse de retourner l'éventail, de façon
qu'il se retrouve dans son palais. La princesse ne se doute pas de la cause de la
maladie. Les jours suivants, elle a beau agiter l'éventail ; le prince ne reparaît
pas. Alors elle se déguise en *yoghi* (religieux mendiant) et se met à la
recherche du prince. Une nuit qu'elle s'est étendue sous un arbre pour dormir,
elle entend deux oiseaux qui parlent du prince Sabr et qui disent de quelle

1. Dans le conte épirote, la ressemblance avec le conte indien est encore plus grande, sur ce
point, que dans le conte romain : Quand le marchand s'embarque pour l'Inde, ses deux filles aînées
lui demandent de leur rapporter des étoffes de ce pays ; la troisième demande « la baguette d'or ». Le
marchand apprend, dans le pays où il est allé, que « la Baguette d'or » est le nom du fils du roi.

2. Dans le conte norvégien, le « chevalier vert », qui tient la place du prince Sabr, a donné au roi,
pour le remettre à sa fille, un petit livre qu'elle ne devra ouvrir qu'étant seule. Quand la princesse
l'ouvre, le chevalier paraît devant elle ; il disparaît quand elle le ferme.

manière on peut le guérir. La princesse, toujours déguisée, arrive chez le prince, qu'elle guérit sans être reconnue. Comme récompense, elle demande au roi, père du prince, le mouchoir et l'anneau de celui-ci ; puis elle retourne dans son pays, elle prend l'éventail, l'agite, et le prince paraît. Elle lui montre le mouchoir et l'anneau, et il voit ainsi, à sa grande surprise, que c'est elle qui était le yoghi [1].

Il est inutile d'insister sur l'identité de ce conte indien et du conte romain. Si nous l'avons donné en entier, bien qu'il ne se rattache que par l'introduction à notre *Loup blanc*, c'est qu'au fond il n'est pas sans rapports avec la fable de *Psyché*, que nous étudierons tout à l'heure. Epoux mystérieux qui disparaît, et cela par la faute des sœurs de la jeune femme ; voyage de celle-ci à la recherche de son mari, jusqu'à ce qu'elle parvienne à le reconquérir, ce sont bien là des traits de la fable de *Psyché*. Du reste, dans certains contes, il s'est opéré un mélange entre le thème proprement dit de *Psyché* et celui-ci. (Voir un conte italien de la Basilicate, no 33 de la collection Comparetti.)

Aux trois groupes de contes que nous venons d'examiner et dans lesquels se retrouve l'introduction du conte lorrain, il convient d'ajouter un quatrième groupe, appartenant également à la famille de *Psyché* : là, l'introduction n'est plus celle du *Loup blanc*, bien qu'elle ne soit pas sans analogie. Ainsi, dans un conte sicilien (Pitrè, *Nuovo Saggio*, no 5), la plus jeune des trois filles d'un pauvre homme est allée dans les champs avec son père arracher des raiforts sauvages. Voyant un beau pied de cette plante, ils tirent ; mais, quand le raifort est arraché, il se trouve à la place un grand trou, et une voix se fait entendre pour se plaindre qu'on ait enlevé la porte de sa maison. Le pauvre homme parle de sa misère ; alors la voix dit de lui laisser sa fille et qu'il aura une bonne somme d'argent. Le père finit par y consentir, et la jeune fille est installée dans un beau palais. La suite a beaucoup de ressemblance avec la fable de *Psyché*. Comparer un autre conte sicilien (no 18 de la grande collection de M. Pitrè), un conte italien de Rome (miss Busk, p. 99), un autre conte italien (Stan. Prato, p. 43-44), un conte catalan (Maspons, p. 32), etc. — Au XVIIe siècle, Basile insérait un conte de ce genre dans son *Pentamerone* (no 44).

On voit que cette plante arrachée amène les mêmes conséquences que la rose cueillie dans le *Loup blanc* et autres contes.

Il existe encore d'autres contes populaires ressemblant à la fable de *Psyché* ; mais nous n'avons voulu parler ici que de ceux dont l'introduction peut être rapprochée de celle du conte lorrain. Nous aurons l'occasion d'en citer quelques autres dans les remarques de notre no 65, *Firosette*.

---

1. M. Lal Behari Day a recueilli, également dans le Bengale, une variante de ce conte (no 8), qui ne présente guère que la différence suivante : La plus jeune fille du marchand, qui s'est mise à la recherche de son mari, le prince Sobur, — Sobur et Sabr sont, au fond, le même nom, — n'entend pas tout de suite, comme dans l'autre conte indien, la conversation des deux oiseaux. Elle a d'abord l'occasion de tuer un énorme serpent au moment où il allait dévorer les petits de ces oiseaux, qui sont des oiseaux géants, et le père, par reconnaissance, la transporte dans le pays du prince. (On peut ajouter cet épisode aux passages analogues de contes orientaux cités dans les remarques de notre no 52, la *Canne de cinq cents livres*, II, p. 111 et pp. 113-114.)

*
* *

Nous avons sommairement indiqué, au commencement de ces remarques,
en quoi une partie de notre conte se rapproche de la fable de *Psyché*. Il importe
maintenant d'examiner cette fable aussi brièvement que possible, mais avec
soin. Une question, en effet, se pose : le conte lorrain et tous les autres contes
du même genre dérivent-ils du récit latin d'Apulée ? Et ce récit lui-même, est-
ce dans la mythologie gréco-romaine qu'il faut en chercher l'origine ?

La plupart de ceux qui se sont occupés de la fable de *Psyché* nous paraissent
avoir fait fausse route ou s'être arrêtés à moitié chemin. Les uns voient dans le
récit latin un mythe dont ils prétendent donner l'explication ; les autres qui,
avec raison, y reconnaissent un simple conte bleu, ne sont pas assez familiers
avec la littérature populaire pour se douter même de l'origine de ce conte.
L'existence, dans les monuments figurés grecs et romains, de représentations
de ce qu'on a appelé le « mythe de Psyché, » vient encore compliquer la
question.

Il nous semble qu'un exposé suffisamment net des termes dans lesquels
se pose le problème que nous avons à résoudre écartera la plus grande partie
des difficultés.

Et d'abord, existe-t-il réellement un « mythe de Psyché » ? Ce qui est vrai,
c'est qu'un grand nombre de monuments figurés grecs et romains, — statues,
bas-reliefs, pierres gravées, — présentent diverses *allégories*, dans lesquelles
Eros et Psyché, en d'autres termes l'Amour et l'Ame, cette dernière sous la
forme d'une jeune fille à ailes de papillon (ψυχή signifiant à la fois *âme* et
papillon) jouent différents rôles. Psyché torturée par Eros, Eros et Psyché se
tenant embrassés, tels sont les sujets qui ont le plus fréquemment tenté le
talent des artistes. Les monuments en question se répartissent, quant à leur
date, sur un espace de temps qui va de la période macédonienne à la basse
époque romaine. Or, aucun de ceux qui sont antérieurs au siècle des Antonins,
c'est-à-dire au livre d'Apulée, n'offre le moindre rapport avec la fable de *Psyché*,
telle qu'elle est racontée dans ce livre. C'est seulement sur quelques pierres
gravées, postérieures à cette époque, qu'on a reconnu deux des épisodes de ce
récit (Psyché aidée par les fourmis à trier diverses graines confondues en un
même monceau, et Psyché recevant d'un aigle une amphore, sans doute
remplie de l'eau du Styx), et, selon toute probabilité, ces sujets ont dû être
empruntés directement au récit d'Apulée [1].

Il est donc impossible de tirer de l'examen des monuments figurés la preuve
de l'existence d'un « mythe de Psyché » ayant quelque relation avec la fable
rédigée par le rhéteur africain. La littérature antique, en dehors d'Apulée, n'a
pas non plus trace d'un semblable « mythe ». Il nous reste à examiner en lui-
même le récit d'Apulée et à rechercher si la fable de *Psyché*, telle qu'il la
raconte, a un caractère mythique.

---

1. Voir l'intéressant écrit de M. Maxime Collignon, *Essai sur les monuments grecs et romains relatifs
au mythe de Psyché* (Paris, 1877).

Commençons par résumer, dans ses traits principaux, le récit d'Apulée (*Métamorph.*, lib. IV-VI) : Un roi et une reine ont trois filles, dont la plus jeune, nommée Psyché, est une merveille de beauté. Les deux aînées épousent des princes. Un oracle oblige le roi à donner Psyché pour femme à un monstre inconnu, à une sorte de serpent, qui viendra la prendre sur une haute montagne où la jeune fille devra être exposée. Psyché, conduite sur la montagne, est transportée par Zéphire dans un palais enchanté et devient la femme du maître invisible de ce palais ; son époux ne la visite que la nuit. Elle vit heureuse, mais elle désirerait revoir ses sœurs. L'époux mystérieux lui permet à regret de satisfaire son désir et lui recommande surtout de ne rien dire de ce qui le touche : autrement elle se perdra et lui causera à lui-même une amère douleur. Psyché se fait amener ses sœurs par Zéphire. Pressée de questions, elle finit par avouer que jamais elle n'a vu son mari. Ses sœurs, jalouses de son bonheur, lui disent que cet époux est sans doute le serpent dont parlait l'oracle et qui doit la dévorer ; elles l'engagent à le tuer. Psyché, la nuit venue, s'arme d'un poignard et approche une lampe de son époux endormi : elle reconnaît Cupidon ; mais une goutte d'huile brûlante est tombée sur l'épaule du dieu, qui se réveille et s'enfuit pour ne plus revenir. La malheureuse Psyché, après avoir erré de côté et d'autre à la recherche de son mari, se décide à aller trouver Vénus. La déesse, furieuse de ce qu'elle a épousé son fils, lui impose plusieurs tâches. Psyché doit d'abord trier en un jour un grand amas de toutes sortes de graines mêlées ensemble ; une fourmi prend pitié d'elle et appelle à son secours toutes les fourmis du voisinage. Vénus exige ensuite que Psyché lui apporte un flocon de la toison d'or de béliers terribles ; Psyché désespérée est au moment de se précipiter dans un fleuve, quand un roseau lui enseigne le moyen de recueillir sans danger de ces flocons d'or. Puis Vénus ordonne à la jeune femme de lui procurer une fiole de l'eau du Styx, qui est gardée par des dragons ; l'aigle de Jupiter, ami de Cupidon, va chercher de cette eau pour Psyché. Enfin Vénus donne à Psyché une boîte et lui dit d'aller aux enfers demander à Proserpine de lui envoyer dans cette boîte un peu de sa beauté. Cette fois, Psyché croit son dernier jour arrivé. Elle se dirige vers une haute tour pour se précipiter du faîte de cette tour ; mais la tour, prenant une voix, lui apprend ce qu'elle doit faire pour mener à bonne fin cette redoutable entreprise. Psyché remonte des enfers avec la boîte ; mais, cédant à une téméraire curiosité, elle l'ouvre, et aussitôt un sommeil léthargique s'empare d'elle. Cupidon accourt et la réveille. Désormais rien ne s'oppose plus à la réunion des deux époux.

Quiconque a un peu l'habitude des contes populaires saluera dans chacun des épisodes de ce récit des traits de connaissance. Ce prétendu « mythe » ne tient en réalité que par le nom des personnages à la mythologie grecque ou romaine. C'est tout simplement un conte populaire, frère de plusieurs contes qui vivent encore aujourd'hui, *anilis fabula*, « conte de bonne femme », comme Apulée le dit lui-même. Et la forme primitive de ce conte, — altérée sur divers points dans le récit latin, — nous pouvons assez facilement la reconstituer.

Pour y arriver, nous prendrons d'abord un conte populaire recueilli dans l'Inde, de la bouche d'une blanchisseuse de Bénarès, et publié en 1833 dans l'*Asiatic Journal* (Nouv. série, vol. II)[1] : La fille d'un pauvre bûcheron, nommée Tulisa, étant un jour occupée à ramasser du bois mort auprès d'un puits en ruines, au milieu d'une forêt, entend tout à coup une voix qui paraît sortir du puits et lui dit : « Veux-tu être ma femme ? » Elle s'enfuit effrayée. La même aventure lui arrive encore une fois, et alors elle en parle à ses parents, qui l'engagent à retourner au puits et, si la voix lui fait la même question, à lui répondre : « Adressez-vous à mon père. » Tulisa obéit, et la voix lui dit : « Envoie-moi ton père. » Le bonhomme vient, et, la voix lui ayant promis de le rendre riche, il donne son consentement. Tulisa est mariée à son prétendant invisible, et transportée dans un magnifique palais, où elle vit heureuse ; mais elle ne voit son mari que la nuit, et celui-ci lui défend de recevoir aucune personne étrangère. Pendant un temps, tout va bien ; mais, un jour, une vieille se présente sous les fenêtres de Tulisa, qui a l'imprudence de l'introduire dans le palais au moyen d'un drap de lit suspendu à une tourelle. La vieille gagne par ses paroles flatteuses la confiance de la jeune femme et finit par la décider à demander à son mari comment il se nomme. En vain l'époux mystérieux représente à Tulisa que, s'il lui donne satisfaction, ce sera pour elle la ruine ; elle insiste. Alors il la conduit sur le bord d'une rivière, il entre dans l'eau, et, s'y enfonçant de plus en plus, il lui demande par trois fois si elle persiste dans sa funeste curiosité. Tulisa se montre toujours aussi obstinée. Alors il lui dit : « Mon nom est Basnak Dau ! » Au même instant il disparaît dans l'eau, et à sa place se montre la tête d'un serpent. Tulisa, redevenue la pauvre fille du bûcheron, cherche en vain le palais où elle a passé de si heureux jours, et elle est obligée de retourner chez ses parents, redevenus misérables eux aussi[2]. — Pendant le temps de sa prospérité, la jeune femme a sauvé la vie à un écureuil. Un jour le petit animal s'approche de la cabane de Tulisa et lui fait signe de le suivre dans la forêt ; là elle a l'occasion d'entendre une conversation entre plusieurs écureuils. Elle apprend que son mari, Basnak Dau, est le roi des serpents ; la reine sa mère, mécontente d'avoir perdu le pouvoir depuis l'avènement de son fils, a découvert que ce pouvoir lui reviendrait si Basnak Dau révélait son nom à une fille de la terre. C'est elle qui a envoyé à Tulisa la vieille qui a donné à celle-ci de si pernicieux conseils. Un des écureuils ajoute qu'il y a pour Tulisa un moyen de rentrer en possession de son bonheur. Il faut d'abord qu'elle cherche un œuf de l'oiseau Huma et qu'elle le couve dans son sein. Dès qu'elle aura trouvé cet œuf, elle devra se rendre auprès de la reine des serpents et lui offrir ses services : la reine lui imposera des épreuves très difficiles, et, si Tulisa n'en vient point à bout, elle sera dévorée par des serpents. Il est à désirer pour Tulisa, disent les écureuils, qu'elle parvienne à couver l'œuf du Huma ; car l'oiseau qui en sortira rompra le charme. — Tulisa, grâce aux écureuils, qui lui servent de guides, trouve un œuf de Huma et arrive au palais de la reine des serpents. Celle-ci, avant de la

1. Hermann Brockhaus en a donné une traduction allemande à la fin de ses deux volumes de traduction de Somadeva (Leipzig, 1843).

2. Dans un conte sicilien (Pitrè, *Nuovo Saggio*, n° 5), dont nous avons parlé plus haut et sur lequel nous reviendrons à propos de notre n° 65, *Firoetta*, l'héroïne, obéissant à de perfides conseils, commet aussi la faute de demander avec instance à son époux mystérieux comment il se nomme. À peine le nom est-il prononcé, qu'elle se trouve seule, au milieu d'une campagne déserte.

prendre à son service, lui impose une première épreuve : Tulisa doit recueillir
dans un vase de cristal le parfum de mille fleurs. Un essaim d'innombrables
abeilles lui apporte ces mille parfums (sur le chemin du palais de la reine des
serpents, Tulisa avait rencontré une abeille ; mais il n'est pas dit, — évidemment par suite d'une altération du récit, — qu'elle lui eût rendu service). Le
lendemain la reine remet à Tulisa une jarre remplie de graines et lui ordonne
d'en tirer la plus belle parure que jamais princesse ait portée. Les écureuils
apportent à Tulisa de magnifiques pierreries, et la jeune femme en fait une
couronne qu'elle dépose aux pieds de la reine. Cependant l'œuf se trouve couvé,
et il en sort un Huma qui vole droit à un serpent vert enroulé autour du cou
de la reine et crève les yeux de ce serpent. Aussitôt le charme est rompu ;
Basnak Dau remonte sur son trône et célèbre solennellement ses noces avec
Tulisa, maintenant digne de lui.

On ne saurait le nier : ce conte, actuellement encore vivant dans l'Inde,
offre beaucoup de ressemblance avec la fable de *Psyché*. Sans doute il n'est
pas identique : le conseil fatal donné à la jeune femme porte sur un tout
autre objet, et la question que Tulisa pose à son mari rattache sur un point
ce conte à la légende de *Lohengrin* plus étroitement qu'à *Psyché*. Mais il n'en
est pas moins vrai que, si l'on considère tout l'ensemble, la ressemblance
entre le récit latin et le conte indien est frappante. En attendant qu'on ait
découvert dans l'Inde le pendant exact de *Psyché*, — ce qui, nous en sommes
persuadé, arrivera quelque jour, — on trouvera dans *Tulisa et le Roi des
serpents* l'explication de deux traits altérés dans le récit latin et, en même
temps, l'indication de leur forme primitive.

Ce monstre de la race des serpents, *vipereum malum*, auquel le père de
Psyché est obligé de livrer sa fille, Apulée en a fait un monstre métaphorique,
l'Amour, le cruel Amour, qui porte ses ravages dans la terre entière. Le conte
indien, lui, le représente comme le *roi des serpents*. Nous nous rapprochons de
la forme primitive ; mais ce n'en est encore qu'un affaiblissement : le conte
indien ne montre pas, du moins expressément, le « roi des serpents » comme
revêtu d'une enveloppe de serpent qu'il dépouille chaque nuit. Voilà la forme
primitive, et certains contes européens, se rattachant au thème de *Psyché*,
l'ont conservée plus ou moins distinctement. Ainsi, dans un conte toscan
(Gubernatis, *Novelline di Santo Stefano*, n° 14), un gros serpent demande à
un bûcheron de lui donner une de ses trois filles en mariage ; si elles refusent,
le bûcheron le paiera de sa tête. La plus jeune des filles du pauvre homme se
déclare prête à épouser le serpent, et celui-ci l'emporte dans un magnifique
palais, où il devient un beau jeune homme, appelé *sor Fiorante* ; mais malheur
à la jeune femme si elle dit à personne comment il se nomme ! Dans une
visite qu'elle fait à ses sœurs, elle se laisse aller à révéler ce nom mystérieux,
et son mari disparaît, ainsi que le palais. (La dernière partie de ce conte
correspond à celle du n° 88 de la collection Grimm, cité dans le premier
groupe des contes étudiés ci-dessus.) — Nous avons ici le serpent qui se
transforme en homme, mais nous ne le voyons pas se dépouiller de son
enveloppe. Un autre conte italien, de Livourne, du même type pour la plus
grande partie (Stan. Prato, n° 4), présente ce dernier trait, qui se retrouve,
comme on devait s'y attendre, dans des contes indiens.

Nous citerons d'abord, parmi ces contes indiens, un conte du *Pantchatantra*
(p. 144 de la traduction allemande de M. Benfey) : La femme d'un brahmane
n'a point d'enfants. A la suite d'un sacrifice offert par son mari, elle devient
enceinte et met au monde un serpent. Au bout d'un certain temps, le brahmane
va demander pour son fils la main de la fille d'un autre brahmane [1]. Le mariage
a lieu. La nuit venue, le serpent se dépouille de sa peau, et la jeune fille voit
devant elle un beau jeune homme. Le matin, le brahmane entre dans la
chambre, s'empare de la peau du serpent et la jette au feu. Le charme est ainsi
rompu. (Comparer la fin du conte basque analysé plus haut, parmi les contes
du second groupe.) — Un autre conte indien (miss Stokes, nº 10), actuellement encore vivant dans la bouche du peuple, et que nous avons résumé
dans les remarques de notre nº 12, *le Prince et son Cheval* (I, p. 150), contient
ce même élément : Une des femmes d'un roi a mis au monde un fils qui a la
forme d'un singe. Devenu grand, le prétendu singe quitte de temps en temps
sa peau, et fait, sans être reconnu, toute sorte d'exploits. Enfin une princesse
découvre que c'est lui qui a été vainqueur dans plusieurs épreuves imposées à
ceux qui aspirent à sa main, et elle déclare qu'elle veut épouser le singe. Elle
l'épouse en effet. Toutes les nuits, le jeune homme se dépouille de sa peau de
singe; mais il défend à sa femme d'en rien dire à personne. Un jour qu'il s'est
rendu à une fête après avoir ôté sa peau de singe et l'avoir mise sous son
oreiller, la princesse appelle sa belle-mère et lui dit que son mari n'est pas un
singe, mais un beau jeune homme, et elle lui montre la peau. Puis, d'accord
avec sa belle-mère, elle brûle cette peau, afin que le prince reste toujours sous
sa forme humaine. Aussitôt le prince sent quelque chose qui l'avertit de ce qui
s'est passé. Il accourt et reproche à sa femme d'avoir brûlé sa peau de singe ;
mais, le lendemain matin, sa colère s'est apaisée, et l'on fait de grandes
réjouissances.

Les deux contes indiens que nous venons d'analyser ne se rattachent que par
un trait à la fable de *Psyché*. En voici un troisième, toujours du même genre,
mais dont l'introduction est au fond celle de *Psyché* (nous voulons parler du
passage où le roi est obligé par un oracle de donner sa fille en mariage à un
monstre) ; ce conte indien fait partie d'un livre sanscrit, la *Sinhâsana-dvâtriņçikâ*
(*les Trente-deux récits du trône*), qui a été étudié par M. Albert Weber dans les
Indische Studien (t. XV, 1878, p. 252 seq.) : Le roi Premasena a une fille d'une
grande beauté, nommée Madanarekha, et deux fils plus jeunes, Devaçarman et
Hariçarman. Un jour que l'aîné est sur le bord du fleuve, il entend une voix
qui dit : « Si le roi Premasena ne me donne pas sa fille, mal lui en adviendra,
à lui et à sa ville. » Le jeune homme va raconter au roi ce qu'il a entendu ; on
ne le croit pas. Mais, quand ensuite le second fils du roi et le roi lui-même ont
entendu la voix mystérieuse, Premasena, après avoir pris l'avis de ses conseillers, se rend auprès du fleuve et dit : « Es-tu un dieu, un génie ou un homme ?
— J'étais, » répond la voix, « le gardien de la porte du dieu Indra ; mais, en
punition de mes fautes, j'ai été condamné à naître dans cette ville, chez un

---

1. Ce commencement est à peu près celui du conte italien de Livourne, lequel, comme nous l'avons
dit, se rattache à l'une des branches du thème de *Psyché* : Une reine, qui n'a point d'enfants, se
recommande à Dieu et aux saints, mais inutilement. A la fin elle devient enceinte et accouche d'un
serpent. Quand le serpent a dix-huit ans, il dit à son père qu'il veut se marier.

potier, sous la forme d'un âne. Donne-moi ta fille ; sinon, malheur à toi et à ta ville ! » Le roi, effrayé, promet de donner sa fille, mais il ajoute : « Si tu as une vertu divine, entoure la ville d'un mur de cuivre, et bâtis-moi un palais présentant les trente-deux signes de la perfection. » Dans la nuit tout est construit. La princesse se résigne courageusement à son destin et elle est donnée en mariage à l'âne. Celui-ci, quand il est seul avec elle, se dépouille de sa peau d'âne et se montre sous son apparence céleste. La princesse vit très heureuse avec lui. Un jour, quelques années après, la mère de la jeune femme vient lui faire une visite et elle voit son gendre le *gandharva* (sorte de génie) sous sa forme véritable. Elle trouve l'occasion de se saisir de la peau d'âne et la jette au feu. Quand le *gandharva* voit que la peau ne se retrouve plus, il dit à sa femme : « Ma bien-aimée, maintenant, je retourne au ciel ; la malédiction qui me frappait a pris fin. » Et il disparaît pour toujours.

Cette disparition du *gandharva* fait tout naturellement penser à la disparition de l'époux mystérieux de Psyché. Aussi ne sera-t-on pas surpris de voir, dans un conte serbe (Vouk, n° 10) voisin de ce conte indien, toute une dernière partie où la jeune femme, après que sa belle-mère a brûlé la peau du serpent (ici nous retrouvons le serpent), se met, comme Psyché, à la recherche de son mari, et où il lui arrive les mêmes aventures qu'à l'héroïne du n° 88 de la collection Grimm. (Comparer le conte lithuanien n° 23 de la collection Leskien, cité plus haut.) [1]

Nous citerons encore un autre conte indien, publié en 1833 dans l'*Asiatic Journal* et résumé par M. Ralston dans son travail indiqué ci-dessus. Ici les rôles sont renversés : l'être céleste qui a l'apparence d'un animal est l'épouse, et non point l'époux. Invitée à une fête chez le roi son beau-père, la princesse-singe se dépouille pour la première fois de la peau qui la recouvre. Pendant qu'elle est chez le roi, le prince son mari jette la peau dans le feu. Aussitôt la princesse s'écrie : « Je brûle ! » et elle disparaît, ainsi que son palais [2]. Le prince se met à la recherche de sa bien-aimée, et la retrouve enfin dans le royaume céleste.

Nous n'insisterons pas davantage sur ces rapprochements. Aussi bien nous semble-t-il que voilà reconstituée sur un point important la forme primitive de *Psyché*. Le monstre auquel le roi est obligé de donner sa fille en mariage est un serpent, mais un serpent qui, sous son enveloppe d'écailles, cache un beau jeune homme ; et cette forme primitive est tout indienne. Cette origine ressort de tout ce que nous venons de dire, mais on s'en convaincra davantage encore en lisant les pages que M. Benfey a consacrées à un sujet analogue dans son introduction au *Pantchatantra* (§ 92). L'altération du thème primitif sur ce point se comprend, du reste, parfaitement. Du moment qu'on introduisait dans l'*anilis fabula*, dans le conte de bonne femme, Vénus et Cupidon avec tout un

1. Un autre conte serbe (Vouk, n° 9), qui n'a pas cette dernière partie, se rapproche beaucoup du conte indien de la *Sinhâsana-dvâtriṇçikâ*. Dans ce conte serbe, le serpent est le fils d'une pauvre femme. Il l'envoie un jour demander à l'empereur de lui donner sa fille en mariage. « Je la lui donnerai, » dit l'empereur, « s'il bâtit un pont de perles et de pierres précieuses qui aille de sa maison à mon palais. » En un instant la chose est faite. Cela rappelle, comme on voit, la demande du roi Premasena.

2. Dans un conte grec moderne d'Epire (Hahn, n° 14), c'est aussi pendant que la jeune femme est à une fête, après avoir dépouillé sa peau de chèvre, que le prince son mari jette cette peau dans un four ardent.

cortège mythologique, on était bien obligé de modifier, en cet endroit surtout, le récit original.

Pour un second passage de la fable de *Psyché*, le conte indien de *Tulisa et le Roi des serpents* nous indique encore la forme primitive. Ce passage, où des animaux exécutent pour Psyché les tâches les plus difficiles, se rattache à un thème bien connu, indien lui aussi, le thème des *Animaux reconnaissants*. Dans le récit latin, un élément important a disparu : le service que l'héroïne a rendu aux animaux ; aussi l'intervention de la fourmi qui vient secourir Psyché paraît-elle peu motivée. Un de nos contes lorrains, *Firosette*, que nous publions plus loin (n° 65), nous permettra d'étudier ce passage, ainsi que toute la dernière partie de *Psyché* (Psyché et les épreuves imposées par Vénus). Nous nous permettrons donc de renvoyer aux remarques de ce n° 65.

Nous ne ferons plus qu'une observation. Toute idée de curiosité imprudente de la part de l'héroïne a disparu de la fable de *Psyché ;* c'est encore là une altération. Dans presque tous les contes analogues, il y a soit curiosité, soit indiscrétion, provoquée souvent par les ennemis de la jeune femme. Un conte norvégien, cité plus haut dans le premier groupe, indique bien quelle a dû être, sur ce point, dans *Psyché,* la forme primitive. Dans ce conte norvégien, l'héroïne s'approche, une lumière à la main, de son époux endormi, comme Psyché, et une goutte brûlante tombe aussi sur lui et le réveille ; mais, — et ceci est bien plus naturel que le passage correspondant d'Apulée, — ce qui a poussé la jeune femme à cette imprudence, c'est le désir de voir quels sont les traits de son mari [1].

La conclusion de cette étude sur *Psyché*, — dans laquelle, pour ne pas être démesurément long, nous avons élagué bien des détails, — c'est que ni le conte lorrain ni les autres contes européens de la même famille ne dérivent de la fable de *Psyché*, laquelle présente le thème primitif sous une forme moins bien conservée que la plupart de ces contes. La source d'où dérivent et *Psyché* et les contes modernes analogues doit être cherchée dans l'Inde.

*
* *

Un conte portugais du type de la *Belle et la Bête* (Consiglieri-Pedroso, n° 10) est, à notre connaissance, le seul des contes de ce genre qui, comme le nôtre, se termine d'une façon tragique par la mort du personnage enchanté.

Dans une autre forme de ce dénouement, également de Montiers, la jeune fille meurt, elle aussi, « en tenant la patte du loup ».

1. Dans un conte italien de Rome, assez altéré (miss Busk, p. 99), qui a l'introduction du quatrième des groupes indiqués ci-dessus, nous retrouvons le poignard du récit latin avec la goutte de cire brûlante. L'héroïne habite le palais d'un « roi noir », et ses sœurs l'ont engagée à le tuer, lui disant qu'il ne peut être qu'un méchant magicien.

LXIV

SAINT ETIENNE

Au moment où saint Etienne vint au monde, un beau monsieur s'arrêta devant la maison et demanda si on voulait le recevoir. On lui répondit que ce n'était pas possible, parce que la femme venait d'accoucher. Alors il voulut voir l'enfant, et on finit par le laisser entrer. Il s'approcha du petit garçon, et, l'ayant bien regardé, il dit à la mère qu'il le trouvait beau à ravir et qu'il serait bien aise de l'acheter. D'abord la mère ne voulut rien entendre ; mais comme il offrait une grosse somme, elle se laissa gagner et consentit au marché. Le beau monsieur devait prendre l'enfant dans six ou sept ans, quand il serait fort ; en attendant, il viendrait le voir de temps en temps.

Le petit garçon grandit, et on l'envoya à l'école. Mais la mère était toujours triste : un jour, après la visite du beau monsieur, l'idée lui était venue que c'était peut-être au diable qu'elle avait vendu son enfant. Le petit garçon lui dit : « Qu'avez-vous donc, ma mère, à pleurer toujours ainsi ? — Hélas ! » répondit-elle, « j'ai fait une chose que je ne devais pas faire : je t'ai vendu au diable à ta naissance. — N'est-ce que cela ? » dit l'enfant. « Je ne crains pas le diable. Donnez-moi une peau de mouton que vous ferez bénir et que vous remplirez d'eau bénite. Je saurai me tirer d'affaire. »

La mère fit ce qu'il demandait, et bientôt après le beau monsieur arriva pour emmener l'enfant. Ils partirent ensemble. Le petit garçon s'était muni de sa peau de mouton. L'autre n'y avait pas pris garde ; il lui racontait des histoires pour l'amuser pendant le chemin. Ils s'enfoncèrent dans un grand bois et arrivèrent enfin devant une maison, au fond de la forêt. Alors le beau monsieur se changea en diable, ouvrit la porte et poussa l'enfant dans la maison ; elle était remplie de démons. Le petit garçon, sans s'effrayer, se mit à secouer sa peau de mouton et fit pleuvoir l'eau bénite sur les diables, qui s'enfuirent au plus vite. Après s'être ainsi débarrassé d'eux, il s'en retourna tranquillement chez sa mère.

Quelque temps après, étant allé à confesse, il raconta au curé son aventure. Le jour de Noël, le bon Dieu lui dit :

« C'est aujourd'hui ma fête, Etienne,
« Et demain ce sera la tienne. »

Et voilà pourquoi la Saint-Etienne tombe le lendemain de Noël.

REMARQUES

Dans une variante, également de Montiers-sur-Saulx, un pauvre homme, dont la femme vient d'accoucher, se rend à un village voisin, dans l'espoir de trouver un parrain riche. Le démon, qui devine l'avenir, se trouve sur son passage, habillé en grand seigneur. Il accepte d'être parrain et donne à l'homme un sac plein d'or. Ensuite il l'oblige à signer de son sang un écrit par lequel l'homme promet de lui donner son fils dans vingt ans. Le démon comptant le jour comme la nuit, c'est au bout de dix ans qu'il arrive pour prendre l'enfant. Il est mis en fuite grâce à une image représentant la croix et à des aspersions d'eau bénite.

Comparer l'introduction de notre n° 75, *la Baguette merveilleuse*, et les remarques.

*
* *

Les principaux traits de notre conte, si bizarrement rattaché au nom de saint Etienne, se retrouvent dans un groupe de contes étrangers, où ce thème ne forme qu'une partie du récit, et où il n'est pas question de « saint Etienne. » Du reste, on a vu que, dans notre variante, il n'en est pas question davantage.

Nous citerons d'abord un conte valaque (Schott, n° 15) : Un pauvre pêcheur promet au diable, en échange de grandes richesses, « ce qu'il aime le mieux chez lui » ; il s'aperçoit trop tard que c'est son fils qu'il a promis. L'enfant, devenu grand, force son père à lui révéler le secret. Alors, sur le conseil de son maître d'école, il se fait faire des vêtements ecclésiastiques tout parsemés de croix, et se met en route vers l'enfer. Arrivé à la porte, il frappe. Effrayés de ses croix, les diables veulent le chasser ; mais il ne part qu'après s'être fait rendre le parchemin signé par son père.

Dans deux contes lithuaniens (Chodzko, p. 107 ; Schleicher, p. 75), un paysan égaré dans une forêt promet au diable de lui donner « ce qui n'était pas dans sa maison au moment de son départ » ; il se trouve que c'est un fils qui lui est né pendant son absence. (Comparer l'introduction d'un troisième conte lithuanien, n⁰ 22 de la collection Leskien.) Dans le premier de ces contes, le jeune homme, quand il part pour aller en enfer chercher la cédule du marché, se munit d'eau bénite et d'un morceau de craie, bénite aussi. Avec la craie il trace un cercle autour de lui ; avec l'eau bénite il asperge Lucifer et tous les démons, jusqu'à ce qu'ils lui aient rendu le parchemin. — Voir également un conte souabe (Meier, n⁰ 16).

Nous pouvons encore rapprocher de notre conte un conte allemand (Prœhle, II, n⁰ 63), où le père, comme la mère de « saint Etienne », vend directement son fils au diable. Comparer une variante allemande de cette même collection Prœhle (pp. 235, 236), un conte de la Basse-Saxe (Schambach et Müller, n⁰ 32), très défiguré, et deux contes bas-bretons, plus ou moins altérés (Luzel, *Légendes*, I, pp. 175 et 267).

Dans tous ces contes, le jeune homme contribue, par son voyage en enfer, à la conversion d'un brigand endurci dans le crime.

LXV

FIROSETTE

Il était une fois un jeune homme, appelé Firosette, qui aimait uue jeune fille nommée Julie. La mère de Firosette, qui était fée, ne voulait pas qu'il épousât Julie; elle voulait le marier avec une vieille cambine [1], qui cambinait, cambinait.

Un jour, la fée dit à Julie : « Julie, je m'en vais à la messe. Pendant ce temps, tu videras le puits avec ce crible. »

Voilà la pauvre fille bien désolée; elle se mit à puiser; mais toute l'eau s'écoulait au travers du crible. Tout à coup, Firosette se trouva auprès d'elle. « Julie, » lui dit-il, « que faites-vous ici ? — Votre mère m'a commandé de vider le puits avec ce crible. » Firosette donna un coup de baguette sur la margelle du puits, et le puits fut vidé.

Quand la fée revint : « Ah! Julie, » dit-elle, « mon Firosette t'a aidée! — Oh! non, madame, je ne l'ai pas même vu; je me soucie bien de votre Firosette et de votre Firosettan! » Elle ne voulait pas laisser voir qu'elle l'aimait.

Une autre fois, la fée dit à Julie : « Va-t'en porter cette lettre à ma sœur, qui demeure à Effincourt [2]; elle te récompensera. »

Chemin faisant, Julie rencontra Firosette, qui lui dit : « Julie, où allez-vous ? — Je vais porter une lettre à votre tante, qui demeure à Effincourt. — Ecoutez ce que je vais vous dire, » reprit Firosette. « En entrant chez ma tante, vous trouverez le balai les verges en haut; vous le remettrez comme il doit être. Ma tante vous présentera une boîte de rubans et vous dira de

1. *Cambine*, boiteuse.
2. Village de Champagne, à une petite lieue de Montiers.

prendre le plus beau pour vous en faire une ceinture. Prenez-le, mais gardez-vous bien de vous en parer. Quand vous serez dans les champs, vous le mettrez autour d'un buisson, et vous verrez ce qui arrivera. »

En entrant chez la fée, la jeune fille lui dit : « Madame, voici une lettre que madame votre sœur vous envoie. » La sœur de la fée lut la lettre, puis elle dit à Julie : « Voyons, ma fille, que pourrais-je bien vous donner pour votre peine ? Tenez, voici une boîte de rubans : prenez le plus beau et faites-vous-en une ceinture ; vous verrez comme vous serez belle. » Julie prit le ruban et s'en retourna. Lorsqu'elle fut à Gerbaux[1], elle mit le ruban autour d'un buisson ; aussitôt le buisson s'enflamma.

Quand elle fut de retour, la fée lui dit : « Ah ! Julie, mon Firosette t'a conseillée ! — Oh ! non, madame, je ne l'ai pas même vu ; je me soucie bien de votre Firosette et de votre Firosettan ! » Elle ne voulait pas laisser voir qu'elle l'aimait.

Un soir, on fit coucher la vieille cambine au chevet d'un lit, et Julie à l'autre bout, avec des chandelles entre les dix doigts de ses pieds. Au milieu de la nuit, la fée, qui était dans la chambre d'en haut, se mit à crier : « Mon Firosette, dois-je féer[2] ? — Non, ma mère, encore un moment. » Puis il dit à la vieille : « N'allez-vous pas prendre la place de cette pauvre fille ? »

La fée cria une seconde fois : « Mon Firosette, dois-je féer ? — Non, non, ma mère, encore un moment. » Et il dit encore à la vieille : « N'allez-vous pas prendre la place de cette pauvre fille ? »

La fée cria une troisième fois : « Mon Firosette, dois-je féer ? » Et Firosette dit une troisième fois à la vieille : « N'allez-vous pas prendre la place de cette pauvre fille ? »

La vieille fut bien obligée de céder et de mettre les chandelles entre les dix doigts de ses pieds. Aussitôt Firosette cria : « Oui, oui, ma mère, féez vite. — Je veux, » dit alors la fée, « que celle qui a les chandelles entre les dix doigts de ses pieds soit changée en cane, pour que je la mange à mon déjeuner. » Au même instant, la vieille se trouva changée en cane, sauta en bas du lit et se mit à marcher tout autour de la chambre : can can can can.

1. Endroit situé entre Effincourt et Montiers, où se trouve une fontaine.
2. Féer, faire acte de fée, faire un enchantement.

Lorsque la fée vit qu'elle s'était trompée, elle entra dans une
si grande colère qu'elle tomba morte.

———

REMARQUES

Ce conte, — on le reconnaîtra en l'examinant d'un peu près, — a de
grandes analogies avec la dernière partie de la fable de *Psyché*, où l'héroïne est
au pouvoir de Vénus. Du reste, le plus grand nombre des contes qui, à notre
connaissance, doivent être rapprochés de *Firosette*, ont une introduction qui
n'est autre, au fond, que la première partie de *Psyché*, de sorte qu'ils présentent tout l'ensemble du récit latin. Nous avons étudié, dans les remarques
de notre nº 63, *le Loup blanc*, cette première partie de *Psyché*; nous aurons ici
à nous occuper de la seconde.

Voyons d'abord les principaux contes actuels qui ressemblent à *Firosette*.

*
* *

Nous commencerons pas rapprocher du conte lorrain un conte sicilien,
recueilli par M. Pitrè (*Nuovo Saggio*, nº 5). La première partie de ce conte,
dont nous avons résumé l'introduction dans les remarques de notre nº 63, *le
Loup blanc* (II, p. 223), se rattache au thème de *Psyché*. Nous n'en dirons
qu'un mot : A l'instigation de ses sœurs, jalouses de son bonheur, Rusidda,
épouse d'un jeune homme mystérieux, commet la faute de demander avec
instance à son mari comment il se nomme. Le nom de « Spiccatamunnu » est
à peine prononcé, que Rusidda se trouve seule, au milieu d'une campagne
déserte. — Ici commence la seconde partie, qui se rapporte à *Firosette* :
Rusidda arrive chez une ogresse, la mère de Spiccatamunnu. Pour se débarrasser de la jeune femme, l'ogresse l'envoie chez une autre ogresse, sa sœur,
en la chargeant de lui rapporter un coffret. Le coffret est remis à Rusidda par
la sœur de l'ogresse, avec défense de l'ouvrir. Mais, en chemin, la jeune
femme entend sortir du coffret des sons si mélodieux qu'elle ne peut résister à
sa curiosité. Elle ouvre le coffret, et il s'en échappe une foule de petites
poupées qui se mettent à danser ; elle essaie de les faire rentrer : impossible.
Alors elle appelle à son aide Spiccatamunnu, qui, sans se faire voir, lui jette
une baguette dont elle doit frapper la terre pour faire rentrer les poupées dans
le coffret. Quand elle est de retour chez l'ogresse, celle-ci lui dit que son fils
Spiccatamunnu va se marier, et elle lui commande de laver un grand tas de
linge. Rusidda appelle Spiccatamunnu, et en un instant le linge est lavé.
« Ah ! » dit l'ogresse, « ce n'est pas toi qui as fait cela ; c'est mon fils
Spiccatamunnu. » Et elle commande à Rusidda de remplir plusieurs matelas
de plumes d'oiseaux. Par l'ordre de Spiccatamunnu, quantité d'oiseaux viennent
secouer leurs plumes, de manière à remplir les matelas. Le soir des noces,
l'ogresse ordonne à Rusidda de se mettre à genoux au pied du lit des nouveaux
mariés, une torche allumée à la main. Au bout de quelque temps, la mariée,
qui a pitié d'elle, lui fait prendre sa place et se met elle-même à genoux avec
la torche. A minuit, l'ogresse ordonne au sol de s'entr'ouvrir et d'engloutir

celle qui tient la torche. Et c'est la mariée qui est engloutie au lieu de Rusidda.

Nous retrouvons dans ce conte sicilien les principaux éléments de *Firosette* : les tâches imposées à la jeune fille par la fée et exécutées par le fils de cette fée, qui aime la jeune fille ; l'envoi de cette dernière chez la sœur de la fée, et aussi le dénouement, mais moins bizarre et certainement plus voisin de la forme primitive.

On aura pu remarquer que, dans le conte sicilien, il n'est pas question de recommandations faites par Spiccatamunnu à Rusidda, quand celle-ci est envoyée chez la sœur de l'ogresse. Dans notre conte, Firosette en fait deux, mais la première,— celle qui est relative au balai, qu'il faut remettre « comme il doit être », — paraît, au premier abord, n'avoir aucune importance. Il y a là, en effet, une altération, et la plupart des contes qu'il nous reste à résumer vont le faire voir. Dans la forme primitive, si Firosette engageait la jeune fille à rendre service au balai, c'était afin que, plus tard, le balai ne lui fît point de mal : ainsi, dans plusieurs contes, l'héroïne graisse une porte, afin que, par reconnaissance, la porte ne l'écrase point quand elle s'enfuira.

L'épisode en question se trouve d'abord dans un deuxième conte sicilien qui fait partie de la grande collection de M. Pitrè (nº 18). L'introduction est à peu près celle de *Spiccatamunnu* ; mais le fils de l'ogresse se nomme *lu Re d'Amuri* (le Roi d'Amour). Arrivée chez l'ogresse, Rusidda est envoyée par celle-ci porter une lettre à une autre ogresse, sa commère. Le Roi d'Amour lui apparaît et lui indique ce qu'elle aura à faire pour se préserver de tout danger. Quand elle arrivera auprès d'un fleuve dont l'eau est du sang, elle devra en boire quelques gorgées et dire : « Quelle belle eau ! jamais je n'en ai bu de pareille ! » Elle devra de même se récrier sur la bonté des poires d'un poirier et du pain d'un four, près desquels elle passera. Puis il lui faudra donner du pain à deux chiens affamés, balayer et nettoyer l'entrée de la maison ainsi que l'escalier, bien frotter un rasoir, des ciseaux et un couteau qu'elle trouvera dans la maison. Enfin, Rusidda remettra la lettre à l'ogresse, et, pendant que celle-ci sera occupée à la lire, elle prendra sur une table une cassette et s'enfuira en l'emportant. La jeune femme suit ponctuellement ces recommandations. Quand l'ogresse s'aperçoit que Rusidda s'est enfuie, elle crie au rasoir, aux ciseaux et au couteau de la mettre en pièces ; mais tous répondent que Rusidda les a nettoyés, tandis que l'ogresse ne l'a jamais fait. L'ogresse ordonne alors à l'escalier et à l'entrée de la maison d'engloutir Rusidda ; elle reçoit la même réponse. De même, les chiens refusent de la manger, le four de l'enfourner, l'arbre de l'embrocher, le fleuve de sang de la noyer. Suit l'épisode de la cassette ouverte, et ensuite celui des matelas à remplir de plumes pour les noces du Roi d'Amour avec la fille du roi de Portugal. L'ogresse dit à Rusidda que c'est la coutume, aux mariages, qu'une personne se tienne à genoux près du lit avec deux torches à la main. Une heure avant minuit, le Roi d'Amour dit que Rusidda ne peut rester à genoux dans l'état où elle est (en effet, elle était enceinte, comme Psyché, quand elle s'est trouvée jetée hors du palais de son mari), et il prie la mariée de prendre les torches et de se mettre un peu à la place de Rusidda. A peine la mariée à-t-elle pris les torches, que la terre s'entr'ouvre et l'engloutit.

Ce conte est, croyons-nous, le plus complet et le mieux conservé des contes de ce type qui ont été recueillis.

Mentionnons un troisième conte sicilien (Gonzenbach, n° 15), dont l'introduction se rattache aussi au thème de *Psyché* et où se retrouvent les différentes parties du conte précédent, mais avec quelques altérations. Dans ce conte, nous relevons un détail curieux : la sorcière dit à la jeune femme, en lui imposant des tâches, qu'elle s'en va à la messe, absolument comme la fée de notre conte.

Un conte de l'Italie méridionale, recueilli dans la Basilicate (Comparetti, n° 33), qui présente le même enchaînement, est un peu altéré, particulièrement au dénouement ; — un conte des Abruzzes (Finamore, n° 81) l'est beaucoup. Dans ce dernier conte, un passage est à rapprocher du conte lorrain : l'héroïne doit, pendant la nuit des noces du fils de celle qui la persécute, « tenir allumées dix chandelles, une sur chaque doigt de ses mains. » C'est presque, comme on voit, le détail singulier des « chandelles entre les dix doigts des pieds. »

Jusqu'à présent nous ne sommes pas sortis des pays de langue italienne. Nous allons rencontrer un conte de même famille dans le nord de l'Europe, en Danemark (Grundtvig, I, p. 252). Voici les principaux traits de ce conte : Un roi a promis sa fille en mariage à qui devinerait un certain secret. Un loup le devine, et l'on est obligé de lui donner la princesse. Il emmène celle-ci dans un château et lui fait promettre de ne jamais allumer de lumière. Pendant la nuit, il a une forme humaine. Cédant aux conseils de sa mère, à qui elle est allée faire visite, la princesse finit par manquer à sa promesse ; elle voit son mari endormi, mais celui-ci se réveille, reprend sa forme de loup et s'enfuit pour toujours. La princesse le suit de loin, et, après diverses aventures, elle arrive au château d'une sorcière, celle qui avait transformé le prince en loup parce qu'il ne voulait pas épouser sa fille ; elle se met au service de la sorcière. Celle-ci lui impose plusieurs tâches, qui sont exécutées par un mystérieux vieillard. Enfin la princesse est envoyée chez la sœur de la sorcière avec ordre de rapporter pour la fille de cette dernière une parure de fiancée. Sur le conseil d'un jeune homme inconnu, elle assujettit une porte qui ne cessait de battre ; elle donne du grain à un troupeau d'oies, des fourgons (instrument pour attiser le charbon dans le four) à deux hommes qui n'avaient que leurs mains pour attiser ce charbon, de grandes cuillers à deux jeunes filles qui brassaient de la bière bouillante avec leurs bras nus, du pain à deux chiens ; enfin elle graisse les gonds rouillés d'une seconde porte. La sœur de la sorcière lui remet une boîte avec ordre de n'y point regarder. Quand la jeune femme s'en retourne, la sœur de la sorcière dit à la porte de l'écraser, aux chiens de la déchirer, etc., mais tous refusent de lui faire du mal à cause des services qu'elle leur a rendus. En chemin, elle a la faiblesse d'ouvrir la boîte : il s'en échappe un oiseau, qui y est remis, grâce au jeune homme qu'elle a déjà rencontré. Le soir des noces du prince et de la fille de la sorcière, la princesse est placée à la porte de la salle du festin avec un flambeau allumé dans chaque main. Après le repas, quand la sorcière passe auprès de la princesse, celle-ci, qu'un charme empêche de bouger, et qui sent déjà la chaleur atteindre ses mains, lui dit que ses mains vont être brûlées. « Brûle, lumière, ainsi que ton chandelier ! » dit la sorcière. La princesse implore le secours du prince, qu'elle a reconnu. Celui-ci lui arrache les flambeaux des mains et donne l'un à la sorcière et l'autre à sa fille, qui restent là comme des statues, et brûlent, ainsi que leur château.

Les trois contes qu'il nous reste à citer pour l'ensemble n'ont pas l'introduction se rapportant au thème de *Psyché*.

Le premier est un conte breton de l'île d'Ouessant (*Contes des provinces de France*, nᵒ 12) : Un jeune « Morgan »[1] veut épouser Mona, une « fille de la terre », que le roi des Morgans, dont il est le fils, a entraînée au fond des eaux ; mais le vieillard refuse son consentement, et le jeune Morgan est obligé d'épouser une fille de sa race. Pendant qu'on est à l'église, Mona, par ordre du vieux Morgan, doit préparer un bon repas, sans qu'il lui ait été donné autre chose que des pots et des marmites vides. Le jeune Morgan trouve moyen de rentrer un instant à la maison, et, par son pouvoir magique, il fait que le repas est prêt en un instant. Le soir, Mona reçoit l'ordre d'accompagner les nouveaux mariés dans leur chambre et d'y rester, tenant un cierge allumé : quand le cierge sera consumé jusqu'à la main, elle sera mise à mort. Le cierge étant presque complètement brûlé, le jeune Morgan dit à la mariée de le tenir à son tour. Alors le vieux Morgan, qui a déjà fait plus d'une fois cette question, demande si le cierge est consumé jusqu'à la main. « Répondez oui, » dit le jeune Morgan à la mariée. A peine a-t-elle prononcé ce mot, que le vieux Morgan entre dans la chambre et lui abat la tête. Il est bien obligé ensuite de laisser son fils se marier avec Mona.

Dans un quatrième conte sicilien (Pitrè, nᵒ 17), nous retrouvons les tâches imposées à une jeune fille par une ogresse et exécutées par son fils, ici transformé en oiseau vert, et aussi le dénouement, mais avec une altération bizarre : pendant que Marvizia est à genoux au pied du lit, une torche à la main, le fils de l'ogresse dit à la mariée de se lever et de tenir un peu la torche, et la torche, qui, par ordre du jeune homme, a été remplie de poudre et de balles, éclate entre les mains de la mariée.

Dans un conte toscan (Imbriani, *la Novellaja fiorentina*, nᵒ 16), figure l'épisode des tâches. Ici, les tâches, ou plutôt la tâche (il n'y en a qu'une) est imposée à Prezzemolina par des fées à qui sa mère a été obligée de la livrer et qui la mangeront si elle n'en vient point à bout. C'est le cousin des fées, appelé Memè, qui lui vient en aide. Suit l'envoi de la jeune fille chez la fée Morgane, à qui elle demandera une certaine boîte. Ici c'est de plusieurs femmes qu'elle reçoit successivement le conseil de graisser une porte, de donner du pain à deux chiens, etc. Le dénouement est différent. Les fées ordonnent à Prezzemolina de faire bouillir de l'eau dans un grand chaudron, se proposant d'y jeter la jeune fille et de la manger. Mais ce sont elles-mêmes qui sont ctées dans le chaudron par Memè et Prezzemolina. Les deux jeunes gens vont ensuite dans une cave où se trouvent une quantité de lumières dont chacune est l'âme d'une fée : la plus grande est celle de la fée Morgane. Ils éteignent ces lumières et demeurent maîtres de tout. — Il est probable que ces lumières

---

1. Les Morgans sont, dans les contes bretons, des êtres mystérieux habitant les profondeurs de la mer.

qu'il faut éteindre pour faire périr les fées sont un souvenir confus des lumières que tient l'héroïne des contes que nous venons de citer, mais on a donné ici à ce passage un caractère qui le rattache à un groupe de contes d'un type tout différent, celui de *la Mort et son Filleul* (Grimm, n° 44).

Au XVIIe siècle, le Napolitain Basile donnait place dans son *Pentamerone* (n° 44) à un conte qui doit être rapproché des contes précédents. Après une introduction se rattachant au thème de *Psyché*, vient l'épisode des tâches. La sorcière, qui est la mère d' « Eclair et Tonnerre », l'époux mystérieux de Parmetella, ordonne à celle-ci de trier en un jour douze sacs de graines différentes, confondues en un même tas. Eclair et Tonnerre fait venir des fourmis, qui démêlent les graines. La sorcière dit ensuite à Parmetella de remplir de plumes douze matelas, et la jeune femme parvient à le faire, grâce aux conseils d'Eclair et Tonnerre. Envoyée chez la sœur de la sorcière pour lui demander les instruments de musique dont on doit se servir aux noces d'Eclair et Tonnerre avec une horrible créature, Parmetella, sur les recommandations du jeune homme, donne du pain à un chien, du foin à un cheval, et assujettit une porte qui ne cessait de battre. Aussi, quand elle s'enfuit après s'être emparée de la boîte aux instruments, peut-elle passer sans encombre auprès de la porte, du cheval et du chien. Parmetella, comme les héroïnes des autres contes, cède à la curiosité et ouvre la boîte, d'où les instruments s'échappent ; elle est tirée d'embarras par Eclair et Tonnerre. Au repas des noces, la sorcière fait dresser la table tout près d'un puits ; elle donne à chacune de ses sept filles une torche allumée, et deux à Parmetella, et elle place celle-ci sur le bord du puits, afin que si la jeune femme vient à s'endormir, elle tombe dedans. Eclair et Tonnerre, une fois dans la chambre nuptiale, tue la mariée d'un coup de couteau. — Toute cette fin est, comme on voit, complètement altérée.

*
* *

Dans les contes qu'il nous reste à examiner, nous allons retrouver non plus l'ensemble de notre conte, mais certains de ses épisodes.

Ainsi, dans un conte islandais (Arnason, p. 516), une jeune fille, Helga, est envoyée par une *troll* (sorte d'ogresse) chez la sœur de celle-ci, pour lui demander son jeu d'échecs. Un certain personnage, qui est déjà venu en aide à Helga, lui donne divers conseils. Elle devra notamment, quand la *troll* l'invitera à s'asseoir à sa table, ne pas oublier de faire le signe de la croix sur tous les objets qui seront sur la table. Helga suit cette recommandation, et, quand plus tard la sœur de la *troll* dit au couteau de couper la jeune fille, à la fourchette de la piquer, à la nappe de l'engloutir, couteau, fourchette et nappe répondent : « Nous ne le pouvons, Helga a si bien fait sur nous le signe de la croix ! »

Dans un conte suédois (Cavallius, n° 14 B) du type de notre n° 32, *Chatte blanche*, ce n'est pas une jeune fille, c'est un jeune homme, un prince, qui est envoyé par une ondine chez la sœur de cette dernière pour lui demander les habits de noce de sa fiancée Messéria. Sur le conseil de Messéria, il graisse les gonds d'une vieille porte ; puis il donne des haches de fer à deux bûcherons qui n'en ont que de bois, et des fléaux de bois à deux batteurs en grange qui n'en ont que de fer; enfin, il jette des morceaux de viande à deux aigles. Les aigles, les batteurs, les bûcherons et la porte refusent ensuite de lui faire du mal. Ici, comme dans plusieurs des contes précédents, le prince entr'ouvre la boîte que lui a donnée la sœur de l'ondine, et il s'en échappe des étincelles qui font comme un torrent de feu. Grâce à une formule magique qu'il a entendu prononcer par Messéria, il parvient à faire rentrer les étincelles dans la boîte.

Dans un conte russe (Ralston, p. 139; L. Léger, n° 10), une marâtre envoie sa belle-fille chez une Baba Yaga (ogresse), sa sœur, avec ordre de demander à celle-ci une aiguille et du fil. L'enfant va trouver d'abord sa vraie tante et apprend d'elle ce qu'il faut faire : elle orne d'un ruban le bouleau de la Baba Yaga, graisse les gonds de ses portes, donne du pain à ses chiens et du lard à son chat, et tous laissent passer la petite fille quand elle s'enfuit.

*
* *

Pour le passage où des objets et des personnages reconnaissants refusent de faire du mal à ceux qui leur ont fait du bien, on peut voir ce que M. Reinhold Kœhler dit de ce thème dans ses remarques sur le conte sicilien n° 13 de la collection Gonzenbach. Tous les contes mentionnés par M. Kœhler se rapportent, ainsi que le conte sicilien lui-même, au thème bien connu des *Trois oranges*. Nous y ajouterons un conte flamand du même type recueilli par M. Ch. Deulin, à Condé-sur-Escaut (II, p. 191). Dans tous ces contes, c'est un jeune homme qui est le héros. Voir, en outre, pour ce passage, l'ouvrage de M. Stan. Prato déjà cité (p. 72 seq., 121 seq.).

Dans une autre série de contes, qui appartiennent au thème du n° 24 de la collection Grimm (*Frau Holle*) [1] et où c'est une jeune fille qui est l'héroïne, le même passage se présente avec quelques modifications; ce sont, en effet, les objets ou animaux auprès desquels la jeune fille passe, qui lui demandent de leur rendre tel ou tel service. Ainsi, dans un conte irlandais (Kennedy, II, p. 33), un pommier demande à une jeune fille de le secouer, des miches de pain qui sont dans un four la prient de les défourner, une vache de la traire, etc., et ensuite, quand la jeune fille est poursuivie par une sorcière, ils déroutent celle-ci en lui donnant de fausses indications sur le chemin qu'a pris la jeune fille. (Comparer par exemple Grimm n° 24 et III, p. 41; Deulin, *op. cit.*, p. 283.)

Tout cet épisode se rencontre en Orient dans le livre kalmouk du *Siddhi-Kûr*, dont l'origine, nous l'avons déjà dit, est indienne (9° récit) : Un khan est mort, et chaque mois, pendant une certaine nuit, il revient visiter sa femme. Celle-ci se lamentant de ce qu'ils ne peuvent être toujours réunis, le khan lui dit qu'il y aurait un moyen d'obtenir ce bonheur, mais que l'entreprise est bien hasardeuse. La jeune femme déclare qu'elle n'hésitera pas à s'exposer à tous les dangers. Alors le khan lui dit de se rendre telle nuit à tel endroit. « Là habite un vieillard de fer qui boit du métal en

---

1. Nous avons dit quelques mots de ce thème dans les remarques de notre n° 48, *la Salade blanche et la Salade noire* (II, p. 120 seq.).

fusion et qui ensuite crie : « Ah ! que j'ai soif ! » Donne-lui de l'eau-de-vie
de riz. Un peu plus loin sont deux béliers qui se battent à coups de tête ;
donne-leur du gâteau. Plus loin encore, tu rencontreras une troupe d'hommes
armés ; donne-leur de la viande et du gâteau. Enfin tu arriveras devant un
grand bâtiment noir, dont le sol est abreuvé de sang et sur lequel est arboré
un étendard de peau humaine ; à la porte veillent deux serviteurs du juge des
enfers ; offre à chacun d'eux un sacrifice de sang. Dans l'intérieur de cet
édifice, se trouve, au milieu de huit effroyables enchanteurs qui l'entourent,
un cercle magique bordé de neuf cœurs. « Prends-moi, prends-moi », diront
les huit vieux cœurs (sic). « Ne me prends pas », dira un nouveau cœur.
Sans hésiter, prends ce dernier cœur et enfuis-toi sans regarder en arrière.
Si tu peux revenir ici, nous pourrons être réunis pour toujours dans cette
vie. » La jeune femme fait tout ce qui lui a été dit. Quand elle s'enfuit,
emportant le « nouveau cœur », les enchanteurs se mettent à sa poursuite. Ils
crient aux deux serviteurs du juge des enfers : « Arrêtez-la ! » Mais ceux-ci
répondent : « Elle nous a offert un sacrifice de sang. » Et ils la laissent passer.
Les hommes armés répondent à leur tour : « Elle nous a donné de la viande
et du gâteau ; » les deux béliers : « Elle nous a donné du gâteau ; » le vieillard
de fer : « Elle m'a donné de l'eau-de-vie de riz. » La jeune femme arrive sans
encombre à la maison et trouve son mari plein de vie.

*
* *

Voyons maintenant ce qui, dans la fable de *Psyché*, se rapporte à *Firosette* et
aux contes du même genre. Comme l'héroïne de plusieurs de ces contes,
Psyché se voit imposer diverses tâches par la mère de son mari (dans *Firosette*,
par la mère de son amant), furieuse contre elle. Elle est envoyée par celle-ci
chez Proserpine, comme « Julie » et autres sont envoyées chez une sorcière
qui doit les perdre. Enfin, toujours comme l'héroïne de plusieurs de ces
contes, elle cède à sa curiosité en ouvrant une boîte qu'elle rapportait de ce
périlleux voyage. Nous allons examiner successivement ces trois passages.

La première des tâches imposées par Vénus à Psyché, — nous l'avons vu
dans l'analyse du récit latin donnée dans les remarques de notre n° 63 (II,
p. 225), — est de trier en un jour un tas énorme de graines de toute sorte
mêlées ensemble. Une fourmi prend pitié de la jeune femme et appelle à son
secours toutes les fourmis du voisinage. — Ne traitant qu'incidemment de la
fable de *Psyché*, nous n'avons pas à énumérer ici les nombreux contes européens de différents types où une tâche semblable est imposée au héros ou à
l'héroïne. Nous nous bornerons à montrer, par quelques rapprochements avec
des contes orientaux, que l'origine de cet épisode est indienne, comme celle
de la première partie de *Psyché*, et que, dans le récit latin, la forme primitive
est altérée.
Pour quiconque est un peu familier avec les contes populaires, le service
rendu à Psyché par la fourmi a dû être précédé d'un service rendu à la fourmi
par Psyché elle-même. Dans le conte populaire indien de *Tulisa et le Roi des
serpents*, résumé dans les remarques de notre n° 63 (II, p. 226), la Psyché
indienne est aidée par un écureuil reconnaissant et ses compagnons, notam-

ment quand la reine des serpents (la Vénus du conte indien) remet à Tulisa
une jarre remplie de graines de toute sorte et lui ordonne d'en tirer la plus
belle parure que jamais princesse ait portée. Les écureuils apportent à leur
bienfaitrice de magnifiques pierreries. — On remarquera que, dans la tâche
imposée à Tulisa, tâche assez singulière, et où certainement il y a une altération, il est question de *graines de toute sorte*, comme dans le récit latin.

D'autres contes orientaux, provenant directement ou indirectement de l'Inde,
achèveront, croyons-nous, de justifier notre conviction que cet épisode de
Psyché se rattache au thème bien connu des *Animaux reconnaissants*.

Voici d'abord un conte des *Mille et une Nuits* (t. XI, p. 216, de la traduction allemande dite de Breslau) : Le prince de Sind se met en route pour aller
conquérir la main d'une princesse qu'il aime sans l'avoir jamais vue. Il
rencontre des animaux affamés, d'abord des sauterelles, puis des éléphants et
autres grands animaux ; il leur donne à manger ; il régale ensuite magnifique-
ment des génies. Ces derniers lui indiquent le chemin qui conduit au pays de
la princesse, et quand, arrivé au terme de son voyage, il doit accomplir des
travaux d'où dépendent sa vie et son bonheur, il y est aidé par ceux qu'il a
secourus. *Les sauterelles font le tri de diverses sortes de graines confondues en un
monceau ;* les éléphants et autres grands animaux boivent l'eau d'un réservoir
que le prince doit mettre à sec en une nuit ; les génies bâtissent pour lui,
toujours en une nuit, un palais.

La collection publiée par miss Stokes contient un conte indien de Calcutta
(nº 22), dont l'idée générale est la même que celle du conte des *Mille et une
Nuits*, mais qui est bien plus riche en épisodes et d'une couleur bien plus fraîche,
bien plus primitive, si l'on peut employer cette expression. Là aussi un prince
se montre bienfaisant à l'égard d'animaux ; ainsi il donne à des fourmis des
gâteaux qu'il avait emportés pour les manger en voyage, et le roi des fourmis
lui dit : « Vous avez été bon pour nous. Si jamais vous êtes dans la peine,
pensez à moi, et nous viendrons auprès de vous. » Quand le prince demande
la main de la princesse Labam, le roi, père de celle-ci, fait apporter quatre-
vingts livres de graine de sénevé et dit au prince que, s'il n'a pas pour le
lendemain exprimé l'huile de toute cette graine, il mourra. Le prince se
souvient du roi des fourmis ; aussitôt celui-ci arrive avec ses sujets, et les
fourmis font la besogne.

Cette idée de services rendus à des animaux, d'animaux reconnaissants, est
une idée tout indienne. Il y a là l'empreinte du bouddhisme. D'après l'ensei-
gnement bouddhique, — reflet de croyances indiennes antérieures au Bouddha,
— l'animal et l'homme sont essentiellement identiques : dans la série indéfinie
de transmigrations par laquelle, selon cette doctrine, passe tout être vivant,
l'animal d'aujourd'hui sera l'homme de demain, et réciproquement. Aussi la
charité des bouddhistes doit s'étendre à tout être vivant, et, dans la pratique,
comme l'a fait remarquer M. Benfey, les animaux en profitent bien plus que
les hommes. Quant à la reconnaissance des animaux, le bouddhisme aime à la
mettre en opposition avec l'ingratitude des hommes (voir l'Introduction de
M. Benfey au *Pantchatantra*, § 71).

En examinant l'épisode de *Psyché* qui nous occupe, on remarquera les paroles
adressées par Vénus à Psyché quand elle trouve le travail achevé : « Ce n'est

pas là ton œuvre, » dit-elle ; « c'est l'œuvre de celui à qui, pour son malheur et plus encore pour le tien, tu as osé plaire. » Faut-il voir dans ces paroles le souvenir à demi effacé d'une intervention de Cupidon en faveur de Psyché, intervention qui aurait disparu du récit d'Apulée ? Dans ce cas, Cupidon aurait joué ici exactement le rôle de Firosette ou de Spiccatamunnu. Mais alors comment concilier l'intervention de Cupidon avec celle de la fourmi ? On le pourrait, à la rigueur, et des contes indiens nous fournissent encore cette forme intermédiaire.

Dans un conte populaire indien, résumé dans les remarques de notre n° 32, *Chatte blanche* (II, p. 21), un roi, qui veut du mal à un jeune homme nommé Toria, fait ensemencer de graine de sénevé une grande plaine, et, quand tout est mûr, il commande à Toria de récolter la graine et de l'amasser en un tas ; s'il ne l'a fait en un jour, il sera mis à mort. La fille du Soleil, que Toria a épousée, *appelle ses colombes*, et en une heure la besogne est terminée. — De même, dans un conte de la grande collection de Somadeva, remontant au XIIᵉ siècle de notre ère (voir les mêmes remarques, II, pp. 23, 24), le jeune prince Çringabhuya, qui veut épouser la fille du râkshasa (mauvais génie) Agniçikha, reçoit de celui-ci l'ordre de ramasser en un tas cent boisseaux de sésame qui viennent d'être semés. En un instant, Rûpaçikha, la fille du râkshasa, *fait venir d'innombrables fourmis*, et les graines sont vite ramassées. (Comparer dans le conte du *Pentamerone* de Basile, le passage où « Eclair et Tonnerre » appelle, lui aussi, des fourmis.)

Comme troisième tâche, Vénus ordonne à Psyché de lui procurer une fiole de l'eau du Styx, qui est gardée par des dragons. L'aigle de Jupiter va chercher de cette eau pour l'épouse de son ami Cupidon. Il y a encore ici, au fond, le thème des *Animaux reconnaissants* : dans bon nombre de contes (voir les remarques de nos n°ˢ 3, *le Roi d'Angleterre et son Filleul*, et 73, *la Belle aux cheveux d'or*), un jeune homme reçoit l'ordre d'aller chercher une fiole d'*eau de la mort* et une fiole d'eau de la vie ; des corbeaux, *ses obligés*, lui apportent l'une et l'autre.

Venons à l'envoi de Psyché aux enfers, chez Proserpine. Ici nous rentrons de plain-pied dans le conte lorrain. Vénus donne une boîte à Psyché et lui ordonne d'aller aux enfers demander à Proserpine un peu de sa beauté. On a vu dans l'analyse donnée par nous (II, p. 225), que c'est une tour, — idée fort étrange, — qui donne à Psyché les conseils que Firosette ou le personnage correspondant des autres contes de ce type donne à sa bien-aimée, envoyée chez la sœur de la sorcière ou de l'ogresse. Parmi ces conseils il en est un qu'il faut noter. « Aussitôt entrée, » dit la tour, « tu iras droit à Proserpine qui te recevra avec bienveillance et t'engagera même à t'asseoir sur un siège moelleux et à partager un excellent repas. Mais toi, assieds-toi à terre, et mange un pain grossier que tu demanderas. » Psyché suit ces conseils. — Dans un conte suédois (Cavallius, n° 14 B), cité plus haut, où le héros est envoyé par une ondine chez une sorcière, sœur de celle-ci, sous prétexte d'en rapporter des cadeaux de noce, il s'abstient, d'après les recommandations de sa fiancée, de s'asseoir sur diverses chaises qui lui sont offertes ; car, si l'on s'assied sur telle

ou telle chaise, on est exposé à tel ou tel danger. Il a soin également de ne
rien manger chez la sorcière.

Il convient d'ajouter que, dans le conte indien de Somadeva dont nous
avons cité un passage, le prince est envoyé par le râkshasa Agniçikha, qui veut
le perdre, chez un autre râkshasa, son frère, pour lui annoncer qu'il va
épouser la fille d'Agniçikha. Sa fiancée lui donne un cheval très rapide et
divers objets magiques, et elle lui dit de s'enfuir à toute bride une fois son
invitation faite. Suit l'épisode de la poursuite et des objets magiques que l'on
jette derrière soi. (Voir les remarques de notre n° 12, le Prince et son Cheval,
I, p. 154.)

Il ne nous reste plus qu'à examiner rapidement un dernier trait de la fable
de Psyché. Sortie des enfers, Psyché, cédant à une téméraire curiosité, ouvre
la boîte que lui a remise Proserpine. Aussitôt un sommeil magique se répand
dans tous ses membres. Cupidon accourt, fait rentrer ce lourd sommeil au fond
de la boîte et éveille Psyché, qui se hâte de porter à Vénus le présent de
Proserpine. On se rappelle le passage tout à fait similaire de plusieurs des
contes résumés plus haut.

Dans le conte lorrain, ce passage est remplacé par l'envoi d'une lettre de la
fée à sa sœur et le don par celle-ci à la jeune fille aimée de Firosette d'une ceinture qui doit la faire périr. Ce trait se retrouve dans un conte de Mme d'Aulnoy,
le Pigeon et la Colombe, où une reine, qui veut faire épouser à son fils certaine
princesse, envoie chez une fée la jeune fille aimée du prince, et lui dit de
rapporter la « ceinture d'amitié », espérant qu'elle mettra cette ceinture et
qu'elle sera consumée. — M. R. Kœhler, dans la Zeitschrift für romanische Philologie (VI, p. 173), indique un certain nombre de contes recueillis dans la
Haute-Bretagne (Sébillot, I, n° 24), dans le pays basque, en Allemagne, en
Suisse, dans le Tyrol, en Styrie, en Danemark et en Suède, où une ceinture,
mise pour en faire l'essai autour d'un arbre, le fait éclater, ou voler en l'air, ou
dépérir.

M. Kœhler renvoie également à un passage d'une légende des Tartares de
la Sibérie méridionale (Radloff, IV, p. 187). Dans cette légende, le héros
Mangysch dit au héros Ak Kübæk, qui va le tuer, de manger son cœur et de
se faire une ceinture avec ses entrailles : alors il deviendra un véritable héros
et sera invincible. Ak Kübæk est au moment de manger le cœur, quand un
« prophète » lui dit de jeter ce cœur à la mer. Il le fait, et aussitôt la mer
commence à bouillir comme une chaudière. Il se prépare à se mettre les
entrailles de Mangysch autour du corps, quand le prophète lui dit de les mettre
autour d'un arbre. A peine l'a-t-il fait, que l'arbre prend feu.

*
* *

On a remarqué que, dans les contes du genre de Firosette, les tâches imposées à la jeune fille sont différentes de la tâche unique de notre conte : vider
un puits avec un crible. Dans un conte allemand de la Lusace (Grimm,
n° 186), une marâtre ordonne à sa belle-fille de vider en une journée un étang
avec une cuiller percée. C'est une mystérieuse vieille qui exécute cette tâche ;
elle touche l'étang, et toute l'eau s'évapore. — Nous avons cité tout à l'heure

un conte arabe où un prince doit mettre à sec en une nuit un réservoir ; mais, dans le conte oriental, ce sont des animaux reconnaissants qui boivent toute l'eau. C'est là, à notre avis, la forme primitive.

*
* *

Notre conte est du petit nombre de ceux où la scène est placée dans le pays même où ils se racontent.

LXVI

LA BIQUE & SES PETITS

Il était une fois une bique qui avait huit biquets. Elle leur dit un jour : « Nous n'avons plus ni pain, ni farine ; il faut que j'aille au moulin faire moudre mon grain. Faites bonne garde, car le loup viendra peut-être pour vous manger. — Oui, oui, » répondirent les enfants, « nous tiendrons la porte bien close. — A mon retour, » dit la bique, « je vous montrerai ma patte blanche, afin que vous reconnaissiez que c'est moi. »

Le loup, qui écoutait à la porte, courut tremper sa patte dans de la chaux, puis il revint auprès de la cabane et dit : « Ouvrez-moi la porte, mes petits bouquignons, ouvrez-moi la porte. — Ce n'est pas maman, » dirent les enfants, « c'est le loup. » Et, comme le loup demandait toujours à entrer, ils lui dirent : « Montrez-nous patte blanche. » Le loup montra sa patte blanche, et la porte s'ouvrit. A la vue du loup, les pauvres petits se cachèrent comme ils purent ; mais il en attrapa deux et les mangea. Le loup parti, les enfants qui restaient refermèrent la porte.

Bientôt après, la bique revint. « Ouvrez-moi la porte, mes petits bouquignons, ouvrez-moi la porte. — Montrez-nous d'abord patte blanche. » La mère montra sa patte, et les enfants lui ouvrirent. « Eh bien ! » leur dit-elle, « avez-vous ouvert la porte au loup ? — Oui, » répondirent-ils, « et il a mangé Pierrot et Claudot. »

La bique aurait bien voulu ne plus laisser les enfants seuls au logis, mais il lui fallait retourner au moulin pour y prendre sa farine. « Surtout, » leur dit-elle, « gardez-vous bien d'ouvrir au loup. »

Le loup, qui rôdait aux environs, s'enveloppa la patte d'une coiffe blanche, et dit : « Ouvrez-moi la porte, mes petits bouquignons, ouvrez-moi la porte. — Montrez-nous patte blanche. » Le loup montra sa patte : on ouvrit; alors il sauta sur les biquets et en mangea trois.

La bique, à son retour, fut bien désolée, et, comme elle était obligée de sortir une troisième fois, elle fit mille recommandations à ses enfants. Mais le loup leur montra encore patte blanche, les biquets ouvrirent, et il les mangea jusqu'au dernier.

Quand la bique revint, plus de biquets! La voisine accourut à ses cris et chercha à la consoler. « Restez un peu avec moi, » lui dit la bique. « J'ai de la farine, je vais mettre du lait plein le chaudron, et nous ferons des gaillées [1]. »

Tandis qu'elles étaient ainsi occupées, elles entendirent le loup qui criait du dehors : « Ouvrez, commère la bique. — Non, compère le loup. Vous avez mangé mes enfants. — Ouvrez, commère la bique. — Non, non, compère le loup. — Eh bien, je monte sur le toit et je descends par la cheminée. »

Pendant que le loup grimpait, la bique se hâta de jeter une brassée de menu bois sous le chaudron et d'attiser le feu. Le loup, s'étant engagé dans la cheminée, tomba dans le chaudron et fut si bien échaudé qu'il en mourut.

REMARQUES

Dans une variante de ce conte, également recueillie à Montiers-sur-Saulx, il n'y a que deux biquets, Frérot et Sœurette. Compère le loup, rencontrant la bique, lui demande si elle ira le lendemain à la foire pour acheter des pommes. Pendant l'absence de la bique, le loup frappe à la porte en disant :

« Ouvrez-moi la porte, mes petits biquignons,
J'ai du laiton plein mes tetons,
Et plein mes cornes de broussaillons. »

Mais les biquets lui disent de montrer la patte et n'ouvrent pas. Le lendemain la bique va ramasser des poires, et le loup revient : il a trempé sa patte noire dans la farine. Les biquets ouvrent; il mange Frérot. Quand la bique

------

1. Mets du pays, fait de pâte cuite dans du lait.

rentre au logis, Sœurette lui dit : « Maman, le loup est venu ; il a mangé Frérot, et moi je me suis cachée dans un sabot. » — La fin est à peu près celle de notre texte, si ce n'est que le loup a été invité par la bique à venir manger des *grimées* (mélange de farine et d'œufs, cuit dans du lait). Quand le loup frappe, la bique lui dit qu'elle est occupée à passer de la farine et qu'il descende par la cheminée.

Comparer, dans les Fables de La Fontaine, *le Loup, la Chèvre et le Chevreau* (IV, 15). Les deux récits recueillis à Montiers sont tout à fait indépendants de cette fable ; ils se rapprochent beaucoup plus de divers récits étrangers qui sont, comme eux, de simples contes où l'on fait figurer des animaux au lieu d'hommes, sans intention de moraliser.

Citons d'abord le conte allemand n° 5 de la collection Grimm : Le loup, après plusieurs tentatives inutiles pour entrer dans la maison de la bique, s'en va chez le meunier et le force à lui blanchir la patte avec de la farine ; il se fait ainsi ouvrir par les biquets. Il les avale si goulûment qu'ils descendent dans son ventre tout vivants. La bique n'a qu'à découdre le loup, pendant qu'il dort, pour ravoir ses petits ; elle met à leur place de grosses pierres, puis elle recoud le ventre du loup, qui, en voulant boire à une fontaine, est entraîné par le poids des pierres et se noie. — Comparer un conte de la Slavonie (Krauss, I, n° 17), qui présente ces deux mêmes parties, mais où la bique est remplacée par une bonne femme et ses sept petits enfants.

Dans un conte catalan (*Rondallayre*, III, p. 134), nous allons trouver quelques traits se rapprochant davantage de notre conte et surtout de sa variante : Une chèvre s'en va en pèlerinage à Saint-Jacques de Compostelle pour se faire guérir les jambes, sur lesquelles est tombée une pierre. Elle fait des fromages et les laisse à ses petits. En partant, elle leur recommande de n'ouvrir à personne si on ne leur dit :

> « Obriu, obriu, cabretas,
> Porto llet á las mamelletas,
> Porto brots á las banyetas, » etc.

« Ouvrez, ouvrez, chevreaux ; j'apporte du lait dans mes mamelles, j'apporte des ramilles sur mes cornes, etc. » (C'est tout à fait, comme on voit, le même mot de passe, les mêmes petites rimes que dans la variante de Montiers.) Le renard, qui a tout entendu, imite la voix de la chèvre. La porte s'ouvre, les chevreaux effrayés se cachent, et le renard prend les fromages. Un loup, le voyant les manger, le force à lui indiquer où il les a pris, et le renard lui enseigne ce qu'il faut dire pour se faire ouvrir. Le loup va frapper à la porte des chevreaux ; mais ceux-ci reconnaissent bien que ce n'est pas leur mère. Quand la chèvre est de retour, elle leur dit que désormais à quiconque voudra entrer il faudra faire montrer la patte. Pendant l'absence de la chèvre, le loup revient, et, comme on lui demande de montrer la patte, il s'en va la tremper dans de la chaux. Alors la porte s'ouvre, et le loup mange les fromages. Le lendemain, quand le loup frappe de nouveau à la porte, la chèvre lui fait ouvrir ; mais, tout à l'entrée, elle a mis un chaudron plein d'eau bouillante. Le loup y tombe et s'y échaude. — Le conte se poursuit par le récit des mauvais tours joués par le renard au loup et par la fin tragique de celui-ci, qui, très maltraité dans ses aventures, est tué à coups de cornes par la chèvre et les chevreaux.

Dans un conte russe (Gubernatis, *Zoological Mythology*, I, p. 406), le loup, voyant que sa voix le trahit, va chez le forgeron et se fait faire une voix semblable à celle de la chèvre (*sic*) [1]. De cette façon il trompe les chevreaux et les mange tous, à l'exception du plus petit, qui s'est caché sous le poêle. La chèvre se promet de se venger : elle invite à dîner son ami le renard ainsi que le loup. Après le dîner, elle engage ses hôtes à sauter, pour se divertir, par dessus un trou qui s'ouvre dans le plancher. La chèvre saute la première, puis le renard, puis enfin le loup, qui tombe dans le trou rempli de cendres chaudes, et s'y brûle si bien qu'il en meurt. — Dans un autre conte russe (*ibid.*; p. 407), c'est dans la forêt que la chèvre défie le loup de sauter par dessus un trou dans lequel des ouvriers avaient fait du feu. Le loup y tombe, et le feu fait crever son ventre, d'où les chevreaux sortent, encore vivants, comme dans le conte allemand.

Citons encore un conte grec moderne d'Epire (Hahn, nº 85, dernière partie), où le loup contrefait la voix du renard pour tromper un poulain que le renard élève dans sa maison, et se faire ouvrir la porte. (Le loup va d'abord chez un forgeron, — comme dans deux des contes russes, — pour qu'il lui fasse la langue bien fine; mais la langue ne fait que grossir. Alors le forgeron lui dit de l'aller mettre dans une fourmilière et de l'y laisser jusqu'à ce que les fourmis l'aient rendue toute fine. Le loup suit ce conseil, et c'est ainsi qu'il peut contrefaire la petite voix du renard.) Pour venger la mort de son poulain, le renard invite le loup à dîner, et, quand celui-ci est appesanti par la bonne chère, le renard le défie de sauter par dessus un grand chaudron rempli d'eau bouillante. Le loup accepte le défi, mais le renard le pousse; il tombe dans le chaudron, où il périt. — Comparer un conte serbe (Vouk, nº 50), dans lequel les personnages sont les mêmes. Ici le renard défie le loup de sauter par dessus un pieu aiguisé, et le loup s'y embroche.

Dans un conte de la Bretagne non bretonnante (Sébillot, *Littérature orale*, p. 242), le dénouement est le même que dans le conte grec, abstraction faite d'une altération : Le loup dit à la chèvre de faire chauffer une bassine d'eau : ils s'amuseront à sauter par dessus. La chèvre saute la première et ne tombe pas dans l'eau. Quant au loup, il prend mal son élan et tombe dans la bassine, où il s'échaude. — Le commencement de ce conte, où le loup ne peut entrer dans la cabane de la chèvre, la farine qu'il a mise sur sa patte étant en partie tombée, se rapproche de notre variante de Montiers et du conte catalan pour les petites rimes que dit la chèvre. Voici ces rimes :

> « Ouvrez la porte, mes petits bichets,
> J'ai du lait-lait dans mes tétés,
> Du brou-brou (du lierre) dans mes caunés (cornes).
> Débarrez, mes petits, petits. »

---

1. Dans un second conte russe (Ralston, p. 165), un petit garçon, nommé Ivachko, est parti dans un canot pour pêcher. Une sorcière entend la mère de l'enfant l'appeler du rivage pour le faire revenir. La sorcière répète ensuite les mêmes paroles, mais sa voix est rude, et Ivachko ne s'y laisse pas prendre. Alors la sorcière va chez un forgeron et lui dit : « Forgeron, forgeron, fais-moi une belle petite voix comme celle de la mère d'Ivachko, sinon je te mange. » Le forgeron lui forge une petite voix, et elle trompe ainsi Ivachko.

Il existe en Ecosse une version de ce conte, mais elle n'est qu'indiquée en quelques mots dans la collection Campbell (t. III, p. 93) : Le renard se déguise en chèvre, et, après diverses tentatives, finit par entrer dans la maison de la chèvre et par manger les chevreaux. La chèvre s'en va chez le renard, qui est en train de dîner. Après avoir englouti toute une chaudronnée de nourriture, le renard dit à la chèvre de lui gratter la panse. La chèvre la lui fend, et les chevreaux sortent du ventre du renard.

Dans un conte italien du Bolonais (Coronedi-Berti, n° 21), une renarde recommande à ses petits de n'ouvrir que quand elle leur dira : « Montrez la petite patte. » Les petits disent au loup : « Non, ce n'est pas maman. Elle a dit de n'ouvrir que quand on dirait : Montrez la petite patte. » Le loup revient une autre fois, et il dit en faisant une petite voix : « Montrez la petite patte. » Les petits renards ouvrent la porte, et le loup les croque tous. La renarde se venge du loup en le faisant un jour descendre dans un puits au bout d'une corde et en l'y laissant périr.

Dans un conte espagnol (Caballero, II, p. 50), le *Carlanco* (sorte de loup-garou) contrefait la voix de la chèvre et répète le mot de passe qu'il lui a entendu dire. Il entre ainsi dans la maison de la chèvre, mais les petits se réfugient au grenier et tirent l'échelle derrière eux. Quand la mère revient, ils lui crient que le *Carlanco* est dans la maison. Alors la chèvre va chercher une guêpe à qui elle a eu occasion de sauver la vie. La guêpe, lui rendant service pour service, entre par le trou de la serrure et pique si bien le *Carlanco* qu'elle le force à déguerpir.

La fin de notre conte et surtout de sa variante se retrouve à peu près dans un conte du pays messin (E. Rolland, *Faune populaire de la France. Les Mammifères sauvages*, 1877, p. 134) : Le loup, profitant de l'absence de la chèvre, a croqué les chevreaux. A quelques jours de là, la chèvre rencontre le loup et lui dit : « Bonjour, loup, tu as bien travaillé; aussi je veux t'inviter à dîner pour demain. » Le loup accepte. Quand il arrive, la chèvre lui dit qu'elle est occupée à faire la pâte et ne peut ouvrir : il n'a qu'à monter sur le toit et à passer par la cheminée. Le loup le fait et il tombe dans une chaudière pleine d'eau bouillante. « Ah ! » crie-t-il, « commère la chèvre, je ne mangerai plus tes petits. » Et la chèvre le laisse partir.

Même fin encore dans un conte italien du Mantouan (Visentini, n° 31), que nous aurons occasion de rapprocher de notre n° 76, *le Loup et les petits Cochons* : Une jeune fille, nommée Marietta, qui a eu des affaires avec un loup et l'a plusieurs fois berné, entend un soir un bruit dans le tuyau de sa cheminée. Pensant bien que c'est le loup, elle prend un chaudron, le remplit d'eau et le met sur le feu. Le loup descend tout doucement, et, au moment où il croit sauter sur Marietta, il tombe dans l'eau bouillante et y périt.

M. E. Rolland, dans sa *Faune populaire* citée plus haut, donne, d'après des images imprimées à Epinal, — images bien connues, du reste, — une variante de ce conte (pp. 132 et suiv.). Là, comme dans plusieurs des contes précédents, le loup trempe sa patte dans la farine; mais, quand il veut montrer patte blanche aux biquets, il s'aperçoit que toute la farine est tombée en chemin. Le renard lui conseille de se déguiser en pèlerin et d'aller demander aux biquets l'hospitalité. Le loup suit ce conseil; mais commère la chèvre l'a reconnu à travers une fente. Elle lui dit que la porte est barricadée et l'engage à passer par la cheminée : on lui mettra une échelle pour descendre. Le loup se hâte de monter sur le toit et entre dans la cheminée ; mais la chèvre a fait un grand feu, dont la fumée suffoque le loup. Il tombe dans le brasier et y est grillé comme un boudin.

LXVII

JEAN SANS PEUR

Il était une fois un jeune garçon, appelé Jean, qui de sa vie n'avait eu peur. Ses parents voulaient le marier, mais il déclara que, tant qu'il n'aurait pas eu peur, il ne se marierait pas. Ses parents s'adressèrent alors à son oncle, qui était curé d'un village des environs, le priant d'imaginer quelque moyen pour effrayer leur fils. Le curé se chargea de l'affaire et écrivit à Jean de venir passer chez lui la quinzaine de Noël.

Jean partit donc et fut très bien accueilli par son oncle. Le lendemain de son arrivée, le curé lui dit d'aller au clocher sonner le premier coup de la messe. « Volontiers, » répondit Jean. En ouvrant la porte de la sacristie, il se trouva en face de six hommes armés de lances. « Eh ! vous autres ! », dit-il, « que faites-vous là ? Vous montez la garde de bon matin. » Personne ne répondit, car c'étaient des mannequins. Alors Jean leur donna un coup qui les renversa tous par terre. Puis il passa dans une autre salle qu'il fallait traverser pour arriver au clocher; il y trouva six hommes assis à une table où il y avait sept couverts. « Bonjour, messieurs, » dit-il en entrant, « bon appétit. » Et comme il ne recevait pas de réponse : « On n'est guère poli, » dit-il, « dans ce pays-ci. » Il prit place à table et mangea tout ce qui était servi. L'oncle, qui regardait par le trou de la serrure, riait de voir son neveu s'en tirer si bien.

Jean se mit ensuite à grimper l'escalier du clocher. A moitié de la montée, il se rencontra nez à nez avec plusieurs hommes armés de grands sabres. Il leur dit : « Vous vous êtes levés bien matin pour monter la garde. » Voyant qu'ils ne répondaient

pas, il leur fit dégringoler l'escalier, et ils tombèrent sur le dos
du curé, qui suivait son neveu à distance. Arrivé au haut du
clocher, Jean vit deux hommes qui tenaient la corde. « Voulez-
vous sonner, » leur dit-il, « ou aimez-vous mieux que je sonne
moi-même ? » Mais ces hommes étaient muets comme les autres.
Ce que voyant, Jean les jeta du haut en bas du clocher. Après
avoir sonné le premier coup de la messe, il redescendit et trouva
son oncle étendu tout de son long au pied de l'escalier. Il
s'empressa de relever le pauvre homme, qui lui dit : « Eh bien !
mon neveu, as-tu eu peur ? — Mon oncle, » dit Jean, « vous
avez eu plus peur que moi. — Jean, » lui dit alors le curé, « tu
ne peux plus rester ici. Tiens, prends cette étole et cette baguette.
Par le moyen de l'étole, tu seras visible et invisible à ta volonté ;
et tout ce que tu frapperas avec ta baguette sera bien frappé. »

Jean dit donc adieu à son oncle et se mit en route ; marchant
par la pluie, le vent et la neige. La nuit le surprit dans une
grande forêt. Après avoir erré quelque temps à l'aventure, il aperçut au loin une lueur, et, se dirigeant de ce côté, il arriva devant
une chaumière qui était à quelque distance de l'endroit où paraissait cette lueur. Il frappa et fut très bien reçu par une femme et
sa fille qui demeuraient dans la chaumière. Jean leur demanda ce
que c'était que la lueur qu'il avait aperçue. « Cette lueur, »
répondirent-elles, « sort d'un château où l'esprit malin vient
toutes les nuits, à minuit. » Elles ajoutèrent que le château leur
appartenait, car elles étaient princesses, mais qu'elles n'osaient
plus l'habiter par crainte du diable. « Donnez-moi un jeu de
cartes, » leur dit Jean, « et j'irai dans ce château. — Ah ! »
s'écria la princesse, « n'allez pas hasarder votre vie pour moi ! »
Mais Jean n'en voulut pas démordre ; il se fit donner un jeu de
cartes et partit.

Entré dans le château, il alluma un bon feu et s'assit au coin
de la cheminée. A peine y était-il installé qu'il vit tomber par la
cheminée des bras, des jambes, des têtes de mort. Il les ramassa
et s'en fit un jeu de quilles. Enfin le diable lui-même descendit et
dit au jeune garçon : « Que fais-tu ici ? — Cela ne te regarde
pas, » répondit Jean. « J'ai autant le droit d'être ici que toi. »
Le diable s'assit au coin de la cheminée, en face de Jean, et
resta quelque temps à le regarder sans mot dire. Voyant que le
jeune garçon ne s'effrayait pas : « Veux-tu jouer aux cartes avec

moi ? » lui dit-il. — « Volontiers, » répondit Jean. — « Si l'un de nous laisse tomber une carte, » dit le diable, « il faudra qu'il la ramasse. — C'est convenu, » dit l'autre, et ils se mirent à jouer.

Au milieu d'une partie, le diable laissa tomber une de ses cartes et dit à Jean de la ramasser. « Non, » dit Jean, « il a été convenu que celui qui laisserait tomber une carte la ramasserait lui-même. » Le diable n'eut rien à répondre, et, au moment où il se baissait pour ramasser sa carte, Jean prit sa baguette et lui en donna fort et dru sur les épaules. Le diable criait comme un aveugle, mais les coups pleuvaient toujours.

Quand il fut bien rossé, Jean lui dit : « Si tu en as assez, renonce par écrit à ce château. » Le diable s'empressa de faire un écrit qu'il signa. Il se croyait déja libre ; mais Jean, qui se méfiait, prit le billet et le jeta dans le feu, où il flamba. « Comment ! » dit le diable, « voilà le cas que tu fais de ma signature ! — Ton billet ne valait rien, » dit Jean, et il recommença de plus belle à battre le diable, qui criait comme un diable qu'il était. Le billet fut refait, et, cette fois, en bonne forme.

Alors Jean fit dans la fenêtre avec sa baguette un petit trou, comme un trou de souris, et dit au diable : « C'est par là que tu vas déloger. » L'autre prétendit d'abord que c'était impossible, puis il demanda au jeune garçon de le pousser par les pieds. Jean le poussa donc ; mais le diable lui donna un grand coup de pied dans la figure et s'enfuit.

Resté seul, Jean, qui était fatigué, avisa dans la chambre un beau lit garni de perles, de rubis, d'émeraudes et de diamants ; il s'y coucha et s'endormit profondément.

Cependant la princesse et une petite négresse, sa servante, étaient venues aux écoutes dans la cour du château ; elles avaient entendu de loin le bruit de la dispute et croyaient que Jean était mort. Le matin, la petite négresse entra dans le château pour voir ce qu'il était devenu. « Monsieur Jean, » dit-elle, « où êtes-vous ? » Jean s'éveilla en sursaut, et, apercevant la négresse, il crut que c'était encore le diable ; il lui tira un coup de fusil et la tua. La princesse, bien affligée de la mort de sa servante, entra à son tour et appela Jean. « Ah ! c'est vous, ma princesse, » dit-il. « Qu'avez-vous donc à pleurer ? — Hélas ! » dit la princesse, « vous venez de tuer ma servante. — Excusez-moi, » répondit Jean, « j'ai cru voir encore le diable. »

La princesse remercia Jean d'avoir délivré son château et lui offrit sa main en récompense. Jean refusa. « Tant que je n'aurai pas eu peur, » dit-il, « je ne me marierai pas. Ne pensez plus à moi. Si je reviens ici, ce ne sera pas de sitôt : ce sera peut-être dans un an ou dix-huit mois, peut-être jamais. Je ne veux pas vous empêcher d'épouser quelqu'un de votre rang. » Il ne voulut accepter de la princesse qu'un mouchoir de soie en souvenir d'elle, et il se remit en route. Il acheta un cheval de trente-trois sous et trois liards, et arriva dans cet équipage à Paris, à l'hôtel des princes. Les princes qui se trouvaient là ne voulaient pas admettre à leur table un semblable aventurier ; mais l'hôtesse, qui aimait autant son argent que celui des autres, refusa de le mettre à la porte.

On ne s'entretenait en ce moment à l'hôtel que de la fille du roi, qui devait être dévorée le lendemain par l'esprit malin. Jean recommanda qu'on l'éveillât de bonne heure. Aussitôt levé, il fit un bon déjeuner et sortit de l'hôtel. Les rues étaient pleines de gens qui se rendaient à l'église, où l'on devait chanter le *Libera* pour la princesse, comme si elle eût été déjà morte. Dans la rue Montmartre un grand échafaud était dressé, et la princesse était sur cet échafaud. Jean y monta et dit à la princesse, en lui remettant un papier : « Ma princesse, prenez cette lettre. Quand le diable s'avancera pour vous saisir, présentez-la lui comme venant du roi votre père. Je me charge du reste. »

Cela dit, il mit son étole, et, devenu invisible, il attendit le diable, qui ne tarda pas à arriver en criant : « Ah ! la bonne petite fille que je vais manger ! Comme elle est jeune et tendre ! » La princesse, toute tremblante, lui présenta le papier. Pendant qu'il s'arrêtait à le considérer, Jean reconnut que c'était ce même diable qu'il avait chassé du château, et tomba sur lui à coups de baguette. Le diable, furieux, aurait bien voulu se jeter sur celui qui le maltraitait ainsi, mais il ne voyait personne ; il poussait des hurlements épouvantables, si bien que les gens qui étaient au pied de l'échafaud, croyant entendre les cris de la princesse, étaient remplis d'horreur.

Jean força le diable à descendre, et, l'ayant attaché à un tronc d'arbre qui se trouvait à côté de l'échafaud, il lui fit faire un écrit par lequel il renonçait à la princesse. Voulant s'assurer que le billet était bon, — car il avait ses raisons de se méfier, — il donna sa baguette à la princesse, et lui recommanda de toujours frapper jusqu'à ce qu'il fût de retour. Il entra dans la boutique d'un forgeron et jeta le billet dans le feu de la forge ; le billet brûla aussitôt. Quand il revint près du diable, celui-ci n'était plus retenu à l'arbre que par une de ses griffes. Jean le rattacha plus solidement, lui fit écrire un autre billet et dit à la princesse de bien tenir le diable pendant que lui-même irait faire l'épreuve du billet, et de ne pas épargner les coups de baguette. Cette fois le billet, jeté dans le feu, ne brûla pas. A son retour, Jean dit au diable : « Maintenant tu vas entrer dans ce sac à avoine. » Aussitôt le diable s'y blottit, sans souffler mot.

La princesse remercia Jean de l'avoir délivrée. Elle lui fit présent d'un mouchoir de soie sur lequel étaient son portrait et ceux de son père et de sa mère, des princes ses frères et des princesses ses sœurs, et elle lui dit qu'elle l'épouserait, s'il le voulait. « Non, » dit Jean. « Tant que je n'aurai pas eu peur, je ne me marierai pas. Adieu, ma princesse. Peut-être, dans un an ou dix-huit mois, repasserai-je par ici. » Il chargea sur ses épaules le sac où il avait enfermé le diable et alla le jeter dans la Seine ; après quoi, il quitta Paris.

Un an se passa. Jean se dit un beau matin : « Il est temps de retourner à Paris. » Il se mit en route, et, arrivé à Paris, il descendit encore à l'hôtel des princes, où il vit les apprêts d'un grand festin. Toute la ville était en liesse. « Que veulent dire ces réjouissances ? » demanda-t-il à un jeune homme qu'il trouva dans la salle à manger. Celui-ci lui répondit : « Il y a un an, à pareil jour, on préparait les funérailles de la princesse, et aujourd'hui on va célébrer ses noces avec celui qui l'a délivrée. — Et qui donc l'a délivrée ? » demanda Jean. — « C'est moi, » répondit le jeune homme. « Je l'ai délivrée de l'esprit malin. Et, pour preuve, voici le mouchoir qu'elle m'a donné. » (Il s'était fait faire un mouchoir tout semblable à celui que la princesse avait donné à Jean.) — « S'il en est ainsi, » dit Jean, « tant mieux pour vous. »

Cependant le roi conduisait sa fille à l'église, où, au lieu du *Libera*, on devait chanter le *Te Deum*. Jean, vêtu de sa blouse, alla se mettre sur le passage du cortège. La princesse l'aperçut

et dit au roi : « Mon père, voilà celui qui m'a délivrée. »
Aussitôt le roi donna ordre au cortège de reprendre le chemin
du château, au grand étonnement de la foule, qui se demandait
si le roi ne perdait pas la tête. Jean, appelé devant le roi, lui
raconta comment les choses s'étaient passées, et lui montra le
mouchoir dont la princesse lui avait fait présent. Le roi voulait
faire mettre à mort le jeune homme qui l'avait trompé ; mais
Jean demanda qu'on ne lui fît pas de mal, et il s'employa
même pour le marier avec une dame d'honneur de la princesse.
Quant à lui, il dit que, tant qu'il n'aurait pas eu peur, il ne
voulait pas se marier.

Le roi déclara qu'il voulait à toute force qu'on fît peur à Jean ;
mais personne n'en savait le moyen. Enfin le premier ministre[1]
dit qu'il fallait rassembler tous les moineaux de Paris et les
enfermer dans un pâté : on présenterait le pâté à Jean en le
priant de l'ouvrir. Ainsi fut fait. Quand on fut à table, on
présenta le pâté, d'abord au roi, puis à tous les invités ; mais
chacun s'excusa, disant que c'était à Jean de l'ouvrir. Jean refusa
d'abord. On insista. Il céda enfin et enleva le couvercle du pâté ;
aussitôt un moineau lui sauta à la figure. Jean tressaillit. « Ah ! »
dit le roi, « vous avez eu peur ! » Jean ne voulait pas en con-
venir ; mais tous les convives lui dirent que certainement il avait
eu peur, et qu'il n'avait plus de raisons pour refuser de se marier.
Finalement Jean consentit à épouser la princesse, et les noces se
firent en grande cérémonie.

REMARQUES

Nous ne connaissons qu'un petit nombre de contes où se trouvent réunies
les différentes parties qui composent le nôtre.

Nous citerons d'abord un conte de la Flandre française, recueilli par M. Ch.
Deulin et intitulé *Culotte-Verte, l'Homme-sans-Peur* : Gilles, surnommé
Culotte-Verte, se donne lui-même le nom de l'Homme-sans-Peur. Il fait
enrager tout le monde ; il dédaigne surtout les femmes et dit souvent qu'il ne
se mariera que lorsqu'il aura eu peur. Son frère, un soir, veut le mettre à
l'épreuve. Il dit à leur mère d'envoyer Culotte-Verte chercher une cruche

---

1. La personne dont nous tenons ce conte disait : « le grand-vizir, le premier ministre. »

d'eau à une fontaine, près du cimetière. Culotte-Verte part et rencontre en chemin un fantôme blanc, qui ne veut pas se ranger sur son passage; il lui casse sa cruche sur la tête. Il reconnaît alors son frère, et, croyant l'avoir tué, il passe en Belgique, où il fait le métier de colporteur; mais il est possédé de la passion du jeu et ne fait pas de bonnes affaires. Un jour, dans un village, il n'a pas d'argent pour se loger à l'auberge. On lui dit qu'il ne trouvera de place que dans un certain château, abandonné à cause des revenants. Avant qu'il entre dans ce château, on lui donne un bâton de bois d'aubépine. qu'il casse comme une allumette. Il en fait autant d'un bâton de bois de chêne. Le forgeron forge une barre de fer grosse comme le petit doigt, puis une autre grosse comme le pouce; elle sont brisées aussi. Culotte-Verte se décide, faute de mieux, à en accepter une troisième, grosse comme le poignet d'un enfant de trois ans. Puis il se fait donner du bois, de la chandelle, de la bière et tout ce qu'il faut pour faire des crêpes, ainsi qu'un jeu de cartes et du tabac. Arrivé au château, il allume du feu et se met à faire ses crêpes. A minuit, une voix qui paraît venir du haut de la cheminée dit : « Tomberai-je? ne tomberai-je pas? » Il tombe une jambe. Culotte-Verte la jette dans un coin. Puis il tombe une autre jambe; puis un bras; puis encore un autre; puis le tronc d'un homme; enfin la tête. Culotte-Verte dit que cela lui fera un jeu de quilles. Mais les membres se rejoignent. Le revenant joue aux cartes avec Culotte-Verte et le conduit ensuite dans les souterrains du château, où il lui montre, sous une grande pierre, trois pots remplis de florins d'or. Il lui apprend qu'il a volé jadis une partie de cet or au comte de Hainaut, et que son âme est condamnée à hanter le château jusqu'à restitution. Il dit à Culotte-Verte de porter au comte deux des pots et de garder le troisième. Culotte-Verte s'en va à Mons, résidence du comte; il trouve la ville dans la consternation. Il y a près de là un dragon auquel il faut livrer tous les ans une jeune fille. Le sort est tombé sur la fille du comte, et celui-ci l'a promise en mariage au vainqueur du dragon. Culotte-Verte tente l'aventure, bien qu'il ne veuille pas se marier avant d'avoir eu peur. Il abat d'abord une aile au dragon avec sa barre de fer, puis l'autre aile, puis la queue et enfin la tête. Il laisse la jeune fille s'en retourner seule. Elle s'égare et rencontre un *carbonnier* (un mineur). Cet homme lui fait jurer de dire au comte que c'est lui qui a tué le dragon, la menaçant, si elle refuse, de la jeter dans un four à coke. Tout le monde au château se réjouit, excepté la fille du comte. Arrive Culotte-Verte, qui apporte au comte les deux pots d'or et déclare que c'est lui et non le carbonnier qui a délivré la jeune fille. Le comte dit que le sort des armes en décidera. Au bout d'un instant de combat, Culotte-Verte tue le carbonnier; mais il refuse d'épouser la jeune fille, puisqu'il n'a pas encore eu peur. Le comte fait en vain tirer l'artillerie pour l'effrayer. Alors la jeune fille fait apporter un pâté et prie Culotte-Verte de l'ouvrir. A peine a-t-il soulevé le couvercle, que le canari de la jeune fille lui saute à la figure. Il fait un léger mouvement d'effroi. Alors il épouse la fille du comte [1].

---

1. Dans une légende française intitulée *Richard sans Peur* (*Journal des Demoiselles*, année 1836, p. 11), le héros est envoyé par sa fiancée dans un cabinet obscur pour y prendre dans certain coffret une bobine de fil. Quand il ouvre le coffret, deux passereaux, que la jeune fille y a enfermés, s'en échappent, et Richard a peur pour la première fois de : \ vie.

Un conte de la Bretagne non bretonnante (Sébillot, I, n° 11), tout en ressemblant moins pour l'ensemble à notre conte que le conte flamand, présente certains traits qui s'en rapprochent davantage. Entre autres aventures, Jean-sans-Peur passe la nuit dans une chapelle abandonnée où se trouvent trois pendus. Jean les malmène fort, parce qu'en s'entrechoquant ils l'empêchent de dormir. L'un des pendus le prie de ne pas le frapper et lui indique la place où sont cachés les trésors de l'église que lui et ses compagnons ont volés, lui demandant de les restituer au prêtre. Jean fait la commission. Le prêtre lui offre de l'argent, mais Jean le prie de lui donner seulement son étole, pour qu'il puisse repousser les embûches du démon et détruire les enchantements (on se rappelle l'étole du conte lorrain). — Vient ensuite la nuit passée dans le château hanté par des lutins. Jean fait une partie de cartes avec trois diables. Le plus jeune laisse tomber une carte et dit à Jean de la ramasser (encore un trait de notre conte). Jean refuse. Pendant que le diable se baisse pour ramasser sa carte, Jean lui passe autour du cou l'étole du prêtre. Le diable, que l'étole brûle comme un fer rouge, consent, pour en être débarrassé, à signer un écrit par lequel il s'engage, en son nom et au nom des siens, à ne plus revenir au château. De plus, dans sa joie d'être délivré de l'étole, il montre à Jean une cachette où se trouve une barrique remplie de pièces d'or. — Nous arrivons à l'épisode de la princesse exposée à la Bête à sept têtes. Après avoir tué la bête, Jean coupe les sept langues et laisse la princesse s'en retourner seule à la ville. La nuit étant venue, il se couche en pleins champs. Tandis qu'il est encore à dormir bien après le lever du soleil, une hirondelle lui effleure la figure du bout de son aile. Jean se réveille brusquement en frissonnant un peu, et, voyant l'oiseau qui fuit, il dit : « Ah ! je ne savais pas jusqu'à présent si la peur était à plumes ou à poil ; je vois maintenant qu'elle est à plumes. » — Au moyen des sept langues de la bête, Jean confond l'imposture d'un individu qui s'est donné pour le libérateur de la princesse.

L'épisode de la princesse délivrée par le héros se trouve encore dans deux autres contes de ce type : un conte du Tyrol allemand (Zingerle, I, n° 21), où le héros empoisonne le dragon au moyen de boulettes qu'il lui jette, et dans un conte hessois (Grimm, III, p. 10). Le conte tyrolien et, très probablement, le conte hessois, sommairement résumé par G. Grimm, n'ont pas le dénouement du conte lorrain et des deux contes que nous venons de voir.

*
* *

Nous rappellerons que nous avons étudié, dans les remarques de nos n°s 5, *les Fils du Pêcheur*, 37, *la Reine des Poissons*, et 54, *Léopold*, ce thème de la princesse exposée au dragon. Notre *Jean sans Peur* a rattaché plus étroitement que les autres contes similaires ce thème au thème principal de l'*Homme sans peur*, en faisant du monstre auquel est livrée la princesse le diable lui-même à qui le héros a déjà eu affaire.

Notons que, dans un conte indien du Bengale, analysé dans les remarques de notre n° 5, *les Fils du Pêcheur* (I, pp. 76, 77), ce n'est pas à un dragon, mais à une *rakshasi* (sorte de démon, ogresse), que le roi s'est obligé, pour empêcher un plus grand mal, à livrer chaque soir une victime humaine [1].

*
* *

Nous indiquerons maintenant les contes de ce type qui sont les plus complets après ceux que nous avons cités, en ce sens qu'ils ont le dénouement de notre *Jean sans Peur*.

Dans un conte portugais (Coelho, n° 37), un jeune homme s'en va à la recherche de la peur. Un jour, il se loge dans une maison que les propriétaires ont abandonnée parce qu'il y revient des esprits. Pendant la nuit, il entend une voix qui dit : « Je tombe. — Eh bien ! tombe. — Tomberai-je d'un seul coup ou par morceaux ? — Tombe par morceaux. » Une jambe tombe d'abord, puis d'autres membres, qui se rejoignent et forment un corps. Le revenant prie le jeune homme de dire à sa veuve de faire une certaine restitution ; alors il recouvrera la paix. Il lui indique également la place d'un trésor. Le jeune homme va trouver la veuve, qui lui fait mille remerciements et lui offre la main de sa fille ; mais il ne veut pas se marier. Au moment de son départ, la jeune fille lui donne, comme marque de sa reconnaissance, un panier couvert. Le jeune homme l'ouvre en route, et deux colombes lui sautent à la figure. Alors il sait ce que c'est que la peur ; il retourne sur ses pas et épouse la jeune fille. (Il y a ici une altération, le don du panier couvert ayant été fait sans intention de faire peur au héros.)

Dans le conte allemand n° 4 de la collection Grimm, la princesse, que le héros a épousée après avoir délivré un château hanté par des esprits, finit par s'impatienter de l'entendre se plaindre continuellement de n'avoir jamais eu peur ; une nuit, pendant qu'il dort, elle verse brusquement sur lui un seau d'eau dans lequel frétillent des goujons. « Ah ! » s'écrie-t-il, « maintenant je sais ce que c'est que la peur ! » (Dans un conte de la Basse-Autriche, publié dans la *Zeitschrift für deutsche Philologie*, t. VIII, p. 84, la princesse verse sur Jean, pendant son sommeil, un seau d'eau glacée.) — Dans un conte lithuanien (Schleicher, p. 79), un jeune homme, qui s'est mis en route pour apprendre ce que c'est que la peur, revient chez lui, après diverses aventures effrayantes, sans être plus avancé. Une vieille mendiante conseille à ses parents de verser brusquement sur lui pendant son sommeil un seau d'eau froide. On le fait, et il a peur. — M. de Gubernatis (*Zoological Mythology*, I, p. 202) parle d'un conte russe, « dans lequel rien ne peut effrayer le héros, ni les ombres de la nuit, ni les brigands, ni la mort ; mais un petit poisson ayant sauté sur sa poitrine, pendant qu'il est endormi dans son bateau de pêche, il est terrifié et tombe dans l'eau, où il périt. » — M. de Gubernatis a recueilli dans ses *Novelline di Santo Stefano* un conte toscan (n° 22), où Jean sans Peur (*Giovannin senza Paura*) meurt de peur en voyant son ombre.

Les contes qu'il nous reste à rapprocher du conte lorrain n'ont ni l'épisode de la princesse exposée au monstre ni le dénouement de *Jean sans Peur*. Nous y

1. Dans un conte oldenbourgeois (Strackerjan, p. 336), qui correspond, pour l'ensemble, à notre n° 37, la *Reine des Poissons*, le héros sauve, avec l'aide de ses trois chiens, une princesse livrée à un diable. — Comparer un conte croate (Krauss, I, n° 78), où se trouvent aussi le diable et les trois chiens.

trouverons çà et là quelques traits de notre conte qui ne s'étaient pas encore présentés à nous : ainsi l'épisode du clocher, qui, parmi les contes cités jusqu'ici, ne figure que dans le nº 4 de la collection Grimm. Dans ce conte, le sacristain dit au père du jeune garçon qu'il saura bien faire peur à celui-ci. Il le prend chez lui, et, une certaine nuit, l'envoie sonner la cloche. Il va se mettre lui-même, enveloppé d'un linceul, dans l'escalier du clocher. Le jeune garçon crie par trois fois au prétendu fantôme : « Qui est là ? » et ne recevant pas de réponse, il le jette en bas de l'escalier. — Dans un conte catalan (*Rondallayre*, III, p. 120), c'est un mannequin aux yeux de feu, placé dans le clocher par le recteur, que le jeune homme jette en bas de l'escalier ; dans un conte suisse (Sutermeister, nº 3), un homme de paille. Dans ce dernier conte, le jeune homme est envoyé par son père le sacristain, non pour sonner les cloches, mais pour remonter l'horloge. — Enfin, dans un conte sicilien (Gonzenbach, nº 57), un squelette paraît tenir la corde des cloches. Ce conte sicilien, très incomplet, du reste, a un détail absolument identique à un trait du conte lorrain : la mère du jeune homme, qui n'en peut venir à bout, l'envoie chez un prêtre, son oncle, après avoir prié celui-ci de faire en sorte qu'il ait peur une bonne fois. — Dans un conte lithuanien (Leskien, nº 36), le jeune homme est envoyé, dans la même intention, par son père, chez le curé du pays. (Comparer encore la seconde partie d'un conte italien, nº 12 de la collection Comparetti).

*
* *

L'épisode du château ou de la maison hantée par des esprits, avec les membres d'homme qui tombent par la cheminée, figure, indépendamment du conte flamand et du conte portugais ci-dessus résumés, dans le conte catalan, dans le conte suisse, dans le conte allemand de la collection Grimm, dans le conte toscan, et dans le conte italien de la collection Comparetti.

Nous avons trouvé en Orient, dans un livre sanscrit que nous avons déjà eu occasion de citer précédemment, la *Siṅhâsana-dvâtriṅçikâ* (les « Trente-deux récits du Trône »), un passage tout à fait analogue à cet épisode de la cheminée. Voici ce passage (*Indische Studien*, t. XV, 1878, p. 435) : Un marchand a fait bâtir une belle maison et s'y est installé. La nuit, comme il est couché, un génie, qui a pris domicile dans cette maison, se met à dire : « Hé ! je tombe ! [1] » En entendant ces paroles, le marchand se lève tout effrayé ; mais, ne voyant rien, il se recouche. La même scène se renouvelle deux fois encore. Le marchand ne peut fermer l'œil de la nuit. Ayant passé trois nuits de la même manière, il va trouver le roi Vikrama, et lui raconte cette histoire. Le roi se dit : « Assurément c'est un génie protecteur de cette magnifique maison qui parle ainsi pour éprouver les gens ou qui désire qu'il lui soit fait une offrande. » Et il dit au marchand : « Si tu as si peur dans ta maison, veux-tu que je la prenne pour moi et te rembourse l'argent qu'elle t'a coûté ? » Le marchand s'empresse d'accepter la proposition. Le soir même, Vikrama va s'établir dans la maison. Pendant qu'il est couché, le génie se met à crier : « Hé ! je tombe ! — Tombe vite ! » dit le roi. Aussitôt il tombe

---

1. On se rappelle la voix qui dit dans le conte portugais : « Je tombe ! » ; dans le conte flamand : « Tomberai-je ? Ne tomberai-je pas ? »

un homme tout en or. Et le génie qui logeait dans cet homme se rend visible au roi au milieu d'une pluie de fleurs, vante son courage et disparaît. Vikrama, le lendemain matin, prend l'homme d'or et retourne dans son palais. — Ce passage du livre indien a d'autant plus de ressemblance avec l'épisode en question, que, dans le conte toscan ci-dessus mentionné, c'est d'abord une moitié d'homme, *toute d'or*, qui tombe par la cheminée, puis un buste entier, également d'or.

Presque tous les contes que nous venons d'étudier ont un trait qui manque dans *Jean sans Peur* : le héros déterre un trésor dont les revenants ou les diables lui ont indiqué la place. Ce trait se trouve dans un autre conte de Montiers, *la Baguette merveilleuse* (n° 75).

Dans la plupart des contes de ce type où se trouve le jeu de quilles fait avec des ossements, ce n'est pas, comme dans notre conte, le héros qui a l'idée de jouer ; ce sont des revenants.

Dans une variante hessoise (Grimm, III, p. 10), — où le héros a un bâton « avec lequel on peut battre tous les revenants », comme notre Jean sans Peur a sa baguette, — après avoir chassé les diables du château, il va se rafraîchir à la cave. Le roi envoie son confesseur pour voir ce qu'il est devenu, personne autre n'osant s'aventurer dans le château. A la vue de ce vieillard tout courbé et vêtu de noir, le jeune homme s'imagine que c'est encore un diable et le met sous clef. — C'est, au fond, la même idée que l'épisode de la petite négresse, dans notre conte. Cet épisode se trouve, du reste, à peu près identique dans un conte valaque, qui n'est pas du même type que le nôtre (Schott, n° 21). Dans ce conte, Mangiferu, qui a combattu toute sorte de mauvais esprits dans un château, tue trois nègres envoyés par l'empereur et qu'il prend pour des revenants.

LXVIII

LE SOTRÉ

Il y avait autrefois à Montiers un sotré [1], qui venait toutes les nuits dans l'écurie du père Chaloine ; il étrillait les chevaux, leur peignait la crinière et la queue ; il emplissait leur mangeoire d'avoine et leur donnait à boire. Les chevaux devenaient gras et luisants, mais l'avoine baissait, baissait dans le coffre, sans qu'on pût savoir qui la gaspillait ainsi.

Le père Chaloine se dit un jour : « Il faut que je sache qui vient panser mes chevaux et gaspiller mon avoine. »

La nuit venue, il se mit donc aux aguets et vit entrer dans l'écurie le sotré, coiffé d'une petite calotte rouge. Aussitôt le père Chaloine saisit une fourche en criant : « Hors d'ici, coquin, ou je te tue ! » Et il enleva au sotré sa calotte rouge. « Rends-moi ma calicalotte, » lui dit le sotré, « sinon je te change en bourrique. » Mais l'autre ne voulut pas lâcher la calotte et continua à crier : « Hors d'ici, coquin, ou je te tue ! »

Le sotré étant enfin parti, le père Chaloine conta l'aventure aux gens de sa maison, et leur dit que le sotré l'avait menacé de le changer en bourrique, parce qu'il lui avait pris sa calotte rouge.

Le lendemain matin, les gens de la maison, ne voyant pas le père Chaloine, s'avisèrent d'entrer dans l'écurie et furent bien étonnés de voir un âne auprès des chevaux. On se souvint alors de la menace du sotré ; on lui rendit sa calotte rouge, et la bourrique redevint le père Chaloine.

1. Sorte de lutin.

REMARQUES

Dans une variante de ce conte, également de Montiers, le sotré, au lieu de panser les chevaux, les harcèle pendant toute la nuit; ils maigrissent à vue d'œil.

———

En Bretagne (Luzel, *Veillées bretonnes*, p. 76), on raconte l'histoire d'un lutin familier, qui a soin des chevaux d'une certaine maison, les brosse, les lave, renouvelle leur litière; aussi le domestique n'a-t-il presque rien à faire, et nulle part on ne voit un attelage comme le sien. Mais, un soir, étant ivre, il insulte le lutin et le provoque à la lutte. Le lendemain, on le retrouve sur le flanc, et, depuis ce temps, il ne fait plus que dépérir; quant aux chevaux, bientôt ils sont devenus de misérables rosses.

Les sotrés, follets et autres lutins affectionnent la couleur rouge : notre sotré a une calotte rouge, et nous donnerons plus loin un autre conte lorrain où un follet est tout habillé de rouge. En Irlande aussi, certain lutin porte un habit et un bonnet rouges (Kennedy, I, p. 125, 126). De même en Allemagne (Kuhn et Schwartz, pp. 19 et 48; — Wolf, *Deutsche Mærchen und Sagen,* n⁰ 373) et chez les Wendes de la Lusace (Veckenstedt, pp. 177, 185, 186, 187, 196, 197). Dans d'autres récits allemands, il n'est parlé que d'un bonnet rouge (Schambach et Müller, légende n⁰ 153; — Müllenhoff, p. 322), ou d'un bonnet pointu rouge (Müllenhoff, p. 319).

LXIX

LE LABOUREUR & SON VALET

Il était une fois un jeune homme, appelé Joseph, qui cherchait un maître. Il rencontra sur son chemin un homme qui lui demanda où il allait. « Je cherche un maître. — C'est bien tombé, » dit l'homme ; « je cherche un domestique. Veux-tu venir chez moi ? — Je le veux bien. Je ne vous demande pas d'argent, mais seulement ma charge de blé au bout de l'année. — C'est convenu. »

Joseph suivit son maître, qui était un laboureur du village voisin. La première chose qu'on lui commanda fut d'aller chercher les vaches, qui paissaient dans le bois. Joseph y alla. Il déracina un chêne pour s'en servir comme d'une gaule, et, au lieu de ramener les vaches, il revint chez son maître avec tous les loups de la forêt. Le maître fut bien effrayé. « Malheureux, » cria-t-il, « remène vite au bois ces vilaines bêtes. » Le domestique chassa devant lui les loups jusqu'à la forêt, et cette fois il ramena les vaches à la maison.

Le lendemain le laboureur lui dit : « Tu vas aller à la forêt prendre notre portion de bois [1]. » Joseph ne se donna pas la peine de chercher où se trouvait la portion de son maître. Il prit toutes les portions à la fois et les rapporta dans la cour du laboureur.

Le maître se disait : « Voilà un gaillard qui va vite en besogne. Nous ne saurons bientôt plus à quoi l'employer. » Il

[1]. Dans les villages qui possèdent des forêts communales, on répartit chaque année une certaine quantité de bois entre les habitants. Chaque « feu » a une « portion » (c'est le terme en usage à Montiers-sur-Saulx).

lui commanda de battre le blé qu'il avait en grange. Joseph, trouvant le fléau trop léger, coupa un cerisier et un prunier qu'il attacha ensemble pour se faire un fléau, et battit tout le blé, sans désemparer. Il voulut ensuite le vanner ; mais comme le van n'était pas assez grand pour lui, il prit la porte de la grange. Puis il battit et vanna toute l'avoine, par dessus le marché, en deux heures et demie.

Le laboureur lui dit alors : « J'ai prêté cent écus au diable. Va les lui redemander de ma part. »

Joseph se mit en route, et, s'étant avancé assez loin dans une grande forêt, il rencontra un diable. « Bonjour, monsieur le diable. — Bonjour. Qu'est-ce que tu viens faire ici ? — Je viens de la part de mon maître le laboureur chercher cent écus qu'il vous a prêtés. — Attends un instant. Le patron va rentrer. » En effet, le grand diable arriva bientôt et dit à Joseph : « Qu'est-ce que tu demandes ? — Je demande les cent écus que mon maître vous a prêtés. » Le diable lui compta l'argent, et Joseph s'en retourna.

Quand il fut parti, le diable appela un des siens. « Tiens, » dit-il, « voici cent écus. Cours après l'homme et propose-lui de jouer aux quilles ses cent écus contre les tiens. »

Le diable eut bientôt rattrapé Joseph. « Où allez-vous ? » lui demanda-t-il. — « Je retourne à mon village. — Voulez-vous, » dit le diable, « faire une petite partie de quilles avec moi ? Nous mettrons chacun cent écus au jeu. — Volontiers, » dit Joseph. Le diable joua le premier, et renversa huit quilles ; il n'en restait plus qu'une debout. Joseph prit alors la boule, et fit mine de la jeter dans la rivière. Le diable tenait beaucoup à sa boule, qui était fort belle. « Holà ! » cria-t-il, « arrête. C'est toi qui as gagné. » Il lui donna les cent écus et retourna au logis.

« Eh ! bien, » lui dit le grand diable, « as-tu gagné ? — Non. Il est plus adroit que moi. — « Voici qu'il a deux cents écus, » reprit le grand diable. « Je t'en donne autant. Cours le rejoindre. »

Le diable fit grande diligence et proposa à Joseph de jouer à qui lancerait de l'eau le plus haut. Le diable commença ; mais quand ce fut le tour de Joseph, il lança l'eau si haut et si loin que toute la terre en fut mouillée. Le diable fut encore obligé de lui donner son argent.

De retour chez son maître, Joseph lui remit cent écus et garda le reste pour lui. « Maintenant, » dit-il, « mon année doit être finie. Donnez-moi ma charge de blé. » Le laboureur croyait qu'avec une douzaine de boisseaux il en serait quitte ; mais il fallut coudre ensemble douze draps de lit pour contenir tout le grain que Joseph emporta. Depuis on ne l'a plus revu.

REMARQUES

Ce conte se rattache au même thème que nos nᵒˢ 46, *Bénédicité*, et 14, *le Fils du Diable ;* mais la plupart des aventures sont différentes. Le seul trait commun est la charge de blé demandée comme salaire. Voir, sur ce point, les remarques de notre nᵒ 46, et notamment le résumé d'un conte saxon de Transylvanie (II, p. 111) et d'un conte wende de la Lusace (II, p. 113). Dans ce dernier, le héros se fait un sac avec les draps de tous les lits du château.

*
* *

Le passage où Joseph ramène à la ferme, au lieu des vaches, tous les loups de la forêt, peut être rapproché d'un épisode d'un conte basque publié dans *Mélusine* (1877, col. 160) et dont le début est à peu près celui de notre nᵒ 1, *Jean de l'Ours :* Le vacher au service duquel est entré le jeune homme est effrayé de sa force et cherche à se débarrasser de lui. Un jour qu'une bande de loups rôdent autour de la borde (bâtiment qui abrite pendant la nuit les bergers et les troupeaux), le vacher lui dit : « Va me réunir ces veaux. » Le garçon y va en courant, arrache un hêtre de douze ans et s'en sert pour faire entrer les loups dans la borde. — Dans un conte russe (*Académie de Berlin*, 1866, p. 253, mémoire de M. Schott), Ivachko Oreille-d'Ours est envoyé dans la forêt par le pope, son père nourricier, qui espère le voir déchirer par les bêtes. Il ramène à la maison, au lieu de la vache du pope, un ours qui tue tout le bétail. — Dans un récit finnois (Grimm, III, p. 159), Soïni, fâché contre le maître dont il garde le troupeau, appelle les ours et les loups, et leur fait manger les bœufs. Puis il amène les ours et les loups à la maison. Comparer une autre légende finnoise (Schott, *loc. cit.*), où Kullervo, envoyé par le forgeron Ilmarinen comme pâtre dans la forêt, ramène, au lieu du troupeau, une bande de loups et d'ours, qui déchirent la méchante femme d'Ilmarinen. — Le Grettir des légendes du nord joue à son maître des tours de ce genre lorsqu'on veut lui faire garder les oies et les chevaux (Grimm, III, p. 160).

Dans un conte danois (Grundtvig, II, p. 72) qui présente une grande ressemblance avec notre nᵒ 46, *Bénédicité*, le héros se fait un fléau avec deux poutres, comme notre Joseph avec un poirier et un prunier. Comparer le conte poméranien (Knoop, p. 208) et le conte westphalien (Kuhn, *Westfælische Sagen*, II, p. 232), déjà cités dans les remarques de notre nᵒ 46.

Le même conte danois contient encore un épisode à rapprocher d'un passage de notre conte : Jean est envoyé par son maître réclamer au diable trois années d'intérêts sur une somme qu'il lui a prêtée. Il se met en route avec sa canne de fer. Arrivé chez le « vieil Eric » (le diable), qu'il a déjà eu précédemment occasion de maltraiter, il réclame les intérêts dus à son maître, et le diable lui fait donner une énorme quantité d'or et d'argent. — Dans un conte norvégien (Asbjœrnsen, *Tales of the Fjeld*, p. 55), cité dans les remarques de notre nº 46, le roi envoie le héros chez le diable pour lui réclamer l'impôt. — Dans un conte flamand (Wolf, *Deutsche Mærchen und Sagen*, nº 22), cité aussi dans les mêmes remarques, le maître dit au valet qu'il ne pourra plus le nourrir si celui-ci ne lui rapporte de l'argent de l'enfer. Le valet y va. Le diable qui vient ouvrir a eu précisément affaire dans certain moulin à notre homme qui l'a jeté en bas d'un escalier, où il s'est cassé la jambe. En le voyant, ce diable s'enfuit. Le valet se fait donner plein sa charrette de sacs d'argent [1].

En Orient, nous trouvons un épisode du même genre dans un conte des Avares du Caucase, que nous avons déjà eu à citer dans les remarques de nos nᵒˢ 1 et 46 : Le roi, voulant se débarrasser d'Oreille-d'Ours, dont la force l'effraie, lui dit un jour d'aller réclamer à une *kart* (sorte d'ogresse) une mesure de pois qu'elle lui doit depuis longtemps. Oreille-d'Ours s'en va chez la *kart*, et, celle-ci ayant voulu lui jouer un mauvais tour, il l'amène au roi, qui lui dit de la remener bien vite chez elle. Oreille-d'Ours fait de même avec un dragon, auquel le roi l'a envoyé réclamer un bœuf.

*
* *

L'épisode de la boule n'appartient pas en réalité au thème de l'*Homme fort*. Il y a ici infiltration, si l'on peut parler ainsi, d'un autre thème, celui où un personnage sans aucune force, mais très rusé, fait croire à un géant ou à un ogre qu'il est plus fort que lui (voir les remarques de notre nº 25, *le Cordonnier et les Voleurs*). Ainsi, dans un conte italien (*Jahrbuch für romanische und englische Literatur*, tome VIII, pp. 246 seq.), l'ogre, qui demeure à quelque distance de la mer, propose au héros de jouer à qui lancera le plus loin un *mulinello* (morceau de bois qui sert à moudre dans les moulins). Il commence, et lance très loin le *mulinello*. Alors le jeune homme se met à donner du cor pour prévenir, dit-il, les gens de l'autre côté de la mer de se garer quand il lancera : il a l'intention d'envoyer le *mulinello* dans la mer, mais il pourrait se faire qu'il allât trop loin et fît un malheur. L'ogre se déclare vaincu, parce que si son *mulinello* tombe dans la mer, il ne pourra plus moudre. (On remarquera que ce passage est bien plus net et mieux conservé que celui du conte lorrain.) — Dans un conte écossais de la collection Campbell (Brueyre, p. 25), le géant lance un lourd marteau à une grande distance et invite le berger à l'imiter. Celui-ci lui déclare que, s'il lance le marteau, le marteau ira s'engloutir en un clin d'œil dans la mer. « Non, » dit le géant; « je tiens à mon marteau, qui me vient de mon grand-père. » Et il renonce à la lutte. — Dans un conte norvégien de la collection Asbjœrnsen (*Tales of the Fjeld*, p. 253), le jeune homme dit au *troll* (mauvais génie, ogre), qui vient de lancer sa massue

---

1. Pour le voyage en enfer, comparer le conte du « pays saxon » de Transylvanie résumé dans les remarques de notre nº 46, et un conte italien des Abruzzes, également du type de l'*Homme fort* (Finamore, I, nº 27).

de fer : « A mon tour ! Vous allez voir ce que c'est que de lancer. » Et il se
met à regarder fixement le ciel, tantôt au nord, tantôt au sud. « Que regardez-
vous ? » lui dit le troll. — « Je cherche une étoile contre laquelle je puisse
lancer la massue. — Assez, » dit le troll ; « je ne veux pas perdre ma massue. » —
De même, dans un conte lapon (n° 7 des Contes lapons traduits par F.
Liebrecht dans la revue *Germania*, année 1870), le géant lance en l'air un
énorme marteau de fer. Son valet regarde dans quel nuage il le lancera à son
tour ; mais le géant lui dit de n'en rien faire, car il a hérité le marteau de son
grand-père.

Ce n'est pas, du reste, dans le conte lorrain seul que s'est produite l'*infiltration*
dont nous avons parlé. Dans un conte wende de la Lusace (Veckenstedt, p. 69),
appartenant au thème de l'*Homme fort*, et déjà cité dans les remarques de notre
n° 46, Jean, après s'être établi dans un moulin abandonné, voit un jour venir
un petit homme qui lui propose de mesurer ses forces avec lui. Jean déclare,
là aussi, qu'il veut atteindre avec son marteau une tache rouge qui est au ciel,
et le petit homme l'empêche de lancer le marteau. — Nous citerons encore un
conte du Tyrol allemand (Zingerle, I, n° 18), de ce même type, et qui
se rapproche beaucoup du conte lorrain. Dans ce conte tyrolien, comme dans
le nôtre, c'est à un diable que Jean a affaire. Ici Jean regarde fixement le ciel,
« afin, » dit-il, « de ne pas jeter bas d'étoile en lançant le marteau, » et le
diable, effrayé, lui dit d'en rester là. La rencontre de Jean avec le diable a lieu
un jour que le jeune homme s'en va, envoyé par son père qui veut se débarrasser de lui, chercher en enfer un cheveu du diable. C'est là une ressemblance
de plus avec notre conte. — Comparer encore le conte poméranien.

Dans le conte westphalien, c'est un autre élément du thème de notre n° 25
qui est venu s'infiltrer dans le thème de l'*Homme fort* : Le diable ayant lancé très
haut un quartier de roc, Jean tire de sa poche un oiseau et le lance comme si
c'était une pierre. (Voir les remarques de notre n° 25, I, p. 260.)

LXX

LE FRANC VOLEUR

Pierrot, Jeannot et Claudot étaient trois frères, fils d'une pauvre veuve. Devenus grands et ne sachant que faire à la maison, ils voulurent aller chercher fortune ailleurs. Ils partirent donc ensemble, et, arrivés à une croisée de chemin, ils se séparèrent en se disant : « Dans un an, nous nous retrouverons ici. »

En arrivant dans un village, Claudot s'arrêta devant une boutique de boulanger. « Mon ami, » lui dit le boulanger, « on dirait que tu as envie d'apprendre mon état ? — Oui, » répondit Claudot, « mais je n'ai pas d'argent. — Qu'à cela ne tienne, » dit le boulanger. « Entre chez moi, et, d'ici à un an, tu sauras le métier. »

Jeannot, étant arrivé devant une boutique de serrurier, s'arrêta à la porte. « Mon ami, » lui dit le serrurier, « on dirait que tu as envie d'apprendre mon état ? — Oui, » répondit Jeannot, « mais je n'ai pas d'argent. — Qu'à cela ne tienne, » dit le serrurier. « Entre chez moi, et, d'ici à un an, tu sauras le métier. »

Pierrot, lui, tomba au milieu d'une bande de voleurs qui lui crièrent : « La bourse ou la vie ! — Oh ! oh ! » dit Pierrot, « mais c'est moi qui demande la bourse ou la vie. — Alors, » dirent les voleurs, « veux-tu être des nôtres ? — Volontiers, » répondit Pierrot.

Les voleurs le mirent aussitôt à l'épreuve : « Dans un instant, » lui dirent-ils, « il va passer un beau monsieur en carrosse ; tu lui crieras : La bourse ou la vie ! »

Pierrot s'embusqua sur le bord du chemin, et, lorsque le carrosse passa, il s'élança en criant : « La bourse ou la vie ! »

Le beau monsieur lui jeta bien vite sa bourse et partit au grand galop. Pierrot ramassa la bourse. « Mais, » pensa-t-il, ce n'est pas l'argent, c'est la bourse qu'on m'a dit de prendre. » Cette réflexion faite, il rapporta à ses compagnons la bourse vide. « Tu n'iras plus voler, » lui dirent les voleurs; « tu feras la cuisine. »

Au bout de l'année, les voleurs, se trouvant assez riches, partagèrent leur butin, et Pierrot eut pour lui une bonne sachée d'or. Il se rendit à l'endroit où ses frères et lui s'étaient donné rendez-vous : Jeannot et Claudot s'y trouvaient déjà. Ils retournèrent donc tous les trois chez leur vieille mère. Dès qu'ils furent arrivés, elle leur dit : « Eh bien! mes enfants, qu'êtes-vous devenus depuis votre départ? — Moi, je suis boulanger, » répondit Claudot. — « Et moi, » dit Jeannot, « je suis serrurier. — Moi, je suis charbonnier, » dit Pierrot. — « Fais-tu au moins de bon charbon ? » demanda la mère. — « Ecoutez, ma mère, » dit Pierrot, « je vais vous dire une chose, mais gardez-vous de la répéter : je ne suis pas charbonnier, je suis voleur. Surtout n'en dites rien. — Oh! non, mon Pierrot, sois tranquille. »

Vint la voisine. « Eh bien, Marion, » dit-elle à la mère, qui était une bavarde, comme moi, « voilà vos trois fils revenus au pays. Que font-ils à présent? — Claudot est boulanger, » répondit la mère; « Jeannot est serrurier; quant à Pierrot..., il est... — Vous avez bien de la peine à trouver le mot, Marion. Il est : quoi ? — Il est voleur. Surtout n'en parlez à personne au monde. »

Mais la voisine parla si bien que le bruit en vint aux oreilles du seigneur. Il fit appeler Marion et lui dit : « Quel métier fait donc votre Pierrot? — Monseigneur, il est charbonnier. — J'ai entendu dire qu'il faisait de bon charbon. — Oh! monseigneur, comme les autres. »

Le seigneur envoya chercher Pierrot. « Bonjour, monseigneur. — Bonjour, Pierrot. Quel est ton métier, maintenant? — Je suis charbonnier, monseigneur. — On m'a dit que tu faisais de bon charbon. — Oh! monseigneur, comme les autres. — Entre nous, Pierrot, tu es un voleur, » dit le seigneur. « Pour voir si tu sais ton métier, je t'ordonne de voler un cheval qui est dans mon écurie, gardé par douze hommes. Si ce n'est pas fait pour demain, à neuf heures du matin, tu seras pendu. — Monseigneur, je ne pourrai jamais. — Tu le feras, ou tu seras pendu. »

Pierrot mit une robe de capucin et se rendit à l'écurie du seigneur. « Bonsoir, mes chères braves gens, je viens passer un bout de la soirée avec vous et vous aider à prendre le fripon qui veut enlever le cheval. Tenez, j'ai là quelque chose pour vous rafraîchir. » Il leur donna de l'eau des piones [1], qui bientôt les fit tous tomber endormis. Alors il enveloppa d'étoupes les sabots du cheval, afin qu'ils ne fissent pas de bruit sur le pavé, et il partit avec la bête. Le lendemain matin, le seigneur entra dans l'écurie, et, ne trouvant plus le cheval, il prit un fouet pour corriger ses domestiques. Il y en avait un que le voleur avait suspendu au plafond : ce fut lui qui reçut tous les coups.

« Pierrot, » dit le seigneur, « tu es un franc voleur. Maintenant, il faut que tu voles six bœufs que douze de mes gens conduiront à la foire. — Monseigneur, je ne pourrai jamais. — Tu as pris le cheval dans mon écurie ; tu prendras les bœufs, ou tu seras pendu. »

Quand les hommes passèrent sur la route avec les bœufs qu'ils menaient à la foire, Pierrot courut en avant, se mit la tête en bas et les pieds en l'air et commença à battre des pieds et des mains. « Oh ! que c'est beau ! » dit un des hommes ; « allons voir. — Non, » dit un autre. « Monseigneur nous a recommandé de bien garder les bœufs. » Pierrot alla un peu plus loin et recommença ses tours. « Oh ! » dit l'un des hommes, « que c'est beau ! courons voir : six iront, et six resteront près des bœufs. — Bah ! » dirent les autres, « allons-y tous, ce n'est pas si loin. » Pierrot, voyant les bœufs sans gardiens, se mit à courir dans la campagne ; puis, par un détour adroit, il revint les prendre.

« Pierrot », dit le seigneur, « tu es un franc voleur. Maintenant, il s'agit d'une autre affaire : j'ai un oncle curé qui dit tous les jours la messe à minuit ; il faut que tu le fasses mourir, et nous partagerons la succession. — Monseigneur, je ne puis faire cela. — Tu as bien volé mon cheval et mes six bœufs ; fais ce que je te commande, ou tu seras pendu. »

Pierrot acheta des écrevisses, les mit dans une assiette sur l'autel, puis il se cacha derrière l'autel. Quand le pauvre vieux curé vint pour dire la messe, Pierrot lui cria : « Payez votre

1. Evidemment cette « eau des piones » est de l'*opium*.

servante Marguerite, puis mettez la tête dans le sac qui est au pied de l'autel, et vous irez droit en paradis. Ne voyez-vous pas les anges qui vous tendent les bras ? » Le curé se mit la tête dans le sac ; aussitôt Pierrot le saisit et le fit monter et descendre l'escalier du clocher. « Hélas ! » disait le pauvre curé, « que de peines pour arriver au paradis ! »

Quand il fut à moitié mort, Pierrot le porta dans son poulailler. Le matin, Marguerite vint donner à manger aux poules. « Petits ! petits ! petits ! — Quoi ! Marguerite, » dit le pauvre homme, « es-tu donc aussi dans le paradis ? — Beau paradis vraiment ! » dit Marguerite, « c'est le poulailler de vos poules ! » On mit le curé au lit ; trois jours après il mourut, et le seigneur partagea sa succession avec Pierrot.

REMARQUES

Nous avons ici une version, altérée sur divers points, d'un conte très répandu qui se retrouve sous une forme mieux conservée, par exemple dans le n° 192 de la collection Grimm.

Indiquons d'abord les principaux traits de ce conte thuringien : Le « maître voleur », revenu au pays, se présente hardiment chez le comte, son parrain. Celui-ci lui déclare qu'il le fera pendre, s'il ne réussit pas dans trois épreuves. D'abord, il faut voler le cheval du comte, gardé par des soldats. Le voleur, déguisé en vieille, portant un baril de vin mêlé d'un narcotique, vient s'asseoir en grelottant de froid à la porte de l'écurie. Les soldats lui disent d'approcher du feu et lui demandent à boire. Le narcotique produit son effet, et, quand les soldats sont tous endormis, le voleur déboucle la selle sur laquelle l'un d'eux est assis, et l'accroche au moyen de cordes aux poteaux de l'écurie. (Dans notre conte, on parle bien d'un domestique que le voleur a suspendu au plafond ; mais on n'explique pas pourquoi ni comment.) Ensuite il s'enfuit avec le cheval, dont il a enveloppé les sabots de vieux chiffons. — La seconde épreuve, qui ne se retrouve pas dans notre conte, consiste à voler pendant la nuit un des draps du lit où couchent le comte et la comtesse, et l'anneau nuptial de cette dernière. — Enfin, il est ordonné au maître voleur de prendre dans l'église le curé et le bedeau. Le voleur se rend la nuit au cimetière qui entoure l'église. Il a apporté un grand nombre d'écrevisses : il leur fixe sur le dos de petites bougies allumées et les lâche à travers les tombes, pour faire croire que les morts ressuscitent. (Dans notre conte, les écrevisses que le voleur apporte dans l'église n'ont aucune signification.) Puis, déguisé en moine, il monte en chaire et se met à crier : « La fin du monde est arrivée ; les morts se réveillent dans le cimetière. Je suis saint Pierre. Que ceux qui veulent aller au ciel entrent dans mon sac. » Le curé et le bedeau, qui sont accourus à l'église, s'empressent d'entrer dans le sac. Alors le voleur tire le sac hors de l'église, et, après l'avoir traîné à travers les rues du village, il le pousse jusque dans le colombier du comte. (Il suffit de rapprocher cette dernière scène de la fin du *Franc Voleur* pour voir combien cette fin a été défigurée.)

Le conte allemand présente, on le voit, une forme bien conservée de ce thème. Sur un point particulier, — celui où il est question des écrevisses, — il est même, à notre connaissance, le seul, avec un conte lithuanien (Leskien, n° 37), qui fournisse l'explication du passage inintelligible de notre conte. Mais il n'en faudrait pas conclure que le conte lorrain serait tout bonnement une dérivation du conte allemand. Il a des épisodes qui n'existent pas dans ce dernier, et ces épisodes, nous allons les rencontrer, parfois plus clairement racontés, dans d'autres contes du même type.

*
* *

L'introduction du *Franc Voleur*, toute différente de celle du conte de la collection Grimm, se retrouve dans un conte norvégien, un conte irlandais, un conte allemand de la Basse-Saxe, et dans deux contes toscans. Dans le conte norvégien (Asbjœrnsen, II, p. 28), un pauvre paysan, qui a trois fils, leur dit un jour d'aller gagner leur vie où ils pourront. Il les accompagne jusqu'à un endroit où le chemin se partage en trois, et les trois fils s'en vont chacun de son côté. Le troisième devient voleur. — L'introduction du conte irlandais (Kennedy, II, p. 38) est à peu près identique. — Dans le premier conte toscan (Gubernatis, *Novelline di Santo Stefano*, n° 29), Jean et Jeanne donnent à chacun de leurs trois fils cent écus. L'aîné s'en va par le monde chercher fortune et perd tout. Le second, de même. Le troisième apprend le métier de voleur. — Dans le conte saxon (Schambach et Müller, p. 316), un homme demande à ses trois fils quel métier ils veulent apprendre. L'aîné dit qu'il veut être maçon ; le second, menuisier ; le troisième, voleur. Le père ne voulant pas entendre parler de ce dernier métier, le jeune homme s'enfuit et s'enrôle dans une bande de voleurs. — Dans le second conte toscan (Pitrè, *Novelle popolari toscane*, n° 41), il n'y a que deux frères, fils d'une pauvre veuve. L'aîné devient forgeron ; le plus jeune tombe, comme Pierrot, au milieu d'une bande de voleurs qui lui demandent la bourse ou la vie ; il se joint à eux.

L'épisode de la bourse, qui manque dans le conte de la collection Grimm, existe dans un conte de la Basse-Bretagne, un conte piémontais, un des deux contes toscans et un conte du Tyrol italien. Bilz, le héros du conte breton (Luzel, *Veillées bretonnes*, p. 227), est envoyé par le chef des voleurs prendre la bourse d'un riche fermier qui doit passer sur la route. Il rapporte la bourse vide. Les voleurs font alors de Bilz leur cuisinier. Pendant qu'il est seul au logis, il découvre le trésor des voleurs et l'emporte chez lui. — Dans le conte toscan (Gubernatis, *loc. cit.*), Carlo doit arrêter une diligence et prendre les *quattrini* (nom d'une petite monnaie, mis ici pour l'argent en général). Il exécute sa consigne à la lettre ; il laisse de côté l'or et l'argent et ne prend que les *quattrini* proprement dits. — Même passage dans le conte piémontais (Gubernatis, *Zoological Mythology*, t. I, p. 328) et dans le conte du Tyrol italien, d'un autre type pour l'ensemble (Schneller, n° 54), où se trouvent à la fois le passage de la bourse rapportée vide et celui des sous pris à l'exclusion de l'or et de l'argent.

Dans le second conte toscan, c'est, comme dans notre conte, l'indiscrétion de la mère du voleur qui fait que son véritable métier parvient à la connaissance du roi.

*
* *

Venons aux épreuves imposées au « franc voleur ».

La seconde de ces épreuves, — voler des bœufs que l'on conduit à la foire, — manque, on l'a vu, dans le conte de la collection Grimm. Divers autres contes étrangers vont nous en fournir des formes, pour la plupart plus nettes que ne l'est celle du conte lorrain.

Ainsi, dans un conte islandais (Arnason, p. 609), le roi dit à l' « homme gris », qui lui a volé de ses béliers, qu'il lui pardonnera s'il parvient à voler un bœuf que ses gens doivent mener dans la forêt. L'homme gris se pend, en apparence, à un arbre sur le chemin par où l'on doit passer. Les gens, en le voyant, se disent que le voilà mort et qu'il n'y a plus rien à craindre. A peine se sont-ils éloignés que l'homme gris se décroche et va se pendre plus loin. Grand étonnement des gens, qui veulent retourner sur leurs pas pour s'assurer si c'est le même. Ils attachent le bœuf à un arbre et vont voir ce qu'il en est. Aussitôt l'homme gris délie le bœuf et l'emmène. (Il est très probable que, dans notre conte, alors qu'il n'avait pas encore subi d'altérations, les conducteurs des bœufs étaient fort étonnés de voir, à deux endroits différents, un homme, qui leur paraissait être le même, marcher sur les mains en battant des pieds, et qu'ils rebroussaient chemin, laissant leurs bœufs attachés, pour voir si l'homme qu'ils avaient rencontré le premier était toujours là.)

La ruse que le voleur emploie dans le conte islandais se retrouve dans les contes norvégien, irlandais, saxon, ainsi que dans les deux contes toscans, et, en outre, dans un conte allemand (Kuhn et Schwartz, p. 362) et dans un conte russe (Gubernatis, *Zoological Mythology*, I, p. 335). Dans ce dernier, le voleur ne se pend pas ; il se montre d'abord sur un arbre, puis sur un autre. (Comparer le second conte toscan, assez peu clair en cet endroit.) — Le premier conte toscan présente ici une altération : à la vue du même homme pendu en deux endroits différents, les paysans qui mènent leurs bœufs à la foire prennent peur et s'enfuient, laissant là leurs bêtes. Dans tous les autres contes mentionnés plus haut, ils retournent sur leurs pas, sans emmener leurs bêtes avec eux, pour vérifier un fait qui leur paraît étrange.

Un conte serbe (Vouk, n° 46) a un épisode construit sur la même idée : Un rusé filou voit un homme conduisant deux moutons : il se dit qu'il volera les moutons. Pour y parvenir, il ôte un de ses souliers et le dépose sur la route où l'homme doit passer. L'homme ramasse le soulier, puis le rejette en disant : « A quoi bon un seul ? » Cependant le filou a couru en avant et déposé sur la route le second soulier. L'homme, voyant que ce second soulier ferait la paire, rebrousse chemin pour aller chercher l'autre, après avoir attaché ses moutons à un arbre. Quand il revient, les moutons ont disparu : le filou les a emmenés. — Dans un conte indien du Bengale (Lal Behari Day, n° 11), un voleur s'y prend absolument de la même façon pour voler une vache.

Avec l'épisode du vol du cheval, nous retournons au conte de la collection Grimm. Cet épisode se retrouve, plus ou moins complet, dans les contes breton, norvégien, irlandais, dans les contes allemands de la collection Schambach et Müller et de la collection Kuhn et Schwartz, dans le second conte toscan, et, de plus, dans deux contes de la Bretagne non bretonnante (Sébillot, I, nº 32, et *Littérature orale*, p. 121), dans un second conte irlandais (*Royal Hibernian Tales*, p. 36), dans un conte écossais (Campbell, variante du nº 40), dans deux contes flamands (Wolf, *Deutsche Mærchen und Sagen*, nº 5; A. Lootens, nº 7), dans un conte basque (Webster, p. 140), dans un conte catalan (*Rondallayre*, III, p. 67), dans un conte italien des Abruzzes (Finamore, nº 24), dans un conte russe (Gubernatis, *Florilegio*, p. 157), et dans un conte serbe (*Archiv für slavische Philologie*, I, p. 283-284), où l'épreuve imposée par l'empereur au voleur a pris des proportions épiques : il s'agit de voler trois cents chevaux sur lesquels sont en selle trois cents cavaliers. (Dans le second conte toscan, le héros doit voler les cent chevaux qui sont dans l'écurie du roi.)

Le voleur, dans le premier conte flamand, se déguise en vieil ermite; dans le second conte toscan, en vieux frère quêteur ; dans le conte des Abruzzes, en moine, comme notre « franc voleur » s'habille en capucin.

L'idée de cet épisode ou du moins du moyen dont use le voleur pour s'emparer du cheval pourrait bien être un emprunt fait à un thème très voisin, le thème de la fameuse histoire de voleurs qu'Hérodote entendit conter en Égypte. On se rappelle cette histoire du trésor du roi Rhampsinite (Hérodote, II, 121) : Deux voleurs ont pénétré la nuit dans la chambre du trésor, sans qu'on puisse découvrir comment ils y sont entrés; quand ils y reviennent plus tard, l'un d'eux est pris dans un piège, et l'autre lui coupe la tête, afin qu'il ne soit pas reconnu. Le roi, très intrigué de l'aventure, fait suspendre à un gibet le cadavre décapité, dans l'espoir que l'autre voleur, en le voyant, se trahira par quelque signe d'étonnement, ou se fera prendre en cherchant à enlever le corps de son camarade. Mais le voleur s'approche des gardes sous un déguisement, les enivre et enlève le cadavre, laissant les soldats endormis. — Nous renverrons, pour l'étude de ce thème, aux remarques de M. R. Kœhler sur le nº 17 *b* de la collection de contes écossais de Campbell (dans la revue *Orient und Occident*, II, p. 303) et à un travail de M. Schiefner, *Ueber einige morgenlændische Fassungen der Rampsinitsage* (*Mélanges asiatiques*, tirés du Bulletin de l'Ac. des sciences de Saint-Pétersbourg, t. VI, p. 161). Aux formes orientales du conte de Rhampsinite citées par M. Schiefner, on doit ajouter un conte syriaque (Prym et Socin, nº 42), un conte de l'île de Ceylan (*Orientalist* 1884, p. 56), un conte kabyle (Rivière, p. 13).

Enfin, la troisième épreuve de notre conte figure dans les trois contes de la Haute et de la Basse-Bretagne, dans les deux contes flamands, dans les contes norvégien, basque, catalan, écossais, islandais, lithuanien, dans le second conte toscan et dans le conte des Abruzzes, mais souvent sous une forme plus ou moins altérée. Rappelons la forme véritable, que nous offrent le conte thuringien de la collection Grimm et d'autres contes indiqués ci-dessus : Le voleur doit enlever de tel endroit une personne désignée et l'apporter à celui qui lui a donné cet ordre. Il y réussit en se donnant pour un ange (dans le conte thuringien, pour saint Pierre), qui portera au ciel quiconque entrera dans son sac.

Dans la plupart des contes européens du type du *Franc Voleur*, la victime du voleur est un prêtre, ordinairement un curé [1]. Dans le conte écossais, c'est l'évêque anglican de Londres ; dans deux contes russes (Schiefner, *op. cit.*, p. 179), c'est un pope. — Dans le conte lithuanien, le curé est le frère du seigneur, et celui-ci le désigne au voleur pour se venger des plaisanteries que le curé a faites sur son compte, à l'occasion de ses mésaventures avec ce même voleur. Il en est exactement de même dans un conte de la Haute-Bretagne (Sébillot, *Littérature orale*, p. 126). Comparer un conte bas-breton (Luzel, *Veillées bretonnes*, p. 256), et le second conte toscan. — Dans le conte catalan, le personnage mis dans le sac est un usurier ; dans le conte islandais, ce sont un roi et une reine. Ce dernier conte a quelque chose de particulier, et le passage mérite d'être brièvement résumé : Le roi fera grâce à l' « homme gris », si ce dernier parvient à enlever de leur lit le roi lui-même et la reine. (Dans le conte écossais, l'évêque de Londres défie également le voleur de le « voler » lui-même, c'est-à-dire de l'enlever.) L'homme gris va, pendant la nuit, dans la chapelle du château et sonne les cloches. Le roi et la reine se relèvent pour voir ce que c'est. Alors l'homme gris leur apparaît tout brillant de lumière et leur dit que leurs péchés leur seront pardonnés s'ils entrent dans un sac qui est auprès de lui. Le roi et la reine, le prenant pour un ange, se fourrent dans le sac. L'homme gris lie les cordons du sac, puis il dit qu'il n'est pas un ange, mais l'homme gris ; maintenant il a fait ce que le roi lui demandait : il l'a enlevé de son lit, ainsi que la reine, et il se débarrassera d'eux si le roi ne promet de lui accorder ce qu'il demandera. Le roi le promet, et l'homme gris se fait donner par lui sa fille en mariage.

On a vu combien, dans le conte lorrain, cet épisode est altéré. Il l'est aussi dans d'autres contes. Ainsi, dans le conte basque, le maire du village ordonne au voleur de voler tout l'argent de son frère le prêtre, et non d'enlever le prêtre de l'église ; dans le premier conte flamand, le voleur doit aussi voler tout l'argent du curé, et c'est pour arriver à ses fins qu'il imagine de faire l'ange et d'amener le curé à se mettre dans le sac, après s'être dépouillé de toutes ses richesses terrestres ; dans le second conte flamand, son déguisement a pour but de voler, selon l'ordre du bailli, les ornements de l'église.

*
* *

Au milieu du XVIe siècle, une version italienne du conte qui nous occupe a été recueillie par Straparola. La voici en quelques mots : Le préteur de Pérouse ordonne à Cassandrino de lui voler le lit sur lequel il couche, puis de lui voler son cheval (ici le voleur trouve le valet endormi sur le cheval ; il met la selle sur quatre piquets) ; enfin de lui apporter dans un sac le recteur de l'église d'un

---

1. Dans un conte autrichien (Vernaleken, nº 57), cet épisode est enclavé dans une histoire différente ; dans un conte des Tsiganes slovaques (*Journal Asiatique*, 1885, p. 514), il forme tout le récit à lui seul.

village voisin. Pour faire ce dernier exploit, Cassandrino s'introduit, habillé en ange, dans l'église en disant : « Si vous voulez aller dans la gloire, entrez dans mon sac. » Le recteur s'empresse d'entrer dans le sac.

*
* *

En Orient, un conte des Tartares de la Sibérie méridionale (Radloff, t. IV, p. 193), qui appartient pour la plus grande partie au thème du trésor de Rhampsinite, a pour dénouement la troisième des épreuves imposées au « franc voleur » : Le voleur du conte tartare joue toutes sortes de tours à un prince et lui rapporte ensuite ce qu'il lui a volé. Le prince lui dit qu'il lui pardonne, et que même il lui donnera son trône s'il lui apporte un prince de ses voisins, qui a fait des gorges chaudes au sujet de toute cette histoire. (Comparer le conte lithuanien et les autres contes que nous en avons rapprochés pour un passage analogue.) Le voleur se fait donner un chameau, à chaque poil duquel on a attaché une clochette, une chèvre, également garnie de clochettes, un bâton bigarré, et encore une autre chèvre. Il tue les deux chèvres, endosse la peau de la première, fait avec la peau de la seconde un sac qu'il lie sur le dos du chameau, et se met en route conduisant sa bête, le bâton bigarré à la main. Il arrive au bout d'un mois près de la maison du prince. Celui-ci, entendant le son des mille clochettes, dit à sa femme : « Quel est ce bruit ? Est-ce une guerre, ou la fin du monde, ou bien un malin esprit ? » Quand le voleur est auprès de la maison, il crie : « Regardez-moi ; je suis le malin esprit ; la fin du monde est arrivée. » Le prince, épouvanté, tombe sans connaissance ; la princesse aussi. Alors le voleur les met dans le sac de peau de chèvre, charge le sac sur le chameau et le porte dans la maison de son prince, qui, en récompense, lui donne sa fille en mariage et le fait prince à sa place. — Comparer un autre conte recueilli également dans la Sibérie méridionale, chez les Kirghis, mais moins bien conservé (Radloff, t. III, p. 342).

Le conte syriaque, mentionné ci-dessus, et qui a, pour l'ensemble, beaucoup de rapport avec le conte tartare, renferme également l'épisode que nous venons de résumer : Ajis, le voleur, a déjoué toutes les mesures du gouverneur de Damas. Le gouverneur d'Alep écrit à ce dernier pour se moquer de lui. Alors le gouverneur de Damas fait publier qu'il promet au voleur inconnu cent bourses et la main de sa fille, s'il se présente devant lui. Ajis se présente. Le gouverneur remplit sa promesse, puis il dit à Ajis d'enlever le gouverneur d'Alep et de le lui apporter. Ajis se fait donner une massue, une peau de chèvre et cent clochettes, qu'il attache aux poils de la chèvre. En cet équipage, il entre à minuit dans la chambre du gouverneur d'Alep, et lui dit qu'il est l'ange de la mort, et qu'il est venu pour chercher son âme. Le gouverneur d'Alep demande un répit jusqu'à l'autre nuit. Alors il se couche dans un cercueil, et Ajis le porte chez le gouverneur de Damas [1].

1. Comparer un conte albanais (Dozon, n° 22, p. 175) : Un voleur reçoit d'un pacha l'ordre de lui apporter le cadi enfermé dans un coffre. Il prend des clochettes, et, s'étant introduit dans le grenier au dessus de la chambre où dort le cadi, il se met à agiter ses clochettes en disant : « Je suis l'ange Gabriel, et je suis venu pour prendre ta vie, à moins que tu n'entres dans ce coffre, car alors je n'ai plus de pouvoir sur toi. »

Un autre conte oriental, formant le douzième récit de la collection kalmouke du *Siddhi-Kûr*, — dérivée, nous l'avons dit bien des fois, de récits indiens, — présente la plus grande analogie avec la première des épreuves du conte lorrain : Dans un certain pays vivait un homme qu'on appelait l'Avisé. Le khan de ce pays le fait venir un jour et lui dit : « On t'appelle l'Avisé. Pour justifier ton nom, vole-moi ce talisman auquel est attachée ma vie. Si tu y réussis, je te ferai de beaux présents ; si tu n'y réussis pas, je détruirai ta maison et je te crèverai les yeux. » L'homme a beau protester que la chose est impossible, il est obligé de promettre de tenter l'aventure telle nuit. Cette nuit-là, le khan fixe le talisman à un pilier et s'assied tout auprès ; en même temps, il ordonne à ses gens de faire bonne garde. L'homme avisé s'approche de ceux qui sont postés à la porte et les enivre avec de l'eau-de-vie de riz. Quant aux autres gardes et au roi lui-même, il a la bonne chance de les trouver tous endormis (il y a ici une altération), et il peut ainsi voler le talisman. — Un trait de ce conte kalmouk est à noter : L'homme avisé enlève de dessus leurs selles, tout endormis, les gens du roi qui montaient la garde à cheval, et les met à califourchon sur un pan de mur écroulé. Comparer le conte de la collection Grimm et divers autres contes de ce type, où le voleur fait en sorte que les gardes, s'ils se réveillent, puissent se croire toujours à cheval.

*
* *

Il existe un autre thème qui, à le considérer de près, offre beaucoup d'analogie avec celui du *Franc Voleur* ; mais, avant de l'examiner rapidement, il est bon d'indiquer un conte grec moderne d'Epire qui fait lien entre les deux thèmes, et nous donne, si l'on peut parler ainsi, la forme héroïque, épique, de celui que nous venons d'étudier, le merveilleux y entrant pour une certaine part.

Dans ce conte grec (Hahn, n° 3), le roi ordonne au voleur de lui amener le cheval ailé du drakos (sorte d'ogre), s'il ne veut être haché en morceaux ; puis de dérober au même drakos la couverture de son lit ; enfin de lui apporter le drakos lui-même. (Ces trois entreprises correspondent, comme on voit, à celles du conte thuringien.)

Dans les contes se rattachant à ce second thème dont nous avons à parler, il n'y a plus de voleur. C'est, en général, à l'instigation de ses frères, jaloux de la faveur dont il jouit auprès d'un roi, que le héros reçoit de ce roi l'ordre de lui apporter les objets rares ou merveilleux d'un certain être plus ou moins fantastique, et enfin cet être lui-même. On peut citer le conte silicien n° 83 de la collection Gonzenbach. Dans ce conte, Caruseddu doit apporter au roi le cheval qui parle, appartenant au *dragu* (ogre), la couverture à clochettes d'or du *dragu* et finalement le *dragu* lui-même. M. Kœhler a étudié ce thème à propos d'un conte des Avares du Caucase (Schiefner, n° 6), et nous en avons dit un mot à l'occasion de notre n° 3, *le Roi d'Angleterre et son Filleul*. Voir les remarques de ce n° 3 (I, p. 46 seq.).

Dans les contes de ce second type, les moyens que le héros emploie pour s'emparer des objets et de leur possesseur diffèrent de ceux que met en œuvre le « franc voleur » et les héros des contes du premier type. Nous ne connaissons comme exception qu'un conte grec d'Epire (Hahn, var. 2 du n° 3) ; là,

Zénios, qui a reçu l'ordre d'apporter au roi une *lamie* (ogresse), met des habits tout garnis de clochettes (absolument comme le héros du conte tartare et celui du conte syriaque), grimpe sur la cheminée et crie : « Je suis le Hadji Broulis [1], et je viens pour te faire mourir, si tu n'entres dans ce coffre. »

1. Hadji, « pèlerin, » nom d'honneur donné au musulman qui a fait le pèlerinage de la Mecque et autres « saints lieux ».

LXXI

LE ROI & SES FILS

Il était une fois un roi qui avait trois fils. Il avait beaucoup d'affection pour les deux plus jeunes ; quant à l'aîné, il ne l'aimait guère. Comme chacun des princes désirait hériter du royaume, le roi les fit un jour venir devant lui ; il leur donna à chacun cinquante mille francs et leur dit que celui qui lui apporterait la plus belle chose serait roi.

Le plus jeune s'embarqua sur mer et revint au bout de six mois avec un beau coquillage doré qui fit grand plaisir au roi. Le cadet rapporta une superbe tabatière en or, dont le roi fut encore plus charmé.

L'aîné, lui, ne revenait pas. Il n'avait songé qu'à boire, à manger et à se divertir, si bien qu'au bout d'un an presque tout son argent se trouva dépensé. Il employa le peu qui lui restait à acheter une petite voiture attelée d'un âne, avec laquelle il se mit à parcourir le pays pour vendre des balais. « Combien les balais ? » lui demandait-on. — « Je les vends tant. » Et, comme on se récriait sur le prix, il disait : « Mes balais ne sont pas des balais ordinaires. Ils ont la vertu de balayer tout seuls. » Il vendit ainsi bon nombre de balais ; mais les acheteurs ne tardèrent pas à s'apercevoir qu'il les avait attrapés ; ils coururent après lui et le rouèrent de coups. Le prince, dégoûté du métier, vendit sa voiture ; puis, ayant mis une trentaine d'écus sous la queue de son âne, il le mena à la foire pour le vendre, et attendit les chalands.

Vint à passer un riche seigneur, qui lui demanda combien il voulait de son âne. « J'en veux mille francs, » répondit le prince.

— « Mille francs ! perds-tu la tête ? — Ah ! monseigneur, » dit le prince, « vous ne savez pas ; mon âne fait de l'or. Voyez plutôt. » En disant ces mots il donna à la bourrique un coup de bâton, et les écus roulèrent par terre. « Suffit ! » dit le seigneur. « Voici les mille francs. » Et il emmena l'âne. Mais l'âne ne fit plus d'or, et le seigneur courut trouver le prince à son auberge. « Ah ! coquin, » lui dit-il, « tu m'as volé ! Je vais te faire mettre dans un sac et jeter à l'eau. » Aussitôt fait que dit. On mit le prince dans un sac et on prit le chemin de la rivière. Avant d'y arriver, le seigneur et ses gens entrèrent dans une auberge pour se rafraîchir, laissant le sac à la porte.

Le prince poussait de grands cris. Un berger qui passait avec son troupeau lui demanda ce qu'il avait à crier et pourquoi il était enfermé dans ce sac. « Ah ! » dit le prince, « c'est que le seigneur veut me donner sa fille avec toute sa fortune, et moi, je n'en veux pas. — Eh bien ! » dit le berger, « mets-moi à ta place. » Le prince ne se fit pas prier, et, après avoir mis le berger dans le sac, il partit avec le troupeau. Le seigneur, étant sorti de l'auberge, fit jeter le sac dans la rivière.

Pendant ce temps, le prince avait conduit le troupeau dans une prairie qui appartenait au seigneur. Il se mit à jouer du flageolet pour faire danser les moutons. Le seigneur, qui passait avec son fils, s'approcha pour voir qui jouait si bien, et, reconnaissant le prince, il s'écria : « Comment ! coquin, te voilà encore ! — Oui, monseigneur, » répondit le prince ; « la mort n'a pas prise sur moi. — Et d'où te viennent ces moutons ? — Je les ai trouvés au fond de la rivière où vous m'avez jeté. — En reste-t-il encore ? — Oui, monseigneur. Voulez-vous les voir ? — Volontiers. »

Quand ils arrivèrent au bord de la rivière, le prince fit approcher ses moutons tout près de l'eau, de façon que leur image s'y reflétait. Le seigneur, voyant des moutons dans l'eau, ôta ses habits et sauta dans la rivière. Comme il ne savait pas nager, l'eau lui entrait dans la bouche en faisant *glouglou glouglou*. « Que dit mon père ? » demanda le fils du seigneur, croyant qu'il parlait. — « Il te dit de venir l'aider. » Aussitôt le jeune garçon se jeta dans l'eau, et il y resta, ainsi que le seigneur. Alors le prince prit la bourse du seigneur et vendit les moutons ; mais l'argent ne lui dura guère ; il se trouva bientôt sans le sou.

Pendant qu'il était à se désoler au bord d'un ruisseau, une fée s'approcha et lui dit : « Qu'as-tu donc à pleurer, mon ami ? — Hélas ! » répondit le prince, « je n'ai plus rien pour vivre. — Tiens, » dit la fée, « voici une baguette. Par la vertu de cette baguette, tu auras tout ce qu'il te faudra. » Le prince prit la baguette, et, en ayant frappé la terre, il vit paraître une table bien servie. Il but et mangea tout son soûl ; puis il se mit en route pour retourner chez son père.

Chemin faisant, il rencontra un aveugle qui jouait du violon ; son violon était cassé en plus de dix endroits et n'avait qu'une corde. « Oh ! » dit le prince, « voilà un beau violon ! — Si tu connaissais la vertu de mon violon, » dit l'aveugle, « tu n'en ferais pas fi. Il ressuscite les morts. — Veux-tu me le vendre ? » dit le prince. — « Volontiers, moyennant que tu me donnes à dîner. » Le prince régala bien l'aveugle et emporta le violon. « Mon père va être content, » pensait-il ; « j'ai de belles choses à lui montrer. C'est moi qui aurai la couronne. »

Arrivé à quelque distance du château de son père, le prince vit un mendiant qui s'amusait avec un jeu de cartes si sale et si graisseux qu'on en aurait fait la soupe à trente-six régiments. « Que fais-tu là ? » lui dit le prince. — « Tu le vois, » répondit le mendiant ; « je joue aux cartes. — Il est joli, ton jeu de cartes ! — Ne te moque pas, » dit le mendiant. « Il suffit de jeter ces cartes en l'air pour voir paraître plusieurs régiments d'infanterie de marine, avec armes et bagages, tout prêts à faire feu. — Veux-tu me vendre ton jeu de cartes ? — Volontiers, moyennant que tu me donnes à dîner. — Soit, » dit le prince. Le mendiant mangea comme quatre, puis il remit le jeu de cartes au prince.

Après avoir fait cette dernière emplette, le prince ne douta plus que la couronne ne fût à lui, et il fit diligence pour se rendre au palais, où il arriva à deux heures du matin. Un de ses frères se releva pour lui ouvrir ; mais son père ne demanda pas même à le voir. Le lendemain pourtant il entra dans sa chambre et s'informa de ce qu'il avait rapporté. « Mon père, » dit le prince, « regardez sous mon oreiller. » A la vue du violon et des cartes, le roi haussa les épaules. « Vraiment, » dit-il, « voilà de belles choses ! Je savais bien qu'un mauvais sujet comme toi ne pouvait rien rapporter de bon. Vive ton frère, qui m'a fait présent d'une tabatière en or ! C'est lui qui aura ma couronne. — Mon père, » dit le prince,

« puisque vous voulez me faire une injustice, demain, à midi, je vous livrerai bataille. »

Le lendemain, le roi marcha contre son fils à la tête d'une armée. Le prince n'avait pas un homme avec lui ; à midi moins cinq minutes, il était encore seul. « Eh bien ! » lui cria le roi, « où sont tes soldats ? » Le prince jeta une carte en l'air, et l'on vit paraître un régiment d'infanterie de marine, avec armes et bagages, tout prêt à faire feu. Or les hommes de ce régiment ne pouvaient être tués. Ils tombèrent sur les soldats du roi et les exterminèrent ; le roi seul échappa. Il était dans une grande colère. Son fils lui dit : « Ne vous fâchez pas. Si vous voulez, je vais vous ressusciter tous vos hommes. — Bah ! » dit le roi, « tu n'as pas ce pouvoir-là. » Le prince prit son violon, et il avait à peine commencé à jouer que tous les soldats du roi se trouvèrent sur pied, comme si de rien n'eût été. Le roi lui dit alors : « C'est à toi, sans contredit, que doit revenir ma couronne. »

« Maintenant, dit le prince, voulez-vous que je vous donne à dîner, à vous et à toute votre cour ? » Le roi accepta. En entrant dans la salle du festin, il fut bien étonné de ne voir sur la table que la nappe, et les autres invités ne l'étaient pas moins. Quand tout le monde fut placé, le prince donna un coup de baguette, et la table se trouva couverte d'excellents mets de toute sorte et des meilleurs vins. On but, on mangea, on se réjouit, et le roi déclara qu'il donnait sa couronne à l'aîné de ses fils.

REMARQUES

Ce conte présente un composé bizarre de deux thèmes que nous avons déjà rencontrés isolément dans cette collection : le thème, ou plutôt un des thèmes des *Objets merveilleux* (voir nos nos 31, l'*Homme de fer*, et 42, *Les trois Frères*), et le thème des *Objets donnés par un fripon comme merveilleux* (voir nos nos 10, *René et son Seigneur*, 20, *Richedeau*, et 49, *Blancpied*).

*
* *

L'introduction est à peu près celle du conte allemand no 63 de la collection Grimm, très différent pour le reste, dans laquelle un roi promet sa couronne après sa mort à celui de ses fils qui lui rapportera le plus beau tapis et, ensuite, la plus belle bague. Cette même introduction se trouve encore dans un conte recueilli au xviie siècle par Mme d'Aulnoy, *la Chatte blanche*, et qui est du même genre que le conte allemand.

En Orient, nous avons à citer un conte arabe de la même famille, le *Prince Ahmed et la fée Pari-Banou*, des *Mille et une Nuits* : là, le sultan dit à ses trois fils d'aller voyager, chacun de son côté ; celui d'entre eux qui lui rapportera la rareté la plus extraordinaire et la plus singulière obtiendra la main d'une princesse, nièce du sultan. Comparer un conte serbe (Vouk, n° 11).

*
* *

Pour l'ensemble de notre conte, qui se rattache au thème des *Objets merveilleux*, nous renverrons aux remarques de n⁰ˢ 31 et 42, et aussi à celles de notre n° 18, *la Bourse, le Sifflet et le Chapeau*. Rappelons seulement quelques récits orientaux : dans un conte persan, dans un conte kalmouk, dans un conte indien, une coupe procure à volonté à boire et à manger ; dans un conte arabe, un tambour de cuivre fait venir au secours de son possesseur les chefs des génies et leurs légions ; dans une légende bouddhique, un tambour magique, frappé d'un côté, met en fuite l'ennemi ; frappé de l'autre côté, il fait paraître une armée entière. Dans cette dernière légende, c'est également de plusieurs personnages, auxquels il a successivement affaire, que le héros obtient les divers objets merveilleux.

Au sujet du violon qui ressuscite les morts, voir les remarques de nos n⁰ˢ 31, l'*Homme de fer*, et 59, *les Trois Charpentiers* ; nous allons, du reste, le retrouver tout à l'heure dans un conte flamand.

Un conte allemand (Prœhle, I, n° 77) reproduit presque exactement un passage du conte lorrain : Un jeune homme rencontre une fée et en reçoit une baguette qui procure à boire et à manger, tant qu'on en veut. Par le moyen de cette baguette, le jeune homme régale un vieux mendiant qui lui a demandé un morceau de pain, et il reçoit du mendiant en récompense trois objets merveilleux.

On peut encore rapprocher de notre conte un conte flamand (Wolf, *Deutsche Mærchen und Sagen*, n° 26) : Un roi donne un vaisseau à chacun de ses trois fils, et ils partent en voyage. L'aîné arrive près d'une mine d'argent et en remplit son vaisseau ; le second fait de même avec une mine d'or. Le plus jeune reçoit d'une jeune fille une nappe qui se couvre de mets au commandement. Puis, de la même manière que le héros du conte de la collection Grimm résumé dans les remarques de notre n° 42 (II, p. 87), il se met en possession de trois objets merveilleux, notamment d'une canne qui fait paraître autant de cavaliers qu'on le désire, quand on en ôte la pomme, et d'un violon qui fait tomber morts de ravissement ceux qui l'entendent, et les ressuscite, si l'on joue sur la première corde.

Le conte flamand, et aussi le conte allemand de la collection Grimm, — d'accord tous deux avec la légende bouddhique rappelée ci-dessus, — nous mettent sur la voie de la forme primitive d'un passage important du conte lorrain. Evidemment, dans la forme originale, le prince, après avoir reçu de la fée la baguette merveilleuse, l'échangeait d'abord contre le jeu de cartes ; puis, jetant une carte en l'air, il envoyait un régiment reprendre sa baguette. Il faisait de même pour avoir le violon.

*
* *

Nous ne nous arrêterons qu'un instant sur les aventures du prince qui
se rapportent au thème des *Objets donnés comme merveilleux par un fripon*. Nous
avons étudié assez longuement ce thème dans les remarques de nos nᵒˢ 10, 20
et 49. On se souvient que nous avons trouvé, indépendamment des récits
européens, de nombreuses formes orientales de ce thème : deux contes des
Tartares de la Sibérie méridionale, deux contes des Afghans du Bannu, trois
contes indiens, et aussi un conte kabyle et un conte malgache.

Relevons encore un petit détail : dans un conte allemand se rattachant à
cette famille (Prœhle, I, nᵒ 63), le héros parvient à faire croire à des marchands que certains *balais* sont d'un très grand prix.

LXXII

LA FILEUSE

Il était une fois un homme qui s'en allait tous les soirs veiller chez les voisins, et laissait sa femme seule au logis. Un soir que celle-ci était à filer, comme à l'ordinaire, elle vit entrer un petit garçon rouge, qui s'approcha du feu en disant :

> File, file, Méguechon,
> Mé, je tisonnerâ le feuil [1].

Le lendemain et les jours suivants, il revint encore. A la fin, la femme, effrayée, dit à son mari : « Il vient tous les soirs un petit garçon rouge qui tisonne pendant que je file. Je n'ose plus rester seule. — Eh bien! » dit le mari, « tu iras ce soir veiller chez le voisin; moi, je filerai à ta place. »

Le soir venu, l'homme prit les habits de sa femme, fit un bon feu, et se mit au rouet. Le follet ne tarda pas à arriver, et il dit en s'approchant du feu :

> Tourne, tourne, rien ne doveuilde;
> Celle d'açau filot bi meuil [2].

---

[1].
> File, file, Marguerite,
> Moi, je tisonnerai le feu.

[2].
> Tourne, tourne, rien ne dévide;
> Celle d'hier filait bien mieux.

Pendant qu'il tisonnait, l'homme l'empoigna et le jeta dans le feu. Le follet s'enfuit en criant :

> J'â chaou la patte et chaou le cû ;
> Je ne repasserâ pû
> Par la bourotte de l'hû [1].

REMARQUES

Nous rapprocherons d'abord de ce petit conte un conte basque (Webster, p. 55) : Il y avait une fois un homme et sa femme. La femme, étant à filer un soir, voit entrer une fée ; ils ne peuvent s'en débarrasser, et chaque soir ils lui donnent à manger du jambon. La femme dit un jour à son mari qu'elle voudrait bien mettre à la porte cette fée. L'homme lui dit d'aller se coucher. Il endosse les habits de sa femme et se met à filer dans la cuisine. Arrive la fée qui trouve, au bruit qu'il fait, que le rouet ne marche pas comme à l'ordinaire. L'homme lui demande si elle veut son souper. Il met du jambon dans la poêle, et, quand tout est bien chaud, il le jette à la figure de la fée. Depuis ce temps il ne vient plus de fée dans la maison, et peu à peu l'homme et la femme perdent leur fortune.

Dans l'Anjou, on raconte une histoire de ce genre (*Contes des provinces de France*, n° 28) : Une fée vient chaque jour dans une chaumière caresser et soigner un enfant nouveau-né, pendant que la mère, effrayée, est à filer près du foyer. Le mari, ayant appris la chose, reste le lendemain à la maison, seul avec le petit enfant ; il prend la quenouille de la femme et se met à filer. La fée, à son arrivée, s'aperçoit qu'un homme a pris la place de la femme, et, tout en caressant l'enfant, elle se moque de la manière dont il file. Au moment où elle se retire en s'envolant par la cheminée, le paysan remplit la pelle à feu de charbons ardents et les lui lance dans les jambes. Depuis ce jour, la fée ne revient plus.

Pour la couleur des habits du follet, voir les remarques de notre n° 68, *le Sotré*.

---

[1].
> J'ai chaud la patte et chaud le c.. ;
> Je ne repasserai plus
> Par la chatière de la porte (huis).
>
> (*Bourotte*, petite ouverture dans le genre d'une chatière.)

LXXIII

LA BELLE AUX CHEVEUX D'OR

Il était une fois des gens qui avaient autant d'enfants qu'il y a de trous dans un tamis. Il leur vint encore un petit garçon. Comme personne dans le village ne voulait être parrain, le père s'en alla sur la grande route pour tâcher d'en trouver un. A quelques pas de chez lui, il rencontra un homme qui lui demanda où il allait. C'était le bon Dieu. « Je cherche un parrain pour mon enfant, » répondit-il. — « Si tu veux, » dit l'homme, « je serai le parrain. Je reviendrai dans sept ans et je prendrai l'enfant avec moi. » Le père accepta la proposition, et l'homme donna tout l'argent qu'il fallait pour le baptême ; puis, la cérémonie faite, il se remit en route.

Le petit garçon grandit, et ses parents l'aimaient encore mieux que leurs autres enfants. Aussi, quand au bout des sept ans le parrain vint pour prendre son filleul, ils ne voulaient pas s'en séparer. « Il n'y a pas encore sept ans, » disait le père. — « Si fait, » dit le parrain, « il y a sept ans. » Et il prit l'enfant, qu'il emporta sur son dos.

Chemin faisant, l'enfant vit par terre une belle plume. « Hé ! ma mule, hé ! ma mule ! » dit-il, « laisse-moi ramasser cette plume [1] ! — Non, » dit le parrain. « Si tu la ramasses, elle

---

1. Bien que le récit ne le dise pas expressément, le parrain, que nous venons de voir emporter l'enfant sur son dos, a pris la forme d'une mule. — La jeune fille dont nous tenons ce conte interprétait dans un sens figuré ces mots : « Hé ! ma mule, hé ! ma mule ! » Il est évident qu'il faut les prendre à la lettre. Dans la plupart des contes de ce type, le héros est aidé dans ses entreprises par un cheval merveilleux, et nous ajouterons que, dans un de ces contes, recueilli en Basse-Bretagne, la Sainte-Vierge est envoyée par Dieu au jeune homme sous la forme d'une jument blanche.

te fera bien du mal. » Mais le petit garçon ne voulut rien entendre, et force fut au parrain de lui laisser ramasser la plume. Il continuèrent leur route et arrivèrent chez un roi. Ce roi avait de belles écuries et de laides écuries ; il avait de beaux chevaux et de laids chevaux. L'enfant passa sa plume sur les laides écuries du roi, et elles devinrent aussi belles que les belles écuries du roi ; puis il la passa sur les laids chevaux du roi, et ils devinrent aussi beaux que les beaux chevaux du roi. Le roi prit l'enfant en amitié et le garda près de lui.

Les serviteurs du palais devinrent bientôt jaloux de l'affection que le roi témoignait au jeune garçon. Ils allèrent un jour dire à leur maître qu'il s'était vanté d'aller chercher l'oiseau de la plume. Le roi le fit appeler. « Mon ami, on m'a dit que tu t'es vanté d'aller chercher l'oiseau de la plume. — Non, sire, je ne m'en suis pas vanté. — Que tu t'en sois vanté ou non, mon ami, si je ne l'ai pas demain pour les neuf heures du matin, tu seras pendu. »

Le jeune garçon sortit bien triste. « Hé ! ma mule, hé ! ma mule ! — Elle te fera bien du mal, cette plume ! » dit le parrain. « Je t'avais bien dit de ne pas la ramasser. Allons, viens avec moi dans les champs, et le premier oiseau que nous trouverons dans une roie [1], ce sera l'oiseau de la plume. » Ils s'en allèrent donc dans les champs, et le premier oiseau qu'ils trouvèrent dans une roie, ce fut l'oiseau de la plume.

Le jeune garçon s'empressa de porter l'oiseau au roi ; mais, au bout de deux ou trois jours, l'oiseau mourut. Alors les serviteurs dirent au roi que le jeune garçon s'était vanté de ressusciter l'oiseau. Le roi le fit appeler. « Mon ami, on m'a dit que tu t'es vanté de ressusciter l'oiseau. — Non, sire, je ne m'en suis pas vanté. — Que tu t'en sois vanté ou non, mon ami, si l'oiseau n'est pas ressuscité demain pour les neuf heures du matin, tu seras pendu. »

« Hé ! ma mule, hé ! ma mule ! — Elle te fera bien du mal, cette plume ! Je t'avais bien dit de ne pas la ramasser. Allons. coupe-moi la tête. Tu y trouveras de l'eau, que tu donneras à boire à l'oiseau. et aussitôt il reviendra à la vie. Puis tu me rajusteras la tête sur les épaules, et il n'y paraîtra plus. » Le jeune

---

1. *Roie, raie,* sillon tracé par la charrue entre deux champs.

garçon fit ce que son parrain lui conseillait, et, dès qu'il eut versé l'eau dans le bec de l'oiseau, celui-ci fut ressuscité. Puis il remit la tête sur les épaules du parrain, et il n'y parut plus.

Les serviteurs, de plus en plus jaloux, dirent au roi que le jeune garçon s'était vanté d'aller chercher la Belle aux cheveux d'or, qui demeurait de l'autre côté de la mer. Le roi fit venir le jeune garçon. « Mon ami, on m'a dit que tu t'es vanté d'aller chercher la Belle aux cheveux d'or, qui demeure de l'autre côté de la mer. — Non, sire, je ne m'en suis pas vanté. Je n'ai jamais entendu parler de la Belle aux cheveux d'or, et je ne sais pas même où est la mer. — Que tu t'en sois vanté ou non, mon ami, si la Belle aux cheveux d'or n'est pas ici demain pour les neuf heures du matin, tu seras pendu. »

« Hé! ma mule, hé! ma mule! — Elle te fera bien du mal, cette plume! Je t'avais bien dit de ne pas la ramasser. Allons, viens avec moi. Nous emporterons un tambour, et, quand nous aurons passé la mer, nous battrons la caisse dans le premier village où nous entrerons, et la première jeune fille qui se montrera, ce sera la Belle aux cheveux d'or. Je la rapporterai sur mon dos. » Ils traversèrent donc la mer. Dans le premier village où ils entrèrent, ils battirent la caisse, et la première jeune fille qui se montra, ce fut la Belle aux cheveux d'or. Ils la prirent avec eux et se remirent en route pour revenir chez le roi. Quand ils furent sur la mer, la jeune fille jeta dedans son anneau et sa clef.

Dès que le roi vit la Belle aux cheveux d'or, il voulut l'épouser; mais elle déclara qu'elle ne voulait pas se marier, si son père et sa mère n'étaient de la noce. Les serviteurs dirent alors au roi que le jeune garçon s'était vanté d'aller chercher les parents de la Belle aux cheveux d'or. Le roi fit appeler le jeune garçon. « Mon ami, on m'a dit que tu t'es vanté d'aller chercher le père et la mère de la Belle aux cheveux d'or. — Non, sire, je ne m'en suis pas vanté. — Que tu t'en sois vanté ou non, mon ami, s'ils ne sont pas ici demain pour les neuf heures du matin, tu seras pendu. »

« Hé! ma mule, hé! ma mule! — Elle te fera bien du mal, cette plume! Je t'avais bien dit de ne pas la ramasser. Allons, viens avec moi. Nous emporterons encore un tambour; et, quand nous aurons passé la mer, nous battrons la caisse dans le premier village où nous entrerons, et le premier et la première qui se montreront seront les parents de la Belle aux cheveux d'or. » Ils traversèrent donc la mer. Dans le premier village où ils entrèrent, ils battirent la caisse, et le premier et la première qui se montrèrent, ce furent les parents de la Belle aux cheveux d'or.

Quand ses parents furent arrivés, la Belle aux cheveux d'or dit qu'elle avait laissé tomber son anneau et sa clef dans la mer, et qu'elle voulait les ravoir avant de se marier. Les serviteurs dirent au roi que le jeune garçon s'était vanté de retirer du fond de la mer l'anneau et la clef de la Belle aux cheveux d'or. Le roi le fit appeler. « Mon ami, on m'a dit que tu t'es vanté de retirer du fond de la mer l'anneau et la clef de la Belle aux cheveux d'or. — Non, sire, je ne m'en suis pas vanté. — Que tu t'en sois vanté ou non, mon ami, si tu ne les as pas rapportés ici demain pour les neuf heures du matin, tu seras pendu. »

« Hé! ma mule, hé! ma mule! — Elle te fera bien du mal, cette plume! Je t'avais bien dit de ne pas la ramasser. Allons, viens avec moi sur le bord de la mer. Le premier pêcheur que nous verrons, nous lui demanderons son poisson, et, quand on ouvrira le poisson, on trouvera dedans l'anneau et la clef. » Tout arriva comme le parrain l'avait dit.

Alors la Belle aux cheveux d'or déclara qu'elle ne voulait pas se marier avant que le jeune garçon ne fût pendu. Le roi dit à celui-ci : « Tu m'as rendu bien des services ; je suis désolé de te faire du mal ; mais il faut qu'aujourd'hui tu sois pendu. »

Le jeune garçon sortit en pleurant. « Hé! ma mule, hé! ma mule! — Elle te fait bien du mal, cette plume! Je t'avais bien dit de ne pas la ramasser. Ecoute : quand tu seras sur l'échafaud, au pied de la potence, il y aura sur la place quantité de curieux. Demande au roi une prise de tabac : il ne te la refusera pas. Puis jette le tabac sur les assistants, et tous tomberont morts. »

Etant donc au pied de la potence, le jeune garçon demanda au roi une prise de tabac. « Volontiers, mon ami, » dit le roi; « tu m'as rendu bien des services ; je ne puis te refuser ce que tu me demandes. » Alors le jeune garçon jeta le tabac sur les gens qui se trouvaient là, à l'exception de la Belle aux cheveux d'or, et tous tombèrent morts. Puis il descendit de l'échafaud et se maria avec la Belle aux cheveux d'or.

Moi, j'étais à la cuisine avec un beau tablier blanc ; mais j'ai laissé tout brûler, et l'on m'a mise à la porte.

REMARQUES

Ce conte, altéré sur divers points, se rattache au même thème principal que notre n° 3, le *Roi d'Angleterre et son Filleul*. Voir les remarques de ce n° 3.

Dans un conte breton (Luzel, *Veillées bretonnes*, p. 148), nous trouvons réunis et comme juxtaposés plusieurs des traits distinctifs des deux contes. L'introduction est celle du *Roi d'Angleterre et son Filleul* ; puis vient bientôt l'épisode de la *plume*, qui appartient proprement au thème de notre *Belle aux cheveux d'or* et autres contes analogues. Voici le résumé de ce conte breton : Le fils du roi de France, s'étant égaré à la chasse, arrive dans la maison d'un charbonnier dont la femme est en couches ; il se propose pour être parrain de l'enfant et laisse une lettre que son filleul doit lui rapporter à lui-même lorsqu'il sera en état de la lire. Quand l'enfant se met en route pour Paris, son père lui recommande de ne voyager ni avec un bossu, ni avec un boiteux, ni avec un *cacous* (sorte de paria, de lépreux). Ayant rencontré d'abord un bossu, puis le lendemain un boiteux, Petit-Louis rebrousse chemin. Le troisième jour, en longeant un grand bois, il aperçoit sur un arbre une plume qui brille comme le soleil. Malgré les avertissements de son vieux cheval, il ramasse la plume ; puis il s'arrête pour boire à une fontaine. Pendant qu'il est penché, un *cacous* le pousse dans l'eau, après lui avoir pris dans sa poche la lettre du parrain, saute sur le cheval et part au galop. Le roi l'admet à sa cour, le croyant son filleul. Petit-Louis arrive à son tour au palais, où il s'engage comme valet d'écurie. Il retrouve son vieux cheval dans les écuries du palais. Tous les soirs il se sert de sa plume merveilleuse pour s'éclairer pendant qu'il panse ses chevaux. Le *cacous*, ayant remarqué cette lumière, va prévenir le roi, qui surprend Petit-Louis et lui demande ce que c'est que cette plume. Petit-Louis lui répond que c'est une plume de la queue du paon de la princesse aux cheveux d'or, qui demeure dans un château d'argent. Le roi prend la plume, et le *cacous* lui dit que Petit-Louis s'est vanté de pouvoir amener au roi la princesse aux cheveux d'or. Petit-Louis est obligé de tenter l'entreprise. Conformément aux conseils de son vieux cheval, il emporte des provisions de diverses sortes et rassasie, chemin faisant, différents animaux. (Ce trait des animaux secourus et se montrant plus tard reconnaissants, qui figure d'ordinaire dans les contes de cette famille, a complètement disparu de notre *Belle aux cheveux d'or*. On se rappelle qu'il existe, bien conservé, dans le *Roi d'Angleterre et son Filleul*.) Arrivé au palais de la princesse aux cheveux d'or, il se voit imposer par celle-ci diverses épreuves dont il vient à bout, grâce à l'aide des animaux ses obligés. Enfin la princesse consent à suivre Petit-Louis chez le roi, qui veut aussitôt l'épouser. Mais elle exige d'abord qu'on lui apporte son château d'argent. Puis, — le château ayant été apporté par Petit-Louis, à peu près par le moyen qu'emploie en pareille occasion le héros de notre n° 3, — la princesse demande les clefs de son château qu'elle a jetées dans la mer. Le roi des poissons, par reconnaissance, les procure à Petit-Louis. Enfin la princesse dit au roi qu'il devrait se rajeunir au moyen de l'eau de la vie et de l'eau de la mort. C'est encore Petit-Louis qui reçoit l'ordre d'aller chercher une fiole de chacune de ces eaux. Le vieux cheval lui indique le moyen de se faire apporter les deux fioles par un corbeau. Quand Petit-Louis rentre au palais, le roi demande aussitôt à être rajeuni. La princesse verse sur lui quatre gouttes d'eau de la mort, et aussitôt le roi meurt. Alors elle épouse Petit-Louis.

Cette fin du conte breton présente une lacune, l'eau de la vie n'y jouant aucun rôle. Nous trouverons dans d'autres contes, que nous citerons tout à l'heure, cette dernière partie plus complète.

*
* *

Parmi les contes du type de la *Belle aux cheveux d'or*, nous n'en connaissons qu'un petit nombre qui, pour l'introduction, se rapprochent du conte lorrain. Dans un conte de la Haute-Bretagne (Sébillot, III, n° 13 bis), la ressemblance est très grande : le parrain de l'enfant de pauvres gens est Jésus, et la marraine, la « bonne Vierge ». — Dans un conte danois (Grundtvig, II, p. 1), des pauvres gens ne peuvent trouver un parrain pour leur dernier enfant. Un mendiant, à qui ils ont fait l'aumône, s'offre à être parrain du petit garçon. On l'accepte, et, quand il s'en va, la cérémonie faite, il donne aux parents une petite clef, en leur disant de la garder soigneusement jusqu'à ce que l'enfant ait quatorze ans. Avec cette clef, le jeune garçon ouvre la porte d'une belle petite maison qui est tout d'un coup apparue devant la cabane de son père. Il y trouve un petit cheval, sur lequel il va chercher fortune. (Cette introduction se rencontre, presque complètement semblable, dans le conte westphalien n° 126 de la collection Grimm. Du reste, le conte danois correspond presque sur tous les points à ce conte westphalien, avec cette seule différence qu'il est en général moins altéré). — Un conte portugais (Coelho, n° 19) commence presque identiquement comme notre conte; seulement le parrain est saint Antoine, et l'enfant est une fille. Arrivée à l'âge de treize ans, la jeune fille se déguise en garçon, sur le conseil du parrain, et entre en qualité de page au service d'une reine. Celle-ci, voyant ses avances repoussées par le beau page, dit au roi, pour se venger, qu'Antonio (c'est le nom du prétendu jeune homme) s'est vanté de pouvoir accomplir plusieurs tâches impossibles : trier en une nuit un gros tas de graines mélangées; retirer du fond de la mer l'anneau de la reine; retrouver la fille du roi depuis longtemps captive des Mores. Saint Antoine vient en aide à sa filleule. (Il n'y a pas ici, pas plus que dans notre conte, d'animaux reconnaissants.) Le passage relatif à la seconde tâche présente beaucoup de rapport avec le conte lorrain : Saint Antoine dit au page d'aller pêcher; le premier poisson qu'il prendra, il l'ouvrira, et l'anneau sera dedans.

Nous avons dit plus haut, en note, qu'évidemment, dans notre conte, le parrain avait pris la forme d'une mule. Un conte de la Basse-Bretagne, intitulé *Trégont-à-Baris* (Luzel, 4e rapport), auquel nous avons fait allusion dans la même note, a quelque chose d'analogue : Un enfant nouveau-né abandonné est trouvé par Notre-Seigneur et saint Pierre, qui le confient à une nourrice. A seize ans, il veut voyager, va à Paris et devient valet d'écurie chez le roi. Ses chevaux sont les plus beaux ; il est félicité par le roi. Les autres valets, envieux, disent au roi que Trégont-à-Baris (ainsi se nomme le jeune garçon) s'est vanté de pouvoir aller demander au soleil pourquoi il est si rouge quand il se lève. Le roi ordonne au jeune garçon d'y aller. Trégont-à-Baris trouve à la porte une belle jument blanche qui l'emporte et plus tard lui donne des conseils. — Le conte entre ensuite dans le cycle d'aventures du conte hessois n⁰ 29 de la collection Grimm, le *Diable aux trois cheveux d'or*, puis passe dans celui de notre *Belle aux cheveux d'or* [1]. Quand, à la fin, Trégont-à-Baris épouse la « princesse au château d'or », on voit entrer, pendant le festin des noces, une femme d'une merveilleuse beauté, qui dit qu'elle est la Vierge Marie, que Dieu avait envoyée vers Trégont-à-Baris sous la forme d'une jument blanche.

*
* *

On a déjà remarqué, dans le premier conte breton dont il a été parlé ici, le passage où il est question de la plume que le jeune homme ramasse malgré les avertissements de son cheval. Ce passage, qui manque dans *Trégont-à-Baris*, existe encore dans un troisième conte breton, intitulé la *Princesse de Tréménézaour* (Luzel, 4e rapport). Là, c'est une mèche de cheveux d'or, brillante comme une flamme, que le héros ramasse, et cette mèche de cheveux, avec laquelle il éclaire le soir son écurie, est cause que le roi lui ordonne d'aller chercher la princesse de Tréménézaour, de qui viennent ces cheveux.

Dans un conte russe (Ralston, p. 287), un chasseur trouve dans une forêt une plume d'or de l' « oiseau de feu ». Malgré les avis de son cheval, il ramasse cette plume et la porte au roi, qui l'envoie à la recherche de l'oiseau lui-même. Il est probable que la suite des aventures se rapporte à notre thème ; mais M. Ralston ne cite que ce passage. — Dans un conte des Tsiganes de la Bukovine (Miklosisch, n⁰ 9), le héros, Tropsen, dénoncé par ses méchants frères, est également envoyé à la recherche de l' « oiseau de la plume », comme dit notre conte, puis d'une certaine jeune fille. Ici ce n'est pas sur un chemin que Tropsen a ramassé la plume. Se trouvant avec ses frères chez une vieille qui possède un oiseau d'or, il a pris, malgré son cheval, une plume de cet oiseau [2]. Ensuite, chez le comte au service duquel il entre comme cocher, il attache chaque soir sa plume au mur de l'écurie, et elle éclaire comme un cierge. (Dans le conte serbe n⁰ 58 de la collection Jagitch, dans le conte croate n⁰ 80 du premier volume de la collection Krauss, dans un conte slovaque, p. 528 de la collection Leskien, le thème du séjour chez la vieille est également combiné avec celui de la *Belle aux cheveux d'or,* et dans tous se trouvent plusieurs objets lumineux, plumes, cheveux, fer à cheval, etc., ramassés par le héros.) — Un conte du « pays saxon » de Transylvanie (Haltrich, n⁰ 10) a ceci de particulier que c'est sur le conseil de son cheval, et non malgré ses avertissements, que le jeune garçon ramasse successivement trois plumes, l'une de cuivre, la seconde d'argent et la troisième d'or. — Le

---

1. Cette même combinaison se retrouve dans un conte des Tartares de la Sibérie méridionale, que nous donnerons plus loin.

2. Au sujet des aventures du héros et de ses frères chez la vieille, et du thème auquel elles se rapportent, voir les remarques de notre n⁰ 3, *le Roi d'Angleterre et son Filleul* (I, pp. 46-48).

conte danois déjà cité offre sur ce point un détail assez singulier : Le héros a
ramassé trois plumes d'or, malgré les observations de son cheval ; quand on
rapproche ces plumes, on voit la plus belle tête de femme qu'on puisse imaginer.
Le jeune homme entre au service d'un roi comme valet d'écurie. Tous les
soirs il s'enferme dans sa chambrette, que les plumes éclairent, et copie la
belle image. Comme il est défendu d'avoir de la lumière dans les chambres
auprès de l'écurie, le palefrenier en chef entre chez le jeune homme, qui a le
temps de cacher ses plumes ; mais le palefrenier s'empare de son dessin. Le roi
reconnaît ce dessin pour être le portrait de la plus belle princesse du monde,
dont il a fait périr le père après s'être emparé de son royaume. Elle a disparu,
et les recherches du roi ont été inutiles. Il dit au jeune homme qu'il doit
savoir où elle est, puisqu'il a son portrait, et il lui ordonne de la lui amener.
— Dans la Basse-Bretagne, on a recueilli une forme curieuse de ce même
thème (A. Troude et G. Milin. Voir le conte intitulé la *Perruque du roi
Fortunatus*) : Jean, qui s'est mis en route sur son cheval, aperçoit un jour
deux corbeaux qui se battent. Il voit tomber par terre un objet qu'ils ont lâché.
« Que peut être cela ? Il faut que je le sache. — Il vaudrait mieux poursuivre
ta route, » dit le cheval. Mais le jeune homme ne veut rien entendre ; il ramasse
l'objet et voit que c'est une perruque, sur laquelle est écrit en lettres d'or
que c'est la perruque du roi Fortunatus ; il la met dans sa poche. Il entre
comme garçon d'écurie chez le roi de Bretagne. La première nuit qu'il couche
au dessus de ses chevaux, il est réveillé par la clarté qui illumine sa chambre ;
il voit que c'est la perruque, qui brille comme le soleil. Désormais l'écurie est
mieux éclairée que le palais du roi. Au carnaval, Jean se déguise et met
sa perruque : la ville est éclairée partout où il passe. Le roi va pour le voir et
ne le reconnaît pas. A la fin, Jean lui dit qu'il est le garçon d'écurie. Le roi
s'empare de la perruque. Les autres garçons d'écurie, jaloux de Jean, vont dire
au roi que le jeune homme connaît le roi Fortunatus et qu'il a dit plusieurs fois
que, s'il avait voulu, il aurait obtenu de lui sa fille en mariage. Le roi ordonne
à Jean de lui aller chercher la fille du roi Fortunatus. — Dans un conte
roumain (Gubernatis, *Florilegio*, p. 66), ce que le héros trouve, c'est une corde
d'or, qui brille pendant la nuit et qui appartient à une belle jeune fille (altération évidente de la mèche de cheveux ou de la plume). — Nous signalerons
encore un conte ou plutôt un *lied* populaire allemand (L. Bechstein, p. 102) :
Un père prend pour parrain de son petit garçon un bel enfant, qui est Notre-
Seigneur, et qui laisse comme cadeau à son filleul un cheval blanc. Devenu
grand, le filleul monte sur son cheval et s'en va courir le monde. Chemin faisant, il voit par terre d'abord une plume de paon, puis une seconde, qu'il ne
ramasse ni l'une ni l'autre, sur le conseil du cheval. Il en ramasse une
troisième, et il est nommé roi dans une ville où il arrive. S'il n'avait pas
ramassé cette troisième plume, il en aurait trouvé une quatrième et serait
devenu empereur.

Le conte westphalien déjà mentionné présente ici une altération notable, sur
laquelle il convient d'insister, surtout à cause de l'interprétation que Guillaume
Grimm a donnée de ce passage. Le jeune garçon du conte allemand ramasse,
lui aussi, une plume. La suite de l'histoire ne montre en aucune façon quel
rôle a pu jouer cette plume, qui est ici une plume à écrire (*Schriffedder*,

en patois westphalien). Guillaume Grimm admet sans hésitation que cette plume est un bâton runique (*wenigstens ist die gefundene Schreibfeder gewiss ein solcher* [*Runenstab*]). S'il avait connu toutes les formes de cet épisode que nous avons citées, il aurait assurément laissé en paix les runes et les bâtons runiques. Nouvel exemple du danger des conclusions précipitées, surtout en des matières où l'on doit toujours se demander si l'on possède la forme primitive des thèmes sur lesquels on raisonne.

*
* *

Au sujet des entreprises imposées au héros, nous avons déjà dit plus haut que, dans notre *Belle aux cheveux d'or*, un élément important a disparu : les services rendus par le héros à des animaux, qui ensuite, par reconnaissance, exécutent pour lui diverses tâches. La plupart des contes de ce type ont bien conservé sur ce point la forme primitive. Voir les remarques de notre n° 3.

*
* *

Le dénouement de notre conte présente une altération, due évidemment à quelque conteur facétieux. Nous allons jeter un coup d'œil sur les diverses formes que prend ce dénouement dans les contes de cette famille.

Dans les uns figurent l'eau de la vie et l'eau de la mort, ou parfois l'eau de la vie seule. Ainsi, dans le conte danois ci-dessus mentionné, le héros ayant réussi à rapporter l'eau de la vie et l'eau de la mort demandées par la princesse qu'il a amenée au roi, celle-ci veut s'assurer si ce sont les eaux véritables. Le roi fait venir le jeune homme, sur lequel on essaie d'abord l'eau de la mort, puis l'eau de la vie ; il meurt, puis ressuscite, plus beau qu'auparavant. Le roi veut devenir plus beau, lui aussi ; il subit l'opération ; mais, dans l'espoir d'embellir encore, il veut recommencer. Malheureusement pour lui, il ne reste plus d'eau de la vie pour le ressusciter. Là princesse épouse le jeune homme. — Comparer le conte breton de *Trégont-à-Baris*, un conte tchèque de Bohême (Waldau, p. 368), un conte italien (Comparetti, n° 16), etc., et aussi notre n° 3.

Dans notre *Belle aux cheveux d'or*, l'eau de la vie se retrouve bien, mais simplement au milieu du récit, pour ressusciter l'« oiseau de la plume ». A quelques traits de cet épisode, — le parrain tué pour procurer l'eau de la vie, puis ressuscité, — ne semblerait-il pas qu'il y a là un souvenir confus du dénouement que nous venons d'indiquer ?

Dans d'autres contes il n'est pas question d'eau de la vie ni d'eau de la mort. Aussi le dénouement se trouve-t-il modifié, bien qu'il soit au fond le même dans son idée mère. Dans des contes siciliens (Gonzenbach, n°s 30 et 83 ; Pitrè, n° 34), la princesse veut, avant d'épouser le roi, que le jeune homme entre dans un four chauffé pendant trois jours et trois nuits. Le cheval du jeune homme dit à son maître de s'oindre de son écume (ou de sa sueur), et le jeune homme sort du four sain et sauf et plus beau qu'il n'y est entré. Alors la princesse dit au roi d'y entrer lui-même. Le roi demande au jeune homme ce qu'il a fait pour ne pas être brûlé ; l'autre lui répond qu'il s'est oint avec de la graisse. Le roi le croit, et, à peine est-il entré dans le four, qu'il est consumé par les flammes. — Dans le conte breton *la Perruque du roi Fortunatus*, cité plus hauts la princesse, qui s'est fait apporter par Jean son château, puis sa clef, déclare qu'avant d'épouser le roi de Bretagne, elle veut que Jean soit brûlé vif sur la place publique. Le cheval de Jean dit à celui-ci de bien l'étriller, de mettre dans une bouteille la poussssière qui tombera, et de remplir d'eau la bouteille : Jean demandera au roi qu'on fasse une sorte de niche au milieu du bûcher ; quand il y sera entré, il se lavera tout le corps avec l'eau de la bouteille. Jean se conforme à ces instructions, et il sort du brasier deux fois plus beau qu'il ne l'était auparavant. La princesse s'éprend d'amour pour lui et dit au roi : « Si vous aviez été aussi beau garçon que Jean, vous seriez devenu le miroir de mes yeux. — Et si je fais comme lui, ne deviendrai-je pas aussi beau ? — Je le crois. » Le roi monte sur le bûcher, et il est consumé en moins de rien. — Dans un conte espagnol (Caballero, II, p. 27), se rattachant aussi à notre thème, la princesse Bella-Flor, que José a été obligé d'enlever par ordre du roi, demande, que José soit, non pas brûlé vif, mais frit dans de l'huile. Le cheval du jeune homme, comme dans un des contes siciliens, lui dit de s'oindre de sa sueur. (Comparer un conte italien de la Basilicate [Comparetti, n⁰ 14], où cette forme de dénouement et la précédente sont assez gauchement combinées.)

Certains contes présentent ce second dénouement sous une autre forme. Nous citerons, par exemple, le conte des Tsiganes de la Bukovine, indiqué précédemment. Là, le héros, après avoir amené au comte son maître certaine jeune fille, est obligé d'aller chercher le troupeau de chevaux de cette même jeune fille, puis de traire les cavales et de se baigner dans le lait bouillant. Son cheval merveilleux souffle sur le lait et le refroidit, et le jeune homme sort de la chaudière plus beau qu'auparavant. Le comte y entre à son tour ; mais le cheval y a soufflé du feu, et le comte périt. — Comparer parmi les contes mentionnés plus haut le conte serbe, le conte croate, le conte slovaque, le conte du « pays saxon » de Transylvanie, le conte roumain, et, en outre, un conte valaque (Schott, n⁰ 17), qui a du rapport pour l'ensemble avec notre *Belle aux cheveux d'or*.

Citons enfin, comme étant curieux, le dénouement d'un conte finnois, du même type, mais assez écourté, que M. E. Beauvois a publié dans la *Revue orientale et américaine* (tome IV, 1860, p. 386) : Après avoir réussi dans les expéditions où il a été envoyé à l'instigation de l'ancien écuyer, dont il a pris la place, le héros est accusé par ce dernier auprès du roi de vouloir s'emparer de la couronne. Conduit au supplice, il se sauve deux fois en obtenant du roi, au pied de la potence, la permission de jouer d'une harpe ou d'un violon qui forcent les assistants à danser et qu'il a reçus d'un certain diable en récompense d'un service rendu (on se rappelle que le héros du conte lorrain obtient aussi du roi une faveur au pied de la potence). La troisième fois, le roi ne consent qu'à grand'peine à le laisser jouer d'une flûte, également reçue du diable ; pour ne pas être forcé de danser, il a eu soin de se faire attacher à un arbre. Le diable arrive et demande au jeune homme pourquoi on veut le pendre. Après en avoir été instruit, le diable saisit le gibet et le lance en l'air, ainsi que l'arbre auquel le roi est attaché. Le peuple prend le jeune homme pour roi. (Comparer, pour cette manière de se sauver du supplice, le nᵒ 110 de la collection Grimm, *le Juif dans les épines,* cité dans les remarques de notre nᵒ 39, *Jean de la Noix*, II, p. 68).

*
* *

Au milieu du XVIᵉ siècle, Straparola recueillait en Italie un conte analogue à tous ces contes (nᵒ 1 de la traduction allemande des contes proprement dits, par Valentin Schmidt) : Livoretto reçoit du sultan, son maître, à l'instigation des autres serviteurs, l'ordre d'enlever la princesse Belisandra. Pendant son voyage, d'après le conseil de son cheval enchanté, il rend service à un poisson et à un faucon. Il enlève la princesse ; mais celle-ci, avant d'épouser le roi, demande que Livoretto lui rapporte d'abord son anneau, qu'elle a laissé tomber dans une rivière, puis une fiole d'eau de la vie. Livoretto appelle le poisson et le faucon, qui lui procurent l'anneau et l'eau de la vie. Alors Belisandra tue le jeune homme et le coupe en morceaux qu'elle jette dans une chaudière, puis elle les asperge d'eau de la vie, et aussitôt Livoretto se relève, plus beau et mieux portant que jamais. Le vieux sultan prie la princesse de le rajeunir de cette manière. Elle le tue, et le jette à la voirie. Ensuite elle épouse Livoretto.

*
* *

En Orient, nous avons à rapprocher de tous ces contes d'abord un conte des Tartares de la Sibérie méridionale (Radloff, IV, p. 373) qui, pour le dénouement, se rattache au dernier groupe indiqué ci-dessus (contes tsigane, serbes, etc.) : Le héros, pauvre orphelin, est entré au service d'un prince comme valet d'écurie. Les autres valets, jaloux de lui parce que son cheval a meilleure mine que les leurs, vont dire au prince que le nouveau valet s'est vanté de connaître la fille du roi des péris. Aussitôt le prince ordonne à l'orphelin de la lui amener. Le jeune homme s'en va pleurer auprès de son cheval, qui lui donne le moyen d'enlever la péri. Celle-ci, arrivée chez le prince, refuse de l'épouser s'il ne lui rapporte son anneau qui est chez le « jeune homme qui fait marcher le soleil ». L'orphelin, chargé de cette entreprise, en vient à bout [1]. Une fois en possession de son anneau, la jeune fille déclare qu'elle n'épousera le prince que s'il lui amène certain cheval. C'est encore l'orphelin qui l'amène. Alors la jeune fille dit de faire chauffer de l'eau dans une grande chaudière. Elle épousera le prince si celui-ci nage dedans. Le prince fait d'abord entrer dans la chaudière l'orphelin, que son cheval préserve de tout mal. Il s'y hasarde alors lui-même et meurt. L'orphelin épouse la fille du roi des péris.

Nous citerons encore un épisode enclavé dans un conte des Avares du Caucase (Schiefner, nᵒ 1), très voisin de notre nᵒ 19, *le Petit Bossu* (voir les remarques de ce nᵒ 19, I, p. 217). Cet épisode, sous certains rapports moins complet que le conte tartare, contient le trait de la *plume*, qui manque

1. Tout cet épisode, que nous avons déjà rencontré intercalé dans le conte breton de *Trégont-à-Baris*, offre une grande ressemblance avec le nᵒ 29 de la collection Grimm, *le Diable aux trois cheveux d'or*, et avec les autres contes européens de même type. Dans le conte tartare, dans le conte breton, comme dans le conte allemand, le héros rencontre successivement sur son chemin des gens qui le prient de demander au personnage mystérieux chez qui il va, la solution de telle ou telle question. — Ce type de conte existe chez les Annamites (A. Landes, nᵒ 63).

dans ce conte [1]. En voici l'analyse : Un prince s'est rendu maître d'un cheval merveilleux. Comme il chevauche, après le coucher du soleil, vers le royaume de son père, il voit tout à coup la nuit s'illuminer. Il regarde et aperçoit au milieu d'un steppe un objet tout brillant : c'est une plume d'or. « Faut-il la ramasser ou non ? » demande-t-il à son cheval. — « Si tu la ramasses, » répond le cheval, « tu en souffriras; si tu ne la ramasses pas, tu en souffriras aussi. » (Comparer, pour ce passage, les contes serbe et valaque.) Le prince ramasse la plume et la met à son chapeau. Il arrive près d'une ville et s'étend par terre pour dormir, au milieu de la campagne, après avoir mis la plume dans sa poche. Le lendemain matin, le roi du pays, qui, ainsi que ses sujets, a été effrayé de voir la nuit aussi claire que le jour, envoie des hommes armés à la découverte. Ces hommes rencontrent le prince et l'amènent au roi. Celui-ci demande au jeune homme s'il connaît les causes du phéno-mène qui a eu lieu pendant la nuit. Le prince tire la plume de sa poche et la montre au roi, qui lui ordonne aussitôt d'aller lui chercher l'être, quel qu'il soit, de qui provient cette plume. Le prince apprend de son cheval que la plume vient de la plus jeune fille du Roi de la mer : chaque jour, sous forme de colombe, elle arrive avec ses deux sœurs sur un certain rivage pour se baigner dans la mer. Il faudra, quand elle sera dans l'eau, s'emparer de ses vêtements de plumes, et elle sera obligée de suivre le prince. (Voir les remarques de notre nº 32, *Chatte Blanche*, II, p. 22.) Le prince s'empare ainsi de la jeune fille et la conduit au roi; mais elle déclare à celui-ci qu'elle ne l'épousera que s'il redevient un jeune homme de vingt ans. « Comment faire ? » demande le roi. La jeune fille lui dit de faire creuser un puits, profond de cinquante aunes, de le remplir de lait de vaches rouges et de se baigner dedans. Quand tout est prêt, comme le roi hésite à tenter l'expérience, elle se fait amener un vieillard et une vieille femme, et les rajeunit en les plongeant dans le puits. Alors le roi saute dans le puits, tombe au fond et périt.

Un passage du livre sanscrit la *Sinhâsana-dvâtrinçikâ* (les « Trente-deux récits du Trône ») offre quelque analogie avec le dénouement des contes tsigane, serbes, avare, etc. (*Indische Studien*, t. XV, 1878, p. 364-365) : Une princesse de race divine, qui règne dans une certaine ville, a promis d'épouser celui qui se précipiterait, pour s'offrir en sacrifice, dans une chaudière remplie d'huile bouillante. L'héroïque roi Vikramâditya saute sans hésiter dans la chaudière. Tous les assistants poussent un cri d'horreur. Mais la princesse arrive, asperge d'*amrita* (eau d'immortalité) le corps du roi, qui n'était plus qu'une informe masse de chair, et Vikramâditya ressuscite, plus beau qu'aupa-ravant.

Quant au passage où les serviteurs, jaloux du héros, cherchent à le faire envoyer par le roi en des expéditions périlleuses, — passage que nous venons de rencontrer dans le conte tartare, — nous avons encore à citer un conte

---

1. Dans un conte arabe des *Mille et une Nuits* (t. XI, p. 175, de la traduction allemande dite de Breslau), se trouve un passage qui n'est pas sans analogie avec celui de la plume : Le plus jeune des trois fils du sultan d'Yémen trouve un jour dans une plaine un collier de perles et d'émeraudes. Ce collier ayant été remis au sultan, celui-ci déclare qu'il ne sera content que quand il aura « l'*oiseau* qui a dû porter ce collier ».

oriental, un conte des peuplades *sarikoli* de l'Asie centrale, et aussi un conte berbère, d'Algérie.

Dans le conte berbère, extrait d'un manuscrit de la Bibliothèque Nationale et donné par de Slane à la fin de sa traduction de l'*Histoire des Berbères* d'Ibn Khaldoun (p. 540), un roi prend pour vizir un marchand, dont il fait son favori. Les trois vizirs qui étaient en fonctions à l'arrivée de ce dernier sont jaloux et vont dire au roi : « Le roi des Turcs a une fille belle comme la lune, mais personne ne pourra l'amener que le nouveau vizir qui est venu avec toi. »

Dans le conte sarikoli (*Journal of the Asiatic Society of Bengal*, vol. 45, part. I, nᵒ 2, p. 183), un jeune homme a épousé la fille d'un roi. Quand les gens viennent faire leurs compliments au roi, ils lui disent : « Puisse ta fille être heureuse ! Tu as été un bon roi, mais tu n'as pas eu un arbre de corail. — Qui peut en trouver ? » dit le roi. — « Ton gendre en trouvera un. »

*
* *

Faisons remarquer, en terminant, que, dans un groupe de contes de cette famille qui a été étudié dans la revue *Germania* (années 1866 et 1867) par MM. Kœhler et Liebrecht, c'est un cheveu d'or tombé du bec d'un oiseau, en présence du roi, qui donne à celui-ci l'idée d'envoyer le jeune homme à la recherche de la jeune fille aux cheveux d'or. Nous résumerons un conte de ce groupe, tiré d'un livre qui a été publié à Bâle, en 1602, par un Juif, sous le titre hébraïco-allemand de *Maase Buch*. Il s'agit, dans ce conte, d'un roi très impie à qui les anciens du peuple viennent un jour conseiller de prendre femme pour devenir meilleur. Le roi les renvoie à huit jours. Pendant ce délai, un oiseau laisse tomber sur lui un long cheveu d'or. Le roi déclare qu'il n'épousera que la femme de qui vient ce cheveu. Il y avait à la cour un favori du roi, nommé Rabbi Chanina, qui connaissait soixante-dix langues et le langage des animaux. Ses ennemis obtiennent du roi qu'il sera chargé d'aller chercher cette femme. Chemin faisant, Rabbi Chanina vient en aide à un corbeau, à un chien et à un poisson. Les trois animaux reconnaissants accomplissent à sa place les tâches qui lui sont imposées par la princesse aux cheveux d'or. Le corbeau va chercher une fiole d'eau du paradis et une fiole d'eau de l'enfer [1]. Le poisson rapporte sur le rivage l'anneau de la princesse. Chanina s'apprête à saisir cet anneau, lorsqu'un sanglier se jette dessus, l'avale et s'enfuit ; le chien tue le sanglier et retrouve l'anneau. Rabbi Chanina, après avoir amené la princesse au roi, est assassiné par des envieux. La jeune reine lui rend la vie en l'aspergeant d'eau du paradis. Le roi veut se faire ressusciter aussi. On le tue ; mais la reine verse sur son corps de l'eau de l'enfer, qui le réduit en cendres. « Vous voyez », dit-elle au peuple, « que c'était un impie ; autrement il serait aussi ressuscité. » Et elle épouse Chanina. — Comparer un conte tchèque de Bohême (Chodzko, p. 77) un conte allemand (Prœhle, II, nᵒ 18), un conte grec d'Epire (Hahn, nᵒ 37), résumé dans les remarques de notre nᵒ 3. (Ces deux derniers contes présentent sous une forme altérée le passage relatif à l'oiseau et au cheveu d'or). — Dans le célèbre conte de Mᵐᵉ d'Aulnoy, de même titre que le nôtre, les cheveux de la princesse ne sont plus qu'une métaphore.

---

1. L'eau du paradis et l'eau de l'enfer se retrouvent dans un conte italien (Comparetti, nᵒ 16).

Le conte avare cité plus haut fait lien entre ce groupe de contes et celui auquel se rattache le conte lorrain. En effet, dans ce conte avare, figure la *plume lumineuse* ramassée par le héros, trait spécial au second de ces deux groupes, et cette plume, qui vient de l'enveloppe emplumée dont se revêt chaque jour une jeune fille merveilleuse, tient la place du *cheveu d'or*, caractéristique du premier groupe. — Le conte breton la *Perruque du roi Fortunatus*, cité également ci-dessus, tient aussi des deux groupes : de l'un, par l'objet *lumineux*, ramassé malgré les conseils du fidèle cheval ; de l'autre, par cette circonstance que cet objet, que se disputent des oiseaux, se compose de *cheveux*. Dans la forme primitive, il ne s'agissait certainement pas de la « perruque » du roi, père de la princesse, mais d'une mèche de la chevelure de celle-ci, d'une mèche lumineuse, comme celle de la « princesse de Tréménézaour », l'héroïne d'un autre conte breton déjà mentionné.

En Orient, nous trouvons, réunis dans le cadre d'un même récit, le trait de l'anneau retiré de l'eau par un animal reconnaissant, et celui du cheveu. Le conte en question a été recueilli par M. Minaef chez les Kamaoniens, cette peuplade voisine de l'Himalaya dont nous avons déjà parlé, et il a été traduit en russe par cet orientaliste (n° 3 de sa collection). Voici le passage : Une péri, qui est devenue la femme d'un prince chassé du palais de son père, va un jour se laver la tête dans un fleuve. A quelque distance de là se trouvait une ville bâtie sur le bord de ce fleuve. Le fils du roi du pays, étant allé se baigner, trouve dans l'eau un cheveu de la péri, long de quarante-quatre coudées. Il dit à son père qu'il veut épouser la femme qui a de tels cheveux. Le roi envoie un de ses serviteurs, qui parvient à enlever la péri. Le prince, mari de la péri, entre au service de ce roi, ainsi qu'une grenouille et un serpent, ses obligés, qui, par reconnaissance, l'accompagnent, la première sous forme de brahmane, l'autre sous forme de barbier. Pour se débarrasser du prince, le roi, d'après le conseil d'un des serviteurs, laisse tomber son anneau dans une rivière et ordonne au jeune homme de le repêcher ; sinon il lui enverra une balle dans la tête. Alors le barbier reprend sa forme de grenouille, plonge dans l'eau et appelle les autres grenouilles, qui arrivent avec leur roi, ainsi que le roi des poissons et ses sujets. Ils retrouvent l'anneau, et la grenouille le rapporte au prince. Alors le roi veut se battre avec le jeune homme ; mais le serpent, qui était devenu brahmane, dit à son bienfaiteur qu'il lui sauvera la vie à son tour ; il pique le roi, qui meurt [1].

Pour les autres contes, — tout différents des contes du type de la *Belle aux cheveux d'or*, — où une boucle de cheveux flottant sur l'eau donne l'idée de rechercher la femme à qui cette boucle appartient, nous renverrons à notre travail sur le vieux conte égyptien des *Deux Frères*, donné à la suite de notre introduction.

---

1. Une grande partie de ce conte kamaonien a beaucoup de rapport avec un conte persan du *Toûti-Nâmeh* (Th. Benfey, introd. au *Pantchatantra*, p. 217), qui n'a pas l'épisode du cheveu.

LXXIV

LA PETITE SOURIS

Un jour, la petite souris était allée moissonner avec sa mère. Celle-ci lui dit de retourner à la maison pour tremper la soupe. Pendant que la petite souris y était occupée, elle tomba dans le pot et s'y noya. Voilà sa mère bien désolée; elle se met à pleurer.

La crémaillère lui dit : « Grande souris, pourquoi pleures-tu ? — La petite souris est morte : voilà pourquoi je pleure. — Eh bien ! » dit la crémaillère, « je m'en vais grincer des dents. »

Le balai dit à la crémaillère : « Pourquoi donc grinces-tu des dents ? — La petite souris est morte, la grande la pleure : voilà pourquoi je grince des dents. — Eh bien ! » dit le balai, « je m'en vais me démancher. »

La porte dit au balai : « Pourquoi donc te démanches-tu ? — La petite souris est morte, la grande la pleure, la crémaillère grince des dents : voilà pourquoi je me démanche. — Eh bien ! » dit la porte, « je m'en vais me démonter. »

Le fumier dit à la porte : « Pourquoi donc te démontes-tu ? — La petite souris est morte, la grande la pleure, la crémaillère grince des dents, le balai se démanche : voilà pourquoi je me démonte. — Eh bien ! » dit le fumier, « je m'en vais m'étendre. »

La voiture dit au fumier : « Pourquoi t'étends-tu donc ? — La petite souris est morte, la grande la pleure, la crémaillère grince des dents, le balai se démanche, la porte se démonte : voilà pourquoi je m'étends. — Eh bien ! » dit la voiture, « je m'en vais reculer jusqu'au bois. »

Les feuilles dirent à la voiture : « Pourquoi donc recules-tu jusqu'au bois ? — La petite souris est morte, la grande la pleure, la crémaillère grince des dents, le balai se démanche, la porte se démonte, le fumier s'étend : voilà pourquoi je recule jusqu'au bois. — Eh bien, » dirent les feuilles, « nous allons tomber. »

Le charme dit aux feuilles : « Pourquoi tombez-vous donc ? — La petite souris est morte, la grande la pleure, la crémaillère grince des dents, le balai se démanche, la porte se démonte, le fumier s'étend, la voiture recule jusqu'au bois : voilà pourquoi nous tombons. — Eh bien ! » dit le charme, « je m'en vais me fendre. »

Les petits oiseaux dirent au charme : « Pourquoi te fends-tu donc ? — La petite souris est morte, la grande la pleure, la crémaillère grince des dents, le balai se démanche, la porte se démonte, la voiture recule jusqu'au bois, les feuilles tombent : voilà pourquoi je me fends. — Eh bien ! » dirent les oiseaux, « nous allons nous noyer dans la fontaine. »

Et ils se noyèrent tous dans la fontaine.

REMARQUES

Ce conte est une variante de notre n° 18, *Peuil et Punce* (Pou et Puce). Voir les remarques de ce conte. Aux rapprochements que nous y avons indiqués, on peut ajouter un conte toscan (Pitrè, *Novelle popolari toscane*, n° 50).

* *
*

Parmi les contes mentionnés dans ces remarques, celui qui ressemble le plus à *la Petite Souris*, par la série de personnages qu'il met en scène, est le conte hessois (Grimm, n° 30). Voici ce qu'on pourrait appeler le *couplet* final, dit par une jeune fille, qui de chagrin casse sa cruche à la fontaine : « Petit pou s'est brûlé, — Petite puce pleure, — Petite porte crie, — Petit balai balaie, — Petit chariot court, — Petit fumier brûle, — Petit arbre se secoue. » « Eh bien ! dit la fontaine, je vais me mettre à couler. » Et elle noie tout, jeune fille et le reste.

On le voit, malgré l'identité de titre entre notre *Peuil et Punce* et le *Pou et Puce* allemand, ce dernier ressemble beaucoup plus à notre *Petite Souris*.

Divers traits particuliers de ce dernier conte se retrouvent, indépendamment du conte hessois, dans des contes d'autres collections dont nous avons déjà parlé dans les remarques de notre n° 18. La porte qui se démonte figure dans les deux contes de la Haute-Bretagne, dans le conte messin, et aussi dans le conte milanais et le conte vénitien. Dans le conte sicilien, le conte italien d'Istrie et le conte norvégien, la porte se met à s'ouvrir et à se fermer avec bruit.

20

(Comparer le volet qui bat, dans *Peuil et Punce*). — Dans le conte messin, le fumier « se répand », comme dans *la Petite Souris*. On a vu que, dans le conte hessois, il se met à « brûler ». Dans *Peuil et Punce,* le fumier qui « danse » est évidemment amené par le coq qui « chante ». — A la voiture qui recule jusqu'au bois, correspondent le chariot qui s'enfuit, du conte d'Istrie, le chariot qui court, du conte hessois, la charrette qui court les chemins, du second conte de la Haute-Bretagne, le chariot qui s'en va sans les bœufs, du conte milanais. — Enfin, si, dans le conte lorrain, les petits oiseaux vont se noyer dans la fontaine, un ou plusieurs oiseaux s'arrachent les plumes dans le conte français du *Magasin Pittoresque*, dans le conte italien d'Istrie, le conte toscan de M. Pitrè, le conte sicilien, le conte roumain, le conte norvégien, et un petit oiseau se coupe le bec, dans le conte espagnol.

LXXV

LA BAGUETTE MERVEILLEUSE

Il était une fois un homme et une femme qui ne possédaient rien au monde. Ils s'en allèrent dans un pays lointain. Le mari obtint un terrain pour y bâtir, et, sans s'inquiéter comment il pourrait payer les ouvriers, il fit commencer les travaux pour la construction d'une belle maison. Quand la maison fut près d'être terminée, il comprit son imprudence : les maçons et les charpentiers devaient réclamer leur paiement dans trois jours ; il ne savait plus que devenir. Il sortit désespéré.

Comme il marchait dans la campagne, il rencontra le démon qui lui demanda pourquoi il était si triste. « Hélas ! » dit l'homme, « j'ai fait bâtir une maison ; c'est dans trois jours que je dois la payer, et je n'ai pas un sou. — Je puis te tirer d'affaire, » dit le démon. « Si tu promets de me donner dans vingt ans ce que ta femme porte, je te donne deux millions. » Le pauvre homme signa l'engagement et reçut les deux millions. Quelque temps après, sa femme accouchait d'un garçon ; on le baptisa en grande cérémonie, et, comme il avait un gros B sur la gorge, on décida qu'il s'appellerait Bénédicité.

Le petit garçon fut élevé avec tout le soin possible ; on lui donna un précepteur quand il fut en âge d'étudier ; mais, depuis sa naissance, son père était toujours triste et chagrin. Bénédicité s'en étonnait.

Un jour (il avait alors plus de dix-neuf ans), il dit à son pré-cepteur : « D'où vient donc que mon père est toujours chagrin ? — Si vous voulez le savoir, » répondit le précepteur, « priez votre père de venir se promener avec vous au bois, et, une fois là, demandez-lui la cause de sa tristesse. S'il refuse de vous la dire, menacez-le de lui brûler la cervelle et de vous la brûler ensuite. »

Le jeune homme suivit ce conseil. Il mit deux pistolets dans ses poches et alla prier son père de venir au bois avec lui faire un tour de promenade. Lorsqu'ils furent entrés dans le bois : « Mon père, » dit Bénédicité, « je vous ai toujours vu triste. Je vous supplie de m'en dire la cause. » Le père refusant de répondre malgré toutes ses prières, Bénédicité prit ses pistolets. « Malheureux ! » s'écria le père, « que veux-tu faire ? — Vous brûler la cervelle et me la brûler ensuite, si vous refusez de me confier vos peines. — Eh bien ! » lui dit le père, « avant ta naissance je t'ai promis au démon. Le délai expire dans trois jours. — N'est-ce que cela ? » dit Bénédicité. « Je n'ai pas peur du diable. Demain j'irai moi-même le trouver. » En l'entendant parler ainsi, le père se sentit le cœur un peu soulagé.

Le lendemain donc, Bénédicité se mit en route. Lorsqu'il se fut avancé dans la forêt loin comme d'ici à Brauvilliers [1], il entendit la voix d'un ange qui l'appelait : « Bénédicité ! Bénédicité ! — Est-ce moi que vous appelez ? — Oui, » dit l'ange. « Tiens, voici une baguette au moyen de laquelle tu pourras faire tout ce que tu voudras. »

Bénédicité prit la baguette, se remit en chemin, et, après une longue marche, il arriva chez le démon. Celui-ci, le voyant entrer, lui dit : « Ah ! te voilà, mon garçon ! J'étais en train de cirer mes bottes pour t'aller chercher. — C'est peine inutile, » répondit l'autre, « puisque me voilà. Mais j'ai faim ; donne-moi à manger. »

On lui apporta du rôti et toutes sortes de bonnes choses. Quand il eut bien mangé, il dit au démon : « Que vas-tu me donner à faire ? Je n'aime pas à rester les bras croisés. — Tu iras couper du bois, » lui dit le démon. « Sais-tu comment on s'y prend ? — Certainement. C'est le premier métier que mon père m'a appris. » Le démon le conduisit dans une grande forêt. « Commence par ce bout-ci, » lui dit-il. « Tu me feras de la charbonnette et du gros bois. »

1. Village à trois lieues de Montiers.

Une fois le démon parti, Bénédicité arracha une racine et donna dessus un coup de baguette ; aussitôt voilà toute la forêt par terre. Puis il prit un charbon allumé, le frappa de sa baguette, et voilà tout le bois en charbon. Après quoi il reprit le chemin de la maison, où il fut presque aussitôt que le démon. « J'ai fini, » lui dit-il. — « Quoi ? tout est fait ? — Oui ; mais j'ai faim. Donne-moi à manger. — Tu manges trop ; tu veux me ruiner. — Si tu n'es pas content, rends-moi la signature de mon père, et je m'en irai. »

Le diable voulut voir comment le jeune homme avait travaillé. Arrivé à l'endroit où était son bois, il fut bien en colère. « Comment ! » cria-t-il, « voilà tout mon bois par terre ! Que vais-je faire maintenant ? — Tu n'es pas content ? » dit Bénédicité. « Rends-moi la signature de mon père, et je m'en irai. Sinon, donne-moi de l'ouvrage. — J'ai deux étangs, » dit le diable ; « dans l'un, il y a du poisson ; dans l'autre, il n'y a que de la boue. Tu mettras ce dernier à sec ; l'autre, tu le laisseras comme il est. »

Lorsque Bénédicité fut près des étangs, il donna un coup de baguette sur celui où il voyait des poissons. Aussitôt l'étang se trouva vidé et les poissons transportés dans l'étang boueux, où ils ne tardèrent pas à pâmer. Quand le démon vit tout ce bel ouvrage, il dit à Bénédicité : « Mais, malheureux, ce n'était pas cet étang-là que je t'avais ordonné de vider. — Tu n'es pas content ? » répondit Bénédicité. « Rends-moi la signature de mon père, et je te débarrasserai de ma présence. En attendant, j'ai faim, donne-moi à manger. — Tu veux me ruiner ! Nous ne devions cuire que samedi prochain, et voilà qu'il faut cuire aujourd'hui. Sais-tu cuire ? — Oui, je sais tout faire. »

Bénédicité chauffa le four, puis se mit à pétrir. Pendant qu'il travaillait à la pâte, cinq ou six petits diablotins vinrent gambader autour de lui. « Bénédicité, fais-moi un gâteau à l'huile. — Bénédicité, fais-moi un gâteau au saindoux. — Bénédicité, voici des œufs pour me faire une galette. — Vous m'ennuyez tous, » dit Bénédicité. Il en empoigna cinq et les jeta dans le four. Le sixième, qui était le plus petit, s'échappa et alla dire à son père comment Bénédicité avait traité ses frères. Le démon accourut en criant : « Bénédicité ! Bénédicité ! à quoi penses-tu ? Tu ne nous fais que du mal ! — Tu n'es pas content ? » dit le jeune

homme. « Rends-moi la signature de mon père, et je m'en irai.
— Tiens, la voilà. Va-t'en. »

Le jeune homme ne se le fit pas dire deux fois. Il arriva le soir
dans un village où il demanda un gîte pour la nuit. Il y avait dans
ce village un vieux château où personne n'osait entrer, parce
qu'il était, à ce qu'on racontait, hanté par des revenants.
Bénédicité s'offrit à y passer la nuit, mais après avoir eu soin de
faire dresser par un notaire un acte par lequel les maîtres du
château le lui cédaient en don et pur don, sans aucune réserve.
Cela fait, il se rendit au château. Il alluma un grand feu dans
la cuisine et s'assit au coin de la cheminée. Vers onze heures ou
minuit, douze diables entrèrent dans la cuisine et se mirent à
jouer et à sauter. Bénédicité prit sa baguette et en tua onze.
Il reconnut le douzième pour celui auquel il avait été vendu par
son père. « Je ne te fais rien à toi, » lui dit-il, « parce que j'ai
logé dans ta maison. Mais qu'es-tu venu faire ici ? » Le
diable répondit : « Nous gardons ici depuis cinquante ans un
trésor qui, au bout de cent ans, doit nous appartenir. C'est dans
ce trésor que j'ai pris l'argent que j'ai donné à ton père. »

Bénédicité se fit conduire dans la cave où était le trésor. Il
y avait un tonneau d'or et un tonneau d'argent enfouis dans la
terre. Le jeune homme, d'un coup de baguette, les fit sortir
aussitôt. Puis il ordonna au démon de les charger sur son dos et
de les remonter hors de la cave. Le démon eut beau dire qu'il
n'était pas assez fort, il fut obligé d'obéir, et, quand il fut arrivé
en haut avec les tonneaux, Bénédicité le tua comme les autres
d'un coup de baguette. Il revint ensuite chez ses parents avec le
trésor, et il épousa une jeune fille encore plus riche que lui.

Moi, j'ai fait la cuisine. J'ai laissé tout brûler et on m'a mis à
la porte avec un coup de pied dans le derrière.

REMARQUES

Un conte de la Haute-Bretagne (Sébillot, I, n° 29) offre beaucoup de
rapport avec notre conte : Un homme et une femme ont vendu leur petit
garçon au diable, qui doit venir le prendre quand l'enfant aura sept ans. Vers
cette époque, le petit garçon, ayant appris de ses parents le sort qui l'attend,
s'enfuit de la maison. Un jour il rencontre la sainte Vierge, qui lui donne une
petite baguette : tant qu'il aura cette baguette, le démon n'aura aucun pouvoir
sur lui, et le jeune garçon pourra commander à sa baguette de faire tout ce qu'il

voudra. Il descend en enfer, et, grâce à la baguette, il se fait rendre par les démons le contrat que son père a signé. — Suit l'histoire du château hanté par des diables. Le petit garçon les roue de coups avec sa baguette et se fait céder par eux tous les trésors du château.

Nous avons déjà rencontré, dans notre n° 64, *Saint Etienne*, une introduction du genre de celle du conte qui nous occupe. Voir les remarques de ce conte (II, pp. 232, 233).

Il existe un grand nombre de contes dans lesquels un être malfaisant se fait promettre, souvent par ruse, un enfant qui doit naître ou qui est déjà né. Nous citerons, comme se rapprochant particulièrement du conte lorrain, plusieurs contes allemands (Grimm, n° 92, Wolf, p. 198, et aussi Grimm, n° 31). Comparer les remarques de notre n° 32, *Chatte Blanche* (II, p. 13).

Le conte valaque, cité dans les remarques de notre n° 64, a un passage qu'il faut relever ici. Pour obtenir de son père la révélation de la cause qui le rend chagrin et sujet à des accès de violence, le jeune garçon le menace d'un couteau, comme Bénédicité menace son père d'un pistolet, et cela, toujours comme dans notre conte, sur le conseil de son maître d'école. (Comparer le conte lithuanien n° 22 de la collection Leskien.)

Dans un conte catalan (*Rondallayre*, II, p. 86), dont le commencement est analogue à celui du conte lorrain, le jeune garçon joue, comme Bénédicité, toutes sortes de mauvais tours aux diables, qui finissent par le prier de s'en aller, en lui donnant, sur sa demande, un sac rempli d'âmes (*sic*).

*
* *

Dans la partie de notre conte où il est question du séjour du jeune homme chez le diable, il s'est mêlé à ce thème des éléments provenant d'un autre thème que nous avons déjà plusieurs fois rencontré dans notre collection, le thème de l'*Homme fort* (voir nos n°s 14, *le Fils du Diable*; 46, *Bénédicité*; 69, *le Laboureur et son Valet*). Le nom du héros est, du reste, le même dans notre n° 46 et dans le conte que nous étudions en ce moment [1]. Seulement le Bénédicité de ce dernier conte fait au moyen d'une baguette merveilleuse ce que l'autre fait grâce à sa force extraordinaire (la forêt abattue). L'appétit prodigieux du héros est encore un emprunt fait — assez maladroitement — à ce même thème.

*
* *

Pour l'épisode du château hanté par les diables, voir les remarques de notre n° 67, *Jean sans Peur* (II, p. 262). Dans ce dernier conte, il n'est pas question d'un trésor déterré dans le château sur l'indication des revenants ou des diables. Ce trait, qui figure à peu près dans tous les contes du type de *Jean sans Peur*, se retrouve, on l'a vu, dans notre *Baguette merveilleuse*.

---

1. Ce nom de *Bénédicite* se retrouve encore dans un conte de la Haute-Bretagne où « un fils, après diverses aventures, va chercher jusqu'en enfer quittance du pacte imprudent de son père ». (Voir le résumé donné par M. Sébillot dans les *Légendes* de M. Luzel, I, p. 203.)

Les contes qui vont suivre seront donnés simplement en résumé, les notes que nous avons conservées n'étant pas assez détaillées pour que nous puissions les publier autrement.

.

LXXVI

LE LOUP & LES PETITS COCHONS

Il était une fois un loup et trois petits cochons. Un jour, le plus gros des trois petits cochons dit au loup : « Demain, j'irai avec toi à la foire. Tu viendras m'appeler à cinq heures du matin. »

Le lendemain, le petit cochon se lève avant cinq heures et s'en va tout seul à la foire. Il y achète un petit baquet et file comme l'éclair. En revenant, il aperçoit le loup ; il se cache sous son baquet, et le loup ne le voit pas.

Quelque temps après, il rencontre le loup, qui lui dit : « C'est toi, cochon ? — Oui. — Pourquoi n'es-tu pas venu avec moi ? — C'est que j'ai eu peur de toi. Mais je sais un beau poirier. A tel moment voudrais-tu venir avec moi manger des poires ? — Volontiers. » Le cochon court au poirier avant l'heure dite et monte sur l'arbre. Arrive le loup : « Comment ! te voilà déjà en haut ! » Quand il s'approche, le cochon lui jette un sac de cendres dans les yeux et se sauve.

Le gros cochon dit ensuite au petit cochon et au moyen cochon de venir l'aider à faire une petite cabane. Quand la cabane est bâtie, il y entre et dit aux deux autres : « Je suis bien là-dedans ; j'y reste. Si le loup vient, il ne pourra pas entrer. »

Le moyen cochon bâtit ensuite une cabane avec l'aide du petit cochon et s'y installe.

Le petit cochon veut à son tour se faire une petite maison ; mais les deux autres ne veulent pas l'aider. Le petit cochon s'en va en pleurant. Il rencontre un forgeron, qui lui fait une maison en fonte [1].

Le loup arrive. « Eh ! gros cochon, ouvre-moi la porte ! — Non. — Eh bien ! je renverserai ta maison. » Il renverse la maison du gros cochon et le mange ; même chose se passe avec le moyen cochon ; mais le loup ne peut renverser la maison de fonte du petit cochon.

REMARQUES

Des récits analogues ont été recueillis dans la Haute-Bretagne, en Angleterre, dans le Tyrol italien, dans le Mantouan, dans le pays vénitien, en Espagne.

Le conte qui, pour l'ensemble, se rapproche le plus du nôtre, est le conte anglais (Halliwell, *Nursery Rhymes*), qui a été traduit par M. Brueyre dans ses *Contes populaires de la Grande-Bretagne* (p. 351). En voici l'analyse : Une vieille truie envoie ses trois petits cochons chercher fortune. Le premier rencontre un homme portant une botte de paille ; il se fait donner la botte de paille et s'en construit une maison. Le loup arrive, et, comme le petit cochon ne veut pas le laisser entrer, il lui dit qu'il renversera sa maison, ce qu'il fait, après quoi il mange le petit cochon. Le second petit cochon se fait une maison avec une botte de genêts ; même aventure lui arrive avec le loup. Le troisième se bâtit, avec des briques qu'un homme lui a données, une maison solide, et le loup ne peut la renverser. — Vient ensuite une seconde partie, qui correspond à la première partie du conte lorrain : Le loup, voyant qu'il ne peut renverser la maison du petit cochon, dit à celui-ci qu'à tel endroit il y a un beau champ de navets ; il lui donne rendez-vous pour le lendemain à six heures du matin. Le petit cochon se lève à cinq heures et va prendre les navets. Quand le loup arrive pour chercher le petit cochon, ce dernier lui dit qu'il est de retour et qu'il a rapporté une bonne potée de navets. Le loup lui propose alors de venir le prendre le lendemain matin, à cinq heures, pour le conduire à un beau pommier. Le petit cochon se lève à quatre heures ; mais la course est longue, et, en revenant, il voit arriver le loup, qui lui demande où sont les pommes. Le petit cochon lui en jette une bien loin, et, pendant que le loup va la ramasser, il regagne son logis en toute hâte. Le lendemain, le loup lui demande s'il veut venir avec lui à la foire. Le petit cochon dit oui. Il se lève avant l'heure convenue et achète à la foire une baratte. En revenant, il aperçoit le loup ; il se cache bien vite dans la baratte et se laisse rouler jusqu'au bas d'une colline. Le loup, effrayé à cette vue, s'enfuit. Quand il apprend que le petit cochon l'a encore attrapé, il déclare qu'il descendra chez lui par la cheminée et qu'il le mangera. Mais le petit cochon met sur le feu un grand chaudron d'eau qu'il fait bouillir ; le loup tombe dedans et y périt. (Comparer pour cette fin notre n° 66, *la Bique et ses Petits*.)

[1]. Il y a, dans le pays, un haut-fourneau.

Dans le conte italien du Mantouan (Visentini, n° 31), une veuve, en mourant, dit à ses trois filles d'aller trouver leurs oncles et de se faire bâtir par eux une petite maison pour chacune. L'aînée demande à son oncle le fabricant de paillassons de lui faire une maison de paillassons. La seconde se fait construire par son oncle le menuisier une maison de bois. Enfin la dernière, Marietta, se fait bâtir par son oncle le forgeron une maison de fer. Le loup vient successivement enfoncer la porte des deux aînées, qui ne voulaient pas lui ouvrir, et les mange. Mais il se casse l'épaule contre la porte de fer de Marietta. Il se la fait raccommoder avec des clous par un forgeron et va dire à Marietta que, si elle veut venir avec lui le lendemain matin, à neuf heures, ils iront cueillir des pois dans un champ voisin. « Volontiers », dit la jeune fille. Mais elle se lève avant le jour, va cueillir les pois, et, quand le loup arrive, elle lui montre les cosses qu'elle a jetées par la fenêtre. Le jour d'après, où elle doit aller cueillir des lupins avec le loup, elle lui joue encore le même tour. Le troisième jour, il est convenu qu'on ira ensemble dans un champ de citrouilles. Marietta y arrive de très bonne heure; mais le loup s'est levé matin lui aussi. Quand elle l'aperçoit, elle fait un trou dans une citrouille et s'y blottit. Le loup prend justement cette citrouille et va la jeter par la fenêtre dans la maison de Marietta. « Merci, » dit celle-ci, « j'étais dans la citrouille, et tu m'as portée à la maison.» Alors le loup furieux veut descendre par la cheminée de Marietta ; mais il tombe dans un chaudron d'eau bouillante qu'elle a mis sur le feu.

*
* *

. Les quatre contes de ce genre qu'il nous reste à citer n'ont pas la seconde partie des contes anglais et italien, qui correspond à la première partie de notre conte.

Dans le conte du Tyrol italien (Schneller, n° 42), trois petites oies, revenant de la foire et obligées de passer la nuit dans un bois, se bâtissent chacune une maison, pour se protéger contre le loup ; la première, une maison de paille, la seconde, une maison de bois, et la dernière, une maison de fer. Le loup vient près de la maison de paille et dit à l'oie de lui ouvrir ; sinon, il renversera sa maison. L'oie n'ouvrant pas, le loup renverse la maison et avale l'oie. Il fait de même pour la seconde, mais il ne peut renverser la maison de fer ; il s'y casse une patte. Il s'en fait refaire une par le serrurier, puis il retourne demander à l'oie d'ouvrir, pour qu'il se fasse cuire une soupe. L'oie lui répond qu'elle va elle-même lui en faire cuire une. Elle fait bouillir de l'eau, dit au loup d'ouvrir la gueule, et, par la fenêtre, elle lui verse l'eau bouillante dans le gosier. Le loup meurt; l'oie lui ouvre le ventre et en retire ses deux sœurs encore vivantes. — Le conte vénitien (Bernoni, *Tradizioni*, p. 65) est presque identique à ce conte tyrolien ; seulement, pour renverser la maison des petites oies, le loup recourt à une canonnade d'un certain genre, qu'on nous dispensera de décrire [1].

---

1. Si nous nous souvenons bien, le loup, dans le conte de Montiers, emploie un semblable moyen pour renverser les maisons des petits cochons ; il y va même d'un si grand zèle, à l'assaut de la troisième, que son arrière-train se détache ; il se le fait recoudre par une couturière. (Comparer le passage du conte du Mantouan où le loup se fait raccommoder l'épaule avec des clous par un forgeron, et aussi le passage correspondant du conte tyrolien.)

Dans le conte breton (Sébillot, II, nº 53), la plus grande des trois petites poules demande aux deux autres de l'aider à se faire une maison, après quoi elle les aidera à son tour. Mais, quand elle est entrée dans sa petite maison, elle dit à ses sœurs qu'elle y est trop bien pour en sortir. La moyenne poule se fait aider par la petite et lui ferme ensuite au nez la porte de sa maison. La petite poule, bien désolée, rencontre un maçon qui lui bâtit une maison solide, et, de peur du loup, elle jette des épingles partout sur le toit. Le loup démolit la maison des deux plus grandes poules et les mange ; mais il se pique si fort aux épingles du toit de la petite poule, qu'il en meurt.

Le conte espagnol (Caballero, II, p. 53) a beaucoup de rapport avec ce conte breton : Trois petites brebis se réunissent pour bâtir une petite maison de branchages et d'herbe. Quand elle est finie, la plus grande se met dedans, ferme la porte et laisse les autres dehors. Celles-ci bâtissent une autre maison dans laquelle s'enferme la seconde. La petite, restée seule, abandonnée, voit passer un maçon, qui, touché de ses pleurs, lui construit une maison toute hérissée de pointes de fer, pour qu'elle soit à l'abri des attaques du *Carlanco* (sorte de loup-garou). Le *Carlanco* vient, en effet, et dit à la plus grande brebis de lui ouvrir ; sur son refus, il enfonce la porte de branchages et mange la brebis. Il mange aussi la seconde. Mais quand il arrive à la maison de la troisième et qu'il veut ouvrir la porte, il se jette contre les pointes, qui lui entrent dans le corps, et il périt.

LXXVII

LE SECRET

Un homme a l'habitude de dire à sa femme, qui naturellement se récrie : « Je te dis que tu me ferais bien pendre ! »

Un jour, il va acheter un porc, le tue et l'enterre dans la forêt. Quand il rentre à la maison, sa femme lui dit : « Tu n'as pas l'air gai. — Ah ! » répond le mari, « si tu savais ! J'ai tué mon camarade et je l'ai enterré dans le bois. Surtout n'en dis rien à personne. »

La femme s'en va chez la voisine, et à peine s'est-il passé un quart d'heure qu'elle lui a conté toute l'affaire, en lui recommandant bien de n'en point parler. La voisine jase à son tour, et le bruit de l'assassinat parvient aux oreilles de la gendarmerie.

Le brigadier se présente chez l'homme et lui enjoint de le conduire dans la forêt à la place où il a enterré le cadavre. L'homme l'y conduit, et, au grand ébahissement du brigadier, c'est un cochon que l'on déterre.

Rentré chez lui, l'homme dit à sa femme : « Quand je te disais que tu me ferais bien pendre ! »

REMARQUES

Nous n'avons trouvé ce conte que dans trois collections de contes populaires européens : dans la collection de contes siciliens publiée par M. Pitrè (nᵒˢ 169 et 252) ; dans les *Contes de la Haute-Bretagne*, de M. Sébillot (II, nᵒ 49), et dans les contes allemands de la principauté de Waldeck, recueillis par M. Curtze (p. 161).

Le premier conte sicilien est celui qui se rapproche le plus du nôtre : Un homme est persuadé que sa femme lui veut tout le bien du monde : elle lui fait tant de caresses ! Il parle un jour à son compère du bonheur qu'il a d'avoir une telle femme. Le compère, qui est un fin matois, dit que c'est en paroles qu'elle l'aime, et qu'il faudrait la mettre à l'épreuve. Le mari, d'après les conseils du compère, achète au marché une tête de bélier encore saignante, l'enveloppe dans un mouchoir et rentre chez lui, l'air tout troublé. Il dit à sa femme qui regarde avec étonnement le mouchoir ensanglanté : « J'ai tué un homme. » La femme va le dénoncer à la justice. Le juge arrive et demande au mari où est la tête de celui qu'il a assassiné. « Je l'ai jetée dans le puits, » dit le mari. On fait descendre un homme dans le puits ; il trouve la tête et crie : « Mais elle a des cornes ! » Le juge reste stupéfait. Voilà comment le mari fut édifié sur le bien que lui voulait sa femme.

Dans le conte breton, un homme, qui veut savoir si sa femme est bavarde, coupe la tête d'un ajonc (*jan*, en patois) avec sa faucille, et dit à sa femme qu'il a coupé la tête d'un Jean. La femme se laisse aller à parler de la chose à sa voisine, qui va prévenir la gendarmerie. Le brigadier et ses hommes se rendent à l'endroit où l'homme travaille, et celui-ci leur montre la tête du *jan* qu'il a coupée.

Dans le conte allemand, ce conte n'est qu'une partie d'un ensemble : Un père conseille à son fils de ne pas planter de sapin dans sa cour, de ne point avoir de pigeons, et de ne pas raconter à sa femme tout ce qu'il a sur le cœur. Le fils, après la mort du père, veut voir si celui-ci a eu raison de lui faire ces recommandations. Il commence par planter un sapin dans sa cour : la chèvre du voisin l'ayant fendu avec ses cornes, il la tue ; de là procès et toute sorte de désagréments. De même, à l'occasion des pigeons, qu'il laisse sortir en temps prohibé, ennuis et amendes. Ensuite notre homme tue un coq et l'enterre dans son jardin au pied d'un pommier. Pendant la nuit, il ne fait que soupirer. « Qu'as-tu donc ? » lui dit sa femme. — « J'ai tué un homme et je l'ai enterré dans le jardin au pied du pommier. » Trois mois après, il a, un jour, une dispute avec sa femme et veut la frapper ; celle-ci sort de la maison en criant : « Coquin, sais-tu bien que tu as tué un homme et que tu l'as enterré au pied du pommier ? » On arrête le mari, on le conduit devant la justice. L'affaire s'explique, et l'homme dit qu'il voit maintenant que son père était bon prophète.

La conclusion du second conte sicilien montre que ce conte a dû, à l'origine, offrir de l'analogie, pour la forme générale, avec le conte allemand. Après la découverte de la tête de bélier, il se termine par ces conseils, mis dans la bouche du mari, et non de son père : « Ne confiez pas de secret aux femmes ; ne prenez pas de sbire pour compère ; ne louez pas de maison où il y ait une treille. » La dernière recommandation est très faiblement justifiée dans le récit tel qu'il existe actuellement. — Un conte napolitain, cité par M. Pitrè (IV, p. 124), a les trois recommandations suivantes : « Ne pas élever les enfants des autres ; ne pas prendre de sbire pour compère ; ne pas confier ses secrets à sa femme ; » mais, comme dans le conte allemand et dans presque tous les contes que nous aurons encore à résumer, c'est un père qui a légué ces conseils à son fils.

Tous les contes qui vont suivre, — contes orientaux ou contes européens provenant de la littérature du moyen âge et du XVIᵉ siècle, — présenteront, comme ce conte allemand, notre thème en combinaison avec d'autres éléments, parmi lesquels il occupe la place prépondérante.

Prenons d'abord les contes qui, pour cette partie commune, se rapprochent le plus du nôtre.

Dans un conte afghan du Bannu (Thorburn, p. 178), un père, sur son lit de mort, donne à son fils les trois conseils suivants : Ne jamais confier un secret à sa femme; ne pas se lier d'amitié avec un cipaye (soldat); ne pas planter d'arbre épineux dans sa cour [1]. Ces conseils paraissent si peu raisonnables au jeune homme, qu'aussitôt il se fait ami d'un cipaye; puis il plante un arbre épineux dans sa cour; enfin, après avoir tué une chèvre, il la jette dans un puits desséché et dit à sa femme en grand secret qu'il a tué quelqu'un. Aussitôt la femme va parler, en grand secret elle aussi, de l'assassinat à sa voisine. Quelque temps se passe : l'arbre a grandi, le cipaye est devenu officier de police, et l'histoire de l'assassinat est parvenue aux oreilles du roi. L'officier de police est envoyé pour arrêter le prétendu meurtrier, et il le trouve assis sous l'arbre épineux. Quand le jeune homme se lève pour suivre l'officier, son turban reste pris dans les épines de l'arbre, et l'officier, au mépris de leur ancienne amitié, le traîne nu-tête devant le roi, sans lui laisser le temps de dégager son turban. Quand il entend porter contre lui l'accusation d'assassinat, le jeune homme raconte au roi comment son père lui avait donné trois conseils, et comment il en a reconnu finalement la justesse. Le roi fait faire des recherches dans le puits : on trouve le squelette de la chèvre, et l'innocence du jeune homme est reconnue.

Un conte indien, recueilli chez les Kamaoniens, au pied de l'Himalaya, est plus compliqué, et le cadre général diffère; mais notre conte y forme toujours le noyau du récit (Minaef, n° 28) : Un prince s'en va par le monde. Avant de partir, il demande à sa femme ce qu'elle veut qu'il lui achète. « Achète-moi quatre choses, » dit-elle. « La première, le mauvais du bon; la seconde, le bon du mauvais; la troisième, le chien de *kotwal* (officier de police); la quatrième, l'âne sur le trône. — Fort bien, » dit le prince. Il marche, il marche, et arrive à Delhi. La première chose qu'il fait, c'est d'envoyer chercher le kotwal, auquel il donne une pièce d'or. Le kotwal lui procure une maison, et chaque jour il reçoit du prince une pièce d'or. Bientôt le prince se lie avec une *pâthar* (courtisane), à qui il donne beaucoup d'argent. — Un jour, le kotwal dit au prince : « Mahâradja, il y a ici une princesse très belle, fille d'un pauvre roi, et qui est à marier. Elle vous conviendrait admirablement. » Le prince la voit; elle lui plaît et il l'épouse. S'en allant un jour à la chasse, il se dit qu'il veut éprouver cette seconde femme. Il tue une chèvre sauvage et lui coupe la tête; puis il enveloppe cette tête dans un mouchoir et la rapporte à la maison, où il la pend à un clou. Sa femme lui demandant ce que c'est, il répond que ce jour-là il n'a pas trouvé de gibier, mais qu'il a rencontré un homme et lui a coupé la tête. Pendant les six jours suivants, il fait le même manège. Sa femme, effrayée, se dit qu'un beau jour il la tuera aussi. Elle fait appeler le kotwal et lui dit : « Tu m'avais dit que je serais mariée à un homme très bon. Eh bien ! regarde : il a coupé la tête à sept hommes. » Aussitôt le kotwal, qui recevait chaque jour du prince une pièce d'or, court rapporter la chose au padishah. « Comment l'as-tu su ? » demande le padishah. — « C'est sa femme qui me l'a dit. — Eh bien ! qu'on le pende. » Alors le kotwal saisit le prince et le conduit chez le padishah, pour qu'il soit pendu. La pâthar, l'ayant su, accourt et obtient du padishah que l'on fasse une enquête. Finalement les mouchoirs sont apportés ; on les ouvre et on en tire les sept têtes de chèvres. Le padishah demande au prince pourquoi il a agi comme il l'a fait. Celui-ci répond : « Quand j'ai quitté mon pays pour aller dans l'Hindostan, ma première femme m'a dit de lui rapporter quatre choses. C'est pour avoir ces quatre choses que j'ai agi de la sorte, et je les ai toutes maintenant. La première, *le bon du mauvais*, c'est la pâthar. Elle ne mérite pas de confiance ; quiconque lui donne un *païs* peut aller chez elle ; mais elle a cela de bon, qu'elle m'a sauvé. — La seconde chose, *le mauvais du bon*, c'est la femme que j'ai épousée ici. Je lui ai dit de garder le secret, et elle en a fait part au kotwal ; donc le mauvais du bon. — La troisième chose, *le chien de kotwal*, c'est le kotwal lui-même. Je lui ai donné de trois à quatre cents pièces d'or, et il s'est empressé de me mener à la potence : c'est pourquoi il est le chien de kotwal. — La quatrième chose, *l'âne sur le trône*, c'est toi. Tu as ordonné de me pendre sans avoir rien vu de tes yeux, uniquement sur la parole du kotwal. » A ce discours le padishah reste fort confus, et il donne au prince sa fille en mariage et la moitié de son royaume.

D'autres contes se distinguent du nôtre en ce que ce n'est pas un homme en général que le héros dit avoir tué, mais tel homme, ce qui amène dans le récit certaines modifications.

Ainsi, dans le dernier chapitre du *Livre du Chevalier de la Tour Landry*, qui date probablement du temps de Louis XI, Caton donne, en mourant, à son fils Catonnet trois conseils : d'abord, s'il avait assez de bien, de ne pas se mettre « en subjection d'avoir office de son souverain seigneur » ; ensuite, de ne pas racheter d'homme qui ait mérité la mort ; en troisième lieu, d'« essayer sa femme avant de lui découvrir nul grand conseil ». Catonnet, tout au rebours des recommandations de son père, se met au service de l'empereur de Rome, délivre un voleur qu'on allait pendre, et, après avoir envoyé dans le château d'un ami le fils de l'empereur confié à sa garde, il dit à sa femme qu'il a tué le jeune homme et qu'il a fait manger « en épices » son cœur à l'empereur et à l'impératrice. La femme promet de se taire ; mais, le lendemain, elle confie le secret à une damoiselle, laquelle court le rapporter à l'impératrice. Au moment où Catonnet va être pendu, le fils de l'empereur arrive bride abattue et le fait mettre en liberté.

M. Mussafia, dans les *Comptes rendus de la classe philosophico-historique de l'Académie de Vienne* (t. LXIV, 1870, p. 614), cite une comédie de Hans Sachs (XVIe siècle), tout à fait du même genre : Pamphilus, maréchal de l'empereur Vespasien, a, lui aussi, reçu de son père mourant trois conseils. Lui aussi il fait disparaître pendant quelques jours Titus, le fils de l'empereur. Puis il montre à sa femme un sac où est enfermé un veau égorgé, et lui dit qu'il y a dans ce sac le corps de Titus, tué par lui dans un mouvement de colère.

Dans un conte de Straparola (XVIᵉ siècle), résumé par M. Mussafia (*loc. cit.*, p. 612), il s'agit également de trois conseils donnés à Salardo par son père mourant, et notamment du conseil de ne pas confier de secret à sa femme. Pour éprouver la valeur de ces conseils, Salardo, qui s'est mis au service du marquis de Montferrat, prend le plus beau faucon du marquis et le cache ; puis il montre à sa femme un autre faucon qu'il a tué, et lui dit que c'est celui du marquis : il faut qu'elle l'apprête pour le dîner et qu'elle garde le secret. La femme lui ayant fait des reproches au sujet de cette mauvaise action, il lui donne un soufflet. Alors elle va l'accuser, et le marquis le condamne à mort. Mais il n'a pas de peine à se justifier en faisant présenter au marquis par un fidèle serviteur le faucon vivant.

En Orient, un conte syriaque provenant des Juifs du district de Salamâs, en Perse, au nord-ouest du lac Ourmia (R. Duval, pp. 83-86), présente beaucoup de rapport avec le conte de Straparola : Un vizir est grand favori du sultan son maître. Un jour, il voit le bouffon de la cour en train de faire trois boules de terre ; il lui demande ce que cela signifie. Le bouffon lui répond : « Une boule représente la tête de celui qui fait la joie du sultan ; une autre, la tête de celui qui abandonne parents et amis pour s'attacher à des étrangers ; la troisième, la tête de celui qui dit à sa femme le secret de son cœur. » Le vizir réfléchit à ces paroles, qui lui paraissent dites à son intention, et il veut voir ce qu'elles peuvent avoir de sage. Le sultan a un cerf auquel il tient beaucoup : le vizir dérobe ce cerf et le remet en garde à un serviteur. Puis il fait tuer une chèvre et la fait mettre dans un sac, qu'on porte de sa part à sa femme, en lui disant de le cacher. Quand il rentre à la maison, il dit à sa femme : « Ce qu'il y a dans le sac, c'est le cerf du sultan ; je l'ai volé et tué ; dans quelques jours nous le mangerons. » Peu après le vizir cherche querelle à sa femme et la frappe. Aussitôt celle-ci court trouver le sultan, et lui dit que le vizir a volé et tué le cerf. Le sultan, furieux, ordonne de couper la tête au vizir. Celui-ci obtient un répit d'une heure et fait ramener le cerf par le serviteur à qui il l'avait confié. Puis, à la demande du sultan, il explique comment il a voulu mettre à l'épreuve les trois paroles du bouffon : maintenant il a vu ce que l'on gagne à quitter parents et amis pour s'attacher à des étrangers ; ce que le sultan lui a voulu faire, à lui son favori, pour un cerf ; enfin ce qui arrive quand on révèle à sa femme le secret de son cœur.

Nous ne ferons que mentionner un conte kalmouk, altéré, dont M. R. Kœhler a donné le résumé dans les *Gœttingische Gelehrte Anzeigen* (1871, t. I, p. 124 seq.), et nous arriverons à un conte évidemment indien, qui a été inséré dans le *Kandjour* thibétain (Schiefner, *Indische Erzählungen*, dans les *Mélanges asiatiques* de l'Académie de Saint-Pétersbourg, t. VII, p. 701). Voici, de ce conte, ce qui a du rapport avec les contes précédents : Mahaushadha est devenu le premier ministre du roi Djanaka, dont il a épousé la fille. Un jour, le roi demande à ses ministres à qui il faut confier un secret. Mahaushadha répond qu'il ne faut confier un secret à personne, et à sa femme moins encore qu'à tout autre. « Je te le ferai voir, ô roi. » Quelque temps après, le paon du roi s'étant échappé, Mahaushadha l'attrape et le cache ; puis il en prend un autre semblable et l'apporte à la princesse, sa femme. « Tu sais, » lui dit-il, « que le paon du roi s'est échappé du palais. Le voici ; fais-le moi cuire, sans en rien dire à personne. » Plus tard, il trouve moyen d'exciter la colère de sa femme, et celle-ci court aussitôt au palais raconter au roi son père l'histoire du paon. Les vers que Mahaushadha prononce en allant au supplice : « Le roi ne devient jamais un ami, le bourreau ne connaît plus personne, il ne faut pas confier un secret aux femmes, etc. », montrent que ce conte indien est une forme écourtée des contes précédents, où l'on se propose de justifier non pas un conseil, une maxime seulement, mais plusieurs.

Ce conte a pénétré chez les nègres de la Sénégambie (Bérenger-Féraud, p. 11) : Un sage, nommé Cothi Barma, ayant eu un enfant, lui laisse croître quatre touffes de cheveux, au lieu de lui raser la tête, comme cela se fait d'ordinaire chez les Ouolofs, et il dit à qui veut l'entendre : « Chacune de ces touffes représente une vérité connue de moi seul et de ma femme. » Le *Damel* (chef), son ami, à qui il a rendu de grands services, lui demande souvent quelles sont ces vérités, mais Cothi reste muet. Alors le Damel fait venir la femme du sage, et, à la fin, celle-ci lui dit : « Mon mari prétend que la première touffe signifie : Un roi n'est ni un protecteur ni un ami. La seconde : Un enfant du premier lit n'est pas un fils, c'est une guerre intestine. La troisième : Il faut aimer sa femme, mais ne pas lui dire son secret. La quatrième : Un vieillard est nécessaire dans un pays [1]. » Le Damel est très irrité de la première sentence, et il ordonne d'arrêter Cothi et de le conduire au supplice. Quand les gens du pays voient le sage en prison, un vieillard des plus influents va trouver le Damel et fait tant qu'il obtient sa grâce. Mais Cothi était déjà arrivé au lieu où il devait être décapité, et déjà un fils que sa femme avait eu d'un premier lit avait obtenu du bourreau l'autorisation de le dépouiller de ses vêtements, disant qu'ils devaient lui revenir en héritage, et qu'il ne voulait pas qu'ils fussent tachés de sang. La grâce accordée, le Damel fait des reproches publics à Cothi, qui lui répond : « C'est moi qui ai raison en tous points. La preuve qu'un roi n'est ni un ami ni un protecteur, c'est que, dans un moment d'humeur, vous m'avez condamné à mort. La preuve qu'un mari ne doit pas confier son secret à sa femme, c'est que la mienne m'a trahi auprès de vous. La preuve qu'un enfant du premier lit n'est pas un fils, mais une guerre intestine, c'est qu'au lieu de me pleurer, mon fils m'a fait dépouiller de mes habits pour les avoir sans taches. Enfin, la preuve qu'un vieillard est nécessaire à son pays, c'est que vous avez accordé ma grâce à un vieillard, quand vous l'aviez refusée à tant d'autres solliciteurs. »

---

1. Les touffes de cheveux du conte sénégambien rappellent les boules de terre du conte des Juifs de Salamâs.

LXXVIII

LA FILLE DU MARCHAND DE LYON

Il était une fois la fille d'un marchand de Lyon. Sa mère, qui ne l'aime pas, ordonne un jour à un serviteur de la tuer et de lui apporter son cœur tout vif. Le serviteur ne peut se décider à exécuter cet ordre; il prend le cœur d'un chien et le porte à sa maîtresse. La jeune fille s'enfuit dans la forêt et se cache dans le creux d'un chêne.

Un jour qu'un comte est à la chasse dans cette forêt, ses chiens s'arrêtent devant l'arbre et se mettent à aboyer. Le comte, étant arrivé, se dit qu'il y a quelqu'un de caché dans l'arbre. « Sors d'ici, créature! » dit-il, « sinon je te tue. » La jeune fille sort de l'arbre, et le comte la recueille dans son château. Bientôt il l'épouse, et elle lui donne un fils.

La mère du comte n'aime pas sa belle-fille. Un jour, la jeune femme s'en va dans son carrosse faire des emplettes à la ville, ayant avec elle son petit enfant. Le cocher et le laquais l'insultent, sachant que la mère du comte la déteste. Ils prennent l'enfant et le jettent sur la route, où il est écrasé.

La jeune femme saute en bas de la voiture, à demi morte, et se réfugie dans un village. Elle prend des habits d'homme et se fait appeler Petit-Jean.

[Ici nos notes sont tout à fait incomplètes. Dans une occasion que nous ne pouvons préciser, le comte se trouve dans la même maison que Petit-Jean, probablement dans une auberge où ce dernier est en service. Petit-Jean est invité à conter une histoire. Il fait alors le récit de tout ce qui lui est arrivé.

Le comte reconnaît sa femme et la ramène dans son château. Le cocher et le laquais sont brûlés vifs.]

REMARQUES

Ce conte se rattache, pour la première partie (jusqu'au déguisement de la jeune femme), à un groupe de contes que M. Kœhler a étudié dans ses remarques sur le conte sicilien n° 24 de la collection Gonzenbach. Il se rapproche surtout, pour cette première partie, d'un conte du Tyrol italien (Schneller, n° 50), dont voici l'analyse : Une mère, jalouse de la beauté de sa fille, charge un homme de la tuer et de lui apporter son cœur comme signe de l'exécution de cet ordre. L'homme se laisse toucher par les pleurs de la jeune fille, et apporte à la mère le cœur d'un chien. Au bout d'assez longtemps, la jeune fille, s'imaginant que sa mère a regret de sa cruauté, revient au pays. Sa mère ordonne de nouveau au même homme de la tuer et de lui apporter ses mains. L'homme coupe les mains de la jeune fille, mais ne la tue pas. Elle vit pendant longtemps dans une forêt, se réfugiant la nuit dans le creux d'un vieux saule. Un jour que le fils du roi est à la chasse, il l'aperçoit et croit d'abord que c'est un animal singulier ; il la poursuit jusqu'à son arbre. Il l'en fait sortir et l'emmène dans son château, où bientôt il l'épouse, malgré la reine sa mère. Quelque temps après il part pour la guerre, et, pendant son absence, la jeune femme accouche de deux enfants. La reine-mère envoie dire à son fils qu'elle est accouchée de petits chiens. Le prince répond qu'à son retour il verra ce qu'il y aura à faire. La reine-mère envoie un second messager pour faire savoir au prince qu'en présence de l'irritation du peuple, elle est obligée de faire brûler sur la place publique la jeune reine et sa progéniture. Mais la jeune reine a eu vent de ce dessein, et elle s'enfuit dans la forêt avec ses enfants. Elle rencontre deux personnages à l'air vénérable, saint Jean et saint Joseph, qui baptisent les enfants et donnent à la mère une belle maison dans la forêt ; puis la Sainte-Vierge lui dit de plonger ses moignons dans une certaine fontaine, et il lui repousse des mains. Au bout de six ans, le prince, étant à la chasse, s'égare dans la forêt et demande l'hospitalité dans la maison. Sa femme se fait reconnaître, et désormais ils vivent heureux.

Ce type de conte, — qui se retrouve avec quelques modifications dans le conte sicilien indiqué plus haut, dans un conte du Tyrol allemand (Zingerle, II, p. 124), dans un conte allemand (Prœhle, I, n° 36), dans un conte lithuanien (Leskien, n° 46), dans un conte de la Haute-Bretagne (Sébillot, I, n° 15), dans un conte normand (Fleury, p. 151), et, pour l'introduction, dans un conte serbe (Vouk, n° 33), — est apparenté avec une sorte de légende, bien connue au moyen âge, et dont M. le comte de Puymaigre a étudié un grand nombre de formes européennes dans son ouvrage intitulé *Folklore* (Paris, 1885). La forme littéraire la plus ancienne de cette légende se trouve dans un poème du moyen âge, le *Roman de la Manekine*, œuvre de Philippe de

Beaumanoir, le célèbre jurisconsulte du XIIIᵉ siècle. On a publié également un
« mystère » où ce roman est dramatisé. Voici, en quelques mots, le sujet de
cette histoire : Un roi de Hongrie, resté veuf, est supplié par ses barons de se
remarier. Il a promis à la défunte reine de n'épouser qu'une femme qui lui
ressemblerait ; ne trouvant cette ressemblance que dans sa fille nommée Joie,
il veut l'épouser. Celle-ci, apprenant le dessein de son père, se coupe la main
gauche, qui tombe dans une rivière. Le roi, furieux, la condamne à être
brûlée vive. Un mannequin, — de là le titre du roman, — est mis à la place
de Joie, qu'on embarque. Elle aborde en Ecosse, où le roi du pays s'éprend
d'elle et l'épouse malgré sa mère. Au bout d'un an, il part pour une expédition
lointaine ; pendant son absence, Joie met au monde un beau petit prince.
La reine-mère intercepte la lettre qui annonce au roi cet heureux évènement, et
lui en substitue une autre où l'on raconte que la jeune reine est accouchée
d'un monstre. Le roi ordonne d'attendre son retour avant de rien décider sur
le sort de Joie. A cette lettre, sa mère en substitue de nouveau une autre, où il
est enjoint au sénéchal de livrer Joie au bûcher. Cette fois encore la reine est
sauvée par un mannequin qu'on brûle à sa place, et elle s'embarque avec son
enfant. Le roi revient, découvre la vérité, fait enfermer sa mère et se met
en quête de sa femme. Au bout de sept ans, il la retrouve à Rome. Là est
aussi le roi de Hongrie, tourmenté par ses remords ; il fait dans une église une
confession publique. Joie, témoin de son repentir, se fait connaître. On
retrouve dans une fontaine la main coupée, qui jadis a été avalée par un
esturgeon, et, grâce à une bénédiction du Pape, cette main va se rattacher au
bras de la reine.

Ce trait de la main coupée, qui se retrouve dans la plupart des versions
de cette légende, figure aussi dans les divers contes populaires énumérés plus
haut : dans tous, la méchante mère ordonne à ceux qu'elle envoie tuer sa fille
de lui apporter les mains de celle-ci, en signe d'exécution de ses ordres.

M. E. Legrand, dans ses *Contes grecs* (p. 24), donne la traduction d'une autre
légende de cette famille, extraite d'un livre de piété qui a été composé au XVIIᵉ
siècle par un moine crétois et qui est encore très populaire en Grèce. Cette
forme grecque de la légende est plus voisine des contes cités au commencement
de ces remarques que la *Manekine* et les récits du même groupe. Ainsi, nous y
trouvons une reine qui, jalouse de la beauté de sa belle-fille, ordonne à un
serviteur de la tuer et de lui apporter les mains de la princesse.

Il est intéressant de constater qu'un conte syriaque du type de notre
nᵒ 28, *le Taureau d'or*, et dans lequel un père veut également épouser sa fille
(voir le résumé de la première partie de ce conte syriaque dans les remarques
de notre nᵒ 28, I, p. 279), a une seconde partie, du reste indépendante de la
première, qui présente une suite d'aventures non sans analogie avec les récits
précédents (c'est à peu près le thème de *Geneviève de Brabant*) : La jeune reine
Çabha a mis au monde deux enfants aux cheveux d'or et d'argent, un garçon
et une fille. Un jour que le prince est à la chasse, l'intendant fait d'odieuses
propositions à la reine, qui les repousse avec indignation. Alors l'intendant tue
le petit garçon et dit ensuite au prince que Çabha a cherché à le faire
tomber dans le péché et que, de dépit de voir sa résistance, elle a tué son

propre fils, pour lui attribuer ce meurtre [1]. Le prince ordonne de porter la
mère et les enfants dans la montagne, de les tuer et de lui apporter de
leur sang, pour qu'il le boive. Les serviteurs chargés de l'exécution de cet
ordre se contentent de les abandonner dans la montagne ; ils tuent un
oiseau et rapportent son sang au prince. Çabha, restée seule dans ce désert,
voit bientôt sa fille mourir ; elle prend le corps de l'enfant et celui de son
frère assassiné et les lave dans une certaine fontaine avant de les ensevelir.
Alors, par la grâce de Dieu, ils reviennent à la vie. Dieu donne aussi à Çabha
un beau château. Plus tard, le prince passe du côté de ce château. Çabha dit à
son fils de l'inviter à entrer. Elle paraît, le visage voilé, devant le prince et lui
dit de rendre un jugement sur ce qu'elle va lui exposer. Elle lui raconte alors
toute son histoire, et le prince la reconnaît.

Un conte swahili de l'île de Zanzibar n'est pas non plus sans rapport avec
le thème de la « Jeune fille aux mains coupées » ; on y retrouve, disposés
et motivés d'une façon particulière, plusieurs des éléments importants de
ce thème : la main coupée, puis miraculeusement rétablie ; la jeune fille
trouvée dans la forêt par un prince qui l'épouse, et ensuite calomniée ; enfin la
reconnaissance des deux époux. Voici ce conte swahili (E. Steere, p. 393) : Un
père, en mourant, dit à son fils et à sa fille : « Que voulez-vous avoir,
ma bénédiction ou ma fortune ? — La fortune, » dit le fils. — « La bénédiction, » dit la fille. La même chose se renouvelle à la mort de la mère [2]. Le
fils prend tout le bien ; il enlève même à sa sœur deux objets qui la faisaient
vivre, et vient enfin chez elle pour couper une plante produisant des fruits,
sa seule ressource. La jeune fille lui dit qu'avant de couper cette plante,
il faudra qu'il lui coupe la main. Il le fait. Alors elle s'en va dans la forêt
et monte sur un arbre. Ses larmes tombent sur un fils de roi, qui l'emmène
et l'épouse. Le frère de la jeune femme, apprenant où elle est, va dire au roi,
père du prince, en l'absence de ce dernier, qu'elle a eu plusieurs maris et qu'elle
les a tous tués. On la conduit hors de la ville, avec son petit enfant. Quand le
prince est de retour, on lui dit que sa femme et son fils sont morts. La
jeune femme a l'occasion de rendre service à un serpent, qui lui conseille
de tremper son bras dans un certain lac, et la main repousse. Elle vit quelque
temps chez les parents du serpent. Comme elle désire retourner chez elle,
le serpent, son obligé, lui dit : « Demandez à mon père son anneau, et à ma
mère son coffret. » Les serpents sont très affligés de cette demande, mais ils
donnent néanmoins l'anneau et le coffret. Par la vertu de l'anneau, qui fait
avoir tout ce que l'on désire, la jeune femme se procure une grande maison, à

---

1. Dans le conte italien du XVIᵉ siècle, que nous avons analysé dans les remarques de notre
nᵒ 28 (I, p. 278) et qui est très voisin du conte syriaque pour sa première partie, l'indigne père de
la jeune reine vient, sous un déguisement, tuer les enfants de celle-ci, pour lui faire attribuer
ce crime.

2. Il est curieux de retrouver à peu près ce début dans des contes écossais et irlandais : Au moment
où l'aînée de trois sœurs quitte la maison de sa mère, celle-ci lui demande si elle veut moitié
d'un gâteau avec sa bénédiction ou le tout avec malédiction. Elle préfère tout le gâteau. Même
demande est faite ensuite à chacune des deux autres filles, et la plus jeune, seule, préfère la
bénédiction. (Voir Campbell, nᵒˢ 13, 17; Kennedy, I, p. 54.) — Des contes portugais du Brésil
(Roméro, nᵒˢ 7, 20, 21) présentent un semblable passage.

côté de la ville de son mari. Le roi, le prince et leur suite viennent voir la maison ; la jeune femme les reçoit et se fait reconnaître.

Cette dernière version de cette histoire, avec son serpent reconnaissant, nous paraît avoir, sur certains points, un cachet plus primitif que les autres, une forme plus voisine de la forme originale. Apporté évidemment par les Arabes dans l'île de Zanzibar, ce conte, ainsi que la plupart des contes arabes, doit être originaire de l'Inde.

*
* *

Pour la seconde partie de notre conte, — celle où l'héroïne se déguise et est invitée à conter une histoire, en présence de son mari, qui ne l'a pas reconnue, — nous avons à citer particulièrement un conte toscan (Nerucci, nº 51). Ce conte se rapproche, pour le commencement, du conte syriaque : tous les malheurs dont Caterina est victime lui ont été suscités par son précepteur, dont elle a repoussé les propositions infâmes ; c'est sur le rapport de cet homme que le roi, père de Caterina, a ordonné à ses serviteurs de conduire celle-ci dans la forêt pour la tuer et de lui rapporter sa langue ; c'est encore le précepteur qui, après le mariage de Caterina avec un prince, égorge leur enfant, pendant l'absence du prince. — A partir de cet endroit, la ressemblance avec le conte lorrain s'accentue : Caterina, désespérée, quitte sa maison, se déguise en paysanne et s'engage comme servante dans une auberge. Il arrive qu'un jour le prince, mari de Caterina, son père et le précepteur entrent ensemble dans cette auberge, au retour d'une chasse. Le prince, qui est toujours triste depuis la disparition de sa femme, dit qu'il aimerait à entendre un conte pour se distraire. On demande à Caterina, que personne ne reconnaît sous ses habits de paysanne, d'en conter un. Alors elle raconte l'histoire de la « malheureuse Caterina ». Son père et son mari la reconnaissent, et le précepteur est brûlé vif.

En Orient, un conte arabe d'Egypte (Spitta-Bey, nº 6) offre une grande ressemblance avec ce conte toscan et avec le nôtre : L'héroïne, restée seule au pays pendant que ses parents font un pèlerinage, est en butte aux obsessions du cadi qui, sans cesse repoussé, écrit au père, pour se venger, qu'elle se conduit mal. Le père envoie son fils avec ordre d'emmener la jeune fille dans le désert, de l'y égorger et de remplir de son sang un flacon. Le frère, au lieu de la tuer, l'abandonne dans le désert, pensant qu'elle sera dévorée par les bêtes féroces, et il remplit un flacon du sang d'une gazelle. La jeune fille monte sur un arbre ; un fils de roi la voit, l'emmène et l'épouse. Il en a deux fils et une fille. Un jour, elle part avec ses enfants pour aller visiter ses parents, accompagnée d'une escorte, que commande le vizir. Celui-ci, pendant le voyage, fait des propositions criminelles à la jeune femme, et, pour briser sa résistance, tue successivement ses trois enfants. Elle trouve moyen de lui échapper. Elle rencontre un garçon qui fait paître des moutons, change de vêtements avec lui, puis s'engage comme valet chez un cafetier. De retour auprès du roi, le vizir lui dit que sa bru est une ogresse qui a mangé ses enfants et s'est enfuie dans le désert. Le roi se met immédiatement en route avec le vizir pour chercher l'ogresse et la mettre à mort. D'un autre côté, le père de la jeune femme, ayant appris que son fils ne l'avait pas tuée, dit au cadi qu'il est cause de sa fuite et qu'ils se mettront tous les trois à sa recherche. Un soir, les deux compagnies se rencontrent dans le café où sert la jeune femme. [1]. Le roi demandant si quelqu'un veut raconter une histoire, le prétendu valet raconte la sienne. On rend justice à son innocence, et le cadi ainsi que le vizir sont brûlés vifs.

1. Pour ce passage caractéristique, le conte toscan et le conte arabe se ressemblent, comme on voit, complètement. En revanche, le conte lorrain a en commun avec le conte arabe le trait du déguisement de la jeune femme en homme.

LXXIX

LE CORBEAU

Une femme veut à toute force acheter un corbeau. Son mari le lui défend. Comme il est obligé de s'absenter et qu'il se défie d'elle, il dit à un mendiant qu'il rencontre sur la route d'aller demander l'hospitalité dans sa maison : « Tu verras si ma femme a acheté quelque chose. »

Le mendiant va frapper à la porte et demande qu'on veuille bien le recevoir. « Nous ne pouvons vous loger, » dit la femme. — « Ah ! » dit le mendiant, « ayez pitié d'un pauvre homme qui ne voit goutte et n'entend goutte. — Puisqu'il ne voit goutte et n'entend goutte, » se dit la femme, « il ne me gênera pas. » Et elle ouvre la porte au mendiant. Pendant qu'il est là, feignant toujours d'être aveugle et sourd, elle achète le corbeau dont elle avait envie ; puis elle se fait du gâteau et va chercher une bouteille de vin.

Tout à coup on frappe. La femme cache vite le corbeau sous le lit, le gâteau sous la huche, et la bouteille derrière le seau. « Qui est là ? — C'est moi, » dit le mari. Elle lui apprête sa soupe, et l'homme dit au mendiant de venir manger avec lui. Pendant qu'ils sont à table, l'homme demande au mendiant de lui raconter quelque chose. « Je ne sais rien. — Depuis longtemps que vous voyagez, vous devez avoir vu bien des choses. — Eh bien ! » dit le mendiant, « je vais vous raconter ce qui m'est arrivé un jour. J'ai vu un loup aussi noir que le corbeau qui est sous votre lit ; j'ai vu une pierre aussi ronde que le gâteau qui est sous votre huche, et j'ai saigné du sang aussi rouge que le vin qui est derrière votre seau. »

Le mari tire le corbeau de dessous le lit, le gâteau de dessous la huche et la bouteille de derrière le seau.

REMARQUES

Un conte vénitien (Bernoni, I, n° 7) nous donne une forme bien complète de ce conte : La femme d'un pêcheur est infidèle à son mari. Celui-ci partant pour la pêche, elle en avertit son amant, qui lui envoie un lièvre, un fromage et une bouteille de vin. Il arrive ensuite lui-même. Cependant une tempête s'est élevée. Un vieux bonhomme vient demander l'hospitalité. La femme lui dit d'entrer, mais d'être discret. Tout à coup on sonne à la porte. La femme met le lièvre sur le manteau de la cheminée, le fromage sur la dalle du balcon, la bouteille derrière la porte, et elle cache son amant sous le lit. Elle ouvre alors à son mari, qui lui dit de lui préparer à souper. Il fait manger avec lui le vieux bonhomme, en lui demandant de lui raconter un conte. « Je n'en sais pas. — Alors racontez n'importe quoi. — Eh ! bien, je vais raconter une chose qui m'est arrivée. Passant un jour dans un champ, j'ai vu une bête aussi grande... Comment dire ?... aussi grande que le lièvre qui est sur le manteau de la cheminée. » Le mari lève les yeux et voit le lièvre. « Je lui ai jeté une pierre aussi grosse... que le fromage qui est sur le balcon. » Le mari regarde et voit le fromage. « Il a coulé autant de sang et aussi noir... que le vin qui est dans la bouteille derrière la porte. Ensuite la bête est morte, mais elle faisait des yeux... des yeux comme l'homme qui est sous le lit. » Le pêcheur prend un bâton et reconduit à grands coups le galant à la porte ; puis il corrige d'importance sa femme. Après quoi il invite le vieux bonhomme à se régaler avec lui des victuailles qui avaient été préparées pour les autres.

Ce conte vénitien, — dont un autre conte italien, recueilli à Livourne (G. Papanti, n° 2), reproduit les principaux traits, — se rattache à un thème qui se trouve parfois lié avec le thème de nos n° 10, *René et son Seigneur*, et 20, *Richedeau*. Le corbeau, dont il est parlé au commencement du conte lorrain, est un débris, qui n'a plus de signification, de certaines variantes de ce même thème. Dans ces variantes, en effet, le personnage qui correspond au mendiant donne le corbeau pour un devin et lui fait dire, par des signes de tête, ce qui s'est passé dans la maison où on l'a reçu, c'est-à-dire, en réalité, ce qu'il a vu lui-même. Nous avons donné, dans les remarques de notre n° 20, *Richedeau* (I, p. 229), une variante lorraine de ce type.

A ce propos, nous ferons remarquer qu'on a trouvé, en Orient, un conte syriaque du nord de la Mésopotamie (Prym et Socin, II, n° 71, p. 293), qui, dans sa forme assez fruste, peut être rapproché du conte vénitien et des contes dont nous venons de dire un mot : Un renard rencontre un homme et lui dit : « Veux-tu que nous nous jurions l'un à l'autre amitié de frères ? » L'homme y consent. Ils arrivent ensemble dans un village et entrent dans une maison, où une femme aux paupières fardées vient justement de tirer son pain du four. Le renard lui demande un morceau de pain ; elle le chasse. Puis elle émiette plusieurs pains tout chauds et y mélange du beurre ; cela fait, elle sort pour aller chercher son amant. Pendant ce temps, le renard et son compagnon rentrent dans la maison. Le renard dit à l'homme de se cacher dans un coffre à grain, et lui-même s'en va dans son trou. La femme, étant revenue avec son amant, le régale de pain beurré. Tout à coup on entend les pas du mari. La femme dit à son amant de se cacher dans le coffre à grain. Il s'y fourre bien vite, et s'y trouve, à sa grande surprise, avec le camarade du renard ; mais il n'ose pas faire de bruit. Le mari demande à manger à sa femme ; elle lui donne du pain dur. Sur ces entrefaites, arrive le renard, qui est sorti de son trou. Il demande du pain à la femme qui le repousse encore une fois. Alors le renard dit au mari : « Il y a ici du pain beurré. » Et il lui montre la place. « Pour qui ce pain beurré ? » dit le mari à la femme. — « Pour toi. — Pourquoi ne me l'as-tu pas présenté ? — Je l'avais oublié. — Mensonge, » dit le renard, « c'était pour tes amants qui sont dans le coffre à grain. » Le mari ouvre le coffre et y trouve les deux hommes ; il les tue et tue aussi sa femme. Puis il dit au renard de manger avec lui le pain beurré.

*
* *

Au XVIIe siècle, le Napolitain Basile insérait dans son *Pentamerone* (no 20) un conte qui ressemble beaucoup au nôtre ainsi qu'au conte vénitien : Cola Jacovo, riche et avare, voit tous les jours arriver à l'heure du dîner un « compère » qui se fait inviter. Croyant un jour que ce parasite a quitté le pays, il dit à sa femme Masella que, pour célébrer cet heureux évènement, il faut préparer un bon dîner : elle apprête donc une anguille, fait un gâteau et achète une bouteille du meilleur vin. Au moment où ils vont se mettre à table, on frappe, et Masella aperçoit par la fenêtre le compère. Vite elle met l'anguille dans le buffet, la bouteille sous le lit, le gâteau entre les coussins, et Cola se cache sous la table. Pendant ce temps, le compère, qui a tout vu par le trou de la serrure, ne cesse de heurter. Quand Masella lui ouvre enfin, il se précipite dans la chambre, l'air tout effaré, et Masella lui demandant ce qui lui est arrivé : « Pendant que j'attendais devant la porte, » dit-il, « il m'est passé entre les jambes un serpent aussi long que l'anguille que tu as mise dans le buffet. Tout tremblant, j'ai ramassé une pierre aussi grosse que la bouteille qui est sous le lit, je l'ai jetée à la tête du serpent, et, en l'écrasant, j'en ai fait un gâteau comme celui qui est là-bas entre les coussins. En mourant, le monstre me regardait avec des yeux aussi fixes que le compère là sous la table, de sorte que mon sang se glaçait dans mes veines. » A ce moment, Cola sort de dessous la table et dit si vertement son fait au compère, que celui-ci s'en va tout penaud.

*
* *

D'autres contes présentent la même idée sous une forme particulière.

Dans un conte portugais du Brésil (Roméro, no 42), un homme est marié à une femme très maniérée, qui affecte de ne jamais manger devant lui, pour lui faire croire qu'elle vit de l'air du temps. Le mari ayant remarqué cette affectation, lui dit un jour qu'il va faire un long voyage ; mais, au lieu de partir, il se cache derrière la cuisine. Dès que la femme se voit seule, elle dit à la négresse de lui préparer un tapioca bien épais pour son déjeuner. Elle mange tout. Plus tard, elle fait tuer un chapon et se le fait mettre en ragoût, avec force sauce. Elle n'en laisse rien. Plus tard encore, elle se fait accommoder des pâtes de manioc très fines pour son goûter. Le soir, elle soupe d'autres pâtes sèches et de café. Sur ces entrefaites, il tombe une forte averse. La négresse est en train de desservir, quand rentre le maître de la maison. Sa femme lui dit : « O mon mari, comment par cette pluie n'êtes-vous pas mouillé? » Le mari répond : « Si la pluie avait été aussi épaisse que le tapioca que vous avez mangé ce matin, j'aurais été aussi *saucé* que le chapon que vous avez mangé à dîner ; mais, comme elle était aussi fine que les pâtes de votre goûter, je suis resté aussi sec que les pâtes de votre souper. »

Un autre conte portugais, recueilli dans le Portugal même (Braga, nᵒ 83), ressemble beaucoup à ce conte brésilien. — Comparer un conte italien des Abruzzes (Finamore, nᵒ 52), assez altéré.

LXXX

JEAN LE PAUVRE & JEAN LE RICHE

Une veuve, qui a deux fils, a donné tout son bien au plus jeune, qu'on appelle Jean le Riche. L'aîné, Jean le Pauvre, a femme et enfants, et pas grand'chose pour les nourrir. Un jour qu'il n'a plus de lard à mettre au pot, il dit en lui-même, comme s'il parlait à son frère : « Tu m'as volé, mais je t'attraperai. » Son frère avait deux porcs ; Jean trouve moyen d'en faire mourir un, puis il se le fait donner par son frère.

Leur mère étant tombée malade, Jean le Riche fait dire à son frère de venir la voir. Jean le Pauvre y va. Il avait dans sa poche une croûte de pain qui y était bien depuis sept ans ; il la donne à la vieille femme ; la voilà qui étrangle, la voilà morte.

Jean le Pauvre dit à son frère : « Il faut lui mettre ses beaux ornements, son beau bracelet pour l'enterrer. Tu m'as volé, » disait-il en lui-même, « mais je t'attraperai. » Pendant la nuit, il va déterrer la vieille femme et la porte chez son frère, près de l'auge des chevaux. Le lendemain, Jean le Riche, effrayé, dit à son frère : « Voilà notre mère revenue ; il faut que tu m'en débarrasses. »

Jean le Pauvre promet de s'en charger si son frère lui donne de l'argent. Il porte la vieille femme sur le mur d'un baron, auprès d'un poirier, et met à côté d'elle des poires et des pommes. Le baron, étant venu à passer par là, aperçoit cette femme sur le mur. « Comment ! » crie-t-il, « tu es bien effrontée de voler mes fruits en ma présence ! » Il la jette en bas du mur ; mais, quand il la voit morte, il est bien effrayé. « Qu'est-ce qu'on va dire ? » Comme il a entendu parler de la misère de Jean le Pauvre, il pense que pour quelque argent celui-ci le sortira d'embarras. Il fait donc venir Jean le Pauvre, lui raconte l'histoire et lui demande s'il voudrait le débarrasser de cette femme. Jean le Pauvre se fait donner quatre-vingt mille francs ; puis, à minuit, il prend la vieille femme et la porte devant la maison d'un curé. Il se met à crier d'une voix lamentable : « Confession, Monsieur le curé, confession pour l'amour de Dieu ! » Le curé finit par se lever, et il trouve la femme morte. « Qu'allons-nous faire de cette femme ? » dit-il à sa servante Marguerite. — « Tirez-la bien vite dans la maison, » dit Marguerite ; « je connais un homme très pauvre qui nous en débarrassera volontiers. »

Le lendemain soir, le curé fait donc venir Jean le Pauvre, lui raconte la chose, et lui demande s'il voudrait le débarrasser de cette femme morte. « Je ferai bien cela pour vous, » dit Jean le Pauvre. Il se fait donner dix-sept mille francs ; puis il achète un âne, lie la vieille femme dessus, et conduit l'âne au marché. Arrivé là, il le laisse aller tout seul, et l'âne s'en va droit au milieu d'un étalage de poteries. Les poteries sont cassées ; la marchande, furieuse, lance une pierre à la vieille femme ; puis, croyant l'avoir tuée, elle est bien désolée.

(*La fin nous manque.*)

REMARQUES

Nous rapprocherons de ce conte d'abord un conte portugais (Braga, n° 109). Il s'agit là aussi de deux frères, l'un riche et l'autre pauvre. Ils sont brouillés depuis le partage de l'héritage paternel, dont l'aîné s'est attribué la plus grosse part. Le pauvre a beaucoup d'enfants, l'autre n'en a point. Un jour, un bouvillon appartenant au riche tombe dans un ravin et se tue. Les fils du pauvre l'en retirent et portent la viande chez leurs parents. La femme du riche, qui déteste son beau-frère, se doute de la chose ; pour savoir ce qu'il en est, elle s'enferme dans une caisse que le riche va porter chez son frère, en le priant de la lui garder quelque temps. A peine s'est-il retiré, que les fils du pauvre se mettent à rire et à plaisanter, à propos de l'histoire du bouvillon. En les entendant, la femme frémit de colère dans la caisse. A ce bruit, les jeunes gens se disent qu'il y a des rats dans la caisse, et ils y versent de l'eau bouillante par un trou qui avait été ménagé pour laisser respirer la femme. Le riche, ayant repris la caisse, trouve sa femme morte, le visage tout noir. Il croit qu'elle est morte « excommuniée », en punition de ce qu'elle a calomnié son frère. La veille de l'enterrement, on dépose le corps dans une église. Le pauvre va, pendant la nuit, le dépouiller de ses bijoux, et le dresse debout contre l'autel. Le lendemain, frayeur générale. Quand elle est enterrée, le pauvre va la déterrer, prend les bijoux dont on l'avait encore ornée, et trouve moyen de la substituer, dans un sac, à un porc que des étudiants ont volé. Les étudiants, ayant ouvert le sac, veulent se débarrasser de l' « excommuniée ». Ils la mettent debout contre une porte, et les gens de la maison la rouent de coups, croyant que c'est un voleur. Puis, s'imaginant l'avoir tuée, ils l'attachent sur un âne. Bref, après d'autres aventures, le riche, pour délivrer l'âme de sa femme, rend à son frère les biens qu'il lui a pris, et lui donne en outre beaucoup d'argent.

Dans un conte écossais (Campbell, nº 15), où il y a également deux frères, un riche et un pauvre, le pauvre a pris à son service un garçon pour l'aider dans son travail. Maître et serviteur n'ayant rien à manger que du pain sec, le garçon émet l'avis qu'il faudrait voler une vache au riche. La chose est exécutée. Le riche, se doutant que ce sont eux qui ont fait le coup et voulant s'en assurer, met sa belle-mère dans un coffre avec quelques provisions de pain et de fromage, et demande à son frère de lui garder ce coffre. La vieille femme a la consigne d'écouter tout ce qui se dira, et d'observer par un trou du coffre tout ce qui se passera. Le garçon trouve le moyen, pendant la nuit, de l'étouffer en la bourrant de fromage. (Ce passage est assez obscur.) Quand le riche reprend son coffre, il trouve dedans sa belle-mère morte. On enterre la vieille femme. Pendant la nuit, le garçon va la déterrer pour prendre la bonne toile qui l'enveloppe, et il porte le corps dans la maison du riche ; il l'assied auprès de la cheminée, les pincettes entre les genoux. Grand émoi le lendemain dans la maison. Le riche va raconter la chose à son frère. « Ce n'est pas étonnant, » dit le garçon ; « si elle revient, c'est que tu n'as pas assez dépensé pour ses funérailles. » On fait de grandes emplettes, dont la moitié reste chez le pauvre, et on enterre de nouveau la vieille. Pendant la nuit, le garçon va encore la déterrer, prend toute la bonne toile et va porter la vieille dans la cuisine du riche, où il la met debout, auprès de la table. Nouvelle frayeur et même refrain de la part du garçon. Le riche lui dit d'acheter lui-même ce qu'il faudra. Après l'enterrement, le garçon va pour la troisième fois déterrer la vieille ; il la porte dans l'écurie du riche et l'attache sur le dos d'un poulain d'un an. Le lendemain, quand le riche fait sortir la jument, le poulain suit avec la vieille sur son dos. Désespéré, le riche dit au garçon de dépenser tout ce qu'il voudra pour les funérailles, pourvu qu'on ne revoie plus la vieille. Le garçon fait faire un enterrement magnifique, et, finalement, le frère pauvre se trouve aussi riche que l'autre.

Dans un conte souabe (Meier, nº 66), un pasteur, qui soupçonne son sacristain de lui avoir volé un cochon, le prie, comme dans les deux contes précédents, de lui garder quelques jours un certain coffre, dans lequel est cachée sa belle-mère. Le sacristain, s'apercevant de la présence de celle-ci, introduit dans le coffre par une fente un morceau de soufre allumé. Il s'attendait à ce que la bonne femme appellerait au secours ; mais elle est aussitôt asphyxiée. Quand le pasteur reprend son coffre, il trouve morte la vieille. Il fait venir le sacristain et lui dit que sa belle-mère est morte subitement et qu'il craint qu'on ne lui reproche de ne pas avoir appelé de médecin. Bref, il le prie de l'enterrer secrètement. Le sacristain, au lieu de l'enterrer, la porte dans le grenier du pasteur, où une servante la trouve le lendemain, à sa grande terreur. Le sacristain dit qu'évidemment la vieille était une sorcière, puisqu'elle est revenue. Le pasteur le supplie de l'enterrer une seconde fois, lui offrant cent florins de récompense. Le sacristain porte le corps dans la forêt et le met dans la caisse d'un marchand ambulant qui dormait ; puis, quand le bonhomme se réveille, il l'engage à aller offrir sa marchandise au pasteur. Le marchand le fait ; en ouvrant sa caisse, il y trouve le corps de la vieille femme. Il pousse les hauts cris, et le pasteur est obligé de lui donner deux cents florins, et deux cents florins également au sacristain, qui, cette fois, enterre bien et dûment la vieille [1].

*
* *

On aura été frappé de la ressemblance que le conte lorrain offre avec le conte arabe du *Petit Bossu*, dans les *Mille et une Nuits*. La différence entre la marche des deux récits, c'est que, dans le conte arabe, le corps du petit bossu est porté de maison en maison par *différentes personnes*, qui successivement croient l'avoir tué, tandis que, dans le conte lorrain, c'est le *même individu* qui porte le corps de la vieille femme de place en place, à la demande, il est vrai, des diverses personnes chez lesquelles il l'a subrepticement déposé. — Dans le conte écossais, c'est, comme dans le conte lorrain, le même homme qui prend et reprend le cadavre ; mais c'est toujours dans la même maison qu'il le rapporte. Il n'y a donc plus guère, en réalité, dans ce conte écossais, de lien avec les *Mille et une Nuits*.

Presque tous les contes que nous allons avoir encore à mentionner sont construits sur le même plan général que le conte arabe. Le principal est un vieux fabliau qui, sous différentes formes, *la Longue nuit*, *le Sacristain de Cluny*, etc., appartient à la classe trop nombreuse des fabliaux « anticléricaux », si l'on peut appliquer au moyen âge cette expression de notre temps. (Voir *Histoire littéraire de la France*, t. XXIII, p. 141.) — Ce fabliau revit actuellement dans un conte norvégien (Asjbœrnsen, *Tales of the Fjeld*, p. 184), et aussi dans un conte sicilien (Pitrè, nº 165) et dans un conte italien des Abruzzes (Finamore, nº 9). On remarquera que, dans ces deux derniers contes, c'est, comme dans le nôtre, la même personne que chacun appelle successivement pour se débarrasser du cadavre ; mais, dans le conte sicilien, la personne en question n'est pas celle qui a été cause de la mort. — Un conte du Tyrol italien (Schneller, nº 58) présente la même histoire, mais fort habilement débarrassée de sa teinte « anticléricale [2]. »

1. Nous résumerons ici l'introduction de ce conte souabe, à cause de sa ressemblance avec un conte que nous avons entendu à Montiers, mais dont nous n'avons pas de notes. Voici cette introduction : Les gens d'un village ont coutume, toutes les fois qu'ils tuent un porc, d'en donner un morceau au pasteur. Celui-ci, au moment de faire tuer, lui aussi, un porc qu'il a engraissé, se dit que, s'il rend à chaque paysan un morceau en reconnaissance de ce qu'il a reçu, tout le cochon y passera. Il parle de son embarras au sacristain, qui lui donne l'avis suivant : quand le cochon sera tué, le pasteur le pendra devant sa maison et l'y laissera toute la journée ; à la nuit, il le fera subitement disparaître, et le lendemain, il dira que le cochon a été volé. Le pasteur trouve l'idée bonne et la met à exécution ; mais, la nuit venue, il ne trouve réellement plus son cochon : le sacristain est venu en tapinois l'enlever et l'a emporté chez lui. Le pasteur, fort ennuyé, se rend chez le sacristain, et lui dit qu'on lui a volé son cochon. « Oui, oui, » dit l'autre, « c'est bien là ce qu'il faut dire : les gens le croiront. » Le pasteur a beau protester que c'est vrai, le sacristain lui répète : « Mais je connais bien l'affaire ; c'est moi qui vous ai donné le conseil. » — Ce petit conte se trouve également dans les Contes portugais de M. Coelho, nº 62, et dans l'*Elite des contes du sieur d'Ouville*, livre imprimé en 1680.

2. Dans ce conte se retrouve l'épisode de l'âne et des poteries cassées.

Les contes suivants, qui ressemblent beaucoup, pour le plan, au *Petit Bossu*, ne se rapprochent plus du fabliau du moyen âge ; ce sont : un conte de la Haute-Bretagne (Sébillot, I, nº 36) [1], un conte du « pays saxon » de Transylvanie (Haltrich, nº 61, p. 292), un conte roumain, également de Transylvanie (dans la revue *Ausland*, 1856, p. 716), un conte hongrois (G. von Gaal, p. 283).

*
* *

Il a été recueilli, dans l'Extrême-Orient, un conte, qui, sur certains points, se rapproche plus du conte lorrain que le conte arabe, et sur d'autres s'en écarte davantage. C'est un conte annamite, faisant partie de la collection de M. A. Landes (nº 80) : A la suite d'aventures plus ou moins grotesques, quatre bonzes ont été tués à la fois auprès d'une auberge. La vieille qui tient l'auberge craint d'être impliquée dans une affaire d'homicide, et veut se débarrasser des cadavres. Elle en cache trois et en fait enterrer un, comme étant le corps d'un sien neveu, par un bonze qui passe et à qui elle donne bien à boire. Le bonze, étant de retour à l'auberge, voit, à sa grande stupéfaction, un cadavre tout pareil à celui qu'il vient d'enterrer. La vieille lui dit qu'il n'y a là rien d'étonnant : son neveu l'aimait tant, qu'il ne veut pas la quitter ; il faudra l'enterrer plus profondément. Le bonze emporte le corps, et la même aventure se renouvelle avec le troisième et le quatrième cadavres, que la vieille tire successivement de leur cachette. Comme notre homme reprend une dernière fois le chemin de l'auberge, il voit, en passant sur un pont, un bonze accroupi, bien vivant celui-là. « Voilà tout un jour que je t'enterre, » dit-il, « et tu reviens te faire enterrer encore ! » Et il le pousse dans le fleuve.

Ce conte annamite se retrouve presque identiquement dans un vieux fabliau allemand. L'introduction seule diffère, en ce qu'elle fait jouer à des moines, qui remplacent ici les bonzes, un rôle non plus simplement ridicule, mais odieux, comme cela a lieu dans les fabliaux dont nous parlions tout à l'heure. Voici, en quelques mots, ce fabliau allemand (Von der Hagen, *Gesammtabenteuer*, nº 62) : Une femme, avec l'aide de son mari, se débarrasse successivement de trois mauvais moines, en les amenant à se cacher dans une cuve remplie d'eau bouillante. Le mari fait jeter dans le Rhin, l'un après l'autre, les trois corps par un écolier ivre, en lui reprochant, la seconde et la troisième fois, de n'avoir pas fait ce à quoi il s'est engagé moyennant salaire. Après avoir jeté le dernier cadavre à l'eau, l'écolier voit un moine parfaitement vivant. Croyant que c'est toujours le même qui est revenu pour le contrarier, il l'empoigne et le jette dans le Rhin. — Comparer un conte sicilien (Pitrè, nº 164).

---

1. Entre autres épisodes, dans ce conte comme dans le nôtre, le corps d'une vieille femme est apporté devant la maison d'un curé, que l'on réveille sous prétexte de confession à entendre. Le commencement de ce conte est l'épisode altéré de la prétendue voleuse de fruits.

LXXXI

LE JEUNE HOMME AU COCHON

Un garçon, qui demeure avec sa mère, se dit un jour qu'il veut tâcher de gagner quelque argent. Il s'en va à la foire et achète un porc pour cinquante écus. En revenant chez lui, il passe dans une forêt où habitent des ermites. L'un d'eux lui marchande son porc et le lui achète pour cent écus ; il le paiera, dit-il, dans quinze jours.

Quand le garçon rentre au logis, sa mère lui reproche son imprudence. « Je sais où demeurent ces gens-là, » dit le garçon. « S'ils ne me donnent pas mon argent, ils auront affaire à moi. »

Les quinze jours se passent. Ne voyant venir personne, le garçon s'habille en fille et s'en va au bois, un panier au bras. Il cueille des fleurs, qu'il met dans son panier. « Que faites-vous, mademoiselle ? » lui dit un des ermites. — « Je cueille des fleurs pectorales pour donner du soulagement aux malades. » L'ermite prie la prétendue fille de venir voir son frère, qui est malade depuis longtemps. C'était justement « le maître », celui à qui le garçon avait vendu son porc.

Arrivé dans la chambre, le garçon dit aux ermites : « Allez chercher les herbes que je vais vous indiquer. Je lui ferai prendre un bain. » Les ermites une fois partis, il tire un bâton de dessous ses habits et se met à battre le malade en criant : « Paie-moi mes cent écus. — J'ai là cinquante écus, » dit le malade, « prenez-les. — Si vous ne m'apportez pas le reste dans huit jours, vous verrez. » Les autres reviennent et trouvent le malade à la mort. « Qu'est-il donc arrivé ? — C'est le marchand de cochons. Payez-le, sans quoi il m'achèvera. — Attendons qu'il revienne, » disent les autres ; « nous lui apprendrons à vivre. »

Au bout de huit jours, le garçon revient, vêtu d'une soutane. « Vous êtes Monsieur le curé ? — Non ; je suis médecin, je guéris toutes les maladies. — J'ai mon frère qui est bien malade ; il est tombé du grenier, il est près de mourir. — Je le guérirai. » Le soi-disant docteur envoie l'un allumer du feu, l'autre chercher de l'eau. Pendant ce temps, il roue de coups le malade, qui lui donne cinquante écus « pour ses peines » ; puis il détale. Le malade supplie ses frères d'aller porter ses cent écus au marchand de cochons ; mais les autres refusent. « Il nous le paiera. S'il revient, il ne nous échappera pas. »

Le garçon revient une troisième fois, déguisé en prêtre, un livre sous le bras. On le prie d'administrer le malade. Il le bat une troisième fois comme plâtre et s'esquive après avoir encore reçu cinquante écus « pour ses peines ».

Alors deux des frères du malade se décident à lui porter les cent écus. Le garçon les retient chez lui et les fait coucher dans la chambre haute ; mais ils sont pris d'une telle peur que, pendant la nuit, ils attachent ensemble deux draps de lit, descendent par la fenêtre et décampent au plus vite.

REMARQUES

Ce conte se retrouve en Provence, en Toscane, à Rome, en Sicile, en Catalogne, en Norvège.

Voici d'abord le conte romain (miss Busk, p. 336) : Le portier d'un couvent, voyant passer un paysan avec un porc, veut lui jouer un tour. Il l'interpelle et lui parle de son porc comme d'un âne. Le paysan répond que le frère portier se trompe, et que c'est un porc qu'il conduit. On appelle le père gardien pour trancher la question : s'il donne raison au frère portier, celui-ci gardera l'animal. Le père gardien, qui est de connivence avec le portier, déclare que l'animal est un âne, et le paysan est obligé de laisser son porc au couvent [1]. Pour se venger, il s'habille en fille, et, le soir, par un violent orage, il se présente à la porte du couvent, implorant un asile. Après bien des pourparlers, on le laisse entrer. Pendant la nuit, il prend un bâton et en donne fort et ferme au père gardien, en lui disant : « Ah ! vous croyez que je ne distingue pas un âne d'un cochon ! » Puis il s'esquive. Le lendemain, il revient, habillé en médecin, demandant si personne n'a besoin de ses soins. Le frère

1. Comparer, pour cette introduction, un conte indien du *Pantchatantra* (III, 3), et les remarques de M. Benfey (§ 146).

portier l'introduit auprès du père gardien, qui est tout moulu des coups reçus la
veille. Le prétendu médecin envoie les frères chercher dans les champs une certaine herbe, et, quand ils sont tous partis, il tombe à coups de bâton sur le
père gardien, en lui répétant : « Ah ! vous croyez que je ne sais pas distinguer
un âne d'un cochon ! » Et il disparaît. Au retour des frères, le père gardien leur
dit qu'ils sont justement punis : ils ont eu tort de prendre le cochon de cet
homme, bien qu'ils n'aient regardé la chose que comme une plaisanterie. On
rend le cochon au paysan, et, en outre, on lui donne un âne pour le dédom-
mager.

Le conte provençal (*Armana prouvençau*, 1880, p. 74) est à peu près identique à ce conte romain ; mais, de plus, il a une fin qu'il faut rapprocher de
celle de notre conte : Après avoir rendu à Jean sa vache, le prieur du couvent
trouve dur, non pas d'avoir été bâtonné, — c'était, dit-il, de l' « onguent de
Tu l'as mérité »,— mais d'avoir à laisser à Jean les cent écus que celui-ci s'est fait
donner. Il envoie donc le jardinier du couvent porter un petit cadeau à Jean, en
signe d'amitié, et lui redemander les cent écus. Le jardinier part avec son petit
garçon ; il arrive chez Jean, qui les invite à souper. Pendant qu'ils mangent,
l'enfant voit tout à coup une femme pendue au plafond (c'est une femme de
paille que Jean a pendue au fond de la cuisine en prévision de l'arrivée de quelqu'un du couvent). Jean dit à ses hôtes de ne pas faire attention : c'est sa
vieille mère, qu'il a pendue parce qu'il lui arrivait souvent au lit certain accident.
Le jardinier et son fils, effrayés, se gardent bien de réclamer l'argent, et, la nuit,
s'imaginant, par suite d'une ruse de Jean, qu'il leur est arrivé, à eux aussi, un
semblable accident pendant leur sommeil , ils s'enfuient par la fenêtre.

Dans le conte toscan (Pitrè, *Novelle popolari toscane*, n° 59), nous retrouvons
à peu près cette même dernière partie : là ce sont deux moines, les plus braves
du couvent, qui ont été envoyés porter de l'argent au jeune homme. Le conte
toscan commence aussi par le mauvais tour joué au jeune homme, à qui deux
moines disent successivement que son cochon est un mouton. Vient ensuite,
entre autres, l'épisode du prétendu médecin. Chaque fois qu'il bâtonne les deux
moines, le jeune homme leur répète : « Est-ce un cochon ou un mouton? »

Dans le conte catalan (*Rondallayre*, III, p. 93), un jeune homme assez
simple est envoyé par sa mère vendre un cochon. Des voleurs s'emparent du
cochon par le même moyen que les moines des contes précédents (ils disent que
c'est un bœuf). Le jeune homme, fortement grondé par sa mère, se déguise en
fille et s'en va près du château des voleurs. Le capitaine fait entrer la prétendue
jeune fille, et la mène dans sa chambre; alors le jeune homme tire un bâton de
dessous ses habits et rosse le capitaine en lui disant : « Etait-ce un cochon ou
un bœuf? » Après quoi il se fait donner trois cents livres. Sa mère lui dit
qu'elle en veut encore trois cents. Il s'habille en médecin, et, le jour suivant,
s'en va au château. On le conduit auprès du malade ; il envoie les voleurs les
uns d'un côté, les autres de l'autre. Quand il est seul, il prend un gourdin et bat
le capitaine de toutes ses forces. Il se fait encore donner trois cents livres. Sa
mère en veut encore autant. Le jeune homme, par un stratagème, attire tous
les voleurs hors du château ; puis il pénètre auprès du capitaine, qu'il bâtonne
pour la troisième fois et qu'il force à lui donner trois cents livres. Le capitaine,
craignant de le voir revenir, lui fait rendre son cochon.

Le conte sicilien n° 82 de la collection Gonzenbach se rapproche de ce conte catalan : Le capitaine d'une bande de voleurs a volé à Peppe, qui passe pour niais, une poule que celui-ci allait vendre. Peppe, pour se venger, lui joue, par quatre fois, de mauvais tours. Il s'habille notamment en fille et en médecin, et ces deux épisodes ont beaucoup de ressemblance avec les épisodes correspondants du conte catalan.

Dans un autre conte sicilien (Pitrè, n° 152), un pauvre cordonnier, qui a vendu son cochon à un père gardien et qui n'a reçu pour prix que des coups de bâton, se venge également en lui jouant toutes sortes de tours. Des épisodes analogues à ceux du conte lorrain, nous ne retrouvons ici que l'épisode du médecin. A la fin, le père gardien envoie un frère porter de l'argent au cordonnier pour qu'il laisse le couvent tranquille. Le cordonnier fait loger le frère dans une chambre haute ; mais, comme les ermites de notre conte, le frère est pris d'une telle peur qu'il s'enfuit dans la nuit.

Dans le conte norvégien (Asbjœrnsen, *Tales of the Fjeld*, p. 259), un vieil avare a attrapé un jeune garçon en lui achetant son cochon pour un prix dérisoire. Le garçon trouve moyen de le rouer de coups en diverses occasions, et lui dit, après chaque bastonnade : « C'est moi le garçon qui a vendu le cochon. » Dans ce conte, comme dans le précédent, il n'y a que l'épisode du médecin qui se rapporte directement aux épisodes de notre conte.

*
* *

M. R. Kœhler (*Zeitschrift für romanische Philologie*, t. VI) rapproche des contes de cette famille un poème du moyen âge, le *Roman de Trubert*, de Douin de Lavesne. Ce poème a été analysé dans l'*Histoire littéraire de la France* (t. XIX, p. 734 seq.). Parmi ses épisodes, un seul peut être comparé aux contes résumés ci-dessus : Un garnement, nommé Trubert, joue des tours pendables à un duc, et finit par le bâtonner, après avoir eu l'adresse de l'attacher à un arbre. Le duc ayant été rapporté dans son château en fort piteux état, on décide qu'il faut appeler des médecins de Montpellier. Trubert se déguise en médecin, se présente au château et dit qu'il a un onguent admirable ; mais, pour qu'il puisse bien appliquer cet onguent, il faut qu'on le laisse seul, enfermé avec le malade. « Peut-être l'entendrez-vous crier ; mais qu'on se garde bien de vouloir pénétrer dans la chambre, car, avant de le guérir, je dois le faire beaucoup souffrir. » On le fait entrer dans la chambre et on le laisse seul : alors il fustige le duc, qui crie et appelle en vain. Quand le malheureux est tombé en pamoison, Trubert sort en disant que le duc est endormi, et qu'il faut se garder de le réveiller. — Comme dans les contes populaires actuels, Trubert, avant de se retirer, a eu soin de se faire nommer au duc, afin que celui-ci reconnût bien en lui un infatigable persécuteur.

Ce poème du moyen âge n'a pas d'autres points de ressemblance avec le conte lorrain et les contes similaires. Le cadre est tout différent : dans ces contes, en effet, le héros a été attrapé et se venge ; dans le vieux poème français, c'est lui qui, d'un bout à l'autre, est l'attrapeur.

LXXXII

VICTOR LA FLEUR [1]

Victor La Fleur est le fils d'un riche marchand de Londres qui, devenu vieux, lui a dit de continuer son négoce. Un jour que le jeune homme est à Lyon, il voit une jeune fille très belle ; il s'informe de sa famille, et on lui dit qu'elle est la fille d'un vieux savetier. Il va trouver le bonhomme, sous prétexte de lui commander une paire de bottes, et lui demande sa fille en mariage. Le savetier a beau lui dire qu'il est trop riche pour elle ; Victor La Fleur veut absolument l'épouser, et le mariage se fait.

Quelque temps après, des arrangements de famille appellent le jeune homme à Londres. Pendant qu'il est absent, sa femme meurt. A son retour, il lui fait élever un superbe tombeau dans l'église, et tous les jours, à la même heure, il va pleurer auprès de ce tombeau.

Un jour, une belle dame blanche lui apparaît et lui donne une petite boîte contenant une pommade dont il devra frotter le cadavre de sa femme. Il le fait, et elle revient à la vie.

Des affaires l'ayant obligé de partir ensuite pour un pays éloigné, vient à passer à Lyon un régiment de dragons. Le colonel voit la jeune femme et lui propose de l'épouser. Elle finit par y consentir. Quand Victor La Fleur est de retour, il demande à son beau-père où est sa femme. Le savetier lui répond qu'elle est remariée.

1. Nous avons supprimé le fragment publié dans la *Romania* sous le même numéro 82 (*Les Devinettes du Prince de France*), qui, au jugement de M. Gaston Paris, provenait du livre populaire de *Jean de Paris*. Le conte qui le remplace est inédit.

Victor La Fleur se rend en Afrique, où les dragons sont en garnison, et s'enrôle dans le régiment; il se fait aimer de ses camarades et de ses chefs.

Un jour de grande revue, sa femme le reconnaît. Elle demande au colonel de le faire monter en grade, espérant qu'il changera de régiment, mais il reste toujours dans ce régiment de dragons. Voyant qu'elle ne peut se débarrasser de lui, elle fait préparer un grand festin, auquel Victor La Fleur est invité. Le cuisinier a reçu l'ordre de glisser un couvert dans la poche du jeune homme. A la fin du souper, le cuisinier vient dire qu'il lui manque un couvert. Chacun proteste, et La Fleur plus que personne, mais on trouve le couvert sur lui, et il est condamné à être fusillé.

Il dit alors à un vieux soldat, nommé La Ramée, son compagnon et son ami : « C'est toi qui me feras mourir. Tâche de ne pas être ivre, et vise bien au cœur. Voici ma malle et mes effets; tu y trouveras une petite boîte de pommade. Aussitôt que je serai mort, tu me frotteras avec cette pommade, et je reviendrai à la vie. » Le lendemain, La Ramée, qui n'est pas ivre, vise bien au cœur. Il fouille dans la malle de La Fleur, et, comme il y trouve de l'or et de l'argent, il va se divertir pendant huit jours, puis il est mis pour neuf jours à la salle de police. Quand il en sort, il se rappelle qu'il a oublié la recommandation de son ami. Il va au cercueil, l'ouvre et recule devant la mauvaise odeur, mais il revient bientôt avec une brosse et la pommade; il frotte le cadavre, qui se dresse sur ses pieds en disant : « Ah! te voilà donc, La Ramée! » La Fleur donne de l'argent à La Ramée en le priant de garder le secret et s'embarque pour Paris, où il entre dans la garde du roi; il devient vite sergent, puis adjudant. Un jour que la princesse fait la revue, elle remarque La Fleur et prie son père de le nommer officier, puis capitaine, commandant, colonel, général, maréchal de France, et enfin de le lui donner pour mari. Le roi y consent.

Quand La Fleur a épousé la princesse, il dit au roi qu'il désirerait passer en revue les régiments d'Afrique. Le roi l'y ayant autorisé, La Fleur passe d'abord en revue son ancien régiment. Arrivé près de La Ramée, il lui dit : « Comment ? La Ramée, tu n'as pas encore de grade, pas encore de décorations ? » Il le décore de sa propre main. Puis il dit au colonel : « Est-ce que vous n'avez pas de femme ? — Non, mon maréchal. — Vous en avez une! » Il l'envoie chercher; elle refuse d'abord de venir; à la fin pourtant elle arrive. Alors La Fleur lui reproche sa conduite, fait dégrader le colonel et nomme La Ramée colonel à sa place. Au bout d'un an, voyant que La Ramée n'est pas fait pour commander, il le prend pour aide de camp et le marie avec une sœur de la princesse.

REMARQUES

Des contes analogues ont été recueillis dans la Haute et la Basse-Bretagne, dans les Abruzzes et en Catalogne. On peut aussi rapprocher de ces divers récits un conte allemand de la collection Grimm.

Le conte de la Haute-Bretagne (Sébillot, III, nº 3) est celui qui ressemble le plus au nôtre : Un jeune homme, appelé La Rose, se marie; deux mois après, sa femme tombe malade et meurt. La Rose, très affligé, va tous les soirs pleurer sur la tombe. Un soir, un fantôme lui apparaît et lui dit d'ouvrir le cercueil; en même temps, il lui donne une petite boîte d'argent, contenant une rose : d'après son conseil, le jeune homme passe trois fois cette rose sous le nez de sa femme, et celle-ci se réveille. Quelque temps après, le jeune homme est obligé d'aller à Paris voir un sien frère. A son arrivée, il le trouve gravement malade, et, comme il est occupé à le soigner, il ne pense pas à écrire à sa femme, ainsi qu'il le lui avait promis. La femme s'inquiète et finit par le croire mort. Un capitaine des dragons verts écrit une fausse lettre lui annonçant le décès de son mari, et bientôt il épouse la prétendue veuve. — Quand La Rose voit son frère hors de danger, il retourne au pays et apprend que sa femme s'est remariée. Il se rend dans la ville où sont les dragons verts et s'engage dans le régiment; on l'emploie aux écritures. Le capitaine l'ayant pris pour secrétaire, sa femme le reconnaît, et lui-même la reconnaît aussi; mais ni l'un ni l'autre ne disent rien. La Rose est invité à dîner par le capitaine, et, pendant le repas, on lui glisse dans la poche un couvert d'argent; ensuite il est fouillé et condamné à mort comme voleur. Dans sa prison il donne de l'argent à un vieux soldat nommé La Chique, et lui indique le moyen de le ressusciter, comme il a ressuscité sa femme. Après l'exécution, La Chique dépense l'argent et ne songe qu'ensuite à remplir sa promesse. La Rose revient à la vie. — Plus tard il délivre une princesse qui apparaît toutes les nuits changée en bête, dans une chapelle, et qui fait périr tous les factionnaires. Il l'épouse et devient roi [1]. Parcourant le royaume pour inspecter ses régiments, il arrive dans la ville où les dragons verts tiennent garnison. A la revue, il dit qu'il manque un homme. On amène La Chique, qui était au violon. La Rose lui donne les épaulettes du capitaine et fait brûler celui-ci avec sa femme.

---

1. Cet épisode des apparitions de la princesse forme, à lui seul, le thème des contes suivants : deux contes allemands (Wolf, p. 258; Curtze, p. 168); un conte danois (Grundtvig, I, p. 148); un conte wende de la Lusace (Veckenstedt, p. 338, nº 5); un conte russe (Ralston, p. 274); un conte hongrois (Gaal-Stier, nº 13).

Dans le conte bas-breton (Luzel, *Légendes*, II, p. 309), qui a la même suite d'aventures, avec quelques lacunes et altérations (ainsi, la femme du héros ne meurt pas, et c'est à La Chique qu'une vieille indique une herbe au moyen de laquelle il ressuscite son camarade), nous trouvons un trait qui manquait dans le conte précédent et qui existe dans le conte catalan et dans le premier conte abruzzien, comme dans le nôtre : la femme que le héros épouse est d'une condition inférieure.

*
* *

Les deux contes des Abruzzes (Finamore, nos 42 et 70) présentent d'une façon particulière l'épisode de la résurrection de la jeune femme. Dans le premier, le mari, veillant dans l'église auprès du cercueil, voit deux serpents, dont l'un meurt, puis est ressuscité par l'autre au moyen d'une certaine herbe. Dans le second, le mari tue un petit lézard qui s'approche du cercueil, et le lézard est ressuscité par sa mère, à l'aide d'une rose. [1] — Dans le conte catalan (Maspons, p. 24), figure aussi un serpent, mais qui joue à peu près le rôle de la « dame blanche » du conte lorrain, en guidant le jeune homme vers l'autel, sur lequel est déposée la rose merveilleuse.

Dans ces trois contes, l'herbe ou la rose servent non seulement à ressusciter le jeune homme, mais encore à guérir ensuite une princesse ou, dans le conte catalan, un roi.

*
* *

Ces trois mêmes contes ont ceci de commun que le héros n'épouse pas la fille du roi ; il demande simplement à ce dernier de lui déléguer le pouvoir de châtier les coupables. Il est plus que probable que l'on a voulu adoucir le trait, étrange en effet, de la bigamie du héros. Dans notre conte et dans les contes bretons, il semblerait qu'il y ait au fond cette idée qu'en ressuscitant, les personnages entrent dans une vie nouvelle où ils oublient toutes les obligations de la vie précédente. C'est la réflexion que fait Guillaume Grimm (III, p. 27) à propos du conte allemand que nous avons mentionné plus haut.

Dans ce conte allemand (Grimm, no 16), un brave soldat a épousé une princesse qui lui a fait promettre que, si elle vient à mourir avant lui, il se fera enterrer vivant avec elle ; elle fera de même s'il meurt le premier. Quelque temps après, elle meurt, et le jeune homme est enfermé dans le caveau funéraire. Voyant un serpent, s'approcher de la morte, il le tue ; mais bientôt arrive un second serpent, apportant trois feuilles vertes qui rendent la vie au premier. Le jeune homme ressuscite sa femme par le même moyen, et confie les feuilles à la garde d'un fidèle serviteur. Depuis sa résurrection, la jeune femme paraît toute changée dans ses sentiments à l'égard de son mari. Un jour même, naviguant avec lui sur la mer, elle le jette par dessus bord, pendant son sommeil, avec l'aide du capitaine, pour lequel elle a conçu une passion coupable. Mais le servi-

---

1. Nous avons déjà dit un mot de ce thème dans les remarques de notre no 5, *les Fils du Pêcheur* (I, p. 80). Depuis lors, nous avons trouvé un conte annamite de ce type (A. Landes, no 51) : Un homme ayant tué un petit tigre, la tigresse prend quelques feuilles d'un certain arbre, les mâche et les crache sur son petit, lequel ressuscite aussitôt. L'homme, qui a assisté à cette scène du haut d'un arbre, ramasse le reste des feuilles et fait ensuite de grandes merveilles en ressuscitant les gens.

teur retire son maître de l'eau et le ressuscite à l'aide des feuilles du serpent. La vérité se découvre, et la princesse est punie de mort.

La même idée générale se retrouve en Orient, dans un conte annamite (A. Landes, nº 84) : Deux époux se sont juré que, lorsque l'un d'eux viendrait à mourir, l'autre conserverait son corps jusqu'à ce qu'il ressuscitât, et qu'il ne se remarierait pas. La femme étant morte, le mari tient sa promesse; mais bientôt interviennent les habitants du village, craignant que, si on laisse longtemps la femme sans l'enterrer, elle ne devienne un esprit malfaisant qui hanterait le pays. Le mari fait mettre le cercueil sur un radeau et s'y embarque aussi. Le radeau flotte jusqu'au « paradis occidental », où le Bouddha, touché de compassion, ressuscite la femme. Pendant que les deux époux s'en retournent, ramenés vers leur pays par un crocodile, passe un bateau chinois, dont les matelots enlèvent la femme. Le mari poursuit le bateau, monté sur le crocodile ; mais, du haut de ce bateau, la femme lui dit qu'elle a épousé le capitaine et qu'il peut prendre une autre femme. Le mari va retrouver le Bouddha, et la femme est punie.

*
* *

Notre conte ne motive le mariage du héros avec la princesse que par une fantaisie de cette dernière. Il y a là certainement une altération. Les contes bretons, on l'a vu, motivent ce mariage par l'histoire des apparitions de la princesse et de sa délivrance. Il nous semble que, dans la forme primitive, la cause devait être plutôt la guérison ou la résurrection de la princesse, obtenue, comme dans les contes abruzziens et catalan, par le moyen déjà employé dans la première partie du récit (herbe ou fleur merveilleuse).

LXXXIII

LA FLAVE DU ROUGE COUCHOT [1]

Voulez-vous que je vous raconte la *flave* du Rouge Couchot ?
— Volontiers. — Il ne faut pas dire : Volontiers. — Comment ? — Il ne faut pas dire : Comment ? — Mais... — Il ne faut pas dire : Mais.

(Le même jeu se poursuit aussi longtemps qu'on le peut, et, quand les auditeurs, impatientés, demandent si on ne leur racontera pas enfin cette « flave du Rouge Couchot, » on termine ainsi :)

Eh bien ! la voilà, la flave du Rouge Couchot.

REMARQUES

Cette facétie se retrouve, à peu de chose près, et sous le même titre : *Die Mæhr vom rothen Hahn* (le conte du Coq rouge), dans le « pays saxon » de Transylvanie (Haltrich, nᵒ 69). — On raconte de la même façon, dans le pays messin (*Mélusine*, III, p. 168), la *Fiauve du Roche Pohé* (le conte du Cochon rouge), et en Croatie (Krauss, I, nᵒ 62), l'*Histoire de l'Ours noir*.

1. Le conte du Coq rouge.

LXXXIV

LES DEUX PERDRIX [1]

Un curé, ayant reçu en cadeau deux perdrix, invita un certain monsieur à venir les manger avec lui. Le convive arriva pendant que le curé disait sa messe. « Que voulez-vous, monsieur ? » lui demanda la servante. — « Je viens dîner avec Monsieur le Curé, qui m'a invité à manger des perdrix. — Monsieur le Curé dit sa messe. Asseyez-vous en l'attendant. » Et la servante retourna à la cuisine.

De temps en temps, elle goûtait pour voir si les perdrix étaient cuites à point ; elle goûta tant et si bien que les perdrix y passèrent. Elle alla trouver le convive, qui attendait toujours. « Vous ne savez pas ? » lui dit-elle, « Monsieur le Curé a une singulière habitude : quand il invite quelqu'un à dîner, il lui coupe les deux oreilles. Ecoutez, vous allez l'entendre repasser son rasoir. »

En effet, en ce moment le curé venait de rentrer ; il était allé prendre son rasoir, et il était en train de le repasser pour découper les perdrix. « Sauvez-vous, » dit la servante à l'invité, qui ne se le fit pas dire deux fois.

A peine était-il parti, que le curé vint voir à la cuisine si tout était prêt. « Où sont les perdrix ? » demanda-t-il. — « Ah ! Monsieur le Curé, c'est votre monsieur qui vient de les emporter toutes les deux. Courez après lui ; vous pourrez encore le rattraper. »

1. Dans la *Romania*, nous n'avions pas donné ce conte, craignant qu'il ne vînt de quelque livre ou almanach. Mais, comme les rapprochements à faire sont curieux, nous nous décidons à le publier.

Le curé sortit en criant : « Hé ! monsieur, donnez-m'en au moins une ! » L'homme, croyant qu'il en voulait à ses oreilles, lui dit, toujours courant : « Vous n'aurez ni l'une ni l'autre. »

REMARQUES

Trois contes, recueillis à Balzac, canton d'Angoulême (J. Chapelot, p. 12), dans la Haute-Bretagne (Sébillot, *Littérature orale*, p. 137), et dans l'île portugaise de San-Miguel, l'une des Açores (Braga, n° 117), sont presque identiques au nôtre. Ils mettent tous en scène un curé, et tous présentent l'équivoque entre les perdrix et les oreilles. — Dans le conte breton, légèrement altéré, c'est le « recteur », comme dans notre conte, qui poursuit le prétendu voleur, en lui criant : « Donne-m'en au moins une, » pendant que l'autre répond : « Non, non, vous n'aurez ni l'une ni l'autre. » — Dans les deux autres contes, le curé a été invité par un brave homme ; c'est la femme de celui-ci qui mange les perdrix, et c'est l'homme qui crie dans le conte « balzatois » : « Moussieu le Kiuré, mais douné m'en donc ine au moins ! » ou, dans le conte portugais : « Seigneur abbé, au moins laissez-m'en une » ; et le curé qui répond : « T'en auras pas du tout ; je n'en ai pas trop de deux », ou : « Ni une ni deux. »

*
* *

Dans un conte allemand, qui a été emprunté par les frères Grimm à un livre imprimé en l'an 1700 à Salzbourg (*Grethel l'Avisée*, n° 77 de la collection Grimm), il n'est plus question d'un curé, et les perdrix sont remplacées par deux poulets. — Les perdrix reparaissent dans un livre français imprimé en 1680, *l'Elite des contes du sieur d'Ouville*. Le conte est intitulé : *D'une servante qui mangea deux perdrix, dont par une subtilité elle s'excusa*. A la fin de l'histoire, le bourgeois de Paris crie à son ami le procureur du Châtelet : « Compère, et pour le moins baillez-m'en une » ; à quoi le procureur répond : « Parbleu ! je serais bien sot ; tu n'as que faire de rire, tu n'en auras point. » — En 1519, le moine franciscain Jean Pauli insérait, dans son recueil d'anecdotes, *Schimpf und Ernst* (Plaisanteries et Choses sérieuses), cette histoire d'une servante gourmande qui mange les deux poulets dont son maître veut régaler un hôte (n° 292 de l'édition modernisée, publiée en 1870 à Heilbronn par K. Simrock).— Vers la même époque, Hans Sachs, d'après Guillaume Grimm, traitait aussi le même sujet.

Enfin, au moyen âge, nous trouvons deux fabliaux, l'un français, l'autre allemand, où les rôles sont distribués de la même façon que dans le conte « balzatois » et dans le conte portugais. Dans le fabliau français, *le Dit des perdriz* (Barbazan, éd. de Méon, III, p. 181), les personnages sont un vilain, sa femme et un chapelain, invité à manger deux perdrix que le vilain a prises ; dans le fabliau allemand (Von der Hagen, n° 30), un chevalier, sa femme et un curé, que le chevalier a convié à manger deux lièvres.

A l'occasion du conte de la collection Grimm, dont il signale la ressemblance avec le fabliau français, M. Edélestand du Méril, dans ses *Etudes sur quelques points d'archéologie et d'histoire littéraire* (Paris, 1862, p. 473), dit que Désaugiers a fait sur ce même sujet un vaudeville, *le Dîner de Madelon*.

*
* *

En Orient, nous rencontrons deux contes présentant la même idée principale que les contes européens que nous venons d'étudier.

Le premier est un conte de l'île de Ceylan (*Orientalist*, année 1884, p. 38) : Un homme fort simple, marié à une femme très rusée, s'imagine, par suite de diverses circonstances, qu'il est redevable à un prêtre bouddhiste d'un gain considérable qu'il a fait ; il dit à sa femme qu'il va aller inviter ce prêtre à dîner, pour lui donner ensuite le tiers de l'aubaine. Sa femme cherche à le détourner de cette idée ; peine inutile. Il s'en va trouver le prêtre, qui ne comprend rien à ses remerciements, et il l'oblige à le suivre. Quand ils sont en vue de la maison de l'homme, celui-ci, apercevant sa femme, dit au prêtre qu'il court voir si tout est prêt. Il demande tout bas à sa femme si on a apporté telle chose pour le repas, et, sur sa réponse négative, il s'éloigne pour l'aller chercher. Le prêtre, qui avait déjà des inquiétudes, voit ses soupçons confirmés par ce manège. Il demande à la femme ce que son mari lui a dit à l'oreille. Elle répond : « Il est allé chercher un pilon à riz pour vous en donner sur la tête. » Aussitôt le prêtre s'enfuit à toutes jambes. L'homme étant rentré : « Pourquoi, » dit-il, « le prêtre se sauve-t-il ainsi ? — Je n'en sais rien, » répond la femme ; « seulement il m'a dit de vous prier de le suivre avec un pilon à riz. » L'homme va bien vite prendre un pilon et se met à courir de toutes ses forces à la poursuite du prêtre en criant : « Arrêtez un peu, arrêtez un peu, seigneur ! » Mais le prêtre n'en court que plus fort.

C'est dans le sud de l'Inde qu'a été recueilli l'autre conte (Natêsa Sastrî, n° 11) : Un brahmane très charitable a une femme très méchante. Un jour, il reçoit la visite d'un brahmane de ses amis et l'invite à dîner. Il dit à sa femme de préparer le repas un peu plus tôt que d'ordinaire, et s'en va se baigner dans le fleuve. Pendant son absence, l'hôte, qui est assis sous la vérandah de la maison, voit avec surprise la femme déposer en grande cérémonie un gros pilon contre la muraille et lui rendre toutes sortes d'hommages. Il demande ce que cela veut dire. La femme répond que c'est ce qu'on appelle le « culte du pilon » : chaque jour, son mari prend ce pilon et en casse la tête d'un homme en l'honneur d'une déesse qu'il vénère. L'hôte est très effrayé, et, quand la femme, feignant d'avoir pitié de lui, l'engage à s'enfuir par la porte de derrière, il décampe au plus vite. Le brahmane étant de retour, il demande où est son ami. « Votre ami ! » s'écrie-t-elle d'un ton indigné ; « quel animal ! Il a voulu se faire donner ce pilon, qui vient de mes parents, et, quand j'ai refusé, il est parti tout courant par la porte de derrière. » L'honnête brahmane, aimant mieux perdre un pilon qu'un ami, prend le pilon et se met à courir après son hôte, en criant : « Arrêtez, et prenez le pilon ! — Allez où il vous plaira, vous et votre pilon, » dit l'autre ; « vous ne me reprendrez plus chez vous. »

SUPPLÉMENT AUX REMARQUES

No I. — JEAN DE L'OURS.

T. I, p. 9. — On peut rapprocher du nom de *Jean de la Meule* celui de *Meule de Moulin* que nous rencontrons, associé aux noms de *Tord-Chêne* et de *Décotte-Montagne*, dans un conte de la Haute-Bretagne (Sébillot, *Littérature orale*, p. 86).

P. 23. — Nous avons indiqué le conte allemand no 71 de la collection Grimm comme spécimen du type de conte où des personnages doués de qualités merveilleuses, force, finesse d'ouïe, etc., se mettent à la suite du héros et l'aident à mener à bonne fin des entreprises à première vue impossibles, imposées à quiconque veut épouser une certaine princesse. Un conte annamite (A. Landes, no 78) se rapproche beaucoup de ce conte, ainsi que d'un autre conte allemand (Grimm, no 164). Dans ce conte annamite, auquel il faut joindre la variante no 102, nous retrouvons en partie les mêmes personnages : ainsi, dans le conte annamite no 78, l'homme qui entend ce qui se dit partout correspond à l' « écouteur » du conte allemand no 164; l'homme qui est à l'épreuve du froid et du chaud, à l'homme qui gèle au soleil et qui a chaud dans la glace, du même conte allemand.

No III. — LE ROI D'ANGLETERRE ET SON FILLEUL.

I, p. 48. — Aux contes orientaux qui présentent le passage où le héros nourrit divers animaux mourant de faim, il faut ajouter un conte arabe des *Mille et une Nuits*, cité dans notre second volume, p. 243, et aussi un conte kabyle.

Dans ce dernier conte (A. Hanoteau, p. 282), qui, comme les autres contes kabyles, est venu évidemment de l'Inde par l'intermédiaire des Arabes, un prince veut aller conquérir la main de la fille du roi des chrétiens. Il part avec un esclave, cent chameaux et des bœufs. Arrivé dans un pays désert, il rencontre des oiseaux qui n'ont pas à manger ; il tue des bœufs et leur en distribue la chair. Quand les oiseaux sont rassasiés, ils disent au prince de leur demander ce qu'il voudra. « Je désire que vous me donniez un peu de vos plumes. — Cela est facile. Quand tu auras besoin de nous, tu les feras brûler dans le feu. » Même aventure arrive au prince avec des sangliers, qui lui donnent de leurs soies ; avec des fourmis, qui lui donnent quelque chose de leurs petites pattes, et enfin avec des abeilles, qui lui donnent quelque chose de leurs petites ailes. Plus tard, quand le roi, père de la princesse, impose au jeune homme plusieurs épreuves, les animaux reconnaissants viennent en aide à leur bienfaiteur. Ainsi, les sangliers labourent pour lui tout un champ dans l'espace d'une nuit ; les fourmis trient un mélange d'orge et d'autres graines ; les abeilles lui indiquent où est la princesse, qu'il faut reconnaître parmi les femmes de ses quatre-vingt-dix-neuf frères.

———

No V. — LES FILS DU PÊCHEUR.

I, p. 70. — Nous avons fait remarquer, — ce qui, du reste, saute aux yeux, — que les « fils du pêcheur » sont de véritables incarnations du poisson merveilleux. Cette même idée se retrouve, sous une forme étrange, dans un conte annamite (A. Landes, no 78) :

Un homme n'a pas d'enfants. Il est très cruel (selon les idées bouddhiques) et prend le poisson en empoisonnant les eaux. Au confluent de deux rivières, il y avait une énorme anguille. L'homme veut aller la prendre. Comme il va se mettre en route, un bonze cherche à le détourner de son dessein, et, ne pouvant y réussir, lui dit : « C'est assez ! puisque vous ne voulez pas faire le bien et épargner la vie de cette créature qui ne fait de mal à personne, faites-moi donner à manger, et je partirai. » L'homme fait servir au bonze des aliments rituels (aliments végétaux, cuits sans sel ni assaisonnements). Le bonze part ensuite, et l'homme jette du poison à l'anguille, qui vient morte à la surface de l'eau. « Quand on l'ouvrit, continue le récit annamite, on lui trouva dans le ventre les aliments rituels, et l'on comprit que c'était cette anguille qui s'était manifestée sous la figure du bonze. L'homme ayant mangé la chair de l'anguille, sa femme devint enceinte, et ils eurent un fils qu'ils aimaient comme l'or et le diamant. Quand il fut devenu grand, il se mit à jouer, à se griser, et fit si bien qu'il dépensa toute la fortune de la maison. Le père et la mère moururent ruinés. Alors le fils dit : « Quand on a fait le mal, le mal vous est rendu, » et il disparut, laissant au village le soin d'enterrer ses parents. Cet enfant, — conclut le conte, — était certainement l'anguille, qui s'était incarnée en lui pour se venger de son meurtrier. »

I, p. 73, note 1. — Dans un conte annamite (A. Landes, no 101), se trouve également l'histoire de l'oiseau merveilleux : celui qui en mangera la chair deviendra roi.

———

No VII. — LES DEUX SOLDATS DE 1689.

Deux contes sont à joindre aux récits orientaux que nous avons résumés, I, pp. 90-94.

Le premier est un conte annamite, un peu altéré (A. Landes, no 105) : Un voyageur, pressé par la soif, se fait descendre dans un puits par son compagnon de route. Celui-ci l'y abandonne. Etant parvenu à en sortir, Tam (c'est le nom du voyageur) s'égare et arrive à une pagode, où il demande l'hospitalité. Le gardien lui dit : « Restez, si vous voulez ; mais il y a ici quatre esprits de personnes laissées sans sépulture, qui apparaissent à la troisième veille et dévorent tout étranger. » L'homme demande qu'on lui indique un trou pour se cacher. « Voilà, » lui dit le gardien, « le trou dans lequel habitent ces démons ; c'est derrière l'entrée que vous serez le plus en sûreté. » A la troisième veille, les quatre âmes en peine reviennent d'une expédition. Sans voir Tam, elles s'arrêtent près de l'entrée de leur trou. La première dit : « A gauche, derrière cette pagode, sont enfouies dix jarres d'argent, et à droite dix jarres d'or. Et vous autres, savez-vous quelque chose de nouveau ? » La seconde dit : « Je connais quelque chose à l'aide de quoi on pourrait nous détruire. C'est une pierre de tortue (*sic*). Si quelqu'un s'empare de cette pierre, qui est à côté de la caverne, il pourra nous faire périr. » A ces mots, Tam se précipite pour s'emparer de la pierre. Les mauvais esprits essaient de se jeter sur lui pour le dévorer, mais il tient déjà la pierre et les fait périr. Il déterre ensuite le trésor, et se trouve riche. Quant à son compagnon, il a été rencontré par les mauvais esprits, qui l'ont dévoré.

Le second conte, un conte indien du Pandjab (Steel et Temple, p. 294 seq.), est mieux conservé : Un jeune prince est poussé dans un puits par ses six frères, qui voyagent avec lui. Il entend, pendant la nuit, la conversation des habitants de ce puits, un démon borgne, un pigeon et un serpent. Le serpent dit qu'il a sous lui les trésors de sept rois. Le démon raconte qu'il a rendu malade la fille du roi ; le pigeon, qu'il peut la guérir : il suffirait qu'on fît manger de sa fiente à la princesse. Le jour venu, les trois êtres mystérieux disparaissent. Le prince est retiré du puits par un chamelier qui passe. Il guérit la princesse et déterre les trésors. Le roi lui donne la main de sa fille et moitié du royaume. Les frères du jeune homme, qui se trouvent aux noces, ayant appris ses aventures, s'en vont au puits et y descendent. Mais le pigeon, s'étant aperçu que sa fiente a été enlevée, dit à ses compagnons de voir s'il n'y aurait pas là quelque voleur. Les six frères sont découverts, et le démon les dévore.

No VIII. — LE TAILLEUR ET LE GÉANT.

I, p. 100. — Un conte du sud de l'Inde (Natêsa Sastrî, no 9) a deux épisodes que nous avons déjà rencontrés dans le conte mongol du *Siddhi-Kûr* : Un brahmane a pris une seconde femme, au grand chagrin de la première. Cette nouvelle venue étant allée faire ses couches chez sa mère, le brahmane part un jour pour lui rendre visite, emportant des gâteaux qu'il doit lui offrir de la part de sa première femme. Après un jour de marche, il se couche sur le bord d'un étang et s'endort. Une troupe de cent voleurs, qui ont enlevé une princesse endormie et l'emportent dans son lit, viennent justement boire à cet étang ; ils trouvent les gâteaux, les mangent et tombent tous raides morts : les gâteaux avaient été empoisonnés par la femme du brahmane à l'intention de sa rivale. A son réveil, le brahmane coupe la tête aux cent voleurs et se fait passer pour le libérateur de la princesse. Le roi la lui donne en mariage. — Bientôt le peuple vient demander au roi d'envoyer son valeureux gendre combattre une lionne terrible à laquelle il faut livrer tous les huit jours une victime humaine. Le brahmane est obligé de soutenir sa réputation ; il se fait hisser sur un gros arbre avec toutes sortes d'armes. Voyant la lionne approcher, il est pris d'un tel tremblement que le sabre qu'il tient lui échappe de la main et va tomber juste dans la gueule de la lionne : voilà la bête tuée et le brahmane de nouveau couvert de gloire. — Plus tard, le brahmane doit faire campagne contre un puissant empereur. Le roi lui donne un cheval fougueux, sur lequel le brahmane se fait attacher, de peur de tomber ; mais aussitôt le cheval, qui n'a jamais été monté, s'emporte et court au triple galop vers une rivière derrière laquelle est campé l'ennemi. La rivière traversée, le brahmane s'accroche à un arbre miné par l'eau ; l'arbre est déraciné et le brahmane le traîne à sa suite. Les cordes qui l'attachent s'étant renflées dans l'eau et le faisant beaucoup souffrir, il ne cesse de crier : *Appa ! ayya !* (Ah ! hélas !) Or, l'empereur ennemi s'appelle justement Appayya ; ses soldats croient entendre un défi adressé à leur souverain par le guerrier qui fond sur eux, brandissant un arbre entier. Tout fuit, et le brahmane fait sa rentrée en triomphateur.

Un conte de l'île de Ceylan (*Orientalist*, II, 1885, p. 102), qui ressemble beaucoup à ce conte indien, a un commencement un peu différent. C'est pour se débarrasser, non d'une rivale, mais de son mari lui-même, qui l'exaspère par sa sottise, que la femme donne à celui-ci des gâteaux empoisonnés. (Comparer le conte indien de Cachemire et le conte mongol, résumés dans nos remarques, I, pp. 100 et 102.) Ces gâteaux sont mangés par un éléphant qui faisait la terreur du pays. Vient ensuite un épisode correspondant à celui de la lionne (ici c'est un tigre), et enfin celui de l'arbre déraciné. Ce dernier épisode, où le héros crie *Appoi !* comme le héros du conte du sud de l'Inde crie *Appa ! ayya !* montre bien l'étroite parenté qui existe entre les deux contes ; mais, dans le conte singhalais, cette exclamation ne donne lieu à aucune équivoque.

No X. — RENÉ ET SON SEIGNEUR.

A tous les contes orientaux, et notamment aux contes indiens, que nous avons analysés, I, pp. 114-120, nous pouvons ajouter un conte de l'île de Ceylan (*Orientalist*, II, 1885, p. 33) : Un jeune homme, appelé Loku-Appu, a emprunté de l'argent à des joueurs de tamtam, avec la ferme intention de ne jamais le leur rendre. Les voyant un jour de loin se diriger vers sa maison, il fait la leçon à une vieille femme et à une jeune fille, et attend ses créanciers en affectant d'être très occupé à tailler un gros bâton. Les créanciers arrivent; il les prie de s'asseoir, et presque aussitôt il frappe de son bâton la vieille femme, et la pousse dans une chambre voisine. Quelques instants après, il appelle pour avoir du bétel, et, au lieu de la vieille, c'est une jeune fille qui sort de la chambre. Voilà les créanciers fort étonnés ; Loku-Appu leur dit que son bâton a la vertu de changer les vieilles femmes en jeunes filles. Les créanciers veulent à toute force posséder ce bâton merveilleux, et, comme Loku-Appu refuse de s'en défaire, ils s'en emparent. De retour chez eux, ils essaient le bâton sur des vieilles femmes, qu'ils parviennent bien à assommer, mais non à rajeunir. Ils retournent furieux chez Loku-Appu ; celui-ci dit qu'ils ont pris le bâton par le mauvais bout. La fois d'ensuite, ils emploient le bon bout; mais le résultat est le même. Déterminés à se venger, ils saisissent Loku-Appu, qu'ils enferment dans un sac pour aller le jeter à la rivière. Pendant qu'ils l'y portent, ils entendent battre le tamtam ; il déposent le sac et vont voir de quoi il s'agit. Pendant leur absence, un Musulman, marchand d'étoffes, qui passe par là, entend Loku-Appu crier dans son sac : « Hélas ! hélas ! comment pourrai-je gouverner un royaume, moi qui ne sais ni lire ni écrire ? » Il s'approche, et, Loku-Appu lui ayant raconté qu'on l'emmène de force pour le faire roi, il lui demande la faveur de se mettre dans le sac à sa place. Les créanciers, à leur retour, jettent le sac dans la rivière, et sont bien étonnés ensuite de voir Loku-Appu en train de laver des étoffes dans cette même rivière. Loku-Appu leur dit qu'il a trouvé toutes ces étoffes au fond de l'eau et que, comme il y avait un peu de boue dessus, il les nettoie. Les créanciers, voulant avoir pareille aubaine, se font mettre dans des sacs par Loku-Appu et jeter à la rivière.

No XI. — LA BOURSE, LE SIFFLET ET LE CHAPEAU.

I, p. 125. — Nous ajouterons aux contes de cette famille dont l'introduction est analogue à celle du nôtre, un conte russe (Gubernatis, *Florilegio*, p. 75). Là, trois frères, déserteurs, arrivent dans une forêt et passent la nuit dans une cabane, où habite un vieillard ; ils montent la garde, chacun à son tour. Le vieillard, content d'eux, donne au premier un manteau qui rend invisible ; au second, une tabatière d'où sort toute une armée ; au troisième, une bourse qui se remplit d'elle-même. Suivent les aventures du plus jeune avec une femme qui est invincible au jeu de cartes, et l'histoire des pommes qui font pousser des cornes.

No XII. — LE PRINCE ET SON CHEVAL.

I, p. 154. — Nous avons dit un mot, d'après *Mélusine*, d'un conte des sauvages du Brésil. Au moment où nous corrigions les épreuves de cette partie de notre travail, nous n'avions que depuis peu de temps entre les mains la collection de contes portugais du Brésil, publiée tout nouvellement par M. Roméro,

et nous n'avions pas vu que les contes dont parle *Mélusine* avaient été joints à
cette collection. Vérification faite (Roméro, p. 198), la ressemblance signalée
est très faible : En s'enfuyant de chez l'ogresse, le héros, sur le conseil de la
fille de celle-ci, ordonne à certains paniers, qu'elle lui a fait faire, de se trans-
former en gibier de toute sorte. L'ogresse s'arrête à manger toutes ces bêtes. La
suite de ce conte très fruste n'a aucun rapport avec le thème indiqué par
Mélusine.

No XV. — LES DONS DES TROIS ANIMAUX.

Parmi les contes orientaux que nous avons cités (I, pp. 173-177) comme
renfermant le thème, plus ou moins bien conservé, de l'être mystérieux qui
cache son *âme*, sa *vie*, pour la mettre en sûreté, nous avons donné, p 175, le
résumé d'un conte indien du Kamaon. Nous ferons remarquer ici que ce conte
kamaonien offre une grande ressemblance avec le conte indien du Deccan dont
un fragment a été donné, même page. La principale différence est que le héros
est le fils et non le neveu de la princesse qui a été enlevée par le magicien. De
plus, c'est dans d'autres conditions que le jeune prince parvient à s'emparer du
perroquet dans lequel est l'âme du magicien.

Tout l'ensemble de ces deux contes du Kamaon et du Deccan se retrouve,—
chose à noter, — dans un conte allemand du Holstein (Müllenhoff, p. 404),
dans un conte allemand de la principauté de Waldeck (Curtze, p. 129) et dans
un conte norvégien (Asbjœrnsen, II, no 6). Là aussi, une princesse est retenue
captive par un magicien ; là aussi, tous les beaux-frères de cette princesse, six
princes, sont métamorphosés par le magicien (en pierres, comme dans le conte
du Deccan) ; là aussi, un seul homme de la famille, — le fiancé de la princesse, au lieu de son fils ou de son neveu, — a échappé à ce malheur, parce
qu'il est resté à la maison, et c'est cet unique survivant qui délivre la princesse.

Notons encore, en passant, que la « sirène » du conte bas-breton, cité
pp. 171-172, se retrouve dans un conte espagnol (*Biblioteca de las tradiciones
populares españolas*, I, 1884, p. 183).

No XVII. — L'OISEAU DE VÉRITÉ.

La collection Lal Behari Day renferme un conte indien du Bengale (no 19),
qui, sans être bien complet, est mieux conservé que les deux autres contes
indiens donnés dans nos remarques (I, pp. 195-196).

Ainsi, d'abord, nous y retrouvons l'introduction caractéristique des contes
de ce type : Un jour, une belle jeune fille, dont la mère est une pauvre vieille,
va faire ses ablutions dans un étang avec trois amies, filles, la première, du
ministre du roi ; la seconde, d'un riche marchand, et la dernière, du prêtre

royal. Pendant qu'elles se baignent, la fille du ministre dit aux autres :
« L'homme qui m'épousera sera un heureux homme : il n'aura jamais à
m'acheter d'habits ; le vêtement que j'ai une fois mis, ne s'use jamais ni ne se
salit. » La fille du marchand dit que le combustible dont elle se sert pour faire
la cuisine ne se réduit jamais en cendres, et dure toujours. La fille du prêtre, à
son tour, dit que, lorsqu'elle fait cuire du riz, ce riz ne s'épuise pas, et qu'il
en reste toujours dans le pot la même quantité. Enfin la fille de la pauvre
vieille dit que, si elle se marie, elle aura des jumeaux, un fils et une fille. La
fille sera divinement belle, et le fils aura la lune sur son front et des étoiles sur
la paume de ses mains. Un roi a entendu cette conversation, et, comme ses
six « reines » ne lui ont pas donné d'enfants, il épouse la fille de la vieille.

Ce sont, comme dans les autres contes indiens, les six « reines » qui veulent
supprimer les enfants de leur rivale. Elles leur font substituer par la sage-
femme deux petits chiens. Le roi, furieux contre sa « septième reine », la fait
dépouiller de ses beaux vêtements et revêtir d'habits de cuir et il l'envoie sur la
place du marché pour y être employée à écarter les corbeaux. Les enfants sont
recueillis par un potier et sa femme, après des incidents merveilleux. Devenu
grand, le jeune garçon rencontre un jour le roi à la chasse, et celui-ci remarque
la lune sur son front. Il en parle aux six reines, qui envoient la sage-femme à la
découverte. La sage-femme entre dans la maison où le frère et la sœur habitent
seuls après la mort de leurs parents adoptifs, et se donne à la jeune fille pour
sa tante. Après lui avoir fait de grands compliments de sa beauté, elle lui dit
qu'il ne lui manque, pour la rehausser, que la fleur nommée *kataki*, laquelle
se trouve au delà de l'océan, gardée par sept cents *rākshasas*, et elle engage la
jeune fille à prier son frère de la lui aller chercher.

Les aventures du jeune homme à la recherche de la fleur ressemblent beaucoup à un épisode d'autres contes indiens, résumé dans les remarques de notre
nᵒ 15, *les Dons des trois Animaux* (1, pp. 176-177). C'est la princesse, ramenée
par le jeune homme du pays des *rākshasas,* qui révèle au roi l'histoire de la per-
fidie des six reines et tout le reste.

Nᵒ XIX. — LE PETIT BOSSU.

I, p. 214. — Au sujet du flageolet qui force à danser, nous avons rappelé
le conte allemand nᵒ 110 de la collection Grimm, le *Juif dans les épines*. On a
recueilli chez les Kabyles un conte analogue (Rivière, p. 91). Dans l'un et
dans l'autre, le héros est conduit devant le juge par ceux qu'il a forcés à danser, et il l'oblige à danser lui-même.

I, p. 215. — Nous avons dit que l'épisode du batelier qui, depuis des siècles,
transporte les voyageurs de l'autre côté du fleuve, appartient en réalité à un
conte d'un autre type, dont un spécimen bien connu est un conte allemand,
le *Diable aux trois cheveux d'or* (Grimm, nᵒ 29). Il est intéressant de constater
que cet épisode se retrouve dans un conte annamite (A. Landes, nᵒ 63), qui
correspond au conte de la collection Grimm et aux contes analogues.

Dans un conte tchèque de ce type (Chodzko, p. 31), le héros qui doit rapporter à un roi trois cheveux d'or du « vieillard qui voit tout » (le soleil), arrive à une mer. Un vieux batelier, qui depuis des années passe les voyageurs, apprenant où il va, lui dit : « Si tu me promets de demander au vieillard qui voit tout quand j'aurai un remplaçant pour me délivrer de mes peines, je te passerai dans mon bateau. » — Dans le conte annamite, le pauvre homme qui s'en va trouver l' « Empereur Céleste » arrive sur le bord de la mer. Un *ba ba* (espèce de tortue de mer) sort de l'eau et lui demande : « Où voulez-vous aller ? » Le voyageur lui raconte son histoire. « Je vous passerai dans l'île, » dit le *ba ba*, « mais vous demanderez pour moi une explication. Voilà mille ans que je fais pénitence, et je reste toujours ce que je suis, sans changer d'être. » Le pauvre consent à ce qui lui est demandé ; il monte sur le dos du *ba ba*, et celui-ci le porte dans l'île.

Chose curieuse, dans une variante « veliko-russe » (Chodzko, p. 40), il n'y a pas de batelier, mais une *baleine*, couchée à la surface de l'eau et servant de passerelle d'un bord à l'autre. C'est presque le conte annamite.

No XXI. — LA BICHE BLANCHE.

I, p. 235. — Nous avons cité divers contes, et notamment un conte indien, dans lesquels une épingle, enfoncée dans la tête de l'héroïne, la transforme en oiseau.

. Dans un conte recueilli dans la région de l'Abyssinie, croyons-nous (Leo Reinisch, *Die Nuba Sprache*, Vienne, 1879, I, p. 221), un magicien enfonce des aiguilles enchantées dans la tête de sept frères, et ils sont changés en taureaux. Leur sœur les conduit au pâturage. Des hommes les tuent. La jeune fille rassemble leurs os et les enterre, et à cet endroit croissent sept palmiers.

No XXII. — JEANNE ET BRIMBORIAU.

I, p. 240. — Le conte de l'île de Ceylan, que nous avons rapproché des contes européens de « l'Homme qui revient du Paradis », se retrouve presque identiquement dans le sud de l'Inde (Natésa Sastrî, no 12) ; mais la forme singhalaise est meilleure.

I, pp. 244-245. — Nous avons cité un passage d'un conte du Cambodge. Il sera intéressant, croyons-nous, de signaler l'existence en Europe d'un conte qui ressemble beaucoup à un autre passage de ce même conte oriental.

Dans le récit cambodgien, une femme voudrait se débarrasser de son mari pour en prendre un autre. Un jour, le mari, occupé à la récolte des ignames dans la forêt, va se reposer durant la chaleur dans le temple d'un génie. Précisément pendant ce temps arrive la femme, apportant des offrandes au génie pour lui demander la mort de son mari. Celui-ci, ayant entendu sa prière, se cache derrière l'idole, et, déguisant sa voix, il ordonne à la femme d'acheter une poule couveuse et ses œufs et de servir ce mets à son mari, qui en mourra. La femme se retire et va exécuter cet ordre. Le soir, le mari mange tout ce qui lui est servi et feint de tomber gravement malade. Alors la femme fait entrer son amant, que le mari trouve moyen de faire périr. — Dans un conte du Tyrol italien (Schneller, no 58), une femme voudrait rendre son mari aveugle pour être plus libre. Elle lui dit un jour qu'elle va se confesser. Le mari, qui se méfie d'elle, lui parle d'un certain prêtre, très habile, dit-il, dans toute sorte de sciences occultes, qui se tient à tel endroit dans le creux d'un chêne. Elle s'y rend : c'est le mari lui-même qui s'est mis dans le chêne. Elle demande au prétendu magicien comment elle pourrait rendre son mari aveugle. Il répond qu'il faut lui faire cuire chaque jour une poule. De retour au logis, elle raconte que le prêtre lui a dit qu'elle devait montrer plus d'égards à son mari, le bien soigner, et chaque jour elle lui fait manger une poule. L'homme fait semblant de perdre peu à peu la vue, et, quand elle le croit tout à fait aveugle, elle appelle son amant, que le mari fait périr. (Comparer Prœhle, I, no 51, et Braga, no 113.) — Le *Pantchatantra* indien (liv. III, 16e récit) nous offre à peu près les même traits : Une femme apporte des offrandes à une déesse et lui demande le moyen de rendre son mari aveugle ; le mari, caché derrière la statue, répond qu'il faut lui donner tous les jours des gâteaux et des friandises ; plus tard il feint d'être aveugle et finalement bâtonne si bien l'amant de sa femme que celui-ci en meurt.

No XXIII. — LE POIRIER D'OR.

Pour l'arbre qui pousse à l'endroit où l'on a mis les os du mouton, comparer le conte de la région de l'Abyssinie, cité dans le supplément aux remarques de notre no 21, *la Biche blanche*.

Nous avons fait remarquer que le thème de *Cendrillon* se combine souvent avec le thème propre du *Poirier d'or*, et nous avons cité, à ce propos (I, pp. 253-254), un conte indien, dont malheureusement nous ne possédons qu'une analyse incomplète. Il a été publié tout récemment un conte annamite (A. Landes, no 22), qui présente la même combinaison.

L'introduction de ce conte annamite est altérée, mais nous y retrouvons l'animal mystérieux qui, même après avoir été tué, vient au secours de l'héroïne : Un mari et sa femme ont chacun une fille ; celle du mari s'appelle Cam ; celle de la femme, Tam. Comme elles sont de même taille et qu'on ne sait laquelle est l'aînée, leurs parents les envoient à la pêche : celle qui prendra le plus de poissons sera l'aînée. C'est Cam, la fille du mari, qui en prend le plus, mais l'autre lui dérobe sa pêche. Un génie, voyant la jeune fille pleurer, lui demande s'il ne lui reste plus rien. Elle répond qu'elle n'a plus qu'un seul poisson. Alors le génie lui dit de le mettre dans un puits et de le nourrir. Mais, un jour, la fille de la marâtre appelle le poisson, le prend et le fait cuire.

A son retour, Cam, ne trouvant plus son poisson, se met à pleurer. Le coq lui dit : « O! o! o! donne-moi trois grains de riz, je te montrerai ses arêtes. » Cam ramasse les arêtes. Le génie lui dit de les mettre dans quatre petits pots, aux quatre coins de son lit : au bout de trois mois et dix jours, elle y trouvera tout ce qu'elle désirera [1]. Elle y trouve des habits et une paire de souliers.

Ici nous entrons tout à fait dans le thème de *Cendrillon* : Cam s'en va s'habiller dans les champs ; mais ses souliers viennent à être mouillés, et elle les fait sécher. Un corbeau enlève un de ces souliers et va le porter dans le palais du prince héritier. Celui-ci fait proclamer qu'il prendra pour femme celle qui pourra chausser le soulier [2]. La marâtre ne permet pas à Cam de se rendre au palais ; mais elle y conduit sa fille à elle, sans succès. Cam se plaint et demande à tenter l'aventure. Alors la marâtre mêle des haricots et du sésame, et lui dit que, lorsqu'elle les aura triés, elle pourra y aller. Le génie envoie une bande de pigeons pour l'aider [3]. Enfin Cam va au palais, elle essaie le soulier, et le prince l'épouse.

Vient ensuite, après que Cam a été tuée par la malice de sa belle-sœur, une série de transformations dont nous avons parlé dans le second Appendice à notre introduction (I, pp. LXII-LXIII) et un dénouement dont nous avons dit un mot dans cette introduction même (I, p. XXXIX), mais que, vu son intérêt, nous donnerons ici *in extenso* : « Lorsque Tam vit revenir sa sœur, elle feignit une grande joie : « Où avez vous été si longtemps ? Comment faites-vous pour être si jolie ? Dites-le moi, que je fasse comme vous. — Si vous voulez être aussi jolie que moi, faites bouillir de l'eau et jetez-vous dedans. » Tam la crut ; elle se jeta dans de l'eau bouillante et mourut. Cam fit saler sa chair et l'envoya à la marâtre. Celle-ci crut que c'était du porc et se mit à manger. Un corbeau perché sur un arbre cria : « Le corbeau vorace mange la chair de son enfant et fait craquer ses os. » La mère de Tam, entendant ce corbeau, se mit en colère et lui dit : « C'est ma fille qui m'a envoyé de la viande ; pourquoi dis-tu que je mange la chair de ma fille ? » Mais, quand elle eut fini la provision, elle trouva la tête de Tam, et sut ainsi qu'elle était morte. »

Dans un conte sicilien (Gonzenbach, nº 48), une marâtre a fait disparaître sa belle-fille, mariée à un roi, et lui a substitué sa fille à elle. La tromperie étant découverte, le roi fait hacher en mille morceaux la fille de la marâtre et la fait saler dans un baril, en ayant soin de faire mettre la tête au fond. Puis il envoie le baril à la marâtre en lui faisant dire que c'est du thon que lui envoie sa fille. La marâtre ouvre le baril et commence à manger. Le chat lui dit : « Donne-moi quelque chose, et je t'aiderai à pleurer. » Mais elle le chasse. Quand elle arrive au fond du baril et qu'elle voit la tête de sa fille, de désespoir elle se casse la tête contre un mur. Et le chat se met à chanter : « Tu n'as rien voulu me donner ; je ne t'aiderai pas à pleurer. »

---

1. Dans un conte serbe (Vouk, nº 32), par exemple, Cendrillon recueille les os de la vache mystérieuse, comme celle-ci lui a dit de le faire, et, à la place où elle les a enterrés, elle trouve tout ce qu'elle peut désirer. Voir notre tome I, p. 252, note 2.

2. Dans la légende égyptienne de Rhodopis (Strabon, liv. XVII ; Elien, *Var.*, l. XIII), pendant que l'héroïne se baigne avec ses suivantes, un aigle enlève un de ses souliers et le laisse tomber dans le jardin du roi Psammétichus, à Memphis. Le roi, étonné de la petitesse de ce soulier, fait chercher partout celle à qui il appartient, et, l'ayant trouvée, il l'épouse.

3. Comparer, par exemple, le conte allemand de *Cendrillon* (Grimm, nº 21).

Ce même passage se retrouve, plus ou moins bien conservé, dans d'autres contes siciliens (Gonzenbach, n°s 33, 34, 49; Pitrè, n° 59) et dans un conte islandais (Arnason, p. 243) [1].

Dans une légende historique, rattachée au nom d'une reine Marguerite de Danemark (Müllenhoff, p. 18), le fils de cette reine, envoyé à Oldenbourg pour encaisser de l'argent, est saisi par les cordonniers du pays, qui le hachent menu, le salent et le renvoient ainsi à sa mère.

Un conte kabyle (Rivière, p. 55), qui se rattache au même thème que le conte sicilien cité tout à l'heure, se termine de la même façon : Après que la fille de la marâtre a été tuée, on la fait cuire et on l'envoie à sa mère et à sa sœur. Le chat intervient dans le conte kabyle comme dans le conte sicilien. « Si tu me donnes ce morceau, » dit-il, « je pleurerai d'un œil. »

Enfin, dans un conte indien (miss Stokes, n° 2), une reine qui a maltraité et tué les enfants de son mari est brûlée vive, et ses os sont envoyés à sa mère.

N° XXIX. — LA POUILLOTTE ET LE COUCHERILLOT.

Dans un conte portugais du Brésil (Roméro, p. 163), un singe a eu le bout de la queue coupé par la roue d'un chariot. Un chat s'empare de ce bout de queue. Pour le rendre au singe, il lui demande du lait ; le singe s'adresse à la vache, qui veut de l'herbe ; puis à la vieille, qui veut des souliers ; au cordonnier, qui veut des soies ; au cochon, qui veut de la pluie (*sic*). La fin de la série est absurde.

Ce conte brésilien est à citer en ce qu'il ressemble à la fois, pour la première partie de la série de personnages mis en action, à notre conte de Montiers et à la variante de Seine-et-Marne que nous avons donnée. Ainsi, nous y trouvons le chat demandant du lait et la vache de l'herbe, comme dans la variante ; la femme demandant des souliers, comme dans le conte de Montiers ; le cordonnier demandant des soies, comme dans l'un et l'autre.

Le début du conte brésilien a beaucoup de rapport avec celui d'un conte anglais, mentionné dans nos remarques (Halliwell, n° 81), où le chat ne veut rendre à la souris sa queue, que si elle va lui chercher du lait.

N° XXXII. — CHATTE BLANCHE.

II, pp. 16-23. — Nous avons eu à étudier, à l'occasion d'un épisode de ce conte, un thème que l'on peut appeler le thème des *Jeunes filles oiseaux*. Aux contes orientaux que nous avons cités, nous ajouterons un conte annamite (A. Landes, n° 53) : Dans un certain pays se trouvait une fontaine où venaient

---

1. Il n'est pas inutile de constater que ce conte islandais est une combinaison du thème de *Cendrillon* et de celui du *Poirier d'or*, comme le conte annamite.

se baigner les fées (mot-à-mot les *dames génies*). Un jour, un bûcheron emporte les vêtements de l'une d'elles qui était restée dans l'eau plus longtemps que les autres ; il refuse de les lui rendre, et elle devient sa femme. L'homme cache les vêtements au fond du grenier à riz. La fée vit pendant quelques années avec l'homme, et ils ont déjà un enfant, quand elle trouve les vêtements. Elle s'en revêt, ôtant seulement son peigne, qu'elle attache au collet de son fils. « Reste ici, » lui dit-elle ; « ta mère est une fée, ton père est un mortel ; il ne leur est pas permis de vivre longtemps unis. » Et elle s'envole. — L'homme, inconsolable, prend son fils et se rend à la fontaine ; mais il ne voit plus la fée descendre s'y baigner ; seulement des servantes viennent y puiser de l'eau. L'homme ayant soif, leur demande à boire et leur conte ses malheurs. Pendant qu'il leur parle, le petit garçon laisse tomber le peigne dans une des jarres [1]. — Quand les servantes versent l'eau, on trouve le peigne au fond de la jarre. La fée interroge les servantes, et, après avoir entendu leur récit, elle charme un mouchoir, qu'elle leur remet en leur ordonnant de retourner à la fontaine, et, si l'homme y est encore, de lui dire de mettre ce mouchoir en guise de turban et de les suivre. Les servantes le ramènent. Les deux époux restent quelque temps réunis ; mais, un jour, la fée dit à l'homme de retourner sur la terre : plus tard, elle demandera au Bouddha de retourner vivre avec lui. On le descend avec son fils, assis sur un tambour au bout d'une corde ; mais, par suite d'un malentendu, la corde est coupée, et ils tombent dans la mer, où ils périssent.

II, 23. — Pour l'épisode des tâches imposées au héros, voir le conte kabyle résumé dans le supplément aux remarques de notre n° 3.

N° XLVIII. — LA SALADE BLANCHE ET LA SALADE NOIRE.

II, pp. 121-123. — Le conte annamite suivant (A. Landes, n° 72) est à joindre aux contes orientaux cités :

De deux sœurs, l'aînée est riche ; la cadette, pauvre. Cette dernière va, un jour, demander du riz à l'autre, qui répond par un refus. La pauvre femme s'étant mise à glaner des patates dans un champ, un serpent entre dans son panier ; elle lui fait cette prière : « Mes enfants et moi, nous souffrons de la faim ; si vous voulez vous donner à nous comme nourriture, restez couché dans le panier, afin que je vous emporte à la maison pour vous faire cuire. » Le serpent reste couché, la femme le fait cuire, et il se trouve transformé en un lingot d'or. La famille devient donc riche ; on arrange la maison et on invite la sœur aînée. Celle-ci demande à sa sœur d'où lui est venue cette fortune. L'ayant appris, elle se rend dans les champs et se met à glaner comme une pauvresse. Un serpent entre dans son panier ; elle lui fait la même demande que sa sœur et le rapporte à la maison. Mais le serpent se multiplie en une foule d'autres serpents qui remplissent toute la maison, et la méchante femme meurt de leurs piqûres.

---

1. Comparer le drame birman cité, II, pp. 19-20. Le conte annamite est altéré : cet épisode du peigne devrait se passer dans le pays de la fée, où le héros finit par arriver.

II, p. 121. — Dans *Mélusine* (I, col. 43), se trouve un conte créole du même genre que le conte kariaine de Birmanie : les aventures successives de deux petites filles, l'une bonne, l'autre méchante, chez une vieille « Maman Diable ». Entre autres choses, cette dernière demande à l'enfant, après le bain, de la bien frotter, et l'enfant voit que le dos de « Maman Diable » est couvert de couteaux et de morceaux de verre cassé. Ce passage rappelle celui du conte kariaine où, en examinant la tête de la géante, la petite fille la voit remplie de serpents verts et de mille-pieds. Comparer un conte serbe (Vouk, nº 36), cité dans nos remarques.

Nº LX. — LE SORCIER.

II, p. 193. — Nous avons résumé un conte annamite, traduit par M. Abel des Michels. La collection A. Landes renferme (nº 79) un conte du même pays, qui ne diffère de ce conte que par une introduction où est expliquée l'origine de la réputation du prétendu devin. Cette introduction a un grand rapport avec celle du conte indien du Kamaon (II, p. 193) : Un homme est paresseux et menteur. Sa femme, un jour, l'envoie chercher du travail, mais il revient sans avoir rien fait que de couper un bambou. Avant de rentrer à la maison, il s'arrête derrière le mur. Justement, à ce moment, la femme, qui vient d'acheter cinq gâteaux, en donne trois à ses enfants, en leur disant de serrer les autres dans la jarre à riz, pour leur père. Celui-ci, ayant entendu la chose, entre, quelques instants après, son bambou à la main. « Femme, » dit-il, « j'ai acquis le pouvoir de découvrir les objets cachés ; voici avec quoi je les sens. Si tu as quelque chose de caché, je vais le trouver. » Sa femme lui ayant dit de chercher les deux gâteaux, il les trouve tout de suite dans la jarre à riz. — La femme va se vanter auprès de ses voisines de ce que son mari est devenu si habile. On le charge de retrouver des petits cochons perdus. Le hasard a voulu qu'il les ait aperçus dans un buisson ; il les ramène en un instant. Puis, comme il a épié les parents de sa femme, il devine du premier coup où ceux-ci ont caché de l'argent. — Vient enfin l'histoire de la tortue d'or, comme dans le conte résumé dans nos remarques.

Nº LXII. — L'HOMME AU POIS.

II, p. 212. — Nous avons donné le résumé d'un conte indien de Lucknow. Voici celui d'un autre conte indien analogue, recueilli dans le Pandjab (Steel et Temple, nº 2) :

Un rat a trouvé une racine bien sèche ; il l'offre à un homme qui ne peut réussir à allumer son feu. L'homme, en récompense, lui donne un morceau de pâte. Le rat fait cadeau de cette pâte à un potier dont les enfants crient la faim, et il en reçoit un pot. Il donne ce pot à des pâtres qui n'ont que leurs souliers pour recueillir le lait, quand ils veulent traire leurs buffles ; il leur demande un buffle en récompense et finit par l'obtenir. Vient à passer une mariée, que l'on porte en palanquin. Les porteurs se plaignant de ne pas avoir de viande à manger, il leur donne son buffle ; puis il demande qu'on lui donne la mariée. Les porteurs, craignant une mauvaise affaire, s'esquivent. Le rat emmène chez lui la mariée et l'envoie à la ville vendre des prunes sauvages. La princesse (car c'est une princesse) est reconnue par la reine sa mère, qui la retient. Le rat étant venu réclamer sa femme, on le fait asseoir sur une chaise où l'on a mis du fer rouge ; il y laisse sa queue et une partie de sa peau, et il s'enfuit en jurant qu'il ne fera plus jamais de marché avec personne.

Un conte portugais du Brésil (Roméro, p. 162) présente une forme écourtée de ce thème.

Enfin, ce même thème nous paraît se retrouver, mais tout à fait défiguré, dans un conte *nago*, recueilli chez les nègres de la Côte-des-Esclaves par un missionnaire, M. l'abbé Bouche (*Mélusine*, II, col. 123) : La tortue, ayant demandé une jeune fille en mariage, se voit éconduite. Elle rencontre, un jour, la jeune fille qui cherche des anacardes (sorte de fruit) et qui n'en trouve point. La tortue en cueille et les laisse sur le chemin. La fille passe par là, voit les anacardes et les ramasse. La tortue la laisse faire. Mais, lorsque la fille a employé les fruits, la tortue lui dit : « Rends-moi mes anacardes. — Je m'en suis servie. — Peu importe : je veux mes anacardes. — Prends l'esclave. — Non. — Prends l'enfant. — Non. — Prends la brebis. — Je ne la veux pas. — Prends ce que tu voudras dans la maison. » La tortue refuse toutes les offres et se met à chanter : « L'esclave!... fi de l'esclave! je n'en veux pas. L'enfant... fi de l'enfant! je n'en veux pas. La brebis !... fi de la brebis! Je veux la fille. » Et on est obligé de lui donner la fille.

Puisque nous revenons sur les remarques de l'*Homme au pois,* nous ajouterons encore que l'on a recueilli, chez les Tziganes de Transylvanie, un conte du même genre que le conte lorrain, mais écourté (Wlislocki, p. 15) : Le héros, un pauvre tzigane, va mendier chez une veuve qui, impatientée de son importunité, lui jette un grain de blé. Le grain de blé, confié au propriétaire d'une autre maison, est mangé par une poule, etc. Finalement le tzigane se met en possession d'un cheval. Il prête ce cheval au roi, qui passe par là et dont le cheval est malade. Arrivé dans la ville du roi, le tzigane trouve son cheval mort, et le roi lui donne, en dédommagement, beaucoup d'argent.

N° LXX. — LE FRANC VOLEUR.

II, p. 277. — Pour l'épisode du vol du cheval il faut ajouter aux contes cités un conte indien du Bengale (Lal Behari Day, p. 179) : Un roi, voulant découvrir quel est l'audacieux qui a volé, pendant la nuit, une chaîne d'or au cou de la reine, ordonne de promener par toute la ville un chameau chargé de sacs d'or. Il espère que le voleur se fera prendre en essayant de s'emparer du chameau et de sa charge. Pendant deux jours et deux nuits, rien n'arrive. La troisième nuit, le conducteur du chameau voit un religieux mendiant assis auprès d'un feu et qui l'engage à fumer une pipe avec lui. Le conducteur met pied à terre, attache le chameau à un arbre et commence à fumer. Mais le prétendu religieux a mêlé au tabac des drogues enivrantes. Le conducteur tombe bientôt dans un profond sommeil, et le voleur peut emmener le chameau.

Ce « religieux mendiant » rappelle le « capucin » du conte lorrain.

N° LXXIII. — LA BELLE AUX CHEVEUX D'OR.

II, 298-299. — Un conte arabe du Caire (Spitta-Bey, n° 4, p. 54 seq.) nous montre l'existence, en Orient, d'une des formes caractéristiques de dénouement des contes de cette famille :

Un roi veut se débarrasser de Mohammed, le fils du pêcheur. D'après le conseil de son vizir, il ordonne au jeune homme d'aller lui chercher la fille du sultan de la Terre verte, qu'il veut épouser. Un poisson reconnaissant dit à Mohammed de demander au roi de lui donner d'abord une *dahabyjeh* (sorte de bateau) d'or. La dahabyjeh étant prête, le poisson montre le chemin à Mohammed. Quand il est arrivé à la Terre verte, tout le monde vient voir la dahabyjeh d'or. La princesse veut aussi la visiter ; mais à peine est-elle entrée dans la cabine, que le jeune homme met le bâtiment en marche et enlève ainsi la princesse [1]. Alors celle-ci tire sa bague de son doigt et la jette dans la mer, où le poisson la saisit et la garde dans sa bouche. Quand le roi veut faire célébrer son mariage avec la princesse, elle demande qu'on lui rapporte d'abord son anneau. Mohammed est chargé de l'affaire, et rapporte l'anneau, que le poisson lui a donné. Alors la princesse dit au roi qu'il y a dans son pays un usage, quand une jeune fille est pour se marier : « On creuse un canal du palais jusqu'au fleuve, on le remplit de bûches et on y met le feu ; le fiancé se jette dans le feu et y marche jusqu'à ce qu'il se trouve dans le fleuve ; il y prend un bain et revient chez sa fiancée ; voilà la cérémonie du contrat de mariage dans mon pays. » Le roi fait creuser le canal et allumer le feu. On y fait d'abord entrer Mohammed, pour voir s'il en sortira sain et sauf. Le poisson a dit à Mohammed ce qu'il fallait faire. Le jeune homme se jette donc dans le feu, en se bouchant les oreilles et en disant : « Au nom de Dieu le clément, le miséricordieux », et il sort de la fournaise plus beau qu'il n'y est entré. Le roi et le vizir se jettent alors dans le feu, et sont réduits en cendres. Mohammed épouse la princesse et monte sur le trône.

1. Pour ce mode d'enlèvement, comparer, par exemple, le conte serbe n° 12 de la collection Vouk et aussi le conte allemand n° 6 de la collection Grimm.

INDEX BIBLIOGRAPHIQUE [1]

A

ARCHIV FÜR SLAVISCHE PHILOLOGIE (Berlin, années 1876 et suivantes).

ARNASON. — *Icelandic Legends, collected by Jón. Arnason.* Translated by George E. J. Powell and Eirkír. Magnússon. (2d Series. London, 1866.)

ASBJŒRNSEN. — *Norwegische Volksmæhrchen, gesammelt von P. Asbjœrnsen und Jörgen Moe.* Deutsch von Friedrich Bresemann (Berlin, 1847). 2 vol.

ASBJŒRNSEN. TALES FROM THE FJELD. — *Tales from the Fjeld.* A Second Series of Popular Tales, from the norse of P. Chr. Asbjœrnsen, by G. W. Dasent (London, 1874).

AULNOY (Mme D'). — *Contes des Fées,* par la comtesse d'Aulnoy. (La première édition est de 1698.)

AUSLAND. — *Das Ausland. Eine Wochenschrift für Kunde des geistigen und sittlichen Lebens der Vælker* (Stuttgart).

AYMONIER. — *Textes Khmers,* avec traduction sommaire par E. Aymonier (Saïgon, 1878.)

B

BAHAR-DANUSH. — *Bahar-Danush, or Garden of Knowledge,* translated from the persic, by Jonathan Scott (Shrewsbury, 1799).

BARING-GOULD. — *Appendix on Household-Stories,* by S. Baring-Gold, à la fin de *Notes on the Folk Lore,* de W. Henderson (voir à ce nom).

BASILE. — Voir au mot *Pentamerone.*

BEAUVOIS. — *Contes populaires de la Norvège, de la Finlande et de la Bourgogne,* avec des introductions par E. Beauvois (Paris, 1862).

---

1. Les noms en lettres capitales sont ceux auxquels nous renvoyons dans notre introduction et dans nos remarques. — Divers livres et revues, dont nous avons donné les titres suffisamment complets à l'endroit même où ils ont été cités, ne figurent pas dans cet Index.

BECHSTEIN. — *Deutsches Mærchenbuch*. Herausgegeben von Ludwig Bechstein (24. Ausgabe. Leipzig, 1868).

BENFEY. — Voir au mot *Pant;chatantra*.

BÉRENGER-FÉRAUD. — *Contes de la Sénégambie*, recueillis par Bérenger-Féraud (Paris, 1886).

BERNONI, I. — *Fiabe popolari veneẓiane*, raccolte da D. G. Bernoni (Venezia, 1873).

— II. — *Tradiẓioni popolari veneẓiane*, raccolte da D. G. Bernoni (Venezia, 1875).

BIBLIOTECA DE LAS TRADICIONES POPULARES ESPAÑOLAS. (Publiée par la Société du *Folk-Lore Español*, Madrid, 1884).

BIRLINGER. — *Volksthümliches aus Schwaben* (Freiburg-in-Breisgau, 1861-1862). 2 vol.

BLADÉ (J.-F.). — *Contes et proverbes populaires recueillis en Armagnac* (Paris, 1867).
— *Contes populaires recueillis en Agenais* (Paris, 1874).

BRAGA (Th.). — *Contos tradicionaes do povo portugueẓ* (Porto, sans date). 2 vol.

BRUEYRE (L.). — *Contes populaires de la Grande-Bretagne* (Paris, 1875).

BUSK (MISS). — *The Folk-lore of Rome* (London, 1874).

C

CABALLERO, I. — *Cuentos y poesias populares andaluces*, coleccionados por Fernan Caballero (Leipzig, 1866).

— II. — *Cuentos, oraciones, adivinas y refranes populares é infantiles* (Leipzig, 1878).

CAMPBELL. — *Popular Tales of the West-Highlands* (Edinburgh, 1860-1862). 4 vol.

CARNOY (E.). — *Littérature orale de la Picardie* (Paris, 1883).

CAVALLIUS. — *Schwedische Volkssagen und Mærchen*, gesammelt von G. O. Hylten Cavallius und George Stephens. Deutsch von Oberleitner (Wien, 1848).

CÉNAC-MONCAUT. — *Contes populaires de la Gascogne* (Paris, 1861).

CERQUAND. — *Légendes et Récits populaires du pays basque* (Pau, 1875-1876). 2 parties.

CHAPELOT (J.). — *Contes balzatois* (Angoulème, 1871).

CHODZKO (A.). — *Contes des paysans et des pâtres slaves* (Paris, 1864).

COELHO (A.). — *Contos populares portuguezes* (Lisboa, 1879).

COLSHORN (C. UND TH.). — *Mærchen und Sagen* (Hannover, 1854).

COMPARETTI (D.). — *Novelline popolari italiane* (Torino, 1875).

CONSIGLIERI-PEDROSO. — *Portuguese Folk-Tales* (insérés dans le volume XI des publications de la *Folk-Lore Society*, de Londres).

CONTES DES PROVINCES DE FRANCE. Publiés par P. Sébillot (Paris, 1884).

CORONEDI-BERTI (CAROLINA). — *Novelle popolari bolognesi* (Bologna, 1874). Extrait du *Propugnatore*, vol. VII.

CURTZE (L.). — *Volksüberlieferungen aus dem Fürstenthum Waldeck* (Arolsen, 1860).

D

DEULIN (CH.). I. — *Contes d'un Buveur de bière* (Paris, 4ᵉ éd., 1870).
— II. — *Contes du roi Cambrinus* (Paris, 1874).
DIETRICH (A.). — *Russische Volksmærchen* (Leipzig, 1831).
DOZON (A.). — *Contes albanais* (Paris, 1881).
DULAC (H.). — *Quatre contes arabes en dialecte cairote* (dans les *Mémoires publiés par les membres de la Mission archéologique française au Caire*. 1ᵉʳ fascicule, 1884).
DUVAL (RUBENS). — *Les Dialectes néo-araméens de Salamas* (Paris, 1883).

E

ERDELYI-STIER. — *Ungarische Sagen und Mærchen, aus der Erdelyischen Sammlung übersetzt von G. Stier* (Berlin, 1850).
EY. — *Harzmærchenbuch oder Sagen und Mærchen aus dem Oberharze* (Stade, 1862).

F

FINAMORE (G.). — *Tradizioni popolari abruzzesi* (Lanciano, 1882-1885).
FLEURY (J.). — *Littérature orale de la Basse-Normandie* (Paris, 1883).
FOLK-LORE JOURNAL
FOLK-LORE RECORD } Publiés par la *Folk-Lore Society* (Londres).
FRERE (MISS M.). *Old Deccan Days, or Hindoo Fairy Legends current in Southern India* (London, 1868).

G

GAAL (G. VON). — *Mærchen der Magyaren* (Wien, 1822).
GAAL-STIER. — *Ungarische Volksmærchen nach der aus Georg Gaals Nachlass herausgegebenen Urschrift übersetzt von G. Stier* (Pesth, 1857).
GERMANIA. — *Vierteljahrsschrift für deutsche Alterthumskunde* (Wien).
GIAMBATTISTA BASILE. *Archivio di letteratura popolare* (Napoli, 1884).
GOLDSCHMIDT (W.). — *Russische Mærchen* (Leipzig, 1883).
GONZENBACH (LAURA). — *Sicilianische Mærchen* (Leipzig, 1870).
GRIMM (J. UND W.). — *Kinder-und Hausmærchen* (Gœttingen, tomes I et II, 7ᵉ édition, 1857; t. III, 3ᵉ éd., 1856).
GRUNDTVIG. — *Dænische Volksmærchen* (2 volumes, Leipzig, 1878, 1879; le premier traduit du danois en allemand par W. Leo; le second, par A. Strodtmann).
GUBERNATIS (ANGELO DE). — ZOOLOGICAL MYTHOLOGY, *or the Legends of Animals* (London, 1870). 2 volumes.
— NOVELLINE DI SANTO-STEFANO *di Calcinaja* (Tiré à part, communiqué par M. Gaston Paris).
— FLORILEGIO. — *Florilegio delle novelline popolari* (Milano, 1883).

H

VON DER HAGEN. — *Gesammtabenteuer* (Recueil de fabliaux allemands) (Stuttgart, 1850). 3 volumes.

HAHN (J. G. VON). — *Griechische und albanesische Mærchen* (Leipzig, 1864). 2 volumes.

HALLIWELL. — *Popular Rhymes and Nursery Tales* (London, 1849).

HALTRICH (J.). — *Deutsche Volksmærchen aus dem Sachsenlande in Siebenbürgen* (Berlin, 1856).

HANOTEAU (A.). — *Essai de Grammaire kabyle* (Alger, 1858).

HAUPT (L.) UND SCHMALER (J. E.). — *Volkslieder der Wenden in der Ober-und Niederlausitz* (Grimma, 1843). 2 volumes.

HENDERSON (W.). — *Notes on the Folk-Lore of the Northern Counties of England and the Borders* (London, 1866).

I

IMBRIANI (V.). — *XII Conti Pomiglianesi* (Napoli, 1876).
— *La Novellaja Fiorentina, Fiabe e Novelline* (Livorno, 1877).

INDIAN ANTIQUARY. *A Journal of oriental research in archæology, history, literature, languages, philosophy, religion, folklore, etc.* (Bombay).

INDISCHE STUDIEN, herausgegeben von Albrecht Weber (le tome XV est daté de 1878).

INDISCHE STREIFEN, herausgegeben von Demselben (le tome II est de 1869).

J

JAGITCH (V.). — *Aus dem südslavischen Mærchenschatz* (dans l'*Archiv für slavische Philologie*, I, pp. 267-289; II, pp. 614-641; V, pp. 17-79).

JANNSEN (H.). — *Mærchen und Sagen des estnischen Volkes* (Dorpat, 1881). *Erste Lieferung*.

JÜLG (B.). — Voir au mot *Siddhi-Kür*.

K

KENNEDY (P.), I. — *The Legendary Fictions of the Irish Celts* (London, 1866).
— II. — *The Fireside Stories of Ireland* (Dublin, 1875).

KNOOP (O.).— *Volkssagen, Erzæhlungen, Aberglauben, Gebræuche und Mærchen aus dem œstlichen Hinterpommern* (Posen, 1885).

KNUST. — *Italienische Mærchen* dans le *Jahrbuch für romanische und englische Literatur* (VII, pp. 381-401).

KRAUSS (F.). — *Sagen und Mærchen der Süd-Slaven* (Leipzig, 1883, 1884). 2 volumes.

KREMNITZ (MITE). — *Rumænische Mærchen, übersetzt* (Leipzig, 1883).

KREUTZWALD (F.).— *Ehstnische Mærchen übersetzt von F. Löwe*. 1re partie (Halle, 1869) ; — 2e partie (Dorpat, 1881).

KUHN (A.). — *Mærkische Sagen und Mærchen* (Berlin, 1843).

— *Sagen, Gebræuche und Mærchen aus Westfalen* (Leipzig, 1859), 2 volumes.

KUHN (A.) UND SCHWARTZ (W.). — *Norddeutsche Sagen, Mærchen und Gebræuche* (Leipzig, 1848).

L

LAL BEHARI DAY. — *Folk-tales of Bengal* (London, 1883).

LANDES (A.). — *Contes et légendes annamites* (dans le recueil paraissant à Saïgon et intitulé : *Cochinchine française. Excursions et Reconnaissances*). 5 parties, publiées de novembre 1884 à janvier 1886.

LÉGER (L.). — *Recueil de contes populaires slaves* (Paris, 1882).

LEGRAND (E.). *Recueil de contes populaires grecs* (Paris, 1881).

LESKIEN (A.) UND BRUGMAN (K.). — *Litauische Volkslieder und Mærchen aus dem preussischen und dem russischen Litauen*. (Strassburg, 1882).

LOOTENS. — *Oude Kindervertelsels in der Brugschen Tongval* (Brussel, 1868).

LUZEL (F.-M.). — *Contes bretons* (Quimperlé, 1870).

— *Rapports (5) sur une Mission en Basse-Bretagne, ayant pour objet des recherches sur les traditions orales des Bretons armoricains, contes et récits populaires* (Extraits des *Archives des Missions scientifiques et littéraires*, 1871-1872).

— *Veillées bretonnes* (Morlaix, 1879).

— *Légendes chrétiennes de la Basse-Bretagne* (Paris, 1881). 2 volumes.

M

MAC CALL THEAL (G.). — *Kaffir Folklore* (London, 1882).

MASPERO (G.). — *Les contes populaires de l'Egypte ancienne*, traduits et commentés (Paris, 1882).

MASPONS. — *Rondallayre* (voir ce mot).

— *Cuentos populars catalans*, per Fr. Maspons y Labros (Barcelona, 1885).

MEIER (E.). — *Deutsche Volksmærchen aus Schwaben* (Stuttgart, 1852).

MÉLUSINE. *Revue de mythologie, littérature populaire, traditions et usages* (Paris, 1er volume, 1877 ; 2e vol., 1884-1885).

MEYER (G.). — *Albanesische Mærchen* (extrait de l'*Archiv für Litteratur-Geschichte*, t. XII).

MICHELS (ABEL DES). — *Chrestomathie cochinchinoise, recueil de textes annamites* (Paris, 1872).

MIJATOWICS (Csedomille).— *Serbian Folk-lore. Popular Tales selected and translated* (London, 1874).

MIKLOSISCH. — *Ueber die Mundarten und die Wanderungen der Zigeuner Europa's* (dans les Mémoires de l'Académie de Vienne, t. XXIII, 1874).

MILLE ET UNE NUITS, *édition de Breslau.* — *Tausend und Eine Nacht.* Zum erstenmal aus einer Tunesischen Handschrift übersetzt von M. Habicht, F. H. von der Hagen und Karl Schall (Breslau, 1825).

MINAEF. — *Indiiskia Skaski y Legendy* (Saint-Pétersbourg, 1877).

MITFORD (A.- B.). — *Tales of Old Japan* (London, 1871). 2 volumes.

MÜLLENHOFF (K.). — *Sagen, Mærchen und Lieder der Herzogthümer Schleswig Holstein und Lauenburg* (Kiel, 1845).

N

NAAKÉ (J.). — *Slavonic Fairy Tales, collected and translated* (London, 1874).

NATÊSA SASTRÎ. — *Folklore in Southern India* (Bombay, 1884, 1886). 2 parties.

NERUCCI (G.). — *Sessanta Novelle popolari Montalesi* (Firenze, 1880).

O

ORIENT UND OCCIDENT *insbesondere in ihren gegenseitigen Beziehungen. Forschungen und Mittheilungen.* Eine Vierteljahrsschrift (Gœttingen, 1860-1866).

ORIENTALIST (THE). *A Journal of Oriental Literature, Arts and Sciences, Folklore, etc.* (Kandy, Ceylon, 1884 seq.).

ORTOLI (J. B. F.). — *Les Contes populaires de l'île de Corse* (Paris, 1883).

P

PANTSCHATANTRA : *Fünf Bücher indischer Fabeln, Mærchen und Erzæhlungen.* .Aus dem Sanskrit übersetzt mit Einleitung und Anmerkungen von Theodor Benfey (Leipzig, 1859). 2 volumes.

PAPANTI (G.). — *Novelline popolari livornesi* (Livorno, 1877).

PENTAMERONE (DER), *oder das Mærchen aller Mærchen,* von Giambattista Basile. Aus dem Neapolitanischen übersetzt von Felix Liebrecht (Breslau, 1846). 2 volumes.

PITRÈ (G.). — *Fiabe, novelle e racconti popolari siciliane* (Palermo, 1875). 4 vol.
— *Otto fiabe e novelle siciliane* (1873).
— *Nuovo saggio di fiabe e novelle popolari siciliane* (Imola, 1873).
— *Novelle popolari toscane* (Firenze, 1885).

PRATO (STAN.). — *Quattro novelline popolari livornesi* (Spoleto, 1880).

PROEHLE (H.). I. — *Kinder-und Volksmærchen* (Leipzig, 1853).
— II. — *Mærchen für die Jugend* (Halle, 1854).

PRYM (E). UND SOCIN (A.). — *Der neu-aramæische Dialekt des Tûr 'Abdîn* (Gœttingen, 1881). 2 volumes.

R

RADLOFF (W.). — *Proben der Volksliteratur der Türkischen Stæmme Süd-Sibiriens* (Saint-Pétersbourg, 1866-1872). 4 volumes.

RALSTON (W. R. S.). — *Russian Folk-tales* (London, 1873).

RIVIÈRE (J.). — *Recueil de contes populaires de la Kabylie du Djurdjura* (Paris, 1882).

Roméro (S.). —*Contos populares do Brazil* (Lisboa, 1885).

Rondallayre. — *Lo Rondallayre. Quentos populars catalans, colleccionats per Fr. Maspons y Labros* (Barcelona, 1875).

Roumanian Fairy Tales *and Legends* (London, 1881). Sans nom d'auteur.

Royal Hibernian Tales (Dublin, sans date ni nom d'auteur).

S

Schambach (G.) und Müller (W.). — *Niedersæchsische Sagen und Mærchen* (Gœttingen, 1855).

Schiefner (A.). — *Awarische Texte* (Saint-Pétersbourg, 1873). Extrait des *Mémoires de l'Académie de Saint-Pétersbourg*, VIIe série, tome XIX, no 6.

Schleicher (A.). — *Litauische Mærchen, Sprichworte, Rætsel und Lieder* (Weimar, 1857).

Schmidt (B). — *Griechische Mærchen, Sagen und Volkslieder* (Leipzig, 1877).

Schneller — *Mærchen und Sagen aus Wælschtirol* (Innsbruck, 1867).

Schott (Arthur und Albert). — *Walachische Mærchen* (Stuttgart, 1845).

Sébillot (P.).—*Contes populaires de la Haute-Bretagne* (Paris, 1880, 1881, 1882). 3 volumes.

— *Littérature orale de la Haute-Bretagne* (Paris, 1881).

Siddhi-Kür. — *Kalmükische Mærchen. Die Mærchen des Siddhi-Kür, aus dem Kalmükischen übersetzt von B. Jülg* (Leipzig, 1866).

— *Mongolische Mærchen. Die neun Nachtrags-Erzæhlungen des Siddhi-Kür und die Geschichte des Ardschi-Bordschi Chan. Aus dem Mongolischen übersetzt von B. Jülg* (Innsbruck, 1868).

Simrock (K.). — *Deutsche Mærchen* (Stuttgart, 1864).

Somadeva. — *Die Mærchensammlung des Somadeva Bhatta aus Kaschmir. Aus dem Sanskrit übersetzt von H. Brockhaus* (Leipzig, 1843).

— *Kathâ Sarit Sâgara*, translated by C. H. Tawney (Calcutta, 1880-1884). 2 volumes.

Spitta-Bey. — *Contes arabes modernes* (Leyde, 1883).

Steel (F. A.) and Temple (R. C.). — *Wide-awake Stories. A Collection of tales told in the Panjab and Kashmir* (Bombay, 1884).

Steere (E.). — *Swahili Tales* (London, 1870).

Stœber (A.). — *Elsæssisches Volksbüchlein* (Strasbourg, 1842).

Stokes (miss M.). — *Indian Fairy Tales* (London, 1880).

Strackerjan (L.). — *Aberglauben und Sagen aus dem Herzogthum Oldenburg* (Oldenburg, 1867). 2 volumes.

Straparola. —*Die Mærchen des Straparola. Aus dem Italienischen von Val. Schmidt* (Berlin, 1817).

Sutermeister. — *Kinder-und Hausmærchen aus der Schweiz* (Aarau, 1869).

T

Thorburn (S. S.) — *Bannú or Our Afghan Frontier* (London, 1876).

Toeppen. — *Aberglauben aus Masuren*, mit einem Anhange, enthaltend : *Masurische Sagen und Mærchen* (Danzig, 1867).

TROUDE (A.) ET MILIN (G.). — *Le Conteur Breton* (Brest , 1870).

TUTI-NAMEH. — *Touti Nameh, eine Sammlung persischer Mærchen von Nechshebi.* Deutsch von Iken (Tübingen, 1822).

— *Tuti-Nameh. Nach der türkischen Bearbeitungt übersetzt von G. Rosen* (Leipzig, 1858). 2 volumes.

V

VECKENSTEDT (E.). — *Wendische Sagen , Mærchen und aberglaübische Gebræuche* (Graz , 1880).

VERNALEKEN. — *Œsterreichische Kinder-und Hausmærchen* (Wien , 1864).

VINSON (J.). — *Le Folk-lore du pays basque* (Paris, 1883).

VISENTINI (I.). — *Fiabe Mantovane* (Torino, 1879).

VOUK. — *Volksmærchen der Serben, gesammelt von Wuk Stephanowitsch Karadschitsch, ins Deutsche übersetzt von dessen Tochter Wilhelmine* (Berlin , 1854).

W

WALDAU. — *Bœhmisches Mærchenbuch* (Prag , 1860).

WEIMARER BEITRÆGE *für Literatur und Kunst* (Weimar, 1865).

WEBSTER (W.). — *Basque Legends* (London, 1877).

WENZIG. — *Westslawischer Mærchenschatz* (Leipzig, 1857).

WIDTER (G.) UND WOLF (A.). — *Volksmærchen aus Venetien* (dans le *Jahrbuch für romanische und englische Literatur*, VII, 1-36, 121-154, 249-290).

WLISLOCKI (H. VON). — *Vier Mærchen der transsilvanischen Zeltzigeuner* (Budapest, 1886).

WOLF (J. W.). —- *Deutsche Mærchen und Sagen* (Leipzig, 1845).

— *Deutsche Hausmærchen* (Gœttingen , 1851).

Z

ZINGERLE (I. UND J.). — *Tiroler Kinder-und Hausmærchen.* (Tome premier : Innsbruck, 1852 ; — tome second : Ratisbonne, sans date.)

TABLE DES MATIÈRES

MACON, IMP. ET LITH. PROTAT FRÈRES.

DU MÉRIL (E.). Études sur quelques points d'archéologie et d'histoire litté-
    raire. In-8 br... 8 »
— Histoire de la comédie. Tomes I et II. 2 vol. in-8 br........... 16 »
— Le monde est un théâtre, comédie en cinq actes. — Toutes les sœurs de
    charité ne sont pas grises, comédie en trois actes. Préface de M. J.
    Barbey d'Aurevilly. In-18 jésus, br.......................... 3 50

ÉVANGILES (Les) apocryphes, traduits et annotés d'après l'édition de J.-C.
    Thilo, par G. Brunet. Suivi d'une notice sur les principaux livres apo-
    cryphes de l'Ancien Testament. 2e édit. augmentée. 1 vol. in-18 jésus,
    b-.. 3 50

GARREAUD (L.). Causeries sur les origines et le moyen âge littéraires de la
    France, 2 vol. in-12 br.................................... 6 »

HILLEBRAND (K.). Études historiques et littéraires. Tome I : Études ita-
    liennes. Un fort vol. gr. in-18 jésus, br..................... 4 »
    Table des matières. Poésie épique. — De la divine comédie. I. La
    divine comédie et le lecteur moderne. II. But et effet de la divine comédie.
    — Les poèmes du cycle carolingien. I. L'épopée nationale. II. Les poèmes
    italiens. — Poésie dramatique. De la comédie italienne. I. Des conditions
    d'une scène nationale. II. Caractère général de la comédie italienne.
    III. La politique dans le mystère du xve siècle. (Laurent de Médicis). IV.
    La réforme religieuse dans le mystère (Jérôme Savonarole). V. L'Arioste
    et son théâtre. VI. L'Italie du Cinquecento dans le théâtre de l'Arioste.
    VII. Machiavel et son idée. VIII. Les comédies de Machiavel.

HUSSON (H.). La chaîne traditionnelle. Contes et légendes au point de vue
    mythique. Un vol. petit in-8 br............................ 4 »

MOET DE LA FORTE-MAISON. Les Francs, leur origine et leur histoire,
    dans la Pannonie, la Mésie, la Thrace, etc., etc., la Germanie et la
    Gaule, depuis les temps les plus reculés jusqu'à la fin du règne de
    Clotaire, dernier fils de Clovis, fondateur de l'Empire français. 2 vol.
    in-8 br. Au lieu de 15 fr................................. 6 »

NADAILLAC (Le marquis de). L'ancienneté de l'homme, 2e éd. Un vol.
    petit in-8 br.. 4 »
    Il a été tiré quelques exemplaires sur papier Whatman et sur papier de
    Chine au prix de 25 francs l'exemplaire.

NISARD (C.). Étude sur le langage populaire ou patois de Paris et de sa ban-
    lieue, précédée d'un coup d'œil sur le commerce de la France au moyen
    âge, les chemins qu'il suivait et l'influence qu'il a dû avoir sur le langage.
    In-8 br.. 7 50

PARENT (A.). Machaerous. Gr. in-8 br., orné d'une carte........... 6 »
    Relation historique et géographique d'un voyage autour de la mer
    Morte et du siège par les Romains de la ville et de la forteresse de
    Machaerous, dernier boulevard de l'indépendance du peuple juif.

PARIS (G.). Le petit Poucet et la grande Ourse. In-16 br.......... 2 50

PUYMAIGRE (Le comte de). La cour littéraire de don Juan II, roi de Castille,
    2 vol. petit in-8 br....................................... 7 »

REBOLD (E.). Histoire générale de la franc-maçonnerie, basée sur ses anciens
    documents et les monuments élevés par elle, depuis sa fondation en
    l'an 715 av. J.-C. jusqu'en 1850. In-8 br. Au lieu de 5 fr...... 2 50

ROLLAND (E.). Devinettes ou énigmes populaires de la France, suivis de la
    réimpression d'un recueil de 77 Indovinelli, publié à Trévise en 1628
    avec une préface de M. G. Paris. Un vol. petit in-8 br.......... 4 »

REVUE CELTIQUE

Fondée par H. Gaidoz

(1870-1885)

Publiée sous la direction de H. d'Arbois de Jubainville,

Membre de l'Institut, Professeur au Collège de France,

AVEC LE CONCOURS

De MM. E. Ernault, J. Loth et de plusieurs savants des Iles Britanniques et du continent.

PRIX D'ABONNEMENT { France .... 20 fr.
Union postale .... 22 fr.

Le 7e volume est en cours de publication.

ROMANIA

RECUEIL TRIMESTRIEL CONSACRÉ A L'ÉTUDE DES LANGUES ET DES LITTÉRATURES ROMANES

PUBLIÉ

Sous la direction de MM. Paul Meyer et Gaston Paris,

Membres de l'Institut.

PRIX D'ABONNEMENT { France .... 20 fr.
Union postale .... 22 fr.

La 15e année est en cours de publication.

MACON, IMP. ET LITH. PROTAT FRÈRES.